《竞新集 2015》编委会

竞新集

2015

宁 夏 职 业 技 术 学 院
宁 夏 广 播 电 视 大 学

教 科 研 论 文 精 选

马希荣/主编

黄河出版传媒集团
阳 光 出 版 社

图书在版编目(CIP)数据

竞新集：宁夏职业技术学院、宁夏广播电视大学教科研论文精选.2015 / 马希荣主编. — 银川：阳光出版社，2015.12

ISBN 978-7-5525-2299-0

I.①竞… II.①马… III.①高等职业教育—宁夏—文集②远程教育—宁夏—文集 IV.①G718.5-53 ②G728-53

中国版本图书馆 CIP 数据核字（2015）第 305628 号

竞新集 2015

宁夏职业技术学院、宁夏广播电视大学教科研论文精选 **马希荣 / 主编**

责任编辑 李少敏
封面设计 张亚静
责任印制 岳建宁

黄河出版传媒集团
阳 光 出 版 社 出版发行

地 址 宁夏银川市北京东路 139 号出版大厦(750001)
网 址 http://www.yrpubm.com
网上书店 http://www.hh-book.com
电子信箱 yangguang@yrpubm.com
邮购电话 0951-5014124
经 销 全国新华书店
印刷装订 宁夏精捷彩色印务有限公司
印刷委托书号 (宁)0001286

开 本 787mm×1092mm 1/16
印 张 22.5
字 数 370 千字
版 次 2015 年 12 月第 1 版
印 次 2015 年 12 月第 1 次印刷
书 号 ISBN 978-7-5525-2299-0/I·645

定 价 38.00 元

目录

竞新集 2015

管理方略

教学探索

专业研究

应用技术

竞新集2015

管理方略

职业素养是学生成才的根本*

杨淑珍

摘要：高职院校要从高职教育可持续发展的高度来看待职业素养培养，要从高职教育的高等性和职业性出发来正确认识高职学生职业素养的具体内涵。职业素养是提升毕业生就业竞争力的关键要素，是高职院校内涵建设的重要组成部分。每一位高职教育者都应该意识到，作为高职院校，其素质教育的实施应充分体现在全面提升学生的职业素养上。

关键词：职业素养；培养；毕业生；就业；提升；竞争力

美国著名教育家卡耐基说："一个人的成功15%靠知识和技术，其他85%靠做人做事的能力和方法。"只有努力开拓出做人做事的能力和方法，学生走上社会才更具有竞争力。每一位高职教育者都应该意识到，作为高职院校，其素质教育的实施应充分体现在全面提升学生的职业素养上。每一位高职学生都应该明白，职业素养是一双隐形的翅膀，它会助你飞向梦想的彼岸。

职业素养与专业技能的关系

职业素养是职业人在从事职业中尽自己最大的能力把工作做好的素质和能力，它不是以这件事做了会为个人带来什么利益和造成什么影响为衡量标准，而是以这件事与工作目标的关系为衡量标准。职业素养可以概括为以下四个方面：思想道德、人文修养、心理与体能状态、专业技能。前三项是职业素养的基础部分，又称为隐性职业素养。而专业技能又称为显性职业素养，是支撑职业人生的表象内容。好比一棵树，人的思想道德、人文修养、心理与体能状态就是树的根基，专业技能就是树的枝叶。树的枝叶是否繁茂，能否长成参天大树，则取决于树自身的根基。

专业技能只能体现一个人掌握技术的能力，而职业素养则体现一个人的全部。职业素养是一个人能否成才的关键因素。一般认为职业素养是人类在社会活动中需要遵守的行为规范。一个人即使拥有专业

作者简介：杨淑珍（1962—），女，辽宁铁岭人，教育管理学专业硕士，宁夏职业技术学院教授，研究方向为高校思想政治理论、历史学、职业教育学。

*本文为宁夏高等学校科学研究项目（NGY2012130），发表于《职业教育研究》2013年第8期。

技能，但品德恶劣，毫无职业素养，那就根本得不到别人的尊重和重视，因而就输掉一切。事实表明，人力资源市场对就业竞争力的导向已经向职业素养偏移。

现代社会对高校毕业生的职业素养具有客观要求，近年来用人单位也非常重视毕业生的职业素养。我院《2011 年社会需求与培养质量年度报告》指出，企业需要学生具备的五种能力是：理解与交流能力、科学思维能力、管理能力、应用分析能力、动手能力。这五种能力中，只有动手能力是具象的。社会调查证明，在衡量一个人的时候，企业通常将隐性职业素养与专业技能的比例以 6.5:3.5 进行划分。

高职院校的人才培养主要是面向地区或区域经济，服务于一线生产、管理部门，要求大学生具备过硬的实践动手能力、扎实的专业基础知识与技能，具有较好的职业素养和较强的职业岗位适应能力。因此，高职院校在加强学生技能的同时，更应重视学生隐性职业素养的培养。良好的职业素养有利于提高毕业生择业就业的竞争力、职业变化的适应能力和就业创业的创造能力。否则，不但就业理想不能实现，可能还会面临就业困扰。

职业素养教育教学是一个系统工程

学生职业素养的培养是一个系统工程。学校在学生进入大学校门的那一天起，就要明白高校与社会的关系、学习与职业的关系、学生与职业的关系。高职院校要把职业素养教育纳入人才培养的主阵地，构建起一个从标准、内容、途径到评价的职业素养培养体系，从而真正实现高职教育人才培养工作在满足个人可持续发展需要与满足社会发展需要之间的有机结合。

我院的办学宗旨是："紧贴宁夏产业发展需求，育人为本，坚持校企合作、工学结合，素质与技能并重，推进技能成才、技能创业、技能致富，全面提高学生就业创业能力，全面提高学校技能服务能力，把学校建设成为特色鲜明、竞争力强的创业就业型大学。"职业素养教育教学体系是一个系统工程，主要解决为什么培养、培养什么人、怎么培养、谁来培养等问题，全面培养大学生的显性职业素养和隐性职业素养，并把隐性职业素养的培养作为重点。

学校的职业素养教育教学工程由教学体系、教育活动、特色实训基地三部分构成。三位一体，以推进社会主义核心价值观建设为中心，通过"创设环境、诱发情趣；专题设计、任务驱动；学生主体、教师引领；启发感悟、修德塑性”等方法，培养学生知行合一的实践力。

教学体系由职业素养课和专业技能课两部分构成，以社会主义核心价值体系教育为核心，以人文教育为重点，以基本道德规范教育为基础，以大学生全面发展教育为目标，融入学生整个学业的指导中，贯穿于整个培养过程，让学生树立高度的责任心、事业心、严谨的学习态度、科学的朴素精神；以专业教学过程为平台，渗透职业素养的培养。

教育活动以校园文化建设和第二课堂为载体，通过专题讲座、文艺演出、才艺展示、社团活动、社会实践、阳光体育、校内刊物等形式不断增强学生的职业意识，在潜移默化中养成学生良好的职业素养，促进学生全面发展。

特色实训基地是以主题为载体的职业素养教育，通过“体验式”教学，在教育过程中，努力避免负作用，减少无用功，促进学生最优发展。

我们要通过职业素养教育教学工程建设，推动课程体系、教育活动、特色实训基地三个项目建设，积极发挥学生的主体作用，培养学生“团结坚韧、永远向上”的白杨树精神，增强职业道德，提高人文素质，营造阳光成长、快乐学习的校园文化氛围。

培养高素质技能型人才

高职教育的目标，就是为生产一线培养高素质技能型人才。所谓人才，《辞海》中的定义为：“人才，是指在一定社会条件下，能以其创造性劳动，对社会发展、人类进步做出一定贡献的人。”所以，只要有一技之长，能对社会做出一定贡献的人，都是人才。

“素质冰山”理论认为，个体的素质就像水中漂浮的一座冰山，水上部分的知识、技能仅仅代表表层的特征，不能区分绩效优劣；水下部分的动机、特质、态度、责任心才是决定人的行为的关键因素，鉴别绩效优秀者和一般者。大学生的职业素养也可以看成是一座冰山：冰山浮在水面以上的只是山顶部分，它代表大学生的形象、资质、知识、职业行为和职业技能等方面，是人们看得见的、显性的职业素养，这些可以通过各种学历证书、职业证书来证明，或者通过专业考试来验证。而冰山隐藏在水面以下的绝大部分是山体，山体支撑山顶，它代表大学生的职业意识、职业道德、职业作风和职业态度等方面，是人们看不见的、隐性的职业素养。显性职业素养和隐性职业素养共同构成了大学生所应具备的全部职业素养。因此，大学生职业素养的培养应该着眼于整座"冰山"，并以培养显性职业素养为基础，重点培养隐性职业素养。当然，这个培养过程不是学校、学生、企业哪一方能够单独完成的，而应该由三方共同努力，培养高素质技能型人才。

教育部在《关于推进高等职业教育改革创新引领职业教育科学发展的若干意见》中指出，要改革培养模式，增强学生可持续发展能力，把强化学生职业素养培养放在重要位置，高职院校要从高职教育可持续发展的高度来看待职业素养培养。

职业素养是提升毕业生就业竞争力的关键要素，是学校的核心竞争力。职业素养是就业的敲门砖，它对高职学生就业竞争力具有弥补、调节和促进作用。只有不断加强学生职业素养的培养，促进高职学生全面发展，才能提升就业竞争力，使其立足岗位，融入社会。

职业素养是养成教育，不可能仅仅依靠几天、几星期的培训就能够养成，它更多地强调在整个专业能力学习过程中以及职业素养过程中不断地积累。因此，职业素养的培养强调在专业教学的每一个环节中始终将专业能力的培养与职业素养的培养融合在一起。围绕职业教育的特点，把职业素养的要素、要求和标准内化到各项教育教学改革的任务、内容和方法中，把先进、高端要素融入到课堂教学中，把行业、企业的职业规范融入到日常的管理行为中。

胡锦涛同志在庆祝清华大学建校100周年大会上的讲话中说："希望同学们把文化知识学习和思想品德修养紧密结合起来。""认真学习中华优秀文化和人类文明成果，夯实理论功底，提高专业素养，努力用人类创造的一切文明成果丰富自己。"总之，职业素养是提升毕业生就业竞争力的关键要素，是高职院校内涵建设的重要组成部分。高职院校应完善职业素养教育教学体系，从而培养出高素质技能型人才。

参考文献
[1]王振洪.系统培养提升高职生职业素养[N].中国教育报,2012-10-09.
[2]张有根.谈高职学生隐性职业素质培养路径——基于“素质冰山理论”视角[J].中国成人教育,2011 (20).
[3]胡锦涛.在庆祝清华大学建校100周年大会上的讲话(2011年4月24日)[M].北京:人民出版社,2011.
[4]国家中长期教育改革和发展规划纲要(2010—2020年)(单行本)[M].北京:人民出版社,2010.
[5]中共中央国务院关于深化教育改革全面推进素质教育的决定[Z].中发[1999]9号.
[6]中华人民共和国高等教育法(1998年8月29日)[EB/OL].http://www.moe.edu.cn/publicfiles/business/htmlfiles/moe/moe_619/200407/1311.html,1998-08-29.
[7]陈占安.关于进一步提高思想政治理论课教学质量的思考[J].思想理论教育,2011 (19).
[8]裘燕南.创设丰富教学情境提高学生职业素养[J].中国职业技术教育,2007 (7).
[9]罗箭华.对工学结合模式下高职生职业素养培养的思考[J].职教论坛,2010 (2).

院地联动，培养高端技能型人才实践探索 *

王秀花

摘要：本文在界定高端技能型人才内涵的基础上，以宁夏职业技术学院与银川市西夏区人民政府签署"院地联动共建共享"合作协议为例，在宁夏教育厅高校研究课题"院地联动，培养适应地区经济社会发展的高端技能型人才研究"所做的企业问卷调查和访谈基础上，从体制机制、针对性、和企业对接程度、学生就业能力等方面分析了院地联动在培养高端技能型人才中存在的问题及成因，并探讨了相应的对策。

关键词：院地联动；培养；高端技能型人才；探索

宁夏职业技术学院在2011年年底与银川市西夏区人民政府签署了"院地联动共建共享"合作协议。院地联动的协作内容之一是共同培养高技能型人才，这与高校的四大功能之一——人才培养相对接，对高职院校而言是重中之重。院地联动的纽带是企业，企业发展所需的人才离不开高职院校和地方政府的通力合作。

本文以宁夏职业技术学院与银川市西夏区人民政府签署的"院地联动共建共享"合作协议为例，在界定高端技能型人才内涵的基础上，通过对西夏区政府相关部门领导的访谈和辖区11家大中型企业发放120份问卷收回112份有效问卷的调查，分析了高职院校和地方政府在联合培养高端技能型人才方面存在的问题，针对这些问题提出了相应的对策建议。

一、高端技能型人才的内涵界定

高端技能型人才是教育部有关领导于2011年6月在《在高等职业教育引领职业教育科学发展战略研讨班的讲话》中提出的对高等职业教育人才培养目标的最新定位。这是相对于中等职业学校重点培养技能型人才而言的，是对高职教育前瞻性目标的定位。高职教育的发展必须有高瞻远瞩的目标，随着经济社会的发展和我国产业结构的调整升级，从2002年"新技术改造传统工业"到2005年"走新型工业化道路"再到2011年"建设现代产业体系"，每一阶段都对高职教育人才培养目

作者简介：王秀花（1967—），女，回族，宁夏平罗人，宁夏职业技术学院科技开发处副教授，理学学士，研究方向为职业教育研究及科研管理。

* 本文为宁夏高等学校科学研究项目（NGY2012157），发表于《中国职业技术教育》2013年第13期。

标提出新的要求，从培养“高技能人才”到培养“高素质技能型人才”再到培养“高端技能型人才”的转变，与我国不同时期经济社会发展对人才的需求相辅相成，体现了高职教育与经济社会发展密切相关。

高端技能型人才是相对于高技能人才和高素质技能型人才而言的。

高技能人才：根据《国家职业分类大典》(2011 年 4 月修订)可以描述为，在生产、运输和服务等领域岗位一线，熟练掌握专门知识和技术，具备精湛的操作技能，并在工作实践中能够解决关键技术和工艺的操作性难题的人员。

高素质技能型人才：一方面强调高技能，高技能人才是相对于初、中级人才和一定历史时期而言的，随着产业结构的调整和科学技术的发展，其内涵和外延会逐渐发展；另一方面强调高素质，高素质是一个衡量综合能力的概念，是随着社会的发展和各地区域经济发展的不同而综合处理程序化之外事件的能力，包括职业技能、职场应变能力和专业创新能力。

高端技能型人才：指具有比较扎实的理论素养与知识水平，又具有比较高超的操作技艺与动手能力，具有综合职业能力和专业基本素质，具备精湛的操作技能，能够在工作实践中运用关键技术来解决复杂工艺，能够在促进企业技术改造、提高企业竞争力、实现自主技术创新等方面发挥重要作用的专门人才。这一概念的内涵可以这样来理解：首先，高端不仅仅指具有比较高超的操作技艺与动手能力，具备精湛的操作技能，还要具有综合职业能力和专业基本素质，在某个领域中有自己的长处，有丰富的实践和理论基础，善于独立解决一些专业上的“硬骨头”，并且在所负责的专业领域具有一定的权威性，即处于行业地位的高端，地位高，收入高，技术创新能力高。其次，高端只是一个相对概念，它不同于职业初中阶段进行的职业教育和短期培训培养的初级技能人才，也不同于技校、中专和职业高中阶段进行的职业和技术教育培养的一般技能型人才，它是职业教育的高级阶段，目前提出的高端技能型人才特指为战略性新兴产业及现代制造业、现代服务业和现代农业等高端产业培养的高端技能型人才。第三，从教育这个角度来谈高端技能型人才，还应包含育人的概念，高端技能型人才要有深厚的文化知识积淀，有诚信的人格品质，有积极的职业态度，有正确的做事方法，等等。另外，培养高端技能型人才仅靠学校是很难实现的，目前的高职用三年时间培养出来的人才需要在长期的生产实践中锻炼，使技能熟练、工作经验丰富、创新能力高，这就需要政府、企业参与培养。高职院校培养出来的只是准职业人，经过社会实践3~4年的培养培训,才有可能成为高端人才。

高端技能型人才的特征表现为:一是实用性。高端技能型人才要掌握必需的专业基本知识,练就较强的专业基本技能,具备良好的实际应用能力。二是层次性。高端技能型人才的职业岗位群是操作群体中的管理者——“高级蓝领”,以及管理群体中的运行者——“应用型白领”。三是技术性、实操性。高端技能型人才的行为主体是知识与技能的应用活动,不是机械模仿和简单劳动,而是在“应知”基础上“应会”的技术性行为。四是引领性。高端技能型人才是适应经济发展方式转变的创新者和技术骨干,是企业新产品研发的引领者。“高职教育是培养高端技能型人才的教育,而不是培养廉价劳动力的教育。”

二、院地联动培养高端技能型人才实践探索

银川市西夏区属于银川市经济相对落后的地区,是重要的老工业基地,拥有银川市大型企业2家,银川市重点企业(中型)15家;同时又是宁夏职业教育资源最为集中、教育产业最为发达的地区,宁夏职业教育园区就坐落在辖区内。通过对辖区内11家大中型企业调查发现,有将近70%的企业高端人才的数量都在10%以下,还有48.2%的企业不足5%。仅有的高端人才中与高职院校联合培养培训的只占32.1%。高端技能型人才的数量还不能适应经济社会发展的需要。

(一)院地联动培养高端技能型人才存在的问题及原因分析

1.地方政府体制机制及政策环境尚不完善

通过调查、访谈发现,有22.3%的受访者认为,政府对企业高端技能型人才的培养培训方面没有保障措施,财政支持措施不够,政府用于职业教育和技能培训的投入缺乏;有74.4%的受访者认为政府应出台相关引进人才的政策和培训激励措施,应对企业引进人才在开展培训上给予经费保障和补贴;制度建设和基础工作仍有待加强,有65.2%的受访者认为政府应为企业高端技能型人才的培训搭建平台。企业在高端技能型人才需求方面遇到的最大问题中,“人才来源渠道不畅”占54.5%,“人才流失问题严重”占49.1%,企业与高职院校联合培训和参加政府相关部门主办的技术培训只占29.5%,这表明政府在财政、税收、人才引进等制度方面的激励和保障措施不到位。

2.高职院校培养高端技能型人才的针对性不强,学校办学活力不足,与行

业、产业对接不够紧密

通过问卷调查发现，有83%的企业受访者认为，目前企业接收的高职院校毕业生“能够部分适应岗位需求，但还需进一步培训”，只有15%表示“能够较好地适应岗位需求”，“不用任何培训，完全能够适应岗位需求”的一个也没有。在企业接收的高职院校毕业生“在实际岗位中突出的问题”中，有55.4%认为“所学专业知识与实际的工作需要脱节”，有51.9%认为“缺乏行业特点的专业背景知识”，还有58%认为“实践能力薄弱”，有54.5%认为“技术知识面窄”。这足以表明高职院校培养人才的针对性不强，没有与企业建立起畅通的人才供需信息平台。另外，学校办学活力不足，突出表现在寒暑假期间实训设备、实习场地大量闲置。学校和企业、课堂和车间、专业设置与岗位对接不够紧密。调查发现，在高端技能型人才培养方面“高职院校可以提供哪些帮助”这一问题中，48.2%的调查者认为应该“与企业合作，设立校外实训基地”；另有48.1%的调查者认为应该“对企业人员提供教育和培训”；有28.6%的受访者认为高职院校的专业设置与企业需求没有形成有效对接。实训基地的有效利用率并不高，学校还没有与企业、行业建立密切的对接制度。

3.学生就业能力薄弱，职业素养不高，持续学习力缺乏

调查发现，企业接收的高职院校毕业生“在两年内能转化为高端技能型人才”的仅占24.1%，这表明高职毕业生的可持续发展能力较缺乏，后劲不足。毕业生在就业方面普遍存在“一强一弱”的特征，即较强的实践能力和动手能力，使他们暂时具备了占领岗位的能力，但较弱的文化素质和职业素养又使他们失去了高质量的就业岗位。在企业接收的“高职院校毕业生不能适应岗位的原因”中，50%认为是“好高骛远，不安心本职工作”，67%认为是“缺乏踏实、勤奋、吃苦耐劳的精神”，53.6%认为是“不愿意从基层做起”；而企业最关注高端技能型人才的素质中有91.7%选择了“要有良好的敬业精神”，63.4%的企业受访者认为高职院校要加强对学生就业心态的辅导和职业道德教育。

（二）院地联动培养高端技能型人才的对策建议

1.创新体制机制，进一步优化院地联动的政策环境

要让职业教育真正成为区域经济发展的一个重要组成部分，政府的主导作用很重要。首先，要充分发挥政府“主导者、保障者、服务者”的作用，在政策制定、制度建设、督导监管等方面予以主导，制定引导企业参与办学的政策体系和工作

机制，特别是在财政、税收、人才引进等制度方面予以经费保障和激励，保证企业愿意和能够参与学院办学。目前西夏区政府部门正在拟定“西夏英才队伍建设方案”，对企业高端技能型人才的培养给予1万~20万元的奖励。政府提供条件，营造发展的氛围，通过提供信息、牵线搭桥来为院校和企业提供服务，支持行业参与学校教育教学的各个环节，特别是支持行业在“教学指导、实习指导、教材指导、评价指导、规划指导、教师队伍指导、人才需求指导、专业设置指导”等方面发挥作用，将企业的发展理念和学校的发展理念、企业的发展战略与学校的发展战略相融合，企业的管理层与学校的管理层之间能够交叉任职或兼职，企业的技术骨干和学校的教学骨干可以互派，真正起到“政府履职，促进职业教育发展”的作用。其次，完善促进校企合作的政策法规，明确政府、行业、企业、学校等各自的职责和权益，加大财政支持措施和力度，通过减免税收、协调企业提供高职生实习岗位机会、为学生实习提供资金支持和生活补贴等措施，鼓励本土高端技能型人才的培养。

2.组建职教集团，加大与企业合作力度

高等职业技术教育最突出的特征是“跨界性”，没有政府、企业、行业参与是不可能实现其培养目标的。

(1)巧聚政府、行业、企业和学校各方力量，通过组建职教集团来建立良好的政校企合作对话机制，紧密结合企业高端技能型人才的实际需求，在政校企之间搭建畅通的高端技能型人才供需信息平台，制定共同培养市场需求的高端技能型人才的办学方略，增强学校培养人才的针对性。如宁夏职业技术学院充分利用国家示范院校和职教园区的优势，创新实施“集团化”办学模式，现已与政府、区内装备制造类企业、农业类企业、物流管理企业及其行业协会联合组建了物流管理职教集团、工业职业教育集团、农业职业教育集团，成功探索了校企合作双方在利益链、产业链、岗位链、教学链等方面融为一体的机制，每年都召开十多次对话会，企业提出要求，政府帮助协调解决问题，特别是与西夏区政府签署“院地联动共建共享”合作协议，将教育资源、办学优势和竞争力凸显出来，每年都和政府、辖区企业联合举办3~4场大型校园招聘会，供需双方既加强了信息沟通，又提高了人才培养的针对性，实现了学校、企业、社会三赢。

(2)创新人才培养模式，通过与企业共建科技创新平台，运用“课堂+创新中心+顶岗实习”的模式提高人才培养的针对性。针对西夏区主导企业紧缺的高端技能型人才的数量和需求，学院在学生的培养目标上准确定位，按照“特色鲜明，竞争力强”的办学理念，紧贴地方产业发展需求，坚持校企合作、工学结合、素质与技能并重，以就业为导向，推进技能成才、技能创业、技能致富，增强服务地方能力的办学目标，成立了3个中心——宁夏中药材开发与利用工程技术研究中心、宁夏家畜繁育(银川)技术创新中心和自治区级民族医学与健康教育管理中心；联合企业筹建了4个校级科技创新平台——农业及生态环境监测实验室、生产过程智能测控节能技术工程实验室、机电一体化专业技师工作站、宁夏晓鸣禽业工程技术研究中心。学院以3个中心为纽带，以4个创新平台为基地，围绕农科、工科等重点学科方向，充分发挥学院的人才优势、技术优势、信息优势，将学校、相关行业企业、科研院所高技术人才联合在一起。例如，学院动物科学技术系，利用与宁夏晓鸣农牧股份有限公司合作共建的宁夏晓鸣禽业工程技术研究中心的优势，运用“课堂+创新中心+顶岗实习”的模式，让学生将课堂学到的知识通过顶岗实习的方式在创新中心实践，学生在真实的职业环境中参与实际项目，进行探究性学习，学习方式与将来的工作方式保持一致，理论和实践水平得到同步提高。同时他们还本着“优势互补、资源共享、互惠双赢、共同发展”的原则，积极开展化验员、检验员专项培训工作，将化验员、检验员岗位打造成学院的金牌“产品”；在开展科研和教学工作的基础上，积极开展对外培训、检测及技术咨询服务工作，为企业培养急需的应用型、技能型人才，增强了人才培养的针对性、使用度和吻合度。另外，学院还从自身优势出发，对新型农民、进城务工人员和农村劳动力进行长短期有针对性的培训。结合西夏区支柱产业、现代服务业和高新技术产业的发展，学院按照统筹规划、合理布局、技术先进、资源共享的原则，适时调整教学计划，依托学院的实习实训基地面向新型农民、进城务工人员和农村剩余劳动力提供技能培训和职业鉴定服务。

(3)灵活办学形式，增强办学活力。未来的高职教育应该有两方面的办学形式，一方面是学历教育，以办“精”办“特”为主要目的，对社会发展急需的人才进行小批量、高质量的培养；另一方面是非学历教育，主要是技能培训，这应该成为高职院校办学的一个新的育人增长点、发展增长点。比如，利用寒暑假学校实训设备、场地闲置期间，一方面可将暑期3个月设立为实习学期，学生全部到生产、经营、管理、服务第一线参与生产实践实习活动，或利用学校的设备承接企业的产品生产或检测，同时也增加了学生的收入。另一方面实施技能培训，既可对校企合作的企业员工进行教育和培训，又可对当前社会急需的、要具备一定基本技能的农民工进行技能培训，这与今后宁夏5年内从贫困地区移民35万，其中有8万左右需要培训相吻合，这应该成为职业教育的一项重要任务。

(4)加大与企业合作力度，将人才培养与市场需求"无缝"对接。以"开放、合作、包容、共赢"为原则，与企业实施人才共育。每年按比例选派教师到企业接受专项技术培训，以互惠互利的原则鼓励企业接受教师在岗进修，鼓励教师主动为企业服务，使企业成为学校教师、学生培养的基地，学校成为企业员工的培训基地，学校成为企业产品的研发基地，激发校企合作的活力。在每年制订教学方案时，邀请企业、专家与学院共同探讨，制订紧贴市场需求的教学方案，并不定期深入市场及与其建立联盟关系的企业了解人才需求情况，细化专业方向；根据国家职业标准和企业需求，调整专业和课程设置，调整教学内容；与企业联合制订教学计划和教学大纲，确定培训考核方法。采取共同培养、订单培养、顶岗实习等方式，开展高端技能型人才的培养工作，实现学院教学与企业需求紧密结合。在日常教学考核中推行毕业证书或培训结业证书与国家职业资格证书并重的"双证书"制度，把职业资格培训与鉴定正式纳入教学计划之中。密切与企业的合作力度，依托机电、化工、农学等特色专业的强有力师资，积极承担高端技能人才的培训任务，辖区企业凡是新招入的员工都送到学院接受岗前培训，将人才培养与市场需求进行"无缝"对接，让企业员工和学生进行面对面的交流和沟通，真正达到人才培养的目的，促进地方经济社会的发展。

3.加强对学生的职业素养教育，提升学生就业能力和持续学习能力

职业教育提倡以就业为导向，因此就要关注学生的就业能力和持续学习能力的培养。

(1)通过举办各种形式的职业技能竞赛，提高学生的就业能力。职业技能竞赛能推动高端技能型人才成长，符合高端技能型人才兴企强国的客观规律。高职院校应紧密结合专业特色，不定期开展各种形式的技能竞赛活动，锻炼学生的实操能力，提升学生的技能水平，为今后就业打下坚实的基础。

(2)要强化学生的职业素养教育。良好的职业素养是培养高端技能型人才的必备条件。职业素养教育既是一种知识建构，又是一种行为养成，只有知行并重，在不遗余力地传授有关知识和理念的同时，结合高职院校的特点，在平日的教育教学中注意培养学生将来从事工作所需要的"软技能"，如认真负责、爱岗敬业、

人际沟通、团队合作、信息素养、时间管理、质量意识等素质，通过举办各类职业竞赛活动、演讲活动来培养提高学生的抗压能力、沟通能力、团队精神等素质，注重培养学生坚忍不拔的意志力，培养学生在多元化社会中尊重、负责、关怀、赏识他人的社会感，从而全面提高学生的职业道德素质，使学生成为坚强、有毅力、有知识的有用之才。

(3)关注学生可持续学习能力的培养，注重提升学生的可持续发展能力。在当今的学习型社会，任何一种类型、任何一种层次的教育，都不是终结性的，学习将成为每个人生命的一部分，所以更要培养学生的可持续学习能力。可持续学习能力是通过教育培养形成的一种具有独立性、主动性的学习技能，是把知识资源转化为知识资本，以获取和保持持续发展优势的状态和过程，是不断提升个人持续学习能力、持续发展能力和持续竞争能力的总和，是学习理解技能、学习方法技能、学习创新技能、学习沟通技能和学习实践技能等多种学习技能按一定的要素结构组合而成的有机整体。学生作为学习的主体及将来企业工作的主人，如果自身不注重持续学习，不更新知识，没有上进心，没有奋斗目标，那么仅靠高职院校及企业的培养只能是吃老本，总有被社会淘汰的一天。所以一定要引导学生学会学习。学习学习，学是读书，习是实践，学的出发点在知，知有深浅，知要深，需专一，一才能明；习的出发点在行，行有远近，行要远，需有恒，恒才能成。要引导学生向书本学习，向同行学习，向实践学习，始终保有持续的学习力，才能不断提高水平，成为一名顶尖的技术人才。

参考文献
[1]柴福洪.何谓“高端技能型专门人才”[J].当代职业教育，2011(12).
[2]杨国胜.“高端技能型人才”培养模式探析[J].城市建设理论研究，2011(12).
[3]黄达人，等.高职的前程[M].北京：商务印书馆，2012.
[4]郗洪国.高职院校学生可持续学习力培养之途径[J].山东广播电视大学学报，2009(1).
[5]张保振.学习十感[N].学习时报，2012-04-11.

关于宁夏高职院校服务区域经济发展的思考 *

马　杰

摘要：宁夏高职院校专业设置存在设置重复率高、专业设置盲目、专业设置特色不明显等问题。为此，要发挥政府的指导管理作用，优化整合专业结构；明确自身定位，依据市场需求，重点发展优势特色专业；适应内陆开放型经济的需要，立足宁夏，前瞻性地开展高职专业教育。

关键词：高职院校；专业设置；服务区域经济发展

作者简介：马杰(1973—)，女，回族，宁夏银川人，副教授，硕士，从事高职教育教学与研究工作。

*本文为宁夏回族自治区2011年研究课题(NGY2011092)，发表于《教育探索》2013年第1期。

职业教育服务于地区经济建设和社会发展的根本在于，为社会经济的发展培养面向一线的应用型、智慧型人力资源。职业教育的专业设置，不仅关系到人才培养的规格、模式和质量，还关系到高职院校能否为社会培养高质量的人才。高职教育人才培养要不断适应经济社会发展的需要，下大力气推动各方面的改革。

"十二五"期间，自治区提出要进一步加快教育现代化进程，职业教育和继续教育要更好地为宁夏地方经济的发展服务。笔者拟针对"十一五"时期宁夏高职院校专业设置的情况，分析存在的问题，为"十二五"时期宁夏高职教育的专业设置如何适应区域经济发展提出对策和建议。

一、宁夏产业结构的现状及特点

产业结构是衡量一个地区经济增长是否科学合理的重要指标，产业结构的比例关系也直接反映劳动力的分布和就业结构的变化。二者的协调推进，不仅推动经济建设迅速健康地向前发展，而且也为当地创造出更多的就业机会，进一步促进经济又好又快地发展。

表 1　宁夏产业结构基本情况

三次产业	1958 年	1978 年	1990 年	2000 年	2005 年	2009 年
第一产业	73.2	23.5	26.0	17.3	11.9	9.52
第二产业	8.9	50.8	39.1	45.2	46.4	50.9
第三产业	17.9	25.7	34.9	37.5	41.7	39.58

(资料来源：《宁夏统计年鉴 2010》)

从表 1 可见，自治区成立之初，产业以传统的第一产业农林牧渔业为主体，所占比重为 73.2%，农业从业人员比重也占主导地位，第二、第三产业仅占 8.9%和 17.9%。进入 20 世纪 80 年代以后，第一产业的比重明显下降，到 2009 年下降至 9.52%，第二、第三产业比重呈上升趋势，逐渐占据主导地位。

表 2　宁夏产业结构与就业结构的结构偏离度

年份	产业结构			就业结构			结构偏离度		
	第一产业	第二产业	第三产业	第一产业	第二产业	第三产业	第一产业	第二产业	第三产业
2004	0.122	0.454	0.424	0.500	0.213	0.288	−0.756	1.133	0.471
2005	0.119	0.464	0.417	0.484	0.223	0.293	−0.754	1.084	0.423
2006	0.112	0.492	0.400	0.455	0.234	0.311	−0.754	1.103	0.271
2007	0.110	0.509	0.381	0.457	0.227	0.316	−0.759	1.243	0.208
2008	0.100	0.483	0.323	0.449	0.251	0.301	−0.778	0.926	0.097
2009	0.094	0.503	0.390	0.398	0.258	0.344	−0.764	0.949	0.133
2010	0.098	0.507	0.400	0.394	0.264	0.342	−0.752	0.917	0.156

从表 2 可以看出，近年来，第一产业结构偏离度不断增大，农村剩余人口逐渐增多，农村人口的再就业压力明显上升；第二产业吸纳劳动就业的能力有所下降，由于宁夏的产业结构由原来的劳动密集型向资本、技术密集型调整，用人需求随之由量向质转变；第三产业吸纳劳动力的能力不断提高，与就业的增长逐渐走向协调发展，第三产业已成为解决就业的主渠道。劳动力的产业转移已经由第一产业逐渐向第二、第三产业转移。

宁夏的产业结构调整取得了一定的成绩，总体上已经趋于合理，很大程度上促进了宁夏区域经济的协调发展。但是，与全国比较，宁夏的产业发展受到技术和资金保障体系等因素影响，生产和加工仍然处于低层次状态，规模化、集约化程度较低，吸纳劳动力的能力较弱，仍有很大的调整空间。

二、宁夏高职院校专业设置情况

1.高职院校专业设置基本情况

宁夏目前共有各类职业院校 50 所，高职院校 8 所，高职在校生规模达23287

人。高职院校共开设42个专业科类,108种专业，专业分布点175个，覆盖了2008年教育部高等教育司重新核定的《中国普通高等学校高职高专教育指导性专业目录》中的15个大类,包括财经大类(40个)、土建大类(22个)、电子信息大类(19个)、制造大类(18个)。专业布点数量较少的专业大类为交通运输大类(1个)、轻纺食品大类(1个)、公共事业(3个)、艺术设计传媒(2个)。

表3　2010年宁夏高等职业院校专业设置基本情况表

院校名称	专业设置总数(个)	当年招生专业总数(个)	当年全日制高职招生总数(人)	全日制高职在校生总数(人)
宁夏财经职业技术学院	23	16	1115	2886
宁夏司法警官职业学院	9	8	764	1812
宁夏民族职业技术学院	16	13	560	1674
银川科技职业学院	24	24	1091	3501
宁夏工业职业学院	17	11	662	1714
宁夏职业技术学院 宁夏广播电视大学	33	33	1728	3939
宁夏工商职业技术学院	22	18	1092	3036
宁夏建设职业技术学院	16	14	981	3011
院校数:8	160	137	7993	21573

(数据来源:宁夏高等职业院校2008—2009学年人才培养工作状态数据采集平台)

2.专业设置与产业结构的匹配情况

高等职业院校的专业设置要与产业结构调整相适应、相匹配,表4反映了2009年宁夏高等职业院校专业结构与产业结构的匹配情况。

表4　2009年宁夏高等职业院校专业结构与产业结构匹配情况

GDP结构			对应的高职专业比例			错位幅度		
第一产业	第二产业	第三产业	第一产业	第二产业	第三产业	第一产业	第二产业	第三产业
9.4	48.9	41.7	2.9	49.8	47.5	6.5	−0.9	−5.8

可以看出,宁夏高等职业院校专业结构设置与产业结构存在不协调的状况,二者之间存在错位现象。

3.宁夏高职院校专业设置存在的问题

“十二五”期间，宁夏将进一步加快经济发展方式的转变，加快培育和推进战略性新兴产业的发展，加大在新能源、环保、生物医药、信息技术等新兴产业的投入，加快传统产业的改造和升级，各行各业对人才的需求进一步加大，尤其是新型产业技术人才的培养给高职教育专业设置提出更高的要求。高职院校必须立足当前、着眼长远，大力实施经济结构转型中的人才发展战略，更好地为加快产业发展提供技术支撑和人才支持，才能找到高职教育自身的发展空间，实现可持续发展。宁夏高职院校在发展中，专业设置存在以下问题和不足。

(1)专业设置重复率高，低成本投入的专业设置较多

宁夏目前的8所高职院校，共开设42个专业，主要集中在电子信息、财会、土建等专业，尤其是电子信息、财会专业几乎每个高职院校都开设，招生人数较多，一定程度上造成了教育资源的浪费，对未来就业造成较大压力。

究其原因，主要是缺乏统一的宏观指导。各高职院校各自为政，专业设置缺乏总体规划，急功近利，盲目开设所谓热门专业，只看重办学效益而忽视社会用人需求，只顾及眼前，不考虑长远。只开设成本小、硬件条件要求低的专业，一味追求生源数量，不考虑当前社会饱和状态和学生毕业后的就业去向。专业课程设置的随意性和盲目性，是造成职业技能人才不能实现充分就业的主要原因。

宁夏与东部发达省区相比较，在资金、技术上都呈现弱势，差距很大，但是一些特色产业也很具有优势，形成了一批包括能源化工、特色农产品加工为主导的特色优势产业集群。目前宁夏各高职院校农林牧渔大类、清真食品加工、艺术设计传媒、汽车制造、数控设备等专业因师资力量薄弱，专业设置前期软硬件投入较大，多数专业需要建设与之相匹配的实训基地，因而招生人数明显不足，培养出来的专业技能型人才远远不能满足产业发展和市场的需求。

(2)专业设置盲目，脱离产业结构调整和市场发展对人才的需求

地方经济发展对人才的需求是高职教育发展的主要动力。当前，宁夏已初步形成能源化工、煤化工、新材料、装备制造、特色农产品加工和高新技术产业等“五优一新”产业集群；宁东能源化工基地是全国13个国家亿吨级煤炭基地之一，与内蒙古鄂尔多斯、陕西榆林共同构成我国能源化工“金三角”；宁夏是国务院确定的现代农业、旱作节水农业、生态农业“三大示范区”；逐步建成宁夏银川承接产业转移(生态纺织)示范园、全国清真食品和穆斯林用品产业基地；银川作

为中阿经贸论坛的永久会址，促进了与中东阿拉伯国家的贸易往来，也促进了宁夏现代物流与会展经济的发展；宁夏内陆开放型经济试验区的建设、贺兰山东麓百万亩葡萄长廊的建设、借助于能源金三角区位优势大力发展现代服务业等规划和逐步实施，急需大批装备制造、能源化工、纺织纺纱、羊绒羊毛深加工、清真食品加工、服装家纺装饰产品加工、现代电子商务、现代物流、会展专业、设施农业等方面的专业和技术工人。

目前，宁夏许多高职院校办学过程中不考虑自身条件，缺少大局意识和战略眼光，不理论联系实际，对区域特点、产业发展、人才需求缺乏前瞻性的思考和分析，专业设置只看“大市场”不管“小优势”，一味追求办学规模而忽视办学特色。据统计，8 所高职院校中仅有一所院校开设涉农专业，远远不能适应发展现代农业所需实用技能型人才的需要。纺织纺纱、羊绒羊毛深加工等专业目前尚无一所学校开设。除此之外，市场用人需求量大的制造业、现代服务业等专业，也因为师资力量不足、专业建设时间短等原因，难以满足经济社会发展对技能型人才的需要。

(3)专业设置特色不明显，综合实力不强

宁夏的高职院校大多由原来的中专学校合并组建而成，目前仍处于发展的初始阶段，综合办学能力相对低下。在专业设置上，忽视自身的办学特色和办学条件，追求“多而全”，缺少依据现有的师资优势以及市场需求而开设的特色专业，盲目追逐热门专业，或者将其他地区的成功专业简单“移植”。各高职院校也没有进行有效的资源整合和利用，人才培养模式和专业计划的制订大同小异，导致专业设置缺乏自身特色，不具备品牌优势和竞争优势。再加上近几年办学规模的快速扩张，无论是师资队伍还是实验实训设备建设都不到位，校企合作、产学研合作模式尚不成熟，行业、企业参与高职教育的各项法律法规尚不完备，企业、行业参与高职教育办学的积极性没有调动起来。尤其在实验实训基地的建设上，大多依靠政府和自身的力量筹建，没有广泛引入民间资金参与建设。实践教学资源紧张、实验室房屋面积偏小，学生的实践教学活动受到制约，学生的职业操作能力水平不强，毕业生质量不高，缺乏参与高职教育市场竞争的核心竞争条件，社会就业压力大。

三、高职院校服务区域经济发展的策略

1.发挥政府的指导管理作用,优化整合专业结构

针对目前宁夏各高职院校之间缺乏有效整合、专业设置上存在随意性和重复性的现状,政府要加强宏观指导,自治区教育厅、部分知名企业、高职院校共同组成职业教育董事会，对各高职院校的专业设置是否与区域经济结构发展相匹配进行调研,尽可能避免专业重复设置现象。对是否符合学校办学定位和所服务的产业领域、是否有效利用了教学资源等进行审核。结合区域经济发展的实际情况,引导和推动高职院校大力发展新兴专业,进一步优化教育资源配置,实现各高职院校之间专业的合理布局、优势互补和资源共享,促进高职院校专业和区域经济发展的互动整合。

同时,政府应根据产业发展的需要,及时调整高职院校的专业结构和人才培养方案,帮助高职院校筹措发展所需建设资金,协调、推荐与高职院校合作办学的企业等,为学校与企业的合作与交流搭建信息交流平台,促进高职教育协调健康发展。

2.明确自身定位,依据市场需求,重点发展优势特色专业

高职院校的专业设置要依据区域经济发展的结构变化和发展趋势适时调整。自治区提出“工业强区”战略,以宁东为重点,加快发展煤炭、电力、化工等主导型产业,加快新材料产业等支柱产业的发展步伐;转变农业发展方式，大力建设“三大示范区”,加快现代农业的发展;大力发展内陆开放型经济,提升现代服务业水平。

宁夏各高职院校应充分利用原有的教育资源和优势，结合宁夏未来产业结构调整的趋势,明确自身定位,优化资源配置,形成院校各自的优势专业群和独特的专业建设发展格局,逐步打造优势明显的特色专业、品牌专业。如宁夏职业技术学院重点发展机械制造类、农牧类专业;宁夏财经职业技术学院重点发展财经类、服务类专业;宁夏工商职业学院的优势在工商类、生物化工类。逐步调整专业布局,一是对现有专业进行清理、调整和重组,合并重复开设专业,压缩社会需求不大的专业;二是对需求不大、水平不高、效益低下的专业进行整改,限制招生或淘汰,减少专业布点,优化专业布局。真正使宁夏高职教育适应区域经济发展,为区域经济建设服务,实现可持续发展。

3.适应内陆开放型经济的需要，立足宁夏，前瞻性地开设高职专业

近年来，随着国家西部大开发战略的实施，宁夏借助独特的地域优势，大力发展内陆开放型经济，把宁夏打造成我国内陆开放型经济先导区、向西开放（主要面向阿拉伯国家和穆斯林地区）的前沿阵地、国内外产业转移的重要承接地、具有国际影响力的清真食品穆斯林用品集散地、重要的世界穆斯林国际旅游目的地和连接中东、中亚等国家的重要物流枢纽中心。宁夏各高职院校必须积极适应发展内陆开放型经济的需要，加快清真食品加工、物流管理、国际贸易、阿语等专业的建设与发展，满足未来市场发展对人才的需求。同时，各高职院校应加强与阿拉伯国家职业院校的交流合作，建立专业建设的双向交流机制，双向培养所需人才，积极拓展职业教育的国际空间。

参考文献

[1]葛云飞.区域经济发展与高职教育发展的相关分析[J].教育与职业，2006(11).

[2]唐燕萍.产业结构调整对职业教育的影响[J].职教论坛，2000(12).

[3]姜大源.职业学校专业设置的理论、策划与方法[M].北京：高等教育出版社，2002.

[4]崔晶晶.论地方院校专业结构的调整[J].湖州职业技术学院学报，2006(3).

基于转型思路的经济发展方式以及管理思路探讨

赵建宁

摘要：文章首先分析了传统经济发展方式以及管理思路对社会发展产生的影响，然后探讨了必须实现经济发展方式和管理思路转型的原因、经济发展方式和管理思路实现转型的目标与要点，最后分析了基于转型思路下的经济发展方式与管理思路。

关键词：转型；发展方式；经济；管理

作者简介：赵建宁(1965—)，男，江苏常熟人，宁夏职业技术学院副教授，研究生，研究方向为经济管理。

一、传统经济发展方式以及管理思路对社会发展产生的影响

社会发展指的是在经济得到发展的前提下，社会服务功能得到加强，社会质量也得到相应的提升。改革开放以来，我国经济取得了巨大的进步，为社会的进一步发展提供了良好的环境，不仅就业问题得到了大幅改善，人均收入水平也在不断提高。此外，医疗以及教育行业的总体水平也得到了明显提升。在经济的飞速发展下，我国社会发展的脚步却稍显迟缓。这一现象导致我国居民收入的差距不断扩大，在物价不断上涨的情况下，中等收入尤其是低收入家庭面临的经济压力反而更大。最后使得我国经济在不断发展的同时，社会发展出现了分歧，分层化更加严重，社会矛盾反而增加。因此，面对这样的情况，国家必须通过经济发展方式以及管理思路的转型来实现经济与社会的共同发展，继而弱化社会矛盾，实现全民的发展与进步。

二、经济发展方式以及管理思路转型的原因探讨

(一)经济的快速发展与有限环境资源之间的矛盾

在追求经济发展的过程中，对经济增长数据的一味关注，使得国家忽视了传统能源消耗量的激增。如果在没有找到新的替代能源之前继续保持这样的能源消耗速度，我国就会出现资源紧缺的局面，进而导致社会的全面发展受到阻碍。有调查资料显示，我国在经济发展过

程中所消耗的自然资源经过等值折算以后大约有三万亿，占经济增长总量的13.5%。这个数据向我们清楚地反映出粗放型的经济发展方式在追求经济发展的同时给社会带来的高能耗后果。经济的快速发展与环境资源之间日益加剧的矛盾警醒我们,转变经济发展方式已经迫在眉睫。

(二)城镇与农村的发展呈现严重的两级分化

经济的快速发展造成了我国城镇与农村的两极化发展，具体体现在我国城镇居民与农村居民收入的差异上，并且不同市场领域以及不同地区的收入也有比较大的差异。而这种两极分化现象的出现不仅与我国经济的发展方式有关,同时也与国家的相关管理政策有关。由此可知,对于国家来说,实现经济发展方式以及管理思路的转型是非常必要的。

三、经济发展方式以及管理思路实现转型的目标与要点

(一)凸显公平的原则

经济的发展使得整个社会有了更多的公共资源，因而公共资源的分配过程也就更加复杂。在经济发展方式与管理思路的转型下,公平是一个非常重要的原则,只有遵守公平分配的原则,才能达到转型的目的,弱化社会矛盾并改善两极分化情况。需要注意的是,在执行公平原则的时候,既要避免由于公共资源投入不足所造成的分配不公问题，也要避免由于公共资源投入不当所导致的分配不公问题。公共资源作为全民共享的福利,应该避免将其当作安抚性手段用来维护社会的稳定。在利益矛盾逐渐复杂的情况下,只有始终坚持公平的原则,才能真正实现经济发展方式与管理思路转型的目的，实现社会的可持续发展与长治久安。

(二)以政府为主导,在社会的广泛参与下实现转型

在我国目前的国情下，经济发展方式与管理思路的转型应该在国家的主导作用下实现。虽然一味依赖国家的力量并不利于社会的发展,但以我国目前的国情来看,至少转型的初期还是离不开国家的主导作用的。只有在政府的主导作用下,国家才能真正找到适合自己的发展道路。政府在调配社会资源以及把握发展方向上有着企业所无法企及的前瞻性，因此在国家的主导作用下实现经济发展方式与管理思路的转型可以更快更好地建立新型发展方式。

四、基于转型思路的经济发展方式与管理思路

(一)可持续的经济发展方式

经济向可持续发展方式的转变是一个比较漫长的过程，需要一步步实现生产要素从粗放向集约形式的转变,市场需求从出口向拉动内需形式的转变,经济结构由不平衡向平衡的转变,发展动力由外部引进向自主创新的转变。而要一步步实现这些转变进而完成经济发展方式的转变,需要很长一段时间。不管是生产要素、市场需求、经济结构还是发展动力的转变,都存在一定的内在联系。因此,在转型思路下,要想实现经济发展方式向可持续发展方式的转变,需要强大的执行力作为基础。只有将相关经济转型的措施执行到位,才能彻底实现经济发展方式的转型。

1. 生产要素从粗放向集约形式的转变

生产效率偏低一直是困扰我国经济发展的难题，而出现这一问题的根本原因就是生产与经营的粗放性。我国国内的生产总值在世界生产总量中所占的比例只有5%,而每年消耗的钢铁、水泥、有色金属以及煤炭等资源却占到世界资源消耗总量的30%,有的甚至达到了40%,产出与投入的比值严重不平衡。这种不平衡,既是生产方式过于粗放的结果,同时也少不了管理弊端的影响。要想改善投入与产出的这种不平衡状况，首先需要实现生产要素从粗放向集约形式的转变。

2. 经济结构由不平衡向平衡的转变

收入结构的不平衡问题是我国目前经济发展方式下诸多不平衡现象中最典型的问题。收入的差距使得我国整体经济水平的提高受到制约。2007年,按基尼系数计算,我国国民的人均收入差距系数已经达到0.475,超过了合理界限0.4。深入分析的话不难发现,城乡收入之间的差距是这一系数偏高的主要原因。收入差距的偏大不仅是社会发展的阻力，还可能对追求经济效率主动与创造性造成负面影响。缩小国民收入的差距,改善经济结构的不平衡是提高我国整体经济水平的必要途径,也是实现经济发展方式转型的重要目的。

3. 发展动力由外部引进向自主创新的转变

我国近三十年来在经济上所取得的成就虽然离不开产业结构升级所带来的

发展助力，但绝大部分原因还是应该归结于外延数量的扩张所产生的驱动作用。2008年的金融危机告诉我们，调整好投资、内需与出口这三者之间的关系并通过自主创新来增强企业的实质竞争力是未来经济发展的大势所趋。因此，在实现经济发展方式转型的时候，我们也应该实现从外部引进向自主创新的转变。

(二)经济发展方式转型下管理思路的转变

1. 管理思路从创新管理措施向加强执行力的转变

管理过程包含了一系列内容，其实施过程会受到国家所有权制度的约束。所有权主体所占权利以及份额的不同以及所选管理者的不同，都会影响到管理模式。经济发展方式转型的情况下，管理思路应该从所有权制度出发。在经济发展方式发生转型的过程中，需要一步步实现生产要素从粗放向集约形式的转变、市场需求从出口向拉动内需形式的转变、经济结构由不平衡向平衡的转变、发展动力由外部引进向自主创新的转变等。因而经济发展方式的转型是一个漫长的过程，在实现转型的过程中，需要依靠执行力强的管理制度来不断加强国家制定的各项策略。因此，管理思路应该从原来的创新管理措施向加强执行力转变，只有利用强大的执行力，经济发展方式才能完成其转变。

2. 管理思路向网络性的转型

管理工作涉及很多层级、子系统，在经济发展方式转型的情况下，管理思路需要通过不同职能部门的弱化与强化来完成，这样就会形成一个网络化的组织关系网。管理思路向网络性的转型可以全方位地影响经济发展，促进管理模式与经济技术之间的结合。网络性转型的实现是经济发展方式转变下满足经营方式、业务流程变化的需求。

五、结束语

出于缓解经济发展与能源之间矛盾的需要，实现经济发展方式的转型已经成为我国当前亟待解决的问题。考虑到经济的快速发展与有限环境资源之间的矛盾以及城镇与农村的发展呈现严重两级分化等原因，我国需要从完成生产要素从粗放向集约形式的转变、经济结构由不平衡向平衡的转变、发展动力由外部引进向自主创新的转变等途径来实现可持续的经济发展方式。另外，还需要管理思路从创新管理措施向加强执行力的转变以及向网络性的转型来完成经济发展方式转型下管理思路的转变。

参考文献
[1]单德朋,郑长德.经济发展方式贫困减缓效应的微观机制与影响因素述评[J]. 经济问题探索,2012(11).
[2]李翀.加快推进我国对外经济发展方式转变的战略选择[J].经济理论与经济管理,2011(3).
[3]侯赞华.论转变经济发展方式的政治动力——基于地方政府动力缺失的视角[J].云南社会科学,2012(4).
[4]姜国强.我国经济发展方式转变的制度障碍及其跨越[J].社会科学家,2012(5).
[5]张保胜.自主创新促进经济发展方式转变的实证分析——以河南省为例[J]. 中国科技论坛,2010(3).

德国职业学院：双元制人才培养模式及启示 *

段　言

德国高等教育领域包含三类高校形式，即综合大学、应用技术大学和职业学院。职业学院（Berufsakademie）是德国高等教育领域中唯一采用双元制培养模式的高校。在德国16个联邦州中，并非每个州都设有职业学院，其仅存在于巴登—符腾堡（Baden-Wuerttemberg）、柏林（Berlin）、萨克森（Sachsen）、图林根（Thüringen）、汉堡（Hamburg）、黑森（Hessen）、下萨克森（Niedersachsen）、石勒苏益格—荷尔斯泰因（Schleswig - Holstein）和萨尔（Saarland）这九个联邦州。在各联邦州中，职业学院的性质有所不同，分为公立学院和私立学院。其中，巴登—符腾堡、柏林、萨克森、图林根四个州的职业学院均为公立学院。目前，全德共设有73所职业学院，在校生3万余人，其中在萨克森州设有7所职业学院，分别位于德累斯顿（Dresden）、莱比锡（Leipzig）、格劳豪（Glauchau）、里萨（Reisa）、鲍岑（Bautzen）、普劳恩（Plauen）、布赖滕布伦（Breitenbrunn）。虽然德国职业学院的规模和学生数量不能与我国高职院校相提并论，但在德国高等教育领域内，凭借其办学特色鲜明、学制短、技术应用性强与就业率高的优势，成为可与综合大学、应用技术大学相媲美的一种高等院校。

德国职业学院人才培养的基本特点

德国的职业学院把中等职业教育中的双元制应用到高等职业教育中来。在办学上，采取职业学院和企业共同培养学生的双元制办学模

作者简介：段言（1984—），男，宁夏银川人，德国德累斯顿工业大学教育学院博士。研究方向为职业教育与人力资源开发。

*本文为全国教育科学“十二五”规划2013年度教育部重点课题“高等职业教育工学结合长效机制研究”（DAJ120304）的阶段性成果，发表于《职业技术教育》2014年第15期。

式，从而形成了独具一格的采用工读交替进行的教学模式。

与德国的综合大学、应用技术大学相比，职业学院在人才培养模式上具有以下几个特点。

第一，生源广，与企业联合招生。职业学院招生生源较广，既招收普通高中毕业生，也招收专科高中毕业生。入学之前，学生需要找到一家企业，与企业签订为期三年的培训合同之后，才可注册入学。这也意味着，学生身兼双重身份，既是职业学院的学生，同时也是企业培训的员工。与学生签订培训合同的企业，必须具备培训资质。企业要在硬件教学设施、充足数量的持证培训师、培训计划和内容等方面，通过行业协会的评审之后方可获得培训资格。

与综合大学和应用技术大学相比，学生在职业学院的学习紧凑而节约时间。据统计，职业学院毕业生的平均年龄为 23 岁，而综合大学和应用技术大学的毕业生为 29 岁。这也意味着职业学院的毕业生可以更早就业，自力更生。

第二，校企结合，理实一体。职业学院以传授理论知识为主，同时也传授一些基本技能。而企业以传授实践经验和技能为主，也传授相关的理论知识。职业学院和企业两个教学地点，既实现了理论和实践的结合，也缓解了学业的枯燥性，调节了学生学习的兴趣和积极性。此外，得益于企业和职业学院合作办学的模式，职业学院的毕业生可以节省一年的入职适应时间，同时也为企业节约了成本，提高了绩效。

第三，学制短，就业早。职业学院的学制为三年，学生必须修满 180 个学分。职业学院的课程按照模块进行教学，每个模块结束时需参加模块考试。每学期 12 周在职业学院学习理论，12 周在企业实践操作，如此交替循环进行教学和培训。职业学院的学生没有寒暑假，在校期间的理论学习和在企业的实践操作压缩至六个学期完成，学制结构详见图 1。

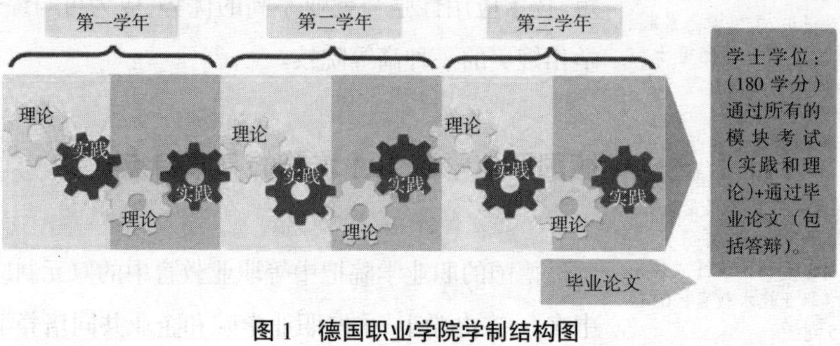

图 1　德国职业学院学制结构图

第四，师资结构合理，教师素质高。职业学院的专职教师占30%~40%，兼职教师除了来自综合大学和应用技术大学之外，主要还聘请了来自企业中具有丰富经验的管理人员和技术人员。该师资结构，一方面可以将企业中最先进的管理理念和技术发展的最新动态传播给学生，另一方面也大大节省了师资成本，通常情况下，在德国雇佣一名专职教师的费用可以雇佣三名兼职教师。

第五，企业参与专业设置，毕业生就业率高。德国的职业学院在设置专业时，都充分调研企业的需求，按企业对专业人才的要求来设置专业，从而保障了相当高的毕业生就业率。德国德累斯顿职业学院2012年的毕业生就业率达到了92%，其中62%的毕业生继续留在入校时签订合作协议的企业；19%的毕业生在毕业后选择了其他企业；4%的毕业生选择了自主创业；5%的毕业生选择继续深造。毕业生就业调查分析见图2。

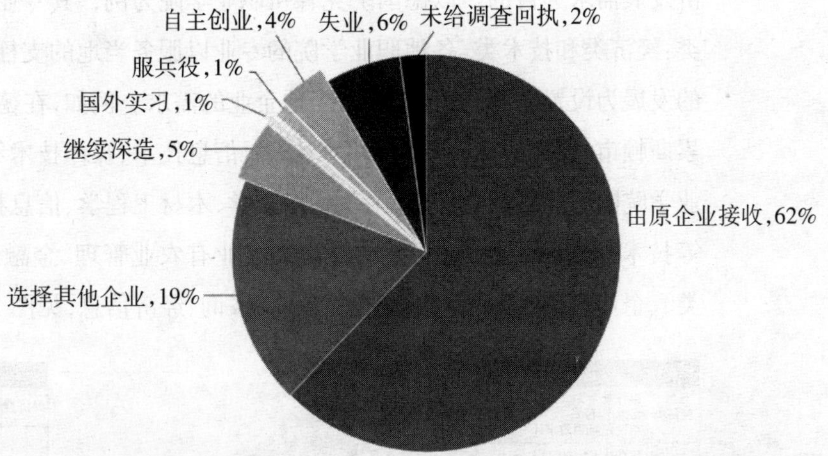

图2　德国萨克森州德累斯顿职业学院2012年毕业生就业方向统计

2011年德国萨克森州教育和高校规划能力中心针对与职业学院开展合作办学的企业进行了调研，结果显示，参与调查的376家企业计划在2012—2014年间共招聘797名职业学院毕业生，该数量远远超过计划招募的德国综合大学和应用技术大学毕业生的数量，见表1。

表 1　德国萨克森州合作办学企业计划(2012—2014 年)招聘高校各类毕业生的数量

(单位:人)

学校类型＼年份	2012 年	2013 年	2014 年	合计
职业学院	294	249	254	797
应用技术大学	135	131	123	389
综合大学	131	117	111	359
总计	560	497	488	1545

德国职业学院的专业设置

德国职业学院的专业设置不仅体现专业的多元化并且以满足和服务当地经济发展需求为目的。以德国萨克森州职业学院为例，其专业设置主要分为两大类:经济类和技术类。各地职业学院的专业以服务当地的支柱产业以及区域经济的发展为设置原则,致力于对接当地企业的需求。例如,在德国萨克森州首府德累斯顿市,当地的支柱产业有生物技术、信息技术、媒体技术等,因此德累斯顿职业学院围绕此类产业,开设了生物信息学、木材工程学、信息技术、媒体信息更新等技术类专业。此外,开设的经济类专业有农业管理、金融经济(银行类、保险类)、企业经济(工业类、贸易类)、税收、咨询、经济信息,见图 3。

图 3　德国萨克森州职业学院专业设置分布

德国职业学院的教学模块化特点

目前德国各职业学院已广泛开展模块化教学改革，以模块考试来结束每个模块的学习，较好地解决了课程设置的体系化问题、理论教学与实践教学的衔接问题、素质教育与专业教学的关系问题以及自学能力的培养问题。与德国综合大学和应用技术大学每年各设一个寒暑假相比，职业学院的学制中不设任何寒暑假，因此学生可以在紧凑的 6 个学期（3 年）后毕业并获得学士学位。但是，职业学院的学生可在企业休假，全年休假时间为 20 天左右。休假通常安排在学生企业实践学习阶段，具体的休假时间可由学生与企业自主商定。

德国职业学院通过教学模块多样化的教学方法，培养学生的专业能力、社会能力和方法能力。在职业学院传授理论的同时，使用的教学方法包括案例分析、角色扮演、项目教学、演讲报告、参观企业、试验练习、研讨会等。通过综合运用各种教学方法，将理论和实践更好地结合在一起，从而培养出直接为企业服务的实践型、应用型职业高技能人才。

德国职业学院的教学模块授课采用小班制，每个班级的人数上限为 34 名。在进行主题研讨、小组学习时，各班再分为若干小组，以此方便教师进行指导和促进学生之间的互动学习。

企业参与合作办学

德国职业学院的双元制培养模式，积极参与的企业为“一元”，职业学院为另“一元”。这里所谓的“企业”是必须具有相关资质、有资格成为职业学院的合作办学企业：

一是企业法人和经理没有违法犯罪记录。

二是企业中配有一定数量的培训师，可指导学生在企业中的实践学习和操作，制订详细的教学计划。

三是在教学培训方面，企业的硬件设施和设备能满足实践教学的相应要求。

对双元制培养模式感兴趣的企业可向职业学院提交合作申请，由职业学院设立的审查委员会审核其资质。通过审核后，可正式成为职业学院的合作办学企业。2011 年对企业的调研结果显示，90%以上的合作办学企业在企业中配备了专业培训师，负责职业学院学生在企业中的实践学习，并定期检查学生的学习进程和结果。参与调查的企业中，3/4 以上的企业根据企业自身的经营特点和范围，制订了详细的教学培训计划。超过半数的企业与职业学院共同评估考核在企业中的实践教学流程和结果。

目前，德国萨克森州 7 所公立职业学院共与 2464 家企业合作办学，其中德累斯顿职业学院与约 850 家合作企业共同开展双元制高等职业教育。从企业的规模来看，合作企业以中小型企业为主，虽然企业所在地遍布全德国各州，但主要来自萨克森州。2011 年对企业的调研结果显示，企业对职业学院培养人才的需求持续增长，除 2004 年受经济危机的影响外，企业连年发布的合作培养的名额保持了稳定增长的势头，见图 4。其中，有 23%的受访企业计划在 2012—2014 年间每年为职业学院提供 6~10 个合作培养的名额，超过半数的企业计划提供 2~5 个合作培养的名额，1/4 的企业计划提供 1 个名额。受到德国近几十年持续的低出生率和人口负增长的影响，企业每年提供的培养名额都处于不饱和状态，至少 1/3 的培养位置找不到合适的青年人来充实。

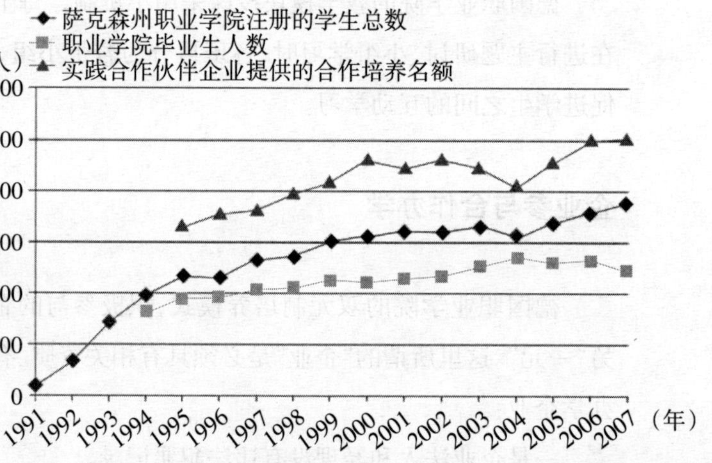

图 4　萨克森州企业提供的合作培养名额与职业学院注册学生数量和毕业生数量对比

德国萨克森州教育和高校规划能力中心针对合作办学企业的调研结果显示，企业与双元制职业学院共同培养人才的主要原因和动机来自以下几方面：

第一，在整个培养过程中，深入了解各位学生并让学生了解企业的生产经营过程和组织管理形式，以此长期为企业培养和储备人才。

第二，学生毕业留在企业后，节省了半年至一年适应岗位和了解企业的时间。

第三，在培养期间，学生可以参与企业的项目研究，帮助企业完成科研项目的开发和实施。

此外，大部分职业学院的在校学生在企业学习和工作的同时，每月可以领取300~900欧元不等的薪酬。2013年对企业的调研数据显示，萨克森州86%的职业学院的学生从企业领取月薪，比2010年的同比调查结果上升了3%。

相关启示

德国企业与职业学院积极合作办学的景象与我国高职当前发展的境遇形成了鲜明的对比。当前，我国高职院校在校企合作办学上的主要矛盾是学校“热”而企业“冷”，高职教育与企业严重脱节，校企合作办学未能实质性地实施。德国企业与职业学院之间双元制合作办学模式为我们解决这一矛盾提供了很多启示。

第一，调动企业参与高职教育的积极性，促进高职教育的健康发展。高职教育的特点要求学校必须与企业紧密结合，必须通过为企业服务实现与企业的合作，从而获得企业的支持和帮助，逐步形成高职院校提供教学管理场所和基础理论课教师，企业提供实习实训设备、技术、指导技师和就业机会的校企合作办学格局。

第二，加强理论与实践相结合，采用工学结合、工读交替等灵活的学习制度。高职教育的特点要求学生应具备较强的应用理论来解决实际问题的能力，其中技能、能力与素质兼备。工学结合、工读交替的模式恰恰可以解决理论与实践脱节的问题，培养学生通过运用理论知识来提高动手解决实际问题的能力。该模式应允许学生自主选择模块课程、学习时间和学习方式，分阶段完成学业。

第三，高职教育应以服务企业为本，按企业对人才的需求设置专业和开发课程，从而促进毕业生的良性就业和高职的健康发展。当前，一方面，我国高职毕业生就业难，找不到适合自己专业的岗位；另一方面，企业找不到所需的技术应用型人才。而德国职业学院的毕业生之所以深受德国企业青睐，主要原因是采用了“订单式”人才培养模式，德国职业学院的专业和课程设置按照企业所需人才应具备的技能、能力和素质而开发，保障毕业生的对口就业，促进了职业学院的良性持续发展。

对高校人事档案管理若干问题的思考

马　丽

摘要：人事档案管理是高校档案管理的重要组成部分，本文分析了高校人事档案管理中存在的若干问题，并探讨了相应的解决方案。

关键词：高校人事档案；对策

人事档案是国家机构、社会组织在人事管理活动中形成的，记述和反映人员经历、德才水平和工作表现，以个人为单位集中保存供备查的文字、表格及其各种形式的原始记录。高校人事档案工作是学校管理工作的重要组成部分，既肩负着知人善任、选贤举能、合理使用干部的职责，同时也为各系列专业技术职务评聘提供可靠依据。现就人事档案工作中遇到的一些问题谈几点认识。

一、高校人事档案管理中的问题

1.档案意识和法制意识薄弱。高校干部人事档案材料的形成、完善涉及学校很多部门和个人，但长期以来高校领导和职工的人事档案管理意识欠缺，认为人事档案工作只是“收收管管、翻翻找找、查查看看”，没有什么难度，谁都可以做，致使一些不按要求处理和完成人事档案材料的现象时有发生，造成高校人事档案材料的缺漏和不完善。还有些同志档案法制意识淡薄，擅自将个人档案材料留在身边不上交，有些办事人员不及时按规定把形成的材料上交档案部门，只图个人方便。极少数人为了某种需要，利用手中的权力，帮他人做假材料，开假证明，参与违法活动。

2.高校人事档案管理体制不统一，归档的内容单一，材料失真。目前，有的高校人事档案由组织人事部门统一归口，有的则由校档案馆（室）专门管理。这种管理体制给高校人才信息库的建设带来了很大难

作者简介：马丽，宁夏职业技术学院教师。

度，不利于组织人事部门对人事档案的管理。同时，在档案中反映业务能力和工作绩效的材料较少，大量的是教职工的履历表、考核表、职务变动、工资变动方面的材料。这些材料不能全面地反映出教职工个人的业务能力和科研成果等情况。在一些考核性、鉴定性的材料中，程序化定性描述的材料较多，而反映个性的或定量的材料较少。部分干部任免呈报表及奖励等材料未能及时归档。

3.人事档案材料收集渠道不畅通，收集工作缺乏力度。首先，高校形成档案材料的部门较为分散，材料形成时间前后不一，而收集、管理人事档案第一手材料的人员，经常忙于其他事务或根本没有向档案管理部门上交材料的意识，致使需要及时入档的材料积压在个人手中，甚至出现丢失的情况。档案管理人员往往不主动了解学校的各项工作进展，无法掌握材料形成的时间，对需要入档的材料还存在“不报送，不入档，你不交，我不催”的思想。二者之间贫于联系沟通，导致人事档案材料收集的严重脱节，出现人事档案材料隔月、跨年入档的情况。这种收集归档工作制度不健全，执行不严格，收集归档工作被动、不及时，这一问题在无专职人事档案工作人员的单位中比较突出。其次，收集归档的材料存在不全面的现象。某高校对人事档案进行清查时，在1000多份人事档案中，光缺年度考核者就有近200人次。另外，由于高校人事组织部门在档案归档时把关不严，致使一些虚假材料进入个人档案，一些归档的材料不够真实准确。有些干部的年龄越填越小，参加工作的时间越来越早，学历越填越高，却没有依据材料。人事档案材料本是客观、历史地记载干部本人情况的，具有很强的真实性和唯一性，但在实际档案中，“三龄一历”(年龄、工龄、党龄，学历)虚假现象较为严重。这些虚假材料归档后，不能准确反映每个人的真实情况，给组织人事部门认定工龄、核定退休时间、晋升工资和选拔干部带来许多麻烦，严重影响了档案的质量，降低了档案的利用率。

4.高校人事档案重传统管理，利用效率低下。现阶段高校人事档案的提供利用还是以实体档案为主。实体档案虽然利用范围广、适应性强，具有原始凭证的作用，但它利用效率低，工作量大。尽管有些高校已开始使用人事档案管理软件，但也仅在人员基本信息、档案目录编辑、档案转进转出等日常管理的几个环节实现计算机管理，因此高校人事档案管理工作普遍注重实体档案的管理。

根据《中华人民共和国档案法》规定：“地方各级各类档案馆是集中管理档案的文化事业机构，负责接收、收集、整理、保管和提供利用各分管范围内的档案。”

《干部档案工作条例》第八条规定，干部档案管理部门有十项职责。很多档案管理人员将大量的时间和精力用于档案的接收、收集、审核、分类、排序、编目、技术加工和装订成卷等整理以及防火、防蛀、防霉变等仓库保管工作，却没有认真思考人事档案工作的实质。难道就是人们常说的“抄抄写写、守好摊子而已，不丢不泄、查阅外调工具”，档案管理者很少对人事档案材料进行认真细致的分析研究，没能充分掌握所管范围内的人才信息，不能为人事档案的开发利用提供专业支持，使得人事档案的利用效率低下。

二、高校人事档案管理的对策

1.统一高校人事档案管理体制，加强人事档案的规范化建设。针对高校人事档案管理体制不统一的问题，笔者认为，人事档案管理部门应设置在与干部管理、教职工管理工作密切相关的组织部门和人事处，以便于工作协调和材料收集。在人事档案规范化建设方面，首先，高校领导要高度重视和积极支持干部人事档案工作，健全并严格执行干部人事档案材料收集归档制度。其次，需建立干部人事档案材料收集归档联系网络，干部人事档案管理部门汇总学校各部门的人事档案专职人员名单，力争层层有人负责，每个部门都有人承办，建立一个纵横交织、上下贯通的档案收集网络，疏通收集渠道，及时掌握各部门形成干部人事档案材料的信息，及时收集各部门的人事档案材料，以真实、完整、准确的信息不断充实干部人事档案内容。最后，要加强督察，接收材料时严把质量关，以保证档案材料的准确性。

2.加大档案宣传力度，提高人事档案的法治意识。人事档案是组织人事部门任用干部和选拔人才的重要工具，是选贤举能的重要依据，是联结组织和个人的重要载体，是人力资源管理中一项必不可少的基础性工作。因此，高校人事档案管理部门应该通过会议、校报、校园广播以及校园网络等各种渠道扩大宣传范围，加强宣传力度，使领导和教职工充分认识人事档案的重要作用，提高他们的档案意识。同时，加大《中华人民共和国档案法》《干部档案工作条例》的宣传力度，增强教职工的法治观念，认真履行监督审核责任制，做到“谁审核、谁签字、谁负责”。组织人事部门的干部要增强责任意识，维护档案的真实性，坚决反对篡改档案、危害档案的行为，坚决清理污染干部档案材料的源头。在工作中，照章办事，严格履行程序，做到“坚持原则不动摇、执行标准不走样、履行程序不变通、遵守纪律不放松”，确保人事档案材料的质量。

3.树立新的档案服务意识，提高利用效率。档案利用是档案工作的出发点和根本目的。现在档案利用不仅仅局限在组织人事部门，个人和社会利用人事档案的比例也在逐年上升；人事档案室不再是组织、人事部门的储藏室，而已成为学校人事信息中心开发利用档案的基地。因此，在开展人事档案信息的利用工作中，档案工作者首先要做到更新观念，强化档案利用效率意识。要突破陈旧的传统观念影响，真正做好“重利用”这篇文章。其次要牢固树立开拓性服务意识，正确认识和处理利用和保密的关系，严格按照中组部《干部档案工作条例》，做好保密和安全利用的审批手续。再次是牢固树立主动服务意识，采取有效办法让社会充分了解档案资源，把档案的“潜价值”变为“显价值”，满足社会和广大人民群众日益增长的利用需求。

4.高校人事档案管理应尽快从传统管理向现代化管理转变。首先，高校人事档案管理应尽快从实体管理向信息化、网络化管理转变，实现人事档案管理信息资源数字化、网络化，管理流程自动化，信息共享整体化，积极稳妥地采用科学的理论方法和现代化的技术与设备，对人事档案进行管理。其次，高校应充分发挥自身优势，开发研制出先进、适用的人事档案管理软件系统。第三，借助扫描仪，将原始的档案材料扫描并保存到计算机中，建立全文数据库。这样在利用档案时，就不用提取实体档案，只要通过计算机全文数据库，就可以查阅到有关内容，既可以延长实体档案的寿命，又可以提高工作效率。

少数民族文化与社会主义核心价值观*

于　兰　潘忠宇

摘要：少数民族文化中蕴含着丰富的社会主义核心价值观的文化资源，它是社会主义核心价值观形成和认同的文化基础、培育平台和载体。社会主义核心价值观是少数民族文化精华的提炼和升华，发展的价值引领，提升的价值导向，创新的发展方向。对于我国少数民族地区，培育社会主义核心价值观的有效路径必须立足于对少数民族文化有益资源的挖掘，并做到把少数民族文化遗产的保护开发与创新、少数民族文化的发展、民族文化的建设实践、民族文化凝聚功能的发挥相结合来培育和践行社会主义核心价值观。

关键词：少数民族文化；社会主义核心价值观；培育途径

作者简介：于兰(1964—)，女，宁夏人，宁夏职业技术学院教授，研究方向为民族文化。

潘忠宇，宁夏大学政法学院教师。

*本文为宁夏社科基金项目“民族地区社会主义核心价值体系建设方略”(10NXBKS01)、宁夏高校研究项目“民族地区社会主义核心价值体系民族化大众化研究”(NGY2011093)研究成果，发表于《云南师范大学学报》2013年第6期。

党的十八大报告提出了“积极培育社会主义核心价值观”的重要任务，并对社会主义核心价值观的内涵做了精辟而简明的提炼和概括。[1]我国是一个统一的多民族国家，民族地区社会成员对社会主义核心价值观是否认同，认同的程度如何，能否让社会主义核心价值观内化为民族地区社会成员的价值认同，内化为引领民族地区社会成员生活、行为的方向和判断是非的标准，对于增进民族团结、增强民族凝聚力和向心力、维护民族地区社会稳定、促进社会和谐有着至关重要的作用。因此，在少数民族地区，如何认识少数民族文化与社会主义核心价值观之间的关系？它们之间有着何种内在的关联？如何有效培育社会主义核心价值观？这既是一个重要的理论课题，也是一个复杂的现实难题。本文试图在少数民族地区培育社会主义核心价值观的论域内，对少数民族文化与社会主义核心价值观之间的关系及有效培育途经进行探讨。

一、少数民族文化对社会主义核心价值观的价值和意义

(一)少数民族文化中蕴含着丰富的社会主义核心价值观的文化资源

民族文化是各民族在长期的历史发展过程中培育、创造和发展起来的适合本民族生产生活并具有本民族特点的文化，包括物质文化和精神文化。物质文化一般包括饮食、衣着、住宅、生产工具等内容，精神文化一般包括语言、文字、文学、科学、艺术、哲学、宗教、风俗、节日和传统等内容。

中国各民族在长期的历史发展过程中,创造了各具特色、丰富多彩的民族文化。中国少数民族文化是中华文化的重要组成部分,是中华民族的共有精神财富。仅就少数民族的伦理文化来看,我国各少数民族的道德生活虽然各自有着不同的历史传统、生活环境、习俗规范等,但在道德生活的价值追求、永恒的道德理想和道德行为的具体规范等方面与社会主义核心价值观又有着契合性、一致性。如在社会公德方面倡导人们要爱国敬业,遵纪守法,遵守社会公共秩序和社会公德,坚持扶弱济贫,乐于助人;在人伦关系和日常交往中倡导人们要重礼讲义、诚实守信;在对待钱财上反对贪污受贿、盗窃国家公共财产和私有财产,反对欺诈行骗,反对铺张浪费;在对待自然环境上反对乱砍滥伐、破坏自然环境,主张保护自然生态环境,维护生态平衡;在个人修养方面要求人们热情礼貌,诚实守信、宽厚待人、言行一致等;在职业伦理方面提倡爱岗敬业,勤奋工作,恪尽职守,廉洁奉公;在家庭伦理方面倡导父慈子孝、尊老爱幼、夫妻恩爱、兄弟姐妹和睦相处等。这其中蕴含着丰富的富强和谐、平等公正、爱国敬业、诚信友善等思想和观念。

少数民族文化中的这些价值理念和道德要求体现在各少数民族的喜好、风气、民约、乡规乃至崇尚、禁忌之中,渗透到社会生活的各个方面,并在社会生活的各个领域发挥着重要作用,它们无不从国家、社会、个人层面对人们的行为进行规范和引导。在当代,少数民族文化中的这些价值理念和道德要求与社会主义核心价值观具有契合性、相通性。可以说,中国各少数民族把和谐文明、公平正义、诚实守信、互助友爱等内在的道德观念融入人与人、人与社会的文明交往和道德生活中,并细化为点点滴滴的具体行为,简言之,社会主义核心价值观已蕴含在各少数民族的文化中并在其社会生活中得到具体践行。

(二)少数民族文化是形成社会主义核心价值观的文化基础

社会主义核心价值观的形成并不是无源之水,而是立足今天的时代条件和时代要求,对中华文化优秀成果,包括少数民族文化优秀成果的提炼、概括、提升和弘扬。

文化认同和价值追求的一致是提升民族凝聚力和增强民族向心力的前提和基础,是维系民族生存和促进民族发展的内在力量。“文化的灵魂是什么,就是凝结在文化之中、决定着文化质的规定和方向的最深层的要素,就是核心价值观。有什么样的价值观,就有什么样的文化立场、文化取向、文化选择。”[2]一个国家、一个社会能否拥有、是否拥有广泛认同的核心价值观,对一个国家的凝聚力和向心力影响极大。"优秀价值观从根本上说,是一个民族对自己民族生存和发展的价值取向,是对物质财富和精神财富选择的价值理念,是对民族发展前途的价值追求。它既是民族行为进行选择的依据,又是民族实现价值目标的指南。"[3]各少数民族文化作为中华民族传统文化的组成部分，存在着丰富的优秀文化资源。在我国少数民族传统文化中,和谐文明、公平正义、诚实守信、互助友爱等价值取向和道德观念十分丰富和深刻，是少数民族优秀文化的内在精神和显著特征,是中华民族文化中一笔宝贵的精神财富。少数民族文化中广泛蕴含的富强和谐、平等公正、爱国敬业、诚信友善等思想、观念和传统,为社会主义核心价值观的形成提供了丰富的文化资源。正是在对中华文化优秀成果,包括少数民族文化优秀成果继承的基础上,十八大报告用24个字清晰而凝练地从国家、社会、个人三个层面对社会主义核心价值观做了高度概括，让社会公众从多元价值观中找到了一元的核心价值观,为多元时代凝聚思想共识指明了方向,因此也为中国各少数民族多元的社会文化生活提供了统一的价值追求和道德取向。社会主义核心价值观的形成并不是空穴来风,而是有着深厚的文化基础。

(三)少数民族文化是认同社会主义核心价值观的文化基础

我国的少数民族文化资源非常丰富,且特点鲜明突出,它们是少数民族地区民众认同社会主义核心价值观的文化基础。

一是我国少数民族文化历史悠久、源远流长。中国的许多少数民族是与汉族同生共长的民族。许多民族在历史上都曾创制了自己的文字,并形成了丰富的文化典籍。蒙古族的《江格尔》、藏族的《格萨尔》和柯尔克孜的《玛纳斯》,并称为我国少数民族的三大"英雄史诗",饮誉世界。《格萨尔王传》是世界上最长的英雄史诗。

二是我国少数民族文化形式多样、内容丰富。少数民族文化成就表现在衣食住行、宗教、伦理、哲学、文学、艺术、医药、建筑、服饰、风俗等诸多方面,既保持和传承了优秀的传统文化,又大量地吸收和容纳了现代文化。艺术种类繁多,仅演唱艺术就有蒙古族的长调、维吾尔族的十二木卡姆、哈萨克族的阿肯弹唱、侗族的大歌、回族等民族的花儿、壮族的山歌等几十种。舞蹈艺术有维吾尔族的手鼓舞、蒙古族的安代舞、土家族的八宝铜铃舞、朝鲜族的长鼓舞等数百种。民族传统节日丰富多彩,壮族的三月三、彝族的火把节、蒙古族的那达慕、苗族的跳花节、布依族的歌节等，都是展示和传承民族文化的盛会。

三是我国少数民族文化有独具的民族语言文字载体。在我国55个少数民族中，除回族、满族通用汉语言文字外，53个民族都有自己的语言，22个民族使用着28种本民族文字。据统计，目前在我国一亿多少数民族人口中，有将近6000万人使用着本民族语言和文字。特别是在边远民族地区，使用本民族语言和文字的人口比例更高。在这些地区，少数民族语言文字类报刊、广播影视节目、图书等，深受本民族群众的喜爱。

四是我国少数民族文化地域特色浓郁。我国少数民族居住地域十分辽阔，从白山黑水到椰风海韵的海南岛，从台湾中央山脉到位于我国陆地最西端的帕米尔高原，从内蒙古高原到青藏高原，从西南云贵高原到西北黄土高原，从武陵山区到塔里木盆地，均有分布。不同的气候条件，不同的地理环境，使各民族文化呈现出鲜明的地方特色。从大的文化形态上看，有高原文化、雪域文化、绿洲文化、农耕文化、草原文化、渔猎文化等多种表现形式；从各民族文化的具体特点看，呈现出多姿多彩、风格迥异的地域特色。我国还有30多个民族与国外同一民族跨境而居，这些民族的文化无不具有深厚的边疆地域特色。

五是我国少数民族文化在精神价值上既相通相融、相互补充，又各具风采。我国各民族文化都具有团结统一的爱国传统，以和为贵、和而不同的“和合”思想，革故鼎新、因势而变的创新精神，忠君孝亲、讲信修睦、惩恶扬善的传统美德，尊老爱幼、父慈子孝的家庭美德等。同时，由于地域、历史、信仰等方面的差异，又具有一些不同的精神价值追求。少数民族文化与汉族文化之间，各少数民族文化之间，互相交流、相互影响、相互渗透、相互吸收，既深化了中华文化的内涵，增强了中华文化的一致性，又保持了中华文化的多样性与丰富性。如此历史悠久、源远流长、内容丰富、形式多样、地域特色浓郁、精神价值相通相融的我国少数民族文化，为对富强和谐、平等公正、爱国敬业、诚信友善等核心价值观的认同提供了丰厚的文化资源，可以说是一座取之不尽、用之不竭的少数民族文化资源宝库，它极大地夯实了社会主义核心价值观的文化基础，丰富了社会主义核心价值观的文化内涵，是少数民族地区民众认同社会主义核心价值观的重要基础。

（四）少数民族文化是培育社会主义核心价值观的重要平台和载体

少数民族文化形式多样，载体丰富。它们可以成为少数民族地区培育社会主义核心价值观的重要平台和载体。

其一，少数民族语言文字丰富多样。我国现有的55个少数民族中，回族、满族同汉族使用汉语，其他53个民族使用本民族的语言。其中，属汉藏语系的有29个民族，主要分布在中南和西南地区；属阿尔泰语系的有17个民族，主要分布在东北和西北地区。民族之间互通语言的情况较为普遍，特别是汉语普通话日益成为各民族主要的交际语言。

其二，少数民族文化艺术多姿多彩。在漫长的历史岁月里，少数民族创造了大量优美动人的神话、传说、史诗，以及音乐、舞蹈、绘画和有价值的科学典籍，建造了很多雄伟壮观、绚丽多彩、富有民族特色的建筑。这些优秀的文化艺术遗产，是中华文化的重要组成部分，是中华民族共有的精神财富，是人类文明的重要成果。拉萨的布达拉宫、大昭寺和罗布林卡等，入选了《世界遗产名录》；蒙古族的长调、维吾尔族的大型音乐套曲"十二木卡姆"等，被联合国列入世界非物质文化遗产名录中。在我国目前公布的前三批国家级非物质文化遗产目录中，少数民族项目有515项，约占项目总数的42%。

其三，少数民族风俗习惯各具特色，集中表现在服饰、饮食、居住、礼仪、节日及婚丧嫁娶等方面。各具特色的少数民族风俗习惯或源于民族发展历史，或源于生产实践，或源于重大历史事件，或源于宗教信仰，或源于居住环境。

其四，少数民族节日种类繁多。包括宗教性节日，如回族、维吾尔族等信仰伊斯兰教的民族的开斋节、古尔邦节十分隆重；藏传佛教的传大召、传小召、瞻佛节，在藏族、蒙古族和部分纳西族、门巴族群众中影响很大。农事节日，如彝族等民族举行火把节、藏族举行望果节以庆祝丰收。纪念性节日，如满族的颁金节以纪念民族名称的确立，苗族的四月八以纪念英勇就义的苗民首领。商贸性节日，如白族的三月街要举行各种商品的交易。此外还有一些文体娱乐节日，如蒙古族的那达慕大会，要举行摔跤、骑马等比赛，规模很大，气氛热烈。传统民族节日是各族民众表达内心情感的重要时机，是民众精神的重要寄托方式，具有很强的凝聚力。

一个社会的核心价值观只有植根于它的丰富多样的民族优秀传统文化的沃土之中，使民族优秀传统文化成为社会核心价值观存在和发展的根基时，才能被民族成员所认同、接受和尊行。中国如此多样的少数民族文化载体，可以蕴含、渗透、表征、承载、弘扬"富强、民主、文明、和谐"、"自由、平等、公正、法治"、"爱国、敬业、诚信、友善"等理念，可以成为社会主义核心价值观存在和发展的重要根基，从而可以成为少数民族地区培育社会主义核心价值观的重要平台和有效载体。

二、社会主义核心价值观对少数民族文化发展的价值和作用

(一)社会主义核心价值观是少数民族文化精华的提炼和升华

今天的中国是历史中国的延续,今天的文明是历史文明的发展。我国各民族都有着灿烂的历史文化,在长期的社会发展过程中形成了独具特色的文化传统、价值观念和行为规范。从历史文化的角度看,社会主义核心价值观正是继承了中国传统文化包括少数民族文化的基本精神,又适应了当代社会的发展要求。优秀价值观在民族精神中居于核心地位,是民族精神的核心和灵魂。“在内容上,民族的优秀价值观是民族意识和民族文化的核心;在载体上,民族的优秀价值观是民族精神的灵魂;在功能上,民族的优秀价值观是民族精神的定位。”[4]社会主义核心价值观建立在各民族优良文化传统之上，它在历史文化积淀的基础上结合新的社会发展和时代要求予以创造性的发展。因此,社会主义核心价值观能够以宏大的视域兼容、吸收和容纳少数民族精神生活中先进的、积极的、与时代主题相一致的元素，努力寻求各少数民族同一的价值认同和社会和谐稳定的基础,由此所呈现出来的兼收并蓄的开放精神,是保持社会主义核心价值观的生命活力和说服力的根本所在。而中国各少数民族的精神生活内容丰富、形态多样，同时在很多方面展现出与社会主义核心价值观相契合、相融通的元素,因此能够为社会主义核心价值观永葆青春与活力提供不竭的文化资源、动力来源和文化基础。

(二)社会主义核心价值观是少数民族文化发展的价值引领

在当代社会,少数民族文化面临适应和发展的艰巨任务。那么,少数民族文化面对当代社会环境、条件和要求怎样适应？如何发展？

优秀的民族文化是该民族智慧的结晶,凝聚着该民族的感情、意志和追求,体现着民族精神,对一个民族的心理素质、民族性格、思想道德、价值观念以及审美意识的形成起着重要的作用。社会主义核心价值观是中华民族具有凝聚力和认同感的价值基础，对民族地区的社会价值认同和民族内部认同有重要的引领和促进作用,它有利于民族内聚力、亲和力的产生、巩固和增强,能够为社会经济发展提供稳定和谐的人文环境,有利于化解民族矛盾和消解民族冲突。因而对于

社会主义核心价值观的认同感对少数民族发展有着举足轻重的作用。社会主义核心价值观应该成为少数民族文化发展的价值引领。

(三)社会主义核心价值观是少数民族文化发展提升的价值导向

"讲一个民族的软实力、文化力,从根本上取决于核心价值观的生命力、凝聚力。历史和现实反复表明,如果没有这个最核心的东西,一种文化就立不起来、强不起来,一个民族就没有赖以维系的精神纽带。"[5]社会主义核心价值观继承中华民族的优秀文化传统和中国特色社会主义实践经验,借鉴、汲取世界各种优秀价值形态的积极因素,提供了和谐社会建设所需要的文化认同和价值追求,可以使人们超越民族、血缘、语言、习惯、地域以及社会阶层等方面的差异,消除彼此之间的分歧和隔阂,增强社会成员的归属感和向心力,促进整个社会的团结和稳定。社会主义核心价值观兼顾了国家、社会、个人三者的价值愿望和追求,是政治理想、社会导向、行为准则的统一,是国家、集体、个人在价值目标上的统一,代表了中国特色社会主义社会的主流价值,是社会主义最基本、最核心、最重要的价值理念,是提升民族凝聚力和向心力的前提和基础,是中华民族振兴的共同精神力量。因此,在少数民族地区,坚持用社会主义核心价值观引领和提升少数民族文化发展,繁荣发展少数民族文化,注重少数民族优秀文化的弘扬与保护,将其引导到对中华民族、中华文化和社会主义核心价值观的认同上来,对于抵御境外不良文化和腐朽文化渗透、振奋民族精神、维护国家文化安全、促进和谐社会建设、实现中华民族富强的中国梦有着重要的积极作用。社会主义核心价值观是少数民族文化提升的价值导向。

(四)社会主义核心价值观是少数民族文化创新的发展方向

少数民族文化是否有生命，是否有活力，不仅要看它在历史上所产生的影响,还要看它能否穿越时空,及时有效地回应当下与未来所遇到的重要问题。

在中国各民族发展的历史长河之中，各民族文化不断发展变化，跌宕起伏,其中既有精华,也有糟粕。充分认识历史上的各民族文化优秀传统,恢复我们的历史文化记忆,寻找其中超越时空的思想因子,提升对中华文化的自信,创新和弘扬优秀传统道德和价值观，重铸中国人自强不息、刚健有为的民族性格,使之与当代社会相适应、与现代文明相协调,这无疑是民族文化发展在当代的历史责任。

如何推动少数民族文化的创新发展?需要做两方面的努力:一是吸收消化少

数民族文化中健康、有益的内容，特别是少数民族文化中最具活力及最具价值的思想理念，激发少数民族文化传统中活的因子。二是通过对少数民族传统文化本身的批判和反思，找出少数民族传统文化中超越时空的思想因子，成为少数民族文化对中华文化和人类文明贡献或引领的内容，同时也成为中华文化复兴的重要因素。所以少数民族文化的创新发展，或文化更新、文明再造，必须以社会主义核心价值观为指导，既要把中国少数民族传统文化作为当代中华文化向前推进与发展的重要资源，又要充分借鉴现代人类文明的成果。社会主义核心价值观是少数民族文化创新的发展方向。

三、在我国少数民族地区培育社会主义核心价值观的有效途径

我国民族文化的丰富多样性、民族地区的特殊性为我们恰当思考、选择和确定我国少数民族地区培育社会主义核心价值观的有效途径提供了重要的视域和思路。在我国少数民族地区培育社会主义核心价值观除了要把握其普遍性外，还要特别注意把握好其特殊性。

（一）挖掘少数民族文化有益资源，培育社会主义核心价值观

少数民族文化是中华文化的重要组成部分，少数民族优秀传统文化可以成为培育社会主义核心价值观的重要文化资源。“少数民族传统文化，是各少数民族在千百年的生产生活实践中经过不断沉淀、积累起来的生活习惯、风俗观念、宗教信仰、语言文字、文学艺术、生产技术等方面的总和，是中华民族文化不可分割的重要组成部分。”少数民族在中华文化的形成和发展过程中做出了重要贡献。在弘扬中华文化、培育社会主义核心价值观的过程中，必须给予少数民族文化必要的强调，尊重少数民族文化的应有地位，重视发挥少数民族文化的应有作用。

在少数民族地区培育和践行社会主义核心价值观，增强社会主义意识形态的吸引力和凝聚力，培育社会文明风尚，建设和谐文化，需要以各少数民族优秀的传统文化为支撑。注重对少数民族先进文化的吸收是中华文化五千年来繁荣昌盛、生生不息的重要原因，在社会主义核心价值观的指引下，重视优秀民族文化的挖掘、整理与弘扬，不仅是新时期弘扬中华文化的需要，也是建设中华民族共有精神家园、加快构建和谐社会步伐的需要，理应成为我们培育和践行社会主

义核心价值观的重要途径之一。因此,在民族地区培育和践行社会主义核心价值观的过程中,要充分发挥各民族的优秀传统文化所具有的了解历史、教育后人、凝聚国民、鼓舞人心、陶冶情操、净化灵魂等功能,促进社会主义核心价值观的内化和从观念形态向行为形态的转化。我国多元的民族文化应该在社会主义核心价值观的指引下,提炼其中有益的成分,发挥其积极作用,使其成为我们这个多民族统一国家和谐发展的宝贵精神财富。

(二)在对少数民族文化遗产的保护、开发和创新中培育和践行社会主义核心价值观

社会主义核心价值观的培育和弘扬,既要关注传承,也要重视创新。它的建设离不开传承与创新的相辅相成、共同作用。文化发展的每一个阶段,每一刻都在继承、每一刻都在吸收外界的养分而创新发展。要善于在对少数民族文化遗产的保护、开发和创新中培育和践行社会主义核心价值观。

先进的少数民族文化,应该至少具备以下文化特性:必须对国家的统一和民族的团结有益;必须对少数民族的长远发展和进步有益;必须对少数民族破除陈旧观念、学习先进科学文化有益;必须对少数民族群众解放思想、转变观念、脱贫致富有益;还必须富有民族形式和特色,为少数民族群众乐于接受和易于接收。在当代中国,先进的少数民族文化应该是与社会主义核心价值观相一致、相符合的文化。

在积极利用少数民族文化培育和践行社会主义核心价值观的过程中,首先,必须高度重视和切实保护中华民族多元的各民族文化,充分重视文物和非物质文化遗产保护,充分重视文化典籍整理工作,妥善保留和保护各民族优秀文化遗产,充分挖掘对培育社会主义核心价值观有价值的教育资源。其次,必须对少数民族文化进行合理的可持续的开发利用,大力提倡健康的民族习俗,大力培养文明的民族风尚,积极发掘和利用民族文化中与社会主义核心价值观相一致、相符合的文化要素,使其融入民族地区社会主义核心价值观培育的全过程之中,促进各民族精神境界的提升。再次,必须充分利用各种有效文化载体,积极进行民族文化创新工作,从内容和形式上进一步推进少数民族文化的丰富和发展,让和谐文明、公平正义、诚实守信、互助友爱等成为民族文化的基本精神和重要内容。

(三)在少数民族文化发展中培育和践行社会主义核心价值观

2009年6月,全国少数民族文化工作会议在北京召开,这是新中国成立以来国务院召开的第一次少数民族文化工作专题会议。会议明确提出,必须繁荣发展少数民族文化事业,其主题是共同团结奋斗、共同繁荣发展,主线是建设社会主义核心价值体系,重点是完善公共文化服务体系,手段是加强基础设施建设,动力是推动文化创新,保障是改革体制机制,出发点和落脚点是满足各族群众日益增长的精神文化需求,促进少数民族文化建设与全国文化建设、与民族地区经济社会建设、与民族地区教育事业协调发展,促进民族团结、实现共同进步。为此,提出了七项重要任务。这次会议在中国少数民族文化发展史上将具有标志性意义。

在少数民族文化发展中培育和践行社会主义核心价值观,一是要在民族文化发展中倡导"富强、民主、文明、和谐",并让"富强、民主、文明、和谐"成为民族文化发展的价值目标;二是要在民族文化发展中倡导"自由、平等、公正、法治",让"自由、平等、公正、法治"成为民族文化发展的价值导向;三是要在民族文化发展中倡导"爱国、敬业、诚信、友善",让"爱国、敬业、诚信、友善"成为民族文化发展的道德基础。

(四)在民族文化建设实践中培育和践行社会主义核心价值观

社会主义核心价值观的培育和建设需要全体社会成员的文化认同、文化自觉和文化自信。社会主义核心价值观的培育和弘扬切忌仅仅成为红头文件上的通知、讲坛上的空谈、文稿上的文章。它不仅要实现社会主义核心价值观的理论化,更要实现社会主义核心价值观的大众化,在民族地区更要实现社会主义核心价值观的民族化。要充分、恰当地利用少数民族语言文字、文化艺术、风俗习惯、民族节日等各种民族文化活动载体,将社会主义核心价值观蕴含、渗透于其中。要使社会主义核心价值观的培育和弘扬惠及最基层的地区和群众,要让全体社会成员,包括少数民族成员都主动参与到社会主义核心价值观的培育和弘扬的全过程,要让全体社会成员,包括少数民族成员都享有社会主义核心价值观建设的成果,要让每个参与主体都感觉到社会主义核心价值所带来的自信。社会主义核心价值观的大众化、民族化成为文化自觉与文化自信的迫切课题。在社会主义核心价值观与民族文化多样性的关系上,要努力实现良性互动:社会主义核心价值观的影响越大,则民族文化多样性越能健康有序地发展;民族文化多样性有利于检验、测评社会主义核心价值观在少数民族中的认知程度，从而更加有效地发挥核心价值观的思想引领作用。

（五）发挥民族文化的凝聚功能，培育和践行社会主义核心价值观

任何一个民族屹立于世界之林必有一种基本的精神动力，这种动力激励着民族群体的团结与凝聚，鼓舞着民族成员的奋发向上。民族文化作为各民族成员共同的精神财富，是长久历史的积淀，对民族成员有特殊的情感维系功能，它的力量是潜移默化的。民族凝聚力是使民族结成统一的有机整体以确保其生存和发展的内在力量。民族凝聚力是使民族成员个体之间凝聚在一起而保持民族整体完整统一的精神文化力量，是民族所具有的文化吸引力、民族向心力和社会整合力。民族凝聚力存在的基础就是民族文化，而民族文化的力量体现在民族成员对民族文化核心价值观的认同上。

发挥民族文化的凝聚功能培育和践行社会主义核心价值观，是引领整合多样化民族思潮和社会思潮的现实需要。随着经济体制的深刻变革、社会结构的深刻变动、利益格局的深刻调整，人们在思想认识上的独立性、选择性、多变性、差异性日益增强，各种价值观念和社会思潮纷繁变幻。中国当前正处在一个思想大活跃、观念大碰撞、文化大交融的时代，在民族地区尤其明显。引领整合多样化社会思潮，把不同阶层、不同认识水平的人们团结和凝聚起来，需要牢固树立社会主义核心价值观。培育具有广泛感召力的社会主义核心价值观，用以引领和整合多样化的思想观念和社会思潮，尊重少数民族和信教群众的价值认同，发展民族宗教文化，在尊重差异、包容多样的基础上保持全社会共同的理想信念和道德规范，形成全民族奋发向上的精神力量和团结和睦的精神纽带。

当然，在培育和弘扬社会主义核心价值观的过程中，我们继承和发扬中国少数民族传统文化的优秀成果应该采取“一分为二”的辩证态度，坚持“古为今用”的方针，有批判地继承，有远见地创新，既不能搞全盘否定少数民族传统文化的民族虚无主义，也不能搞全盘继承少数民族传统文化的复古主义。我们应该全面认识和辩证分析中国少数民族传统文化，取其精华，去其糟粕，使之与当代社会相适应、与现代文明相协调，保持民族性，体现时代性。只有这样，我们才能充分继承和发扬中国少数民族传统文化中所蕴藏的丰富的核心价值观思想资源，为社会主义核心价值观培育和弘扬做出积极贡献。

参考文献
[1]胡锦涛.在中国共产党第十八次全国代表大会上的报告[M].北京:人民出版社,2012.
[2]李伟,潘忠宇.回族伦理文化导论[M].银川:宁夏人民出版社,2010.
[3]潘忠宇.优秀的价值观是民族精神的核心和灵魂[J].道德与文明,2005(1).
[4]郝亚明.少数民族文化与中华民族共有精神家园建设[J].广西民族研究,2009(1).
[5]国务院关于进一步繁荣发展少数民族文化事业的若干意见[Z].国发[2009]29号.

宁夏地区图书馆公共文化服务模式实践与发展*

张　萍　王淑霞　金晓英　任智慧

摘要：公共文化服务体系建设是文化建设的重中之重。宁夏地区图书馆公共文化服务体系建设正处于发展阶段，服务模式具有地区特点。本文着重探究了宁夏地区图书馆公共文化服务模式的实践，并就其发展进行了思考，以期为提高宁夏地区图书馆公共文化服务能力提供借鉴。

关键词：宁夏地区图书馆；服务模式；实践；发展

作者简介：张萍（1976—），女，硕士，宁夏职业技术学院图书馆馆员，研究方向为图书馆学。

王淑霞（1960—），女，研究馆员。

*本文系2013年宁夏哲学社会科学规划项目"民族地区图书馆公共文化服务体系现状调查与服务机制研究"（13NXCTQ01）成果之一，发表于《图书馆理论与实践》2013年第11期。

一、宁夏地区图书馆公共文化服务模式实践

宁夏地区图书馆公共文化服务已经不局限于传统的基础服务，而是逐步向特色化、个性化、延伸化、品牌化等高层次服务发展。

1. 常态化的服务实践

经过数十年的发展建设，宁夏地区图书馆一些基础性、延伸性及特色化公共文化服务已发展成常态化服务，服务能力和服务范围不断提升与扩大。常态化的服务主要有以下几种。

（1）成熟的品牌服务模式

从宁夏全区图书馆考察，2004年创办的"塞上人文论坛"（以下简称"论坛"）就是一项图书馆品牌服务。"论坛"以书香宁夏、宁夏多元历史文化为主线，涉及西夏、回族历史文化专题等，突显地域、民族文化特色，向公众普及民族知识，传承民族文化，很大程度上宣传了宁夏，在区内享有较高评价。截至目前已举办70余期。"论坛"聘请国内著名学者毛佩琦、著名作家刘心武等，以及区内知名史学家、西夏学学者、回族史学者、地方文献研究者、图书情报界专家等为主讲人，使"论坛"具有较大的影响力。据图书馆公共文化服务读者调查问卷显示，认可、认同这项品牌服务的读者涉及各行各业。近年来宁夏各大高校也纷纷与宁夏图书馆合作，联合承办，在高校图书馆开展"论坛"讲座，深受广大师生的欢迎。

(2)图书流通站点服务模式

这项服务已遍布宁夏区、市、县级公共图书馆,其中突出的有宁夏图书馆、银川市图书馆、吴忠市图书馆、贺兰县图书馆等。图书流通站点逐年增加,据不完全统计,截至目前全区公共图书馆共计 320 余个流通站点,其中,宁夏图书馆 89 个,贺兰县图书馆 76 个,银川市图书馆 102 个。笔者选取银川市图书馆进行考察,具体情况见下表。

银川市图书馆流通服务站点分布情况

	银川市人口分布总数	流通服务站点分布、数量(个)及所在地被服务人口(人)														覆盖率
		街道站点	被服务人口	社区站点	被服务人口	乡镇站点	被服务人口	农村站点	被服务人口	企业站点	被服务人口	特殊站点	被服务人口	其他站点	被服务人口	%
兴庆区	690023	4	123000	13	91213	3	90050	3	12100			10	8030	4	3915	47.58
金凤区	288509	3	68000	6	45156			2	1020	1	470	1	380			39.87
西夏区	334839	5	212900	4	30100	2	63000					2	6100	2	9690	96.10
灵武市	265242							12	28980	1	1200	1	60			11.40
贺兰县	226363			6	116000							2	保密			51.25
永宁县	220765							3	6200	9	7837	2	500	1	300	6.72
小计	2025741	12	403900	29	282469	5	153050	20	48300	11	9507	18	15070	7	13905	45.72
合计	2025741	站点总数:102,被服务人口总数:926201														45.72

(数据来源:《银川统计年鉴 2012》)

首先,图书馆流通站点覆盖率不断增长,基本覆盖银川市三区、两县、一市(县级)的街道/乡镇、社区/村。其中,街道建点最多的是西夏区,社区建点最多的是兴庆区,农村站点最多的是灵武市,企业站点最多的是永宁县,特殊站点最多的是兴庆区,实现了对大多数人口类型的服务。其次,具有区域普遍均等发展的特点。西夏区覆盖率最高,达到 96.10%,基本实现区域普遍均等服务。第三,服务站点的服务各有特色。有些站点倾向于本地区经济发达区域,如覆盖率较高的三区、贺兰县;有些站点建在清真寺,突出了民族特色。第四,建点内容、目标任务各有侧重。如灵武市建点为 11.40%,趋向于农村文化建设;永宁县为 6.72%,趋向于企业文化建设。

在 30 多年的发展中,流通服务配送介质得到改善,站点资源逐步配套,经费投入增加,人员服务意识增强,已形成长效服务机制,并取得了显著成效。在配送介质上，经历了自行车阶段、图书流动箱阶段、汽车流通车阶段，目前已发展为物流配送；在服务机制方面，政府委托，地方财政支付，图书馆与基层单位合作，依据协议建立多方合作的长效服务机制；每个站点配备的文献资源涉及面广，能够满足各类读者的基本需求；服务人员固定，具备一定的专业素质，合作意识强，沟通能力强，服务经验丰富。

2. 特殊化服务实践

眼睛是心灵的窗户。视障服务是公共图书馆的一项特殊化服务，服务对象的特殊性决定着服务的特殊化。据自治区残联数据统计，宁夏有视力残障人士近8万名，因此，打开心灵的窗户，是图书馆公共文化服务的义务与职责。

宁夏公共图书馆基本开展了此项服务，并已取得良好的服务效果。(1)服务环境良好、服务资源相对齐全。视障阅览馆舍面积平均达到20~30平方米，盲文文献、盲文有声读物(光碟)、无障碍电影盘、盲文学习机、电脑、电视机、读屏软件等基本满足到馆视障读者的需求。(2)服务内容多样化。开展形式多样的展览与体验活动，如将馆藏的盲文图书、有声读物向公众开放，公众闭上眼睛触摸盲文，感受盲人的阅读状态；让视障人士摸读盲文图书、听读有声读物，利用读屏软件上网；让弱视力者使用电子弱视助读器，体验、享受阅读的快乐等。(3)服务方式灵活，积极提供上门服务。经常性地为视障按摩机构、视障诊所、特殊学校的视障孩子及社会上的视障人士提供上门配送服务，预约到馆集体阅读服务等。(4)与社会合作意识强，积极扩大媒体宣传，得到社会各界的高度认同。图书馆与宁夏残联、盲人协会、视障按摩机构、视障诊所、特殊学校等社会多部门定期协作举办服务活动，积极组织、扩大媒体宣传，使更多的人关爱、尊重视障人士，同时让视障人士无障碍走进、使用视障阅览室，保障了视障人士的基本文化权益。视障服务实践的拓展在于宣传，宣传的目的在于让社会认可。只要让更多的人和社会组织认可并参与进来，这项服务模式就会更大程度地体现出其社会价值。

3. 志愿者服务模式

志愿者服务既是图书馆的延伸服务，又有图书馆赋予的新的内涵。(1)以图书馆内部管理组织来看，志愿者是图书馆的服务对象，又代表着图书馆馆员形象，服务于社会与公众，具有双重身份。作为服务对象，志愿者不仅可以弥补图书馆人力资源之不足，而且与读者具有天然联系，能保持双向沟通交流，掌握读者需求,促使图书馆不断改进服务工作;作为馆员,志愿者完成的是图书馆公关任务,向公众宣传图书馆理念,吸引更多人走进图书馆。(2)在图书馆服务模式上,志愿者服务是图书馆的对外延伸服务模式。宁夏这一服务模式尽管还未形成较大规模,但已形成独特的服务风尚。宁夏各公共图书馆组建志愿者服务队,已形成馆员—志愿者—读者互动参与服务的模式,共同为区内弱势群体提供知识延伸服务。比如“心聆感影”讲电影服务,组织志愿者为视障读者提供细致生动的电影画面讲解,使视障读者用耳朵“看电影”,享受电影带来的快乐与感动。通过馆员、志愿者共同参与,视障读者可感受到图书馆、个人及社会的关爱体贴和尊重,这一服务已赢得视障读者的信赖,产生了社会效应。(3)在图书馆服务资源上,志愿者服务体现的是一种服务资源与这种资源的价值及精神。这种服务资源能给图书馆注入新的工作活力,促进图书馆馆员积极工作。此外,志愿者服务体现奉献、友爱、互助、进步的志愿精神与平等、公益、普遍、无私奉献的崇高理念,助推了社会和谐建设。志愿者服务模式引入公共图书馆,使图书馆精神和志愿精神高度契合,从而使图书馆延伸服务步入更高境界。

4. 高校读者协会服务模式实践

宁夏高校读者协会既是学生社团组织,有完善的组织机构,又隶属于高校图书馆。目前,读者协会服务工作做得好的有两所高校图书馆——宁夏医科大学图书馆和宁夏职业技术学院图书馆。

宁夏职业技术学院图书馆读者协会成立于2006年,是宁夏地区成立最早的一家,内部组织机构完善,实现了定期换届、定期开会制度,已经成为一种常态化的服务模式。主要服务实践包括:(1)参与图书馆基本业务的服务与宣传,协助图书馆提高校园文化建设;(2)参与世界图书日、读书月、图书捐赠等活动的宣传、组织与实施,扩大高校图书馆的社会影响力;(3)参与大学生读书知识竞答比赛、演讲、读书心得交流等宣传与组织,增强图书馆在高校师生中的地位,激励更多的师生读者关心、支持图书馆。值得一提的是,近些年,读者协会会员在企业顶岗实习期间,向企业宣传图书馆信息资源,将图书馆信息资源推送给企业人士,已经受到企业的重视与欢迎。读者协会服务模式给高校图书馆带来了较深远的影响,对宁夏高校图书馆社会化服务起到了积极的促进作用,是宁夏高校图书馆借助本校优质资源开展社会化服务的一支有生力量。

二、图书馆公共文化服务新模式探究

1. 地校共建服务模式

地校共建服务模式主要解决文献资源匮乏或分布不均衡与用户需求的矛盾,实现优势互补,提升区域公共文化资源的综合服务能力,是符合区域文化教育事业发展的资源共享新模式。宁夏共有 14 所高等院校,目前有 2 家公共图书馆和 2 所高等院校图书馆参与地校共建服务, 开创了宁夏地区地校共建这一服务模式的先例。

(1)西夏区与高等院校图书馆地校共建新模式

目前,宁夏大学、宁夏职业技术学院图书馆与西夏区达成地校共建实践意义的合作框架协议,即西夏区政府在宁夏大学、宁夏职业技术学院挂牌成立西夏区共建共享图书馆,使高校图书馆迈出了与地方联动、合作发展,实现共赢的重要一步,成为宁夏地区图书馆事业发展中新的服务模式。

宁夏职业技术学院图书馆与西夏区携手建设了“共驻共建、互动互助、互惠互赢”的多方合作机制。西夏区向宁夏职业技术学院图书馆捐赠 30 万元启动经费,组织捐赠书籍 3000 余册。宁夏职业技术学院图书馆参照公共图书馆管理制度,在保障、满足教学科研需求的基础上向西夏区机关、科研院所、厂矿企业发放借书阅览证,向社会读者开放;西夏区图书馆将与宁夏职业技术学院图书馆定期开展图书交流、送书“进社区、进企业、进农村”三进合作活动,加强西夏区公共文化建设与服务能力。

(2)公共图书馆与高校图书馆地校共建新发展

银川市图书馆与宁夏职业技术学院图书馆达成地校共建共识,本着“真诚合作、资源共享、服务读者、互惠互利”的原则,实行“行政隶属不变,资源共享,各自运营”的运作模式,于 2013 年正式签订共建协议。共享资源上,银川市图书馆同时对社会读者和高校读者开放;运营资金上,协议规定共同积极争取相关资金,用于两馆合作项目建设,提升双方的社会服务能力。

公共图书馆与高校图书馆地校合作尚处于起步阶段,能否发展下去,有许多制约因素,但关键在于地方政府财政扶持及高校领导支持。

2. 探索地区联合体特色的总分馆制服务模式

近些年我国各地出现了林林总总的总分馆模式,如深圳的图书馆之城、东莞的联合图书馆、佛山的集群图书馆,上海、嘉兴总分馆模式,苏州、珠三角等各地的流动图书馆、社区图书馆,形成了一定区域的服务网络或业务上联系比较紧密的总分馆模式,成为各省区文化强省、文化立市的亮点工程。

宁夏地区总分馆制服务模式根据《银川市城乡群众基本文化服务内容及量化指标的规定》第七条:推进公共图书馆的联合服务,将镇(街)图书馆(室)纳入银川市公共图书馆服务联合体之中, 实施各级图书馆延伸服务模式; 全面开展"一证通用、通借通还"服务,努力实现公共文献资源全社会共享的要求分步实施。积极探索适合本地区的总分馆服务模式,即以区域内规模最大的图书馆为中心,以市/区/县、街道/乡镇及社区/乡村图书馆为联合体的总分馆服务模式,实现区域内"一证通用、通借通还"服务。但目前存在的问题是:总馆与分馆共建共享资源的自动化管理平台没有统一,技术维护人员较少,投入运营经费及长效经费保障机制尚未具体落实。

3. 培育内涵式发展的学科化服务模式

图书馆学科化服务模式体现的是图书馆信息服务的应用价值与社会作用,展示了图书馆高层次内涵式发展的信息化服务能力, 是图书馆间核心竞争的隐性因素。在宁夏,这一服务模式虽然已经开展,但服务效果并不理想。究其原因主要为:(1)服务内容深度有限,一直停留在按照文献数量为用户提供简单的文献检索与传递;(2)服务人员专业所限,未真正实现学科化的知识服务要求;(3)服务范围偏窄,高校图书馆主要为本校师生提供服务,其他图书馆主要为本单位的工作、科研任务需求提供服务;(4)服务协作过于封闭,各个图书馆均是阵地式服务,未形成学科化联合服务。

为了推动图书馆服务能力的提高, 宁夏地区图书馆今后应重视培育学科化服务模式的内涵式发展。在拓展服务范围上,应将服务延伸到社会、企业与科研院所及政府行政部门,扩大服务的范围;在学科馆员的培养上,采取多种形式,使学科馆员向纵深、向广博服务方面发展;在服务内容上,要加强文献检索传递的准确性、针对性和有效性,提供深层次知识转化的加工服务,真正实现学科化服务的内涵式发展。

4. 多元文化服务模式

图书馆多元文化服务倡导"尊重差异,包容多样,平等服务"的理念。[1]开展多元文化服务是由宁夏区情发展所决定的。随着中阿论坛的建立与宁夏"两区"

建设，来宁夏工作和经商的回、撒拉、保安、东乡、维吾尔等族穆斯林及阿拉伯国家人士将越来越多，文化、思想、观念以及各种生活信息需求的交流与冲突也将越来越多，因此建立图书馆多元文化服务体系，开展多元文化服务是时代对宁夏的要求，应建立多元载体的穆斯林民族文化资源区。

首先，收集、整合、加工多元载体的穆斯林民族文化资源，包括穆斯林民族纸质文献，穆斯林民族非物质文化遗产、实物资源及项目传承人信息档案等，充分体现区域与民族特色。其次，设立多元服务组织机构，即以政府主导，财政支持，相关行政部门协作、监督管理，宁夏图书馆为中心，统一组织，协调宁夏地区各高校、科研院所及文化馆、博物馆等机构，共同整合资源，共享建设成果。实施多元文化服务，要突出中国特色社会主义先进文化的传播，要兼顾穆斯林民族的文化传承，将世界穆斯林民族及阿拉伯国家的文明呈现给公众。

参考文献

[1]陈永平，等.构建少数民族地区图书馆多元文化服务体系的思路与模式[J].图书馆理论与实践，2010(9):66-69.

“农村电大书屋”文献信息资源利用调研与分析*

李永峰

摘要：笔者利用问卷调查的形式收集大量农村青少年利用“农村电大书屋”文献信息资源状况，分析农村青少年利用“农村电大书屋”文献信息资源的现状和趋势以及“农村电大书屋”在为农村青少年提供文献信息资源利用中存在的问题，并提出相应的改进建议。

关键词：农村电大书屋；文献信息资源；信息服务

一、调查目的

2010年5月，宁夏广播电视大学根据中央广播电视大学的部署，会同宁夏图书馆学会以全区广播电视大学系统为依托，先后在吴忠市利通区高闸乡中心学校、中宁县徐套乡九年制移民学校和平罗县姚伏中学分别建立了“农村电大书屋”。[1]本次调查以这三所“农村电大书屋”所在地的农村青少年读者为调查对象，以期通过调研对农村青少年利用“农村电大书屋”文献信息资源的总体情况、需求特点、发展趋势等进行归纳与分析，旨在提升“农村电大书屋”文献信息资源保障能力，及时调整“农村电大书屋”服务内容与形式，为提高服务工作水平和服务质量提供必要的启示，也为建成一个能满足当地农村青少年读者现实与潜在需求的合理的高质量的文献信息资源保障的“农村电大书屋”提供必备的研究参数和决策依据。

二、调查问卷的设计与实施

1. 调查问卷的设计

在对“农村电大书屋”相关人员进行访谈、广泛收集资料并进行资料研究和征求有关专家意见的基础上设计了问卷的整体框架，并确定了细节选项。调查的主要内容为“农村电大书屋”文献信息资源利用及其服务方式等。

作者简介：李永峰（1959—），男，高级讲师，副研究馆员，宁夏职业技术学院、宁夏广播电视大学图书馆副馆长，中国职业技术教育学会会员。

*本文发表于《图书馆理论与实践》2013年第11期。

2. 调查问卷的实施

此次调查时间为2013年3月15日至25日。调查主要采取实地走访、入户发放调查问卷、个案访谈等方法收集原始资料。共计发放调查问卷300份，回收有效问卷278份，有效回收率92.67%，符合预期。

三、调查结果与分析

1. 调查基本情况

调查对象的基本情况主要包括性别、年龄、文化程度等。调查数据显示，男性占53.21%，女性占46.79%，读者性别比例相差不大；少年读者占大多数，达61.4%；青年读者占38.6%；在校学生的数量相对多一些。

2. 农村青少年利用“农村电大书屋”的调查分析

(1)读者群体。利用“农村电大书屋”的读者由校内读者和校外读者两部分组成。校外读者，从文化程度看，具有小学、初中、高中(中专)、大专以上文化程度；从从事的职业看，有乡镇工作人员、中小学教师、医生、农业技术人员、个体经营者、退伍军人、种养殖业者等。

(2)利用频率。在阅读场所的选项中，部分农村青少年读者(39.81%)将“农村电大书屋”作为获取知识和技能的主要场所。从到“农村电大书屋”的频率看，每周去两次以上的读者占43.3%，而每天去“农村电大书屋”的占36.7%，说明“农村电大书屋”对农村青少年读者有较大的吸引力。

调查发现，校内学生读者比校外读者利用“农村电大书屋”的频率高，其中校内初中生利用“农村电大书屋”的频率最高，高中生次之；农村青年读者利用“农村电大书屋”的频率最低。这说明“农村电大书屋”要注意加大宣传力度，扩大在校外农村青年中的认知和影响力，使校外农村青年都知道家门口有“农村电大书屋”这样一个能学习知识、获取信息的场所。

(3)主要目的和动机。由调查可知，校内学生读者与校外读者利用“农村电大书屋”的主要目的和动机截然不同。在提升个人知识水平方面，分别占93.53%、43.53%；在了解国家政策、社会发展、百姓生活方面，分别占41.73%、56.12%；在陶冶兴趣、培养爱好方面，分别占36.69%、19.42%；在掌握更多的生产和生活技能方面，分别占20.14%、39.2%；在休闲娱乐、放松身心方面，分别占6.83%、92.09%。

3. 利用“农村电大书屋”文献信息资源调查分析

(1)类别偏好。校内学生读者和校外读者利用“农村电大书屋”文献信息资源的类别偏好是有所不同的。校内学生读者去“农村电大书屋”最常阅读的文献信息资源类别依次是文学类、语言类、计算机类、科普类、实用技术类、农林知识类、政治法律类。而校外读者群体依次是娱乐休闲类、致富信息类、实用技术类、农林知识类、科普类、养殖栽培类、计算机类、卫生知识类、政治法律类。究其原因,校内学生读者的主要任务是学习;校外读者的主要任务是从事生产劳动,多为种殖或养殖专业户。

(2)主要方式。对于利用“农村电大书屋”,各个学校都采取了不同的方式。平罗县姚伏中学实行书籍进教室、进宿舍、进乡村的“三进”制度,大大提高了图书的借阅量和利用率。吴忠市利通区高闸乡中心学校,每学期开展“读书大王”评比表彰活动。他们的理念是宁愿让书籍看坏,不能让书籍放坏,用书籍滋润每个农村青少年的心灵。中宁县徐套乡九年制移民学校,多次开展“校园读书周”活动,各年级围绕“校园读书周”召开年级座谈会,利用作文课、课外活动开展学生阅读读后感和阅读征文评选活动。

校外读者利用“农村电大书屋”主要采取三种方式:一是家离“农村电大书屋”三公里以上的农村青年读者通过本村在校上学的学生把书刊借回家阅读;二是家离“农村电大书屋”较近的农村青年读者,村委会要求他们每月至少保证到“农村电大书屋”借阅书刊一次;三是邀请农村青年参加“农村电大书屋”举办的各类读书活动、实用技术和种养殖技术培训等,促进校外农村青年对“农村电大书屋”文献信息资源的利用。

4. 利用“农村电大书屋”服务的调查分析

(1)服务内容。包括“农村电大书屋”的环境、开放时间、借还服务、阅览服务、咨询服务、借阅书刊数量和服务态度六项指标。从问卷分析情况看,读者对借还书刊服务满意率较高;满意率最低的是开放时间和借书数量。大部分农村青少年认为“农村电大书屋”关门较早,应延长开放时间;还有些农村青少年认为“农村电大书屋”管理人员的服务态度、服务水平和技能还需进一步改善。

(2)合作机构。“农村电大书屋”在开展文献信息资源利用服务时,单靠自身力量无法满足众多农村青少年的文献信息需求,必须寻找合作伙伴。调查发现,三所“农村电大书屋”都积极与当地市县图书馆、教育局、科技局、农家书屋等机构建立合作关系，以获得文献信息资源、信息服务和信息技术支持。

四、结论与建议

1. 政府重视扶持，社会多元支持

各级政府高度重视“农村电大书屋”的建设，把“农村电大书屋”建设作为一项文化惠民的重点项目来抓，对已经建好的书屋，以年度为单位，持续性地拨付购置出版物和相关配套设施经费、管理经费等；积极倡导个人、企业出资赞助，社会各界捐助等形式。让“农村电大书屋”真正起到切实提升惠民平台作用，使“农村电大书屋”、“文化富民、文化育民”的综合效应得以进一步凸显，成为提升农村青少年科学文化素质和致富技能的“新引擎”。[2]

2. 加大宣传和推广力度

通过调查可知，大部分农村青少年具有利用“农村电大书屋”的意识，坚持到“农村电大书屋”学习科学文化知识，并且自身的科学文化知识水平和致富技能有了一定程度的提高，这也反映了“农村电大书屋”在提高农村青少年利用文献信息素质方面取得了一定成效。但调查结果同时也表明，“农村电大书屋”并没有达到理想的利用状况，仍有一些农村青少年缺乏利用“农村电大书屋”文献信息资源的意识，不知道去哪里以及怎样获取信息，作为农村公共知识空间的“农村电大书屋”少有人问津。因此，“农村电大书屋”首先要做的是加强宣传和推广，必须扮演好指引农村青少年阅读的角色，让农村青少年知道“农村电大书屋”是什么、有什么、怎样利用，从而享受读书带来的安全感、幸福感，千方百计激发他们的阅读愿望，引导农村青少年积极科学地利用“农村电大书屋”的文献信息资源，提高文献信息资源利用率，增强“农村电大书屋”对农村青年的吸引力，不断提高“农村电大书屋”的使用效率。

3. 引进交流机制，合理配置文献资源

随着时代的发展，农民的信息知识需求更加多元化。“农村电大书屋”要把握这一特点，在文献资源的配置上注重农村青少年的实际需要，提供的服务应更有针对性。一方面，实现文献信息资源流转互换，促进资源共享共建。“农村电大书屋”的文献资源可与本村“农家书屋”的文献资源进行借阅流转互换，弥补文献资源品种单一的缺陷。另一方面，了解读者需求，科学配置文献资源。通过对调查问卷的系统分析，发现致富信息、农业知识、娱乐休闲、法律知识、教育卫生知识分别位居农村青少年读者最需要信息的前几位，在以后的出版物配送工作中应加以参考。在“农村电大书屋”建设过程中不摆“花架子”，以实用为原则，结合农村产业结构特点、农村青少年需求和未来产业发展方向，精心选配新型种养殖业、农村新型实用技术等方面的书籍，定期对“农村电大书屋”藏书进行更新，强化读物的质与量；有条件的地方应尽量配备电脑，让农村青少年更好地了解外面的世界。

4. 完善长效管理机制，创新服务方式

广播电视大学分校（或工作站），要强化对“农村电大书屋”的监督管理，要建管并重，逐步建立并完善“农村电大书屋”、“供书、读书、管书、用书”各阶段的长效管理机制并进一步立足现实，不断创新服务方式。一方面，“农村电大书屋”不应仅仅被动地等候读者上门，还应该结合当地实际情况，可在农闲时节和节假日举办一些受农民群众欢迎的讲座活动，邀请有关专家进行农林知识、种养殖技术、养生保健等方面的讲座，吸引农村青少年读者走进“农村电大书屋”，使“农村电大书屋”成为农村青少年学习科技、丰富知识、陶冶情操的精神文化乐园，成为农村青少年生产致富的“加油站”和汲取知识的“储蓄所”。另一方面，树立典型，用事实说服农村青少年利用“农村电大书屋”。通过对成功运用知识走上致富道路的典型人物和事例进行宣传报道，让农村青少年感受到“农村电大书屋”带来的好处，在当地形成较好的示范效应，培养更多农村青少年更好地建设家乡、回馈社会。

参考文献
[1]李永峰.“农村电大书屋”建设的探索与实践[J].图书馆理论与实践，2011(12):126-128.
[2]刘进.公共图书馆延伸服务的实践与思考[J].图书馆工作与研究，2008(12):88-90.

宁夏高职院校图书馆“十二五”期间发展的几点思考*

赵利萍　任玉林

摘要：如果说“十一五”期间是宁夏高职院校图书馆建设的起步阶段，那么，“十二五”期间应该是宁夏高职院校图书馆建设发展的重要攀升阶段。这一时期，也正是职业教育大发展、大繁荣的好时期。宁夏高职院校图书馆如何适应职业教育大发展的需要，加快自动化、网络化、数字化、信息化建设，更好地为教学科研和教学管理提供支持服务，是“十二五”期间应当着重考虑的问题。笔者结合本馆实际，提出宁夏高职院校图书馆“十二五”期间发展思路，以期为宁夏各高职院校图书馆制定“十二五”期间发展规划提供参考。

关键词：宁夏高职院校图书馆；“十二五”期间；发展

作者简介：赵利萍（1967—），女，本科学历，馆员。

任玉林（1958—），男，研究馆员，宁夏职业技术学院图书馆副馆长。

* 本文发表于《图书馆理论与实践》2012年第4期。

一、宁夏高职院校图书馆“十一五”期间发展状况分析

“十一五”期间是宁夏各高职院校图书馆建设的起步阶段。宁夏8所高职院校，都是2004年以来由原来的成人高校或中专学校合并升格而成的。成立之初，大多数高职院校大都仅有纸质图书几万册，电子图书和电子期刊基本为零，且都是采用卡片式手工借阅，总体状况是底子薄、基础差、管理方式手段落后。5年来，在国家大力发展职业教育的背景下，各高职院校图书馆抓住机遇，以迎接教育部评估为契机，加大了投入，加快了文献信息资源和数字化、网络化以及职工队伍建设，许多重要指标都实现了从无到有、由弱渐强的变化，取得了令人瞩目的成绩，为“十二五”期间的发展奠定了良好的基础。以宁夏职业技术学院图书馆为例，纸质图书由2005年的15.36万册增加到22万册，新增6.64万册；2006年一次性购买了中国知网建库以来的全文数据，2007年至今连续选订了8个专题，订购电子图书65078种，实训教学光碟960盘，同年一举完成了十余万册图书期刊的回溯建库，实现了自动化管理和全开架借阅。2005年创建了读者协会，先后开展读书演讲、大学生辩论会、书画作品展、跨校区读者交流和文化娱乐等活动50余场次。同年创办了《图书馆简报》，到目前为止，已编发《图书馆简报》14期。5年来，图书馆人员先后申报教育厅立项课题4项，已结题3项；申报学院立项课题8项，已结题6项；公开发表论文48篇，其中核心期刊16篇。论文获省部级二等奖1项，三等奖2项，优秀奖1项，科研成果显

著。宁夏职业技术学院图书馆积极参加中央电大组织的各类读书活动,2008 年荣获全国电大图工委、中央广播电视大学颁发的读书活动组织奖 1 项,读书征文二等奖 2 项、三等奖 1 项;读者协会荣获自治区团委、自治区教育工委、自治区文化厅、自治区学联颁发的第二届全区大中专院校优秀学生社团奖 1 项。2009 年荣获全国电大图工委、中央广播电视大学颁发的创新奖 1 项、征文比赛特别奖 1 项和二等奖、三等奖、优秀奖多项;2009 年,被中央电大评为全国电大图书馆先进集体;在“2010 手牵手——农村青少年阅读行动”中,吴忠电大、中宁电大教学点、区电大与平罗电大工作站联合分别在高闸中心学校、徐套乡九年制学校、姚伏中学建成“农村电大书屋”示范点 3 所,累计捐赠纸质图书 7082 册(价值 14.03 万元),电子图书 3 万册(价值 6 万元),书架 6 个,电脑 2 台,以上总价值 21.03 万元。[1]

总体来看,“十一五”期间,宁夏各高职院校图书馆都做了大量基础性建设工作,全部完成了回溯建库,实现了计算机集成管理,纸质图书由几万册增加到几十万册,电子图书、期刊由零增加到几十万种,尤为可喜的是各高职院校都建了新馆,馆舍面积由过去的几百平方米增加到数千至两万平方米,自动化、数字化、网络化、信息化建设都有了起步和进展;通过参加各类培训,职工队伍素质也有了不同程度的提高,这些都为“十二五”发展创造了条件,提供了良好的发展空间。

二、宁夏高职院校图书馆“十二五”期间发展目标及任务

1. 发展思路

2011 年至 2015 年是宁夏高职院校全面发展的重要时期,也是图书馆改革与发展的机遇期。按照建设创新型高校以及深化图书馆内部改革的要求,把新馆运行管理、数字图书馆建设、信息素质培养,以及主动为读者、为地方经济社会服务等作为工作重点,提升图书馆服务能力和服务质量,创新服务模式,不断提高图书馆管理水平,并以此为抓手,在文献信息保障、读者跟踪服务等领域有重要创新和突破。应落实“工学结合,校企合作”的办学理念,以管理创新、服务创新为中心,以队伍建设为关键,以文献信息资源建设、开发、利用为重点,建立健全与教育教学、科技开发、专业建设、素质拓展和科学管理相适应,纸质文献与电子文献互为补充的文献信息资源保障体系,使馆藏总量、生均藏书量、年进新书量和

图书流通率等主要指标实实在在地达到教育部评估要求和教育厅年检标准。经过5年努力,逐步把图书馆建设成为特色鲜明、管理科学、功能完备、环境优美、业务规范、服务一流,既面向学校又面向地方经济、社会服务的复合型文献信息中心。

2. 总体目标

新落成的图书馆应当抓紧内部结构布局规划和设施设备配置，完成图书馆整体搬迁,完成数字图书馆建设,为今后实现高校系统文献信息资源共建、共有、共享奠定基础,按评估指标生均年进新书3册购置文献,并大幅度提高图书馆利用率和图书流通率,力争使图书馆各项指标完全达到教育部评估标准。

3. 具体任务

(1)职工队伍建设

"十二五"期间,高职学院发展和图书馆业务工作量的增加、服务面的拓展、服务层次的提升和新馆的落成使用,对馆员队伍在数量、结构、素质等各方面都将有更高的要求。因此,需要经常安排短期、中长期岗位业务培训及挂职锻炼等。

通过人员引进和在岗人员学习培训,使图书馆人员在职业道德和个人素质、能力方面有较大提升。馆员队伍中具有本科以上学历的应达到80%以上,图书馆学、信息学、情报学专业的人员至少3人,计算机专业的人员至少3人,具有副高以上专业技术职务的应达到30%以上,为全面实现图书馆的现代化建设与科学管理提供良好的人力资源保障。

(2)文献信息资源建设与利用

根据各学院办学方向和专业结构调整走向,着重加强那些优势明显、影响较大、发展较快的重点学科领域文献的收藏,为重点专业建设提供文献信息资源支撑与保障。在文献信息资源建设目标上,部分专业文献向研究级藏书水平推进,满足国家级示范性高职院校发展和申报国家级、省部级、院校级精品课程以及优质核心课程建设对文献信息的需求。加强新办专业领域的文献资源采购,满足新专业建设对文献资料的需求。有计划、有目的地系统收集专业核心文献和专业相关文献,逐步形成具有本院办学特色的馆藏体系,尽快实现职业教育培养高素质技能型人才的目标。要随着数字图书馆建设的推进,逐步实现跨院校、跨地区数字化信息资源的共知、共建、共有与共享。

(3)自动化、网络化、数字化、信息化建设

在"十二五"期间,宁夏各高职院校图书馆要大力提高图书馆工作的科技含量,提升图书馆的信息化水平。应扩充数字、信息资源存储、运行和管理设备,建立图书馆子网系统,升级管理软件,提高系统的安全性、可靠性、稳定性,提升网络服务能力。不断加强信息服务系统的开发与应用,提高系统对基础业务工作与读者服务工作的保障能力。一是增加数字资源存储设备及系统引进,满足数字资源的不断增长和应用需求;二是完成图书馆使用的清大新洋管理系统软件升级工作,优化信息管理环境;三是引进一站式检索服务平台,推进数字化建设进程。

(4)读者服务工作

实施主动服务策略,积极开展面向教学科研和管理人员服务、面向地方经济建设等多层次服务。服务工作以读者为中心,以需求为导向,坚持效益性、公益性,坚持以人为本,加强服务理论与用户研究,建立、健全服务质量和效果评价体系,促进服务工作的标准化与规范化,实现优质服务的目标。

服务模式从提供实体型文献为主向提供实体型文献与数字型文献、虚拟文献并重转移;从一般性的文献借阅服务向深层次、个性化服务推进。服务内容从提供单一形式资源向提供集成资源过渡。服务手段以到馆的、人工的文献借阅服务与远程的、网络化的文献信息和知识推送服务并举。开展虚拟参考咨询服务,强化文献传递业务,拓展文献提供的范围与广度。为读者和馆员营造理想的研究式、互动式学习交流软硬件环境。逐步开展通用借书证办理工作,实现馆际互借。应着重做好以下工作:

①成立图书馆工作委员会。各馆都应当按照《教育部关于印发普通高等学校图书馆规程(修订)的通知》(教高[2002]3号)文件要求成立图书馆工作委员会,以加强对图书馆的组织领导和有效管理。

②建立读者服务保障体系。要改变"坐等读者上门,你需我借,你问我答"的被动服务状态,必须建立一整套读者服务保障和评价体系,形成严格的考核监督和奖惩机制,从制度和程序上严肃保证读者服务的高效开展,以确保文献利用率逐年提高。

③建立专业兼职馆员制度。为了使文献选购、信息咨询服务更具有专业针对性,能更好地满足教学科研和管理者的需要,为读者提供文献信息保障和多方位、深层次的服务,应在院内聘请相关专业带头人担任图书馆兼职馆员,负责向

图书馆提供本专业文献需求信息和文献选购意见，并通过与图书馆专业联络馆员的互动,促进图书馆和读者之间的信息交流。[2]

④成立业务工作小组。成立业务工作小组是宁夏职业技术学院图书馆有效开展读者服务工作的创新之举。2010 年上半年已成立了信息工作、参考咨询、文献推送、新书通报、馆际互借、BBS 等业务工作小组,各馆可以学习、借鉴,通过建立业务工作小组推动读者服务工作上档次、上台阶。

⑤实施跟踪服务。根据职业教育特点,学生在校 3~5 年内(含 5 年一贯制学生),一般要到企业实习 1~2 年,在这段时间里,学生不便到学院图书馆借阅图书,图书馆服务对这部分学生来说就出现了空白,不利于他们了解掌握更多的知识和信息,不利于他们利用图书馆的文献信息资源提高自己的综合素质。因此,图书馆要从企业顶岗实习学生的实际需要出发,继续为他们提供一系列文化、信息等方面的跟踪服务。

跟踪服务主要包括:每学期都要随时了解掌握学生顶岗实习的人数、分布状况、顶岗实习的专业、所在企业的文化背景、学生的业余学习条件、学生对图书信息的实际需求等。在此基础上，针对本院校图书馆文献信息资源状况和人员状况,认真研究提出跟踪服务的计划、内容、方式和途径。一般来讲,对那些已经与学院签订长期合作协议,作为学院相对稳定的校外实训基地,且学院每年都成批安排学生顶岗实习的企业,学院图书馆可与企业联合,在企业设立图书室,由图书馆提供一部分图书、期刊和电子文献,指定顶岗实习的学生代管,每季度或每学期更换一次书。对于条件较好的企业,可力争与其联合筹建图书资料室,由企业和学院共同筹资购买文献资源，并将企业历年积累的图书资料组织专门力量进行加工著录,实行计算机集成化管理。该图书资料室由企业管理,职业院校图书馆选派专人进行定期维护和指导,真正实现学校与企业联合共建、共有、共享。对于比较分散的实习学生，申请由学院购置流动书车，图书馆选派专人上门服务,每学期至少为他们上门送书 1~2 次。这样,就可以保障职业院校的学生在校 3~5 年的时间里,每年都能够享受到图书馆的服务,能够借阅到图书馆的文献。这也是图书馆义不容辞的责任。在做好顶岗实习学生跟踪服务的同时,还要针对不同的读者群体,如中层以上干部群体、专任教师群体、科研人员群体、工勤人员群体、高职学生群体、中职学生群体、继续教育学生群体等,由于他们所从事的工作岗位不同,学历层次不同,学习内容不同,因而对文献信息的需求也不同,图书馆应当根据不同的读者群体，分门别类地做好文献信息推送和跟踪服务。

(5)成立读者协会

宁夏职业技术学院图书馆读者协会于 2006 年成立以来已开展了大量卓有成效的工作，取得了骄人成绩，受到自治区团委、教育工委的表彰奖励及院领导和广大师生的好评。各馆应充分利用新馆场地、设备条件，积极组织开展各种读书文化活动，包括图书馆宣传、好书推荐、读书心得交流、大学生辩论会、演讲会、书画艺术作品展、读书征文等，利用周末经常举办同学们喜闻乐见的文艺晚会、电影晚会等，组织开展跨校区交流，到科技馆、博物馆等公共文化活动场所参观学习。通过读者协会活动的有效开展，激发同学的读书热情，锻炼提高学生的综合素质，促进图书馆的综合利用。[3]

(6)积极参与教学、科研与学术交流工作

积极参与文献检索课和素质拓展课的教学工作。认真做好教材编写工作，抓紧制作教学课件，开展科技文献信息检索与利用课、社科文献信息检索与利用课的教学。具有副研究馆员以上专业技术职称的人员都要积极参与新生入馆教育、数据库使用专题讲座以及学生素质拓展课教学工作，并与各系部积极互动，参与毕业设计、毕业论文的写作指导和答辩工作，深化文献检索课和素质拓展课的针对性，不断提升学生的信息素养和综合素质。

应高度重视科研工作，积极参与学术研究和交流。主要是加强图书馆业务探讨，加强图书情报理论与业务实践密切联系的办馆模式研究和延伸服务研究，重视课题申报和项目参与活动，尤其要在省部级、厅级、市级课题申报方面努力争取，力争达到 2 个以上，院级课题力争达到 5 个以上。积极参与各级图书情报学会以及同兄弟院校图书馆的合作交流，主动学习他人先进的管理理念和业务技能，不断提高图书馆服务的层次、水准和效益。[4]

(7)创建富有宁夏区情特色的阅览室

系统收集宁夏史志(含各市县地方志)和西夏文化、回族文化研究成果，综合收集宁夏经济社会发展研究成果和统计资料，主动收藏宁夏文物古迹资料、宁夏区情资料以及宁夏旅游景观图片、文字解说资料和名人字画等地方文献。力求系统展示和反映宁夏历史、宁夏多元文化和宁夏经济社会发展成就，为师生了解宁夏、研究宁夏、认识宁夏，从而更好地建设宁夏提供丰富多彩的信息资源，并作为学生素质拓展教育的重要基地之一。

(8)开展特色服务

充分利用新馆条件，建设好书吧阵地和多功能(多媒体)教室，实施特色化服务。书吧布置(如家具、设备配置)，应向杭州市图书馆、宁夏图书馆学习，尽量体现人性化，为读者提供比较温馨的文化休闲场所。应购置一些畅销书和特价书，为师生提供买书、现场阅览一体化服务。

(9)建立教师研究室

分别建立自然科学和社会科学教师研究室。将自然科学及社会科学工具书、重要图书、专业期刊报纸、人大复印资料、行业规范、技术标准等分别归类摆放其中，并配备专用电脑，供专业教师和科研人员研究使用。

参考文献

[1]任玉林.宁夏职业教育发展研究[J].中国职业技术教育，2008(20):47-49.

[2]任玉林，孙艳玲.高职院校图书馆专业兼职馆员和专业联络馆员建设探讨[J].图书馆理论与实践，2008(5):108-110.

[3]任玉林，张惠芳.高职院校图书馆建设研究[J].图书馆理论与实践，2009(9):90-92.

[4]任玉林，等.高职院校数字图书馆建设研究[J].图书馆工作与研究，2007(6):28-30.

高职院校图书馆开放获取文献资源建设研究

——以宁夏高职院校为例 *

付宁康

摘要：开放获取是一种资源共享和资源交流的新模式，发展已有十余年的历史，宁夏高职院校图书馆进行特色开放获取资源建设，有着得天独厚的优势，并对满足师生的阅读需求、提升宁夏高职院校的文献利用率等有积极的意义，但在建设中还需注意政策与经费支持、资源整合与开放、质量控制与建设标准化等问题。

关键词：高职院校图书馆；文献资源建设；开放获取；宁夏

近年来，信息获取费用负担的加重及广大科学信息获取难度的进一步加大，使得公众迫切希望能找到一种打破这种壁垒的信息获取模式，于是，开放获取便应运而生。作为一种信息共享和交流的模式，开放获取自新世纪以来迅猛发展，受到了各界越来越多的关注与实践，如信息保存机构的图书馆、主要学术信息产生的信息源科学家、信息加工发行的出版界等。开放获取在我国已有十余年的研究和实践发展历史，随着时间的推移，开放获取的内涵早已超过了最初的范围，开放的内容已远不是当初的期刊论文、自存档等，博客、特色馆藏等都已成为时下开放获取的主要建设资源，图书馆、学者、出版商等纷纷加入建设大军之中。

一、开放获取发展及在中国

1. 开放获取发展概述

理念思想产生于 20 世纪 90 年代末、快速发展起步于 21 世纪初的开放获取，旨在打破学术研究的人为壁垒，提高信息资源利用率及价值，实质是用户可以通过互联网免费全文地获取各种信息资源，目的是为了推动信息资源和科研成果能够充分地利用网络自由传播和共享。2003 年，由德国马普学会发起，德国、法国、意大利等多国科研机构于 2003 年 10 月 22 日在柏林联合签署的《关于自然科学与人文科学资源的开放使用的柏林宣言》（以下简称《柏林宣言》）让开放获取真正走向

作者简介：付宁康（1963—），男，宁夏职业技术学院图书馆研究馆员。

* 本文发表于《图书与情报》2012 年第 4 期。

了世界,并得到了世界多国科研机构的认可支持,也标志着开放获取步入成熟发展期,此后,世界各国的高等教育院所、期刊出版界、图书馆界、科研机构及政府纷纷开展行动,加入到开放获取中来。

2. 开放获取在中国

从十年前(2002年)刘闯、王正兴发表文章对美国采取的国家投资、科学信息"完全开放"政策进行研究以来,开放获取进入中国的研究与实践已有十年。在这十年的发展历程中,中国科学信息保存机构既有对国际组织开放获取活动的接轨跟进,也有学术理论研究,更有具体的实践。从2003年至2005年,中国科学院院长路甬祥先后代表我国的科学家与中国科学院、国家自然科学基金委主任陈宜瑜代表国家自然科学基金委在"开放获取柏林会"上签署了《柏林宣言》,以表明中国科学界和科技机构对开放获取的支持与决心。2005年和2010年,中国科学院分别与国际科学院组织联合德国马普学会先后主办了"科学信息开放获取战略与政策国际研讨会"与"第八届开放获取柏林会议",进一步表明了中国对开放获取更为明确的支持与认识。《柏林宣言》的签署及一系列相关会议的积极参与,使得国内对开放获取的理论研究也持续升温,图书馆界、出版界、数据信息提供商等均加入到相关的研究中来,关于开放获取的理论基础、开展模式、国际进展等均有成果面世。图书馆界等相关方也进行了一定的开放获取建设实践,截至2012年7月31日,中国科学院科技期刊开放获取平台收录有180种期刊,全国大约三分之一的核心期刊是开放获取期刊(Open Access Journal,OAJ)。除进行OAJ建设外,我国开放获取的建设途径主要有建立OA仓储、集成OA搜索引擎平台、个人学术网页、Web2.0站点、特色数据库开放等。尽管在这些建设过程中还存在亟待解决的问题,但随着建设的逐步深入,开放获取的建设途径及内涵将不断得到扩大和推广,开放获取的文献信息量也会越来越大。

二、宁夏高职院校图书馆开放获取文献资源的建设构想

1. 宁夏高职院校图书馆开放获取文献资源建设的背景与意义

首先,宁夏高职院校图书馆开展开放获取文献资源建设,有着一定的职业责任背景。宁夏简称"宁",是我国5个少数民族自治区之一,面积6.64万平方公里,全区人口660万,其中回族占1/3以上。它地处我国西北的黄土高原,黄河的

中上游，南接甘肃，东连陕西，北部与内蒙古自治区毗邻，是丝绸之路北线的重要组成部分。这里包含了类型多样的地势地貌：有连绵起伏的山地，千沟万壑的黄土高原，浩瀚无垠的沙漠，一望无际的平原，波涛滚滚的大河，烟波浩渺的湖泊。九曲黄河从中部进入宁夏，然后由南而北穿过银川平原，流程397公里，给宁夏带来了丰富的水源，使银川平原成为宁夏最富庶的地区，素有“塞上江南”和“天下黄河富宁夏”的美称。宁夏地处中原文化和草原文化的过渡地带，也是河套文化与丝路文化的交融区。自古至今，中原文化与北方游牧文化的碰撞与融合，形成了古老深远的黄河文化、特色鲜明的伊斯兰文化、独一无二的西夏文化、独具特色的移民文化与浓郁粗犷的边塞文化。宁夏高职院校图书馆地处这样一个具有得天独厚的自然和人文区域优势的地方，建设具有宁夏地方特色的各类资源数据库并采用开放获取的建设模式，以让更多的读者利用，是具有这些资源建设优势的高职院校图书馆的职业责任。

其次，宁夏高职院校图书馆的资源建设经费不足，无法满足师生需求，走开放获取文献资源建设道路成为最佳发展道路。宁夏目前共8所高职院校，即宁夏财经职业技术学院、宁夏工商职业技术学院、宁夏工业职业学院、宁夏建设职业技术学院、宁夏民族职业技术学院、宁夏司法警官职业学院、宁夏职业技术学院、银川科技职业学院，但由于学校建设时间普遍较短（2004年以来相继成立），因此这些院校的图书馆文献资源相对匮乏，基础设施普遍落后，工作人员不足，队伍年龄老化，不能更好地适应宁夏职业教育的大发展需要。尽管目前8所宁夏高职院校图书馆已全部实现了计算机集成化管理，数字化、网络化建设也已开始起步，但通过对宁夏地区高职院校图书馆的现状调查数据显示，有些图书馆所有经费是计划调拨，不设文献建设专项基金，造成文献购置经费被挤占，无法保证文献的正常采购，导致藏书质量下降，无法满足学校师生的阅读需求。面对资源建设跟不上教育教学需求的现状，宁夏高职院校图书馆必须做出改变，而走依据院校专业建设和读者需求、加大具有电子文献资源共享特征的开放获取网络文献资源建设道路，成为宁夏高职院校图书馆文献资源建设发展道路的首选。

2. 宁夏高职院校图书馆开放获取文献资源的建设构想

宁夏高职院校图书馆可利用互联网丰富的开放获取文献资源，建设各类具有宁夏地方特色的可共享的开放获取文献资源数据库。如可建设包括《宁夏画报》《宁夏医科大学学报》《宁夏医学杂志》在内的“宁夏现期期刊资源数据库”；建设包括《宁夏大学学报(自然科学版)》《宁夏地矿信息》《宁夏机械》在内的“宁夏建国后过期期刊资源数据库”;建设包括《国教通讯》《抗日周刊》《宁夏省建设汇刊》在内的“宁夏建国前过期期刊资源数据库”;建设包括《宁夏当代作家论》《诗话宁夏旅游风光》《中国民间故事集成·宁夏卷》以及《宁夏统计年鉴》在内的“宁夏特色图书资源数据库”和“宁夏特色随书光盘数据库”;建设包括《固原日报》《宁夏日报》《石嘴山日报》在内的“宁夏电子报纸资源数据库”;建设包括西夏古籍文献和西夏研究论文在内的“西夏文献资源数据库”;建设包括《固原州志》《宁夏新志》《中卫县志》在内的“宁夏地方志文献资源数据库”;建设包括高台马社火、六盘山九龙莲花池、中宁蒿子面等在内的“宁夏非物质文化遗产名录数据库”。

同时,宁夏旅游资源丰富,拥有美丽的塞上江南、雄浑的大漠风光、古老的黄河文化、神秘的西夏王朝、浓郁的回乡风情、风光旖旎的贺兰山,巍峨雄伟、重峦叠障的六盘山,具有沙与水绝妙景观的沙湖,融自然景观、人文景观、治沙成果为一体,被世人称为“世界沙都”的沙坡头,被誉为“东方金字塔”的西夏王陵,被称为“中国一绝,西北大观”的西部影城。宁夏高职院校图书馆可据此建设各类宁夏地方特色旅游资源数据库。如可建设包括大麦地、香山、西山、贺兰山、灵武 5 个岩画区 42 个岩画点数万幅岩画在内的“宁夏岩画特色资源数据库”;结合目前全区已经形成的沙湖、沙坡头、西夏王陵、六盘山、青铜峡、金水 6 大旅游区,以及宁夏特有的黄河漂流、沙漠探险、西夏访古、回乡风情、沙湖观鸟、徒步长城等旅游项目,建设“宁夏旅游特色资源数据库”;建设包括沙湖旅游区、西夏王陵、贺兰山岩画、青铜峡旅游区、六盘山国家森林公园、灵武水洞沟遗址、沙坡头在内可在线播放的“宁夏旅游风光片特色资源数据库”。

3. 宁夏高职院校图书馆开放获取文献资源建设的发展对策

(1)争取到更多国家政策的支持

近年来,虽然许多图书馆都根据自己的资源或特色馆藏,开展了形式多样的特色数据库、OA 仓储建设,但由于得到的政策支持或经费支持有限,很多资源建设项目都只是自发的意愿行事,不具有长期延续性,特别是在当前我国开放获取建设政策还不完善的背景下,进行相关的开放获取文献资源建设更要获得政策的保证,以博得更大的发展前景。宁夏的高职院校图书馆应吸取教训,一方面积极进行开放获取文献资源建设相关准备工作,一方面积极向政府申请以获取经济与政策支持。

(2)努力实现信息资源整合的深入与开放

为了提高和保证信息资源的开放价值，就需努力实现信息资源的深度整合与充分开放。宁夏高职院校图书馆在内部资源整合上，需对馆藏的特色资源、优势资源进行挖掘整合，分析这些资源的开发开放价值；外部整合上，一方面需分析自身资源的价值，不走重复建设路线，另一方面需加入相关的开放获取平台，让全国有限的资源进行有序组织，并让用户轻松便捷地获取。

(3)提高信息资源的标准化与质量控制建设水平

不足以以准确、过硬的资源质量来吸引更多的人参与到开放获取运动中来是目前我国开放获取文献资源建设的主要问题，高职院校图书馆的特色文献资源建设也存在同样的问题，如利用一些无法进行语义扩展、主题关联不够的开发平台进行开发，开发中缺乏对文献资源的质量控制与标准化规范建设，致使所建资源既缺少对外的关联检索，也缺少揭示内部的语义关系，那么这类资源就很难具有相应的开放价值。

三、结语

开放获取运动的产生和发展及时顺应了信息时代的发展要求，有利于打破信息交流的阻碍，有助于科学文化技术信息资源的研究、传播与利用，推动人类文明和知识的进步。从全球最具影响力的开放获取期刊目录 DOAJ 所收录的数据显示，开放获取期刊从 2009 年 7 月的 4032 种，目前已经增加到 7611 种，年均增长 1193 种，开放获取期刊在整个学术期刊出版物中已经占据了不容忽视的地位，增长速度显著高于全球平均水平。这充分说明开放获取有很大的发展空间，也将是未来图书馆资源建设的一大发展趋势。

参考文献

[1]Berlin Declaration On Open Access to Knowledge in the Sciences and Humanities. Open Access Conference [EB/OL]. [2011-12-23].http://oa.mpg.de/openaccess-berlin/berlindeclaration.html.

[2]刘闯，王正兴.美国全球变化数据共享的经历对我国数据共享决策的启示[J].地球科学进展，2002(1):152-157.

[3]热烈祝贺新刊加入！平台收录期刊已达 180 种！[EB/OL]. [2012-07-31].http://www.oaj.cas.cn/cn/ch/reader/view_news.aspx?id=20120731912244001.

[4]蒋静.我国科技期刊开放存取现状调查[J].中国科技期刊研究，2011，22(3):334-336.

[5]宁夏旅游[EB/OL].[2012-04-03].http://www.nxtour.eom.cn.

[6]高娅梅.宁夏回族自治区高职院校图书馆现状与定位[J].图书馆理论与实践，2011(4):89-91.

[7]刘巧英.我国开放获取运动的追溯与展望[J].情报资料工作，2011(6):31-34.

[8]王嘎利.开放获取运动下的法学教育变革[J].长春理工大学学报，2012，7(1):123-124，172.

[9]陈静，孙继林.学术期刊开放获取出版定量研究探析[J].中国图书馆学报，2011(11):87-101.

语义网环境下数字图书馆信息资源集成模型研究 *

刘卫宁

摘要：语义网环境下数字信息呈现多样性、异构性等特点，造成了大量冗余信息的产生，这些信息资源关联度低，语义异构问题严重，影响了用户获取信息的体验和效率。本文为了提高数字图书馆信息资源集成的质量，运用有关语义网的方法和技术实现语义网环境下数字信息资源的整合、集成，并提出了模型框架，从本质上改变现有整合方式的缺陷和不足。

关键词：语义网；数字图书馆；信息集成

一、引言

互联网的普及、信息资源的数字化、信息系统的虚拟化，信息的获取日益方便、简单和全面，使得用户能够比以前更加快捷地查找和获取所需的信息，导致信息服务的“非中介化”。[1]加上 Web2.0 概念的普及，许多 Web2.0 应用包括博客、微博、社交网站、社区论坛、维基和视频/音乐/图像分享网站等进入人们的视野，用户原创内容（User Generated Content，UGC）网站吸引了众多用户，普通用户的角色开始转变，从信息用户变成信息创造者，提供了大量有价值的信息。人类真正步入了信息大爆炸时代。对海量数字信息资源进行充分的整合、集成，可大大提高用户使用信息的效率。数字图书馆正是在这样的背景下应运而生，并成为评价一个国家信息基础设施水平的重要标志。

二、语义网环境下数字图书馆信息资源集成模型

数字图书馆是基于分布式网络存在的系统，从分布在不同地理位置的数据库中抽取元数据，建立元数据库，同时对元数据库中的信息进行组织和加工，建立不同领域的本体库，促进多领域之间的交流和合作，从而实现分布式异构数字信息资源的集成。语义网环境下实现了对信息资源和它们之间的语义关系的描述，呈现数字图书馆信息资源的关联关系和层次体系，统一标识不同类型的数字化与非数字化资源。

作者简介：刘卫宁（1975—），男，山东枣庄人，中南民族大学民族学与社会学学院博士，兰州大学民族学博士。

* 本文发表于《图书馆理论与实践》2014 年第 1 期。

通过统一的元数据标准描述和组织信息，信息资源增长的时候自动更新和改善领域本体库,实现了信息的语义推理功能,解决了信息的语义异构问题。语义网环境下,以信息用户的需求为导向,将语义技术的优势融入数字图书馆信息资源集成模型的构建过程中去，使信息用户获取和利用信息的过程与数字图书馆信息资源集成的流程保持一致，为数字图书馆信息资源集成模型研究提供了一种新的思路。

有学者提过基于元数据的信息资源集成模型，引入本体技术后又有人提出了基于本体和多 Agent 的信息资源集成模型,诸如此类的模型很多,但是实际操作性并不强。要么模型过于抽象,不易把握;要么功能模块过于透明,不易扩展。因此,为了更好地解决信息资源集成问题,本文充分考虑模型的设计目标,遵循模型的设计原则和要求，参照 Tim Berners-Lee 提出的语义网结构层次模型,探讨语义网技术的特点及其在信息资源集成中的作用，提出了一种新的数字图书馆信息资源集成模型,该模型共五层,分别是数据源层、信息描述和组织层、语义整合层、资源存储层和用户交互层,如图 1 所示。

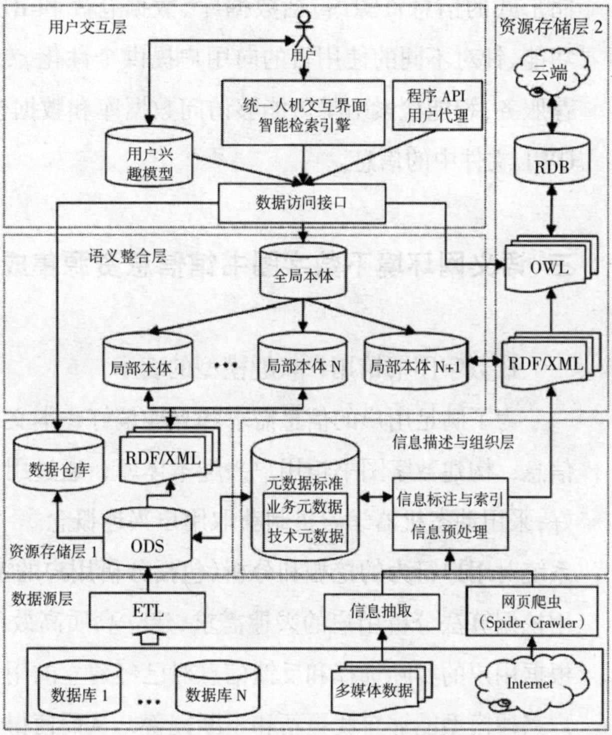

图 1 语义网环境下数字图书馆信息资源集成模型

该模型在获取数字图书馆信息资源的基础上制定元数据标准，使用 RDF 描述信息，引入语义网中的本体技术构建全局模式，通过 RDF/RDFS 和 OWL 赋予信息语义，为了提高本体的语义表达能力，在语义整合层加入语义规则，实现本体的一致性检测和语义推理，[2]保证本体的准确性，然后运用数据仓库和本体存储技术将数字信息资源统一存储在云端，使整合后的信息可以为用户提供更加优质的服务。由于信息包括结构化、半结构化和非结构化信息，在数据获取层需要将非结构化信息和半结构化信息先转化为结构化信息。为了实现信息的标准化描述，在信息描述和标准化层需要制定统一的元数据标准，参照元数据标准，将数据获取层的信息同时存储在 RDF/XML 文件和数据库中，在语义整合层构建全局本体，为每个数据源分别构建局部本体，局部本体的构建需要领域专家的参与和完善，在局部本体与全局本体之间建立映射关系，创建映射规则库，解决语义异构问题。将 RDF 和 OWL 本体中的信息存储在数据库中，经过 ETL 后把所有信息可以暂时存储在 ODS（Operational Data Store）中，进一步存储在数据仓库中，通过统一人机交互界面接入数据访问接口，根据不同的需求访问不同存储形式的信息资源（包括数据库、数据仓库和 RDF/OWL 文件），实现语义检索功能，针对不同的使用目的向用户提供个性化、专业化、智能化的协同检索和推荐服务；智能检索引擎既能够访问数据库和数据仓库，也能够遍历 RDF/XML 和 OWL 文件中的信息。

三、语义网环境下数字图书馆信息资源集成模型构建过程

1. 数字图书馆用户兴趣模型的表示

为了满足用户的信息需求和兴趣偏好，本文提出的模型需要收集用户基本信息，构建数字图书馆用户兴趣本体库，通过用户兴趣本体表示用户的兴趣偏好，采用动态机器学习机制获取用户兴趣概念。[3]根据用户主动提供的信息以及系统对用户行为的挖掘和分析（包括分析用户的 Web 访问日志和缓存信息），运用挖掘算法分析用户的兴趣需求，建立高质高效的用户兴趣模型，如图 2 所示。根据用户的实际选择和反馈信息对已经建立的用户兴趣模型进行修正，确保用户兴趣模型能够自我更新和不断完善，从而使得最终的用户兴趣模型能全面而准确地反映用户的兴趣。系统按照初步建立的模型把检索到的信息推荐给用户，

根据用户模型对文本进行预处理后形成的关键词集合进行过滤，同时发掘具有共同兴趣的用户群，为数字图书馆用户提供个性化、专业化、智能化的协同检索和推送服务。

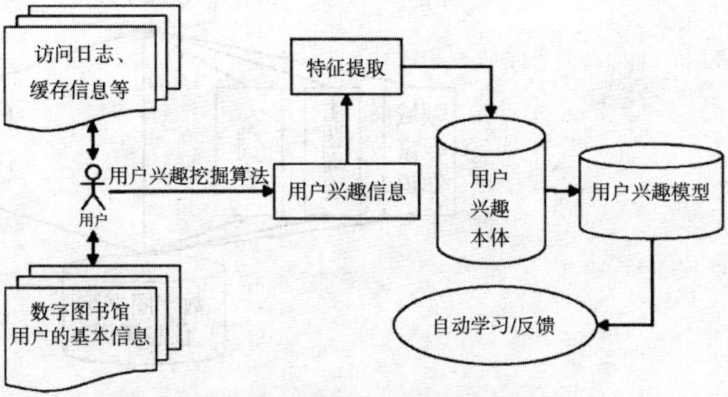

图 2　数字图书馆用户兴趣模型的构建过程

用户兴趣模型描述了用户的兴趣偏好，同时根据用户对信息的反馈和评价，更新用户模型，从而更新知识产品。构建用户兴趣模型需要分析用户获取信息的方式，借助领域本体准确、规范地描述用户感兴趣的信息，建立用户兴趣挖掘模型，向用户提供所需的信息。数字图书馆用户兴趣挖掘运用适当的挖掘算法，计算分析用户浏览网页时留下的日志记录信息，发现用户感兴趣的内容。用户访问数字图书馆会产生日志记录文件，包括访问日志、引用日志、代理日志和错误日志等。日志文件中记录了大量的用户访问信息，包括用户的 IP 地址、访问时间、浏览页面 URL、请求方式和字节数等，还有网站服务器接受、处理请求以及运行错误等多种信息。通过挖掘相关的 Web 日志记录，可以发现用户访问 Web 页面的模式；通过分析日志中的记录规律，可以识别用户的忠诚度、喜好、满意度，发现潜在用户，改进服务效果，提高服务竞争力。通过用户提供的信息，结合用户的浏览行为和访问日志获得用户的偏好，利用本体库中的相应概念表示用户模型，根据模型将符合条件的内容推荐给用户，并在相关反馈的基础上改进用户模型。

2. 数字图书馆领域本体的构建

领域本体库包含着一个领域中最基本的概念、概念的定义以及各个概念之间的语义关系网络，它在整个语义检索过程中起着非常重要的作用。领域本体确定了该领域内普遍认同的确切概念，通过对概念之间的关系进行语义描述，使用户与机器之间的交流上升到语义层次。用户在进行查询时会调用领域本体库，从中找出与关键词相对应的概念所在的领域，将该领域下的相关概念提供给用户，帮助用户生成更精确的查询，提高查询效率。领域本体的构建方法如图 3 所示。

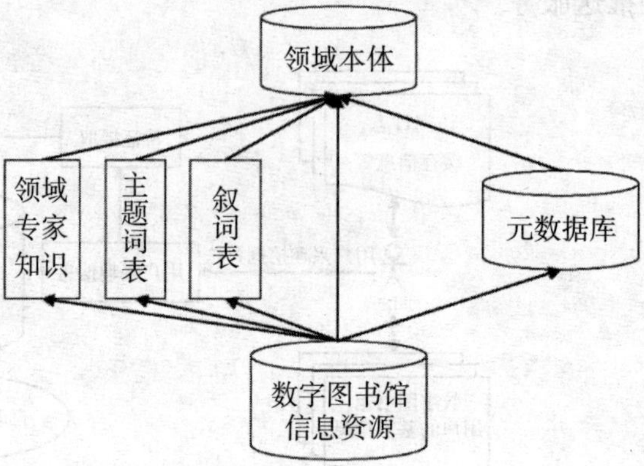

图 3　领域本体构建

Noy 和 Hafner 提出了本体构建的七个步骤：确定领域和范围；重用现有本体是否可行；列出本体中的重要术语和主题词；定义类和类的继承关系；定义属性和关系；定义属性的限制；构建具体实例。[4]

领域本体库构建完成之后，运用 SWRL 和描述逻辑对构建的领域本体进行推理得出隐含的信息，同时完成一致性检测。例如，在某领域本体库中，许多概念具有交叉相关性，因此，在构建本体过程中，需要定义概念之间的逻辑关系，使用推理机制完成概念相互关系的说明，避免概念的重复构建，保持概念应有的逻辑关系。领域本体库的构建不是一劳永逸的，因为数字图书馆信息资源是动态变化的。因此，必须根据数字图书馆信息资源的变化及时调整和更新已经构建的本体，维持领域本体在整个系统中的作用，不断适应用户的需求。需要利用推理机对本体进行预处理以消除冲突，选择利用 Racer 推理机来对本体的概念和实例进行层次分类和调整，消除本体内部不一致性冲突，从而形成一个完整、有效的 OWL 知识库。从 OWL 本体和 SWRL 规则库到 Jess 事实库和规则库，要经过事实转换和规则转换。由于 Jess 推理机不能识别 OWL 格式的本体和 SWRL 格式的规则，所以在进行推理之前，要对 OWL 本体和 SWRL 规则进行转换。Jess 推理引擎是推理过程的核心部分，它基于事实库和规则库进行推理，从而得出新的事实。然后，将新的事实添加进原来的本体中，令原本体中隐含的语义关联得到显性化，从而为数字信息资源的智能检索、个性化推送等功能打下基础。

常用的规则推理引擎有 Jess、CLIPS、Prolog 等，而目前还没有专门针对 SWRL 的推理引擎。Jess(Java Expert System Shell)由推理机、事实库和规则库三部分构成,支持正向推理和后向推理。尽管 Jess 不支持基于 OWL 的本体和基于 SWRL 的规则，但是我们可以将 OWL 本体和 SWRL 规则转换成 Jess 推理引擎能够识别的格式。基于 SWRL 的本体推理过程如图 4 所示。

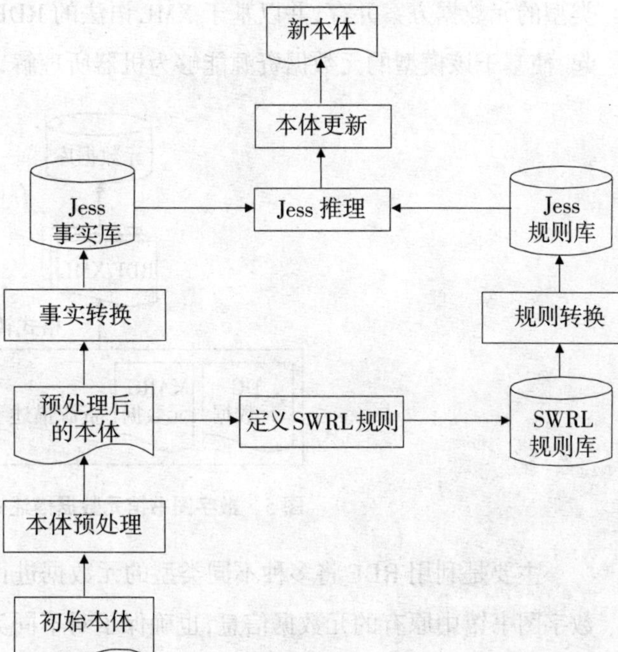

图 4　基于 SWRL 的推理

利用领域本体对数字信息资源进行标引，即对文档集进行内容抽取并分析特征词,建立概念集之间的关联,形成具有语义关联的知识库。本体提供了学科领域的概念、概念之间的关联以及领域的核心理论,可以通过本体将信息资源组织成具有网状结构的、可共享的知识结构体系,表达显性和隐性的语义信息。这样文献资源能够被更好地组织和划分,概念间的语义关联也能被精确定义,为实现知识推理和智能化检索提供了铺垫。借助领域本体对信息集合进行语义分析与标注后,形成具有语义关联的资源元数据集合,然后存入本体知识库。

3. 数字图书馆元数据描述框架

对数字图书馆不同数据源的元数据信息分别进行提取，借助 XML/RDF 文档加以组织,在无人工干预的情况下,参照原有的数字图书馆元数据标准重新定义，提取不同的应用模式，并存储在元数据库中。由于 RDF 模式（RDFS）具有开放性，用户可以自行定义和扩展 RDF 模式，通过 XML/RDF 对信息资源进行无二义性的描述。为了保护现有的数字图书馆信息资源，充分挖掘数字信息资源，数字图书馆适合采用多种元数据标准并存的方法。

可行的方案是以 Dublin Core 元数据为核心元数据库，多种对应于不同资源类型的元数据方案并存，并以基于 XML 语法的 RDF/RDFS 语言将它们封装在一起，使基于该模型的元数据资源能够为机器所理解，如图 5 所示。

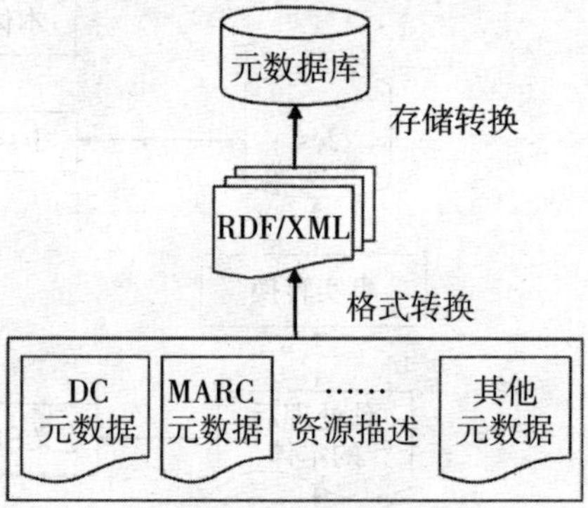

图 5　数字图书馆元数据描述框架

主要是利用 RDF 将多种不同类型的元数据进行封装，既充分保留和利用了数字图书馆中原有的元数据信息，也确保了对不同类型的资源性元数据描述。此外，RDF 具有开放、标准和统一的特性，为将来数字图书馆信息资源的迁移奠定了良好的基础。由于不同类型的元数据集合之间往往需要进行互操作以完成应用需求，定义一个统一的元数据库是十分必要的，有利于实现不同元数据集之间的转换和映射。

4. 数字图书馆信息资源存储平台的搭建

数字信息资源的存储需要搭建一个云计算平台，将所有信息存储在云端，数据仓库和本体存储技术实现了资源的云存储，云存储是一个以数据存储和管理为核心的云计算系统。通过云计算机技术存储整合后的信息，能够为用户提供更加优质高效的服务。

数据库中的信息通过抽取、清洗和转换等 ETL 过程存储在 ODS、数据集市和数据仓库中，可以根据需要进行多次数据处理；多媒体文件存储在多媒体资源库；网络信息资源在预处理后参照元数据标准存储在本体中，表现形式为 XML、

RDF 和 OWL 文件，RDF 信息最为直观，XML 其次，OWL 最为复杂，进一步可以将这些文件中的信息存储在数据仓库。通过开源框架可以进行本体存储，常用的有 Jena 和 Sesame。如果使用 Oralce 这样的支持语义功能的数据库，则需要将 RDF/XML 和 OWL 文件先转换为 Ntriples 格式才能存储。

四、结语

本文探讨了语义网技术在数字图书馆信息资源集成中的作用，并运用语义网技术解决了数字图书馆信息资源集成中的信息表示和语义异构问题，提出了一种基于语义网技术的数字图书馆信息资源集成模型。该模型具有很强的可操作性，各个层次完成相应的工作，通过层与层之间的接口紧密结合，从而实现数字图书馆信息资源的整合，旨在为用户提供更加优质的个性化服务。考虑到数字图书馆信息资源的多样性、复杂性、海量数据和个性化等特点，该模型力求抽象，为进一步的完善和扩展打下基础。

参考文献

[1]张晓林.走向知识服务——寻找新世纪图书情报工作的生长点[J].中国图书馆学报，2000(5):32-37.

[2]唐晓波，金钟鸣.基于本体与规则的语义推理研究[J].情报学报，2011，30(7):695-703.

[3]左晖，等.个性化知识服务中基于 Ontology 的用户兴趣挖掘研究[J].情报学报，2008，27(1):18-23.

[4]Noy N，Hafner C. The state of the art in ontology design[J]. AI Magazine，1997，18(3):53-74.

图书资料检索与信息化建设

乔　耿

摘要：随着信息技术的不断发展与进步，图书馆资料的存储与检索方式也发生了相应的变化，图书馆管理正在不断地走向信息化建设，图书资料在检索方式与工作方法上都发生了较大的改变。计算机网络技术在图书资料检索中的应用可以说是图书资料检索方式的一次革命，同时也推动了图书馆的信息化建设。

关键词：图书馆；资料检索；信息化

作者简介：乔耿（1965—），女，山西人，副研究馆员，研究方向为图书资料及信息检索。

引　言

随着计算机技术在图书馆中应用的逐渐成熟，其在图书资料检索方面的优越性也逐渐凸显出来。不仅如此，现代信息技术的应用，改变了传统的图书资料检索与管理方式，为图书资料信息资源的收集、整理、开发和利用提供了新的方式，有效地推动了我国图书资料管理的信息化，为实现资源共享带来了极其有利的影响，同时，促进了图书资料事业的发展。

一、传统检索方式的局限

我国传统的图书馆管理方式有两件非常明显的标志性事物，就是卡片箱与外借处。在进行图书资料检索时，卡片目录是主要的检索工具，通过卡片目录，我们可以发现各种文献资料的特征，进而以此为渠道进行检索。但是，随着信息技术的不断进步与发展，并逐渐走进人们的生活当中，卡片目录已经不能满足人们对图书资料进行多层次、多角度、高速快捷的检索需求，表现出明显的局限性，主要表现在以下几点。

第一，读者检索需求的复杂性和多元性与卡片目录反映图书特征的局限性之间的矛盾。当今社会物质文化水平都在逐渐提高，各领域之间的联系也越来越紧密，各个研究课题虽然是很专业的，但是也会涉及很多学科的交互影响，比如，某社会学研究课题，就会涉及很多与其相关的政治、经济、文化和心理学等学科知识，研究的角度也同样不是单一的，而是涉及很多方面，这就导致通过卡片目录进行图书检索会浪费大量的时间和精力，而且由于卡片目录只反映图书资料的表面特征，很可能会导致读者浪费了大量的时间，却没有找到自己在研究中所需要的合适的资料。

第二，图书资料内容的复杂性与卡片目录所反映文献内容的单一性之间的矛盾。现代的很多图书文献内容一般都是具有多种主题的，但是卡片目录并没有深度揭示图书资料的内在本质，而仅仅体现的是一本书的分类、题名、责任者和其他无法作为检索点的特征，所以，通常会出现漏检的情况，不能对图书馆中的各种资料进行全面的检索。

第三，较难掌握图书去向。当读者通过卡片目录检索到自己所需要的资料时，去书库提书却发现并没有这本书，这时候，工作人员也很难了解图书的去向，无从下手去寻找此书，是弄丢还是未归还回来都很难判断，无法对此书从入馆到借阅的整个过程进行跟踪检索。

第四，卡片目录自身的不足给图书馆内部检索及深层次服务带来不利影响。因为卡片目录只记录图书资料的分类、题名、责任者和其他无法作为检索点的表面特征，那么，当工作人员需做专题索引或文摘时，就只能重新进行筛选，滤去与主题不相关的图书，非常浪费时间。

第五，排序的复杂性和存储的片面性。由于图书馆中的文献资料非常多，因此很容易造成排序错误，同时，由于卡片目录是读者随身携带的，那么就很可能会出现由于某些读者的疏忽大意导致卡片目录丢失的情况，最终造成由于图书馆中有书但是没有卡而导致的读者对文献资料的漏检。

第六，不能实现各图书馆之间的资源共享。现实中，每个图书馆的文献资料都是有限的，并不可能购进全部的图书文献，所以，如果各个图书馆之间的资料能够实现共享，那么就可以更好地满足读者对不同种类图书资料的借阅需求。

总之，在信息化的社会中，卡片目录检索方式已经无法满足读者对文献资料的检索需求了。

二、信息化时代的机读目录

网络信息化技术的发展使文献检索成为文献工作的重点，机读目录检索代替了传统的卡片目录,改变了图书资料的检索方式、检索环境以及服务方式。与传统的手工检索方式不同，机读目录检索是通过以网络为基础的图书资料数据库进行检索的,读者只需输入相关的检索词,服务系统便会自动检索出与之相配的文献,通过这种方式,可以为读者提供“广、快、精、准”的有效信息服务。本文从狭义和广义两方面对机读目录检索的优势进行分析。

1. 狭义

第一,与传统的卡片目录检索方式相比较,机读目录检索既继承了传统检索方式的优势,又弥补了其不足,它可以进行主题词自动轮排检索,还可以进行模糊检索,而且能够较好地满足各种读者的不同需求。在实际的运用中,读者既可以根据文献资料的分类、书名和作者进行检索,也可以把责任者作为检索点将同一作者的全部著作进行检索，还可以根据主题词将相关主题的图书馆内全部文献进行检索。

第二,为图书馆工作人员能够提供深层服务创造了条件。当要为某课题做专题索引或专题数据库时，就可以直接通过主题词找到全部的相关主题图书，再依据课题内容做专题库或专题索引。这与上述传统的卡片目录相比,节约了检索时间,提高了检索的准确性,进而提升了图书馆工作人员的工作效率。

第三,若图书馆中的某本图书被借走,但想了解该图书的去向及状态,包括借阅者、借阅时间、归还时间等,都可以直接通过读者管理子系统来具体了解,一目了然,既方便,又节约时间,同时还能够准确地对其去向进行追踪。若有其他读者急需使用,工作人员则可采取适当方式催还,以满足重点读者的阅读需求。

2. 广义

在实际的运营过程中,每个图书馆的文献资料都是有限的,并不可能购进全部的图书文献,因而不能满足全部用户的不同需求。但是,计算机网络在图书检索中的应用,可以实现各个图书馆之间图书资料的共享,并以有偿服务的形式,采用邮寄图书、复印全书或部分章节等方法满足不同读者的检索需求。

三、图书馆信息化建设

计算机网络技术在图书馆领域的应用、文献资料检索的信息化大大推进了图书馆的信息化建设，计算机技术已使文献信息处理技术和图书馆的工作发生了革命性变化，文献信息的管理和利用已开始进入自动化、网络化时代。但是仍然存在一些问题，本文主要对图书馆的信息化建设提出了以下几点建议。

第一，加强规范化、标准化操作，实现资料信息化管理。

随着社会的发展、教育的进步，我国高校图书馆大多数都已经为实现文献工作网络化建立了文献数据库。但是存在的不足之处就是并没有对其进行较为规范的、标准的操作，直接导致各高校图书资料管理系统之间的差异性，进而阻碍图书馆文献资料管理信息化的实现。因此，在未来的图书馆信息化建设道路中，应不断加强规范化、标准化操作。

第二，强化图书馆信息化意识。

信息化在全社会领域的全面推进，传统的图书资料管理模式已经逐渐被新时代信息化的管理模式所取代，逐渐向结构虚拟化、资源共享化方向发展。在这种新的时代背景下，各图书馆要与时俱进，尤其是相关的管理人员要不断强化和加深图书馆信息化建设的意识，从思想上加强图书馆信息化建设是其具体实现的前提基础，因此，一定要从战略高度来对待图书馆信息化的目标，从实体服务主体向虚拟服务主体的观念转变。

第三，推进信息系统标准体系建设。

图书资料管理信息化涉及很多标准，而制约我国图书馆信息化建设的一个重要因素就是并未建设完善的信息系统标准体系，虽然已经有《中国图书馆图书分类法》等标准，但是仍然不能全面满足高校图书馆信息化建设需求，因此，国家需要加强关于图书馆资料管理信息化方面的相关标准，从而更好地推动图书馆的信息化建设。

第四，培养读者使用计算机检索的能力。

由于各地经济社会发展的差异，某些地区的图书馆还未实现自动化、网络化，因此，有些读者还不具备使用计算机进行检索的能力，或者说这种通过计算机进行检索的意识还比较差。另外，一些地方虽然已经在图书馆中普及了自动化、网络化，但是由于一些读者是老年人，他们对计算机检索方式非常不习惯。

针对以上情况，我们要进行合理的计算机检索培训，让更多的读者学会并使用这一检索方式，让读者深深地感受到这种检索方式的优越性。

总之，为了能够更好地改善图书馆文献信息服务质量，适应信息化发展趋势以及知识化社会的发展方向，就要从以上四点不断做出努力，改进文献资料检索技术，最大限度地发挥图书馆文献资料的社会价值及社会功能。

结　论

综上所述，随着信息技术的不断发展，图书文献资料检索方式也发生了新的变革，计算机网络背景下的机读目录已经取代了传统的手工方式，不仅为图书馆工作人员及读者提供了便利，提升了工作效率，而且适应了社会的发展需求，推动了图书馆信息化建设，但是，由于图书馆、读者以及立法方面的多重影响，在图书馆信息化建设道路中，仍然存在一些问题，本文最后对其解决方案提出了自己的见解，希望能够为日后的图书馆信息化建设及文献检索提供新的依据。

参考文献
[1]王羽佳.信息化背景下企业图书、情报、档案信息资源整合研究[D].黑龙江大学硕士学位论文，2008.
[2]郭加书.论信息化背景下的网络文化建设与管理[J].山东社会科学，2010(8).
[3]代秋菊.我国高校图书资料管理信息化建设初探[J].高等函授学报：哲学社会科学版，2011(1).

浅议宁夏高校图书馆共享工程建设问题 *

任玉林

摘要：本文着重举介了国内几种文献共享工程建设模式，如 CALIS、CADAL、宁夏文化信息资源共享工程模式等，以期为宁夏高校提供参考范例，同时分析了宁夏高校系统文献信息资源共建共享的制约因素并提出今后的建设路径。

关键词：共建共享；高校图工委；组织协调

宁夏高校系统整体走文献信息资源共建共享之路，快速提升文献信息保障程度，最大限度满足教学科研需求，提升图书馆整体服务能力，是其今后建设发展的必由之路。

宁夏高校系统有 5 所本科院校、8 所高职学院，目前在校生总量 90701 名，教职工 10287 名，馆藏量总和为 570 万册。多数高校都程度不等地单独购买了中国知网（CNKI）、方正、五车、超星、书生、维普、中经网、Springer Link 等中外文电子文献。全系统年购各类文献经费总额 1820 万元，其中电子文献购买经费 269 万元。由于受诸多因素制约，宁夏高校系统还没有整体实现文献信息资源共建共享，不仅造成多数高校文献保障率较低（本科院校生均 68 册，高职院校生均 46 册，均未达到评估合格标准，即生均 80 册），而且由于同类资源如中国知网、五车、超星等电子文献大家分别单独购买，造成资金浪费。

一、国内几种共建共享模式举介

1. CALIS 模式

1998 年 10 月，中国高等教育文献保障体系（CALIS）正式启动，经过十余年的建设发展，现已进入第三期建设服务阶段。三期服务设计原则如下。

●普遍服务：所有高校均可获取 CALIS 所有服务。

●服务对象：服务图书馆，（通过成员馆）服务读者。

作者简介：任玉林（1958—），男，宁夏职业技术学院教学督导室研究馆员。

* 本文发表于《图书馆理论与实践》2012 年第 11 期。

●我的 CALIS:可嵌入、可定制的 CALIS。

●资源共享:从“有藏则收”到“有用则收”(成员馆资源+第三方资源)。

●资源获取:“可查可得”、“一查即得”。

●全网漫游:“一个账号、全国获取”。

●服务体系:全国中心、地区中心、省中心、共享域中心。

●多层次共享:指通过网络与 CALIS 共享体系对接的软硬件系统,资源、数据、知识、服务、软件、设备、人力既可以安装在本馆,也可以远程“租用”。

2. CADAL 模式

2000 年,中美计算机科学家联合发起“中美百万册数字图书馆合作计划”。

●中方牵头人是浙江大学潘云鹤院士和中国科学院研究生院高文教授。

●美方牵头人 Raj Reddy 博士,时任美国总统信息顾问委员会主席,计算机领域最高奖项“图灵奖”获得者。

●为带动数字图书馆领域新的国际合作计划奠定了基础。

●2004 年 8 月 10 日,国家发展与改革委员会发文批复,“高等学校中英文图书数字化国际合作计划”(简称 CADAL)正式立项启动。

●教育部“十五”期间“211 工程”高等教育公共服务体系建设之重要组成部分,国家投资 7000 万元,美方合作单位投入约 200 万美元。

●CADAL 项目负责人:潘云鹤院士。

推广服务体系——三级服务体系:1 个总服务中心与数据中心;4 个二级服务中心与数据中心;30 余个三级服务中心。

CADAL 项目的建设,将成为全球最大的、具有国际领先水平的公益型数字图书馆。

3. 中央电大数图联盟模式

2006 年,全国电大系统数字图书馆联盟成立,由中央电大图书馆牵头,全国 44 所省级电大陆续加盟,全国电大系统文献信息资源共建共享工程一期建设启动。目前中央电大图书馆正在制定实施数字图书馆建设“十二五”发展规划,经过 5 年建设,全国电大系统可以全面实现文献信息资源共建共知共享共有,这是非常喜人的前景。

4. 宁夏文化信息资源共享工程模式

2002 年 4 月，由文化部、财政部共同发起并经中办、国办批准实施的“全国文化信息资源共享工程”（以下简称“共享工程”）正式启动。2006 年“共享工程”建设列入了国家“十一五”文化发展规划，成为国家公共文化体系的基础工程。2004 年，宁夏正式启动“共享工程”项目，建立了宁夏省级分中心，设在宁夏图书馆。2007 年“共享工程”国家中心划拨 200 万元专项资金支持宁夏分中心征集具有宁夏地域特色的文化资源并进行可视化加工整合。同年，国家中心向宁夏投资 3000 万元用于“共享工程”建设。截至 2007 年年底，宁夏共有各级“共享工程”服务站点 71 个，其中省级分中心 1 个，市级支中心 4 个，县级支中心 15 个，乡镇基层服务中心 29 个，村级服务点 5 个，机关事业单位 13 个，学校 3 个，部队 1 个。2008 年年底，“共享工程”真正意义上的全覆盖率先在宁夏实现。[1]

以上列举的几种文献信息资源共建共享模式，宁夏高校系统可选择加盟其中。

二、宁夏高校系统文献信息资源共建共享的制约因素与实现路径

1. 宁夏高校系统实行共建共享的制约因素

制约文献信息资源共建共享的因素主要有：①由于没有相关权威机构统一组织，目前宁夏各高校图书馆文献资源建设基本上是各自为阵，自我发展。②受资金限制，宁夏各高校对图书馆文献信息资源建设投入差距较大，有的高职院校图书馆近年来终止了对数字化文献的购买。③就全区高校图书馆系统而言，尚未形成统一的文献信息技术标准，不少图书馆信息化水平较低。④知识产权保护、商家利益与资源共享联合体之间利益均衡的矛盾比较突出。⑤技术及人才制约。目前，尚有一些图书馆人员专业素质、技术能力尚不能完全满足网络环境下信息资源共建共享工作的要求。⑥利益均衡问题制约。图书馆属于社会公益事业，而共建共享在本质上需要引入利益驱动机制，需要按市场经济规律运作，共建的投资各方，只有取得与投入比例相适应的利益，才有共投的积极性；要实现文献信息资源共建共享，首先应解决好对没有自主知识产权的商用电子文献资源共同购买的取费或者说计量、收费问题，这也是长期制约图书馆界做到文献资源共建共享的瓶颈问题。[2]

2. 宁夏高校系统共建共享的实现路径

(1)在宁夏高校图工委下设共建共享协作委员会和技术业务工作小组

①成立共建共享协作委员会。宁夏高校图工委成员基本都是各高校馆的馆长,具有一定的权威性。应当在图工委下设共建共享协作委员会,集中精力,专门负责组织、协调、实施共建共享工程。其主要职能是:研究制定共建共享方针政策、基本原则、实施计划;制定共建共享章程;起草共建共享工程建设方案;协商解决制约共建共享工程中的瓶颈问题;协商解决宁夏高校系统整体加盟CALIS或CADAL或宁夏文化信息共享中心的政策、技术、费用等问题;检查落实全区各高校共享平台建设情况;研究确定各成员馆特色资源建设内容和分工协作事宜;审定统一的技术规范、技术标准、编目细则等;研究提出共享工程建设信息技术人员业务培训计划、培训内容、培训时间地点、培训方式等,并具体组织实施培训工作。一句话,就是为尽快在全区高校系统实现共建共享搭桥铺路,解决难题。

②组建技术业务工作小组。从各成员馆抽调信息技术业务骨干组成技术业务工作小组,集中至少半年时间,在高校图工委集中办公,专门研究解决共建共享中的技术问题。其主要任务是:研究制定统一的技术规范、技术标准、编目细则等;深入各成员馆指导共建共享技术平台建设;统一解决共享平台的兼容性问题。由于各个图书馆所采用的计算机集成管理系统软件、信息服务平台和数据库开发等都不是统一的标准格式,而共建共享则要求各个图书馆在利用新技术方面注意技术的兼容性。在解决联机编目、联机检索、网上阅读技术的同时,还应研制开发图书馆群的整体网络服务功能,通过网络集成技术解决网络环境下的图书馆之间共建共享问题;具体负责对各成员馆共建共享操作员的培训指导,教会为止。

(2)建立宁夏高校图书馆联合书目数据库

各成员馆要在协作委员会的统一部署下,对现有馆藏资源进行核对,编制本馆馆藏文献书目,建立本馆馆藏文献书目数据库,然后编制全区高校系统图书馆馆藏文献联合目录。建立统一的技术平台,通过一定的协议,使各成员馆的馆藏文献数据和数字资源能够互通有无,达到成员馆文献的共知,为资源共享打下坚实的基础。对于自建特色数据库和电子资源,可以在知识产权允许的前提下,免费或以较低费用首先提供给合作的成员馆,实现资源利用的最大化。

(3)突出特色资源

根据各成员馆的现有馆藏,确定各馆的特色馆藏,其他一般性的资源可通过“存取”、“通借”、网上共享的形式来满足。对于特色资源,各馆应分别建设自己的特色资源和专题数据库,然后在协作委员会的协调下进行共享。

3. 共享工程信息技术人才队伍建设

如果说共享平台建设是基础,那么共建共享技术人员队伍建设就是关键。据了解,目前区内五所本科院校基本具备共建共享信息技术人员队伍条件,而八所高职院校基本不具备此条件,计算机专业和图书馆专业人员严重匮乏,绝大多数高职院校没有能力承担共建共享工程项目。面对迅速发展的图书馆自动化、网络化、数字化、信息化和文献信息资源的共享工程建设只有望洋兴叹。这是制约宁夏高校系统快速实现共建共享的核心制约因素。造成这种局面的原因是,所有高职院校图书馆都是2004年以来由过去的成人高校和中专学校图书馆转换而来的。毋庸讳言,过去的图书馆只是传统方式的藏、借、还和到馆阅览,全人工管理,全手工操作,对人员信息技术、计算机技术、网络技术要求不高,所以工人、女性、年老体弱者居多,较难适应网络环境下的现代化图书馆工作,更谈不上自动化、网络化、数字化、信息化和共享工程建设。虽然一些学院领导也很重视图书馆信息化建设,也想补充一些计算机和图书馆专业人员,可是,受编制影响,图书馆几年也招不上一个本专业的大学生。此外,近几年随着党中央、国务院对文化建设的高度重视,图书情报专业和信息技术专业人才非常紧俏,高校录用人员又必须是研究生以上学历,这对地处西北的宁夏职业院校图书馆来说更是雪上加霜。以我院为例,网上公开招聘图书馆专业研究生却无人问津。进入21世纪以来,职业教育发展异常迅猛,占地千余亩的新校区纷纷落成,面积数万平方米的新馆也陆续开始投入使用。可是,受人员条件制约,许多职院的新馆仍然是“穿新鞋,走老路”,令人惋惜。解决途径是,千方百计至少为图书馆引进一名图书馆专业、一名计算机专业的人才。只有这样,文献信息资源共建共享工程才能启动,才能逐步实施。

4. 读者服务能力建设

图书馆馆舍建设也好,文献信息资源建设也好,共享工程建设也好,最终目的都是要为教学科研服务,为广大读者提供最良好、最方便快捷的支持服务。说到底,图书馆一切建设,其根本目的都是为了提高图书馆的服务能力。所以,各个高校在实施共享工程建设的同时，一定要高度重视服务能力建设，至少二者要同步进行。如果依然采取“坐等读者上门,你来我借，你问我答”的被动式服务，那就还是传统图书馆的老一套做法，那么，图书馆任何建设将意义不大。

参考文献

[1]张欣毅.宁夏图书馆志[M].北京：国家图书馆出版社，2009:159-160.

[2]任玉林.高职院校图书馆文献信息资源共建共享问题探讨[J].黑龙江科技信息，2008(10):137.

浅谈与地方政府合作下的高职院校图书馆社会化服务运行机制 *

张惠芳　孙艳玲　王淑霞

摘要：本文以宁夏职业技术学院图书馆与地方政府合作，为辖区内社会成员提供文献信息资源服务为例，分析了为确保图书馆社会化服务能持续、健康地发展，建立图书馆经费保障机制、文献资源整合机制、适应院地合作双方的管理机制、读者服务效果评估机制，探讨了高职院校图书馆社会化服务运行机制，以此提升高职馆社会化服务的能力，为共建学习型社会提供有力保障。

关键词：地方；院校；图书馆；服务；机制

作者简介：张惠芳（1965—），女，宁夏职业技术学院图书馆研究馆员。
孙艳玲（1971—），女，宁夏职业技术学院图书馆采编部主任，馆员。
王淑霞（1960—），女，宁夏职业技术学院图书馆馆长，研究馆员。

* 本文是宁夏职业技术学院、宁夏广播电视大学科学研究资助项目（XJ201303）。

高职院校近年来发展快速，为国家培养了大批量的新型工业化、信息化等类型的技能型人才，为地方经济发展提供了人才保障。高职院校图书馆也随着发展壮大，并能够为辖区内社会成员提供文献信息资源服务。但是，开展不久的社会化服务工作也面临很多问题，本文就院地合作下的社会化服务运行机制问题进行了探讨，以此提升高职馆社会化服务能力，为共建学习型社会提供有力的文献资源保障。

一、服务优势

现以宁夏职业技术学院图书馆服务（以下简称宁职院图书馆）于宁夏银川市西夏区社会成员为例，具体如下。

1. 文献资源丰富、覆盖面宽、实用性强。目前，宁夏银川市西夏区有30万人口，只有1个公共图书馆，馆藏图书共计5万册，平均6个人拥有1本书，而国际图联规定，每5万人应拥有1所图书馆，人均占有图书应为1.5~2.5册[1]，这种状况极大地限制了区域内公民的精神文化需求。宁职院图书馆现有各类馆藏文献127.62万册，涵盖了文、理、工、法、农、经、医、牧等领域，为教学和科研提供了较强的文献保障能力，同时，能解决西夏区公共图书馆资源紧张的燃眉之急。

2. 地理位置优越、馆内环境宽敞、服务功能齐全。宁职院图书馆位于西夏区高职教育园区，距离西夏区较近。图书馆馆舍建筑面积20560平方米。室内同时可容纳上千个阅览座位。服务功能齐全，如图书借阅室、教师研究室、报刊阅览室、电子阅览室、自主学习区、读者沙龙、多媒体教室等,方便西夏区社会成员就近阅读。

3. 服务手段先进。拥有服务器、各种计算机终端和外部设备近 240 台(套),建成了高带宽的馆内局域网和电子信息服务系统,可通过国家教育科研网(CERNET)和互联网(INTERNET)向网上用户提供文献服务。读者可通过计算机检索馆内的文献信息资源、文献数据库及网上资源。

宁夏职业技术学院是全国百所高职示范院校之一、宁夏唯一一所综合类院校,学院在宁夏区内享有较高的知名度。2012 年,该校与西夏区政府签署了"院地联动、共建共享、共谋发展;互动互助、互惠互赢、共创和谐;提升社会服务能力,共建学习型社会"的合作框架协议,从此,开创了宁夏高校图书馆向社会开放的先例。图书馆向社会开放后会遇到一系列的问题,建立新的运行保障机制就成为值得思考的问题。

二、运行机制

为了确保院地图书馆的合作能够持续运行,避免重蹈合了散、散了合,始终无法持续发展的窘境,图书馆建立长效合作运行保障机制十分必要,具体如经费保障机制、文献资源整合机制、适应院地合作双方的管理机制、读者服务效果评估机制等。

1. 经费保障机制

经费保障机制是高职馆开展社会化服务的前提,人常说,巧妇难为无米之炊。目前,所有高职院校图书馆较普通高校图书馆每年的购书经费缺口较大,仅仅依靠学院教育事业经费划拨给图书馆的文献资源采购费来为社会成员提供服务,恐怕是心有余而力不足,难以长期维持下去。2012 年,西夏区政府向宁职院图书馆捐赠 30 万元资金,这对于职业院校图书馆来说是雪中送炭,增强了学院的馆藏资源实力,为社会化服务奠定了良好的基础。要保持这一良好的开端,建立稳定的经费保障机制势在必行。

(1) 辖区政府建立长效专项经费保障机制。高职馆向辖区社会成员开放服务,最大的受益者是辖区政府,而辖区政府为高职馆提供经费上的补偿,对加强区域经济建设、群众文化建设和社会发展将起到促进作用。政府应设专门的部门由专人负责管理、协调此事。设专项群众文化建设经费，每年按比例划拨到高职图书馆，将经费支持形成具有规定性和约束性的长效保障机制，避免因主管领导的更换而中断经费补给，使政府每年划拨给学院图书馆的经费有据可依、有章可循。

(2)学院领导要转变思想观念，建立专项财政支持机制。高职馆是社会化服务的实施者，综合实力虽然较强，向社会开放后会增加相应的人力、财力和物力，如果学院还按照服务于校内读者的标准给图书馆划拨经费，就会影响图书馆文献资源的配置。为此，学院每年在预算经费额度时，专门增加一项图书馆向社会开放的图书信息资源专项经费，经费额度根据校内和辖区读者人数综合而定。或向上级政府专门申请此项经费，使这笔经费成为学院图书馆社会化服务的经费保障。

(3)建立公益事业筹措保障机制。政府要充分发挥对社会的管理者、组织者、协调者的作用。政府牵头动员媒体宣传力量，鼓励个人和企业为图书馆投资或捐赠，例如，西夏区政府和宁职院图书馆签署合作协议后，经《华兴时报》及各大网站的宣传报道后，区内很多单位及个人向图书馆捐赠图书3000多册。因此，要逐步建立和完善包括图书馆在内的公益事业筹措保障机制。

2. 文献资源整合机制

文献资源是高职馆社会化服务的基本保障，文献资源建设应根据辖区成员的阅读需求和发展进行整合。目前，合作双方文献资源还是条块分割管理，需要建立院地图书馆文献资源互联、共建、共享的长效机制。院地各自馆藏量相差较大，图书的分类、编目标准不一致，图书馆自动化管理系统不同，使文献资源共享过程中的数据链接与转换难以实现，为此，首先要建立虚拟联合目录，即将各馆原有的书目数据进行虚拟组合，将组合的书目数据建立一个统一的检索界面，用户无论在什么地方检索，都能很快查到各馆的资源信息。其次，实行两个统一标准。各馆统一采购标准，互通有无，避免重复；统一分类、编目标准，便于以后集中统一管理，因院地图书馆固定财产相对独立，在分类时要做特殊标注。再次，建立文献资源交换机制。根据读者需求，协调各馆文献资源的有序流动。如每半年流动一次，确保各类图书常换常新。

3. 建立适应院地合作双方的管理机制

高职馆社会化服务，要求有一个与之相适应的组织结构和新的管理机制。首先，学院应为图书馆增设对外服务部门，并给予负责人相应的职务，以调动馆员的积极性。成员由公共图书馆和高职馆部分馆员组成，便于两馆之间或与社会读者之间的协调沟通。其次，增设服务功能。如增设适合社会上老年人、儿童的服务区域及阅读资料，设置西夏区儿童美术展览室等。再次，对校内外读者的开放时间、服务范围、收费标准、文明公约等方面要制定配套的管理办法，便于规范馆员及社会读者的服务行为。

4. 建立读者服务效果评估机制

高职馆社会化读者服务效果评估机制的建立，要依据《普通高校图书馆评估标准指标（征求意见稿）》和《公共图书馆评估标准》，建立适合本区社会环境、区域经济发展水平的读者服务效果评估指标体系，以客观评定图书馆社会化服务效果。评估机制的构成指标由二级、三级指标构成，如二级指标（括号内为三级指标）包括基本服务（到馆率、年外借/下载量）、文献资源（纸质资源、电子资源）；信息素养教育（图书馆利用教育、文献检索培训）、信息咨询服务（信息咨询、文献传递）、读者调查（读者问卷调查、座谈交流会、意见箱）等。每级指标设置相应的权重系数，读者评估指标值满分 100 分。该评估分值与反映图书馆文献利用度的外借/下载量、年外借册次、年流通总人次等评估指标的评估分值成正比。分值越高，证明读者越需要图书馆，文献利用度就应该越高；若该馆文献利用度高于预想值，则证明该馆本身管理的水平、服务质量及主观能动性的发挥较好[2]。总之，为了保证高职图书馆社会化服务的稳步提升、加强高职学院图书馆的自我约束和外部约束机制、促进高职图书馆社会化服务的健康发展，建立和完善科学的评估机制必不可少。

高职图书馆社会化服务运行机制的建立，可以让刚刚起步的高职院校图书馆激发出极大的社会服务热情，提升高职图书馆的社会地位并发挥其最大价值，同时还可以促进全民阅读，为提升西北欠发达地区社会、经济的发展做出应有的贡献。

参考文献

[1]庞海珍.高校图书馆服务社会现状分析与基本对策[J].河北科技师范学院学报：社会科学版，2010(2).

[2]王慧秋，高昌海，曲绍燕.建立读者评估指标体系 客观评价图书馆绩效[J].图书馆论坛，2005(3).

基于AHP的宁东煤炭产业循环经济发展评价研究*

王珏慧　张启敏

摘要：利用层次分析法（AHP）理论建立煤炭产业循环经济评价指标体系，定量计算各指标对循环经济的影响权重。在分析各指标权重的基础上，给出宁东煤炭产业循环经济发展程度的评价结果，找出优势与不足，为宁东煤炭产业进一步发展提供理论支持。

关键词：煤炭产业；循环经济；AHP

作者简介：王珏慧（1974—），女，江苏徐州人，副教授，硕士，研究方向为区域经济学。

*本文是2011年宁夏科技攻关（软科学）项目，发表于《煤炭技术》2013年第12期。

一、问题的提出

宁东能源化工基地（以下简称基地）是国家确定的13个亿吨级煤炭基地之一，是自治区党委、政府确定的“一号工程”。基地位于毛乌素沙地的西南缘，境内土地沙化，植被稀少，生态脆弱。宁东地区生态建设与环境保护、宁东循环经济相关问题多年来备受社会各界的关注，同时也吸引了许多学者对其可持续发展问题进行研究，如王发明等重点对宁东煤炭资源的开发为区域社会带来的影响因素和社会效益进行了分析[1]。张小盟等通过财政收入与GDP的统计数据关系进行建模，对开发建设经济效益进行了分析[2]。高桂英等利用生态系统服务功能模型，得出只要能处理好资源开发和生态环境建设的关系，必将实现经济效益和生态效益的“双赢”。汪一鸣等从宁东基地的环境保护与生态建设的关系入手，构建了五种环境友好型的生态建设模式[3]。上述文献分别从宁东煤炭资源开发的社会效益、经济效益以及资源开发、环境保护等与生态环境建设的关系进行了分析。关于宁东能源化工基地循环经济的成效评价的研究成果目前还尚未见到。本文拟利用层次分析法对宁东煤炭产业循环经济发展的状况和程度进行评价，给出宁东煤炭产业评价结果，找出优势与不足，为宁东煤炭产业可持续发展提供理论支持[4]。

二、AHP 模型建构

1. AHP 简介

层次分析法(Analytic Hierarchy Process,AHP)是美国匹兹堡大学教授萨蒂(T.L.Saaty)在 20 世纪 70 年代提出的一种定性分析与定量分析相结合的新型多目标决策方法。它综合整理人们的主观判断,把定量与定性相结合,是一种难以用定量方法来进行分析的手段[5]。

AHP 基本原理包括递阶层次机构原理、标度原理和排序原理。首先分析问题,确定系统的总目标,根据目标及问题性质,将问题分解成不同的组成因素,按照因素间的相互关系及隶属关系,将系统进一步区分为要素层及指标层,然后按不同层次聚集结合,形成一个多层分析结构模型,最终形成指标层相对于总目标重要程度的权重问题。运用层次分析法作系统分析,大致经过结构模型建立、判断矩阵构造、指标权重确定和综合评价四个步骤。

2. 建立层次结构模型

依据循环经济指标体系设计的基本理论,文中将宁东煤炭行业循环经济评价指标体系作为目标层 A;将经济、自然资源、生态环境、经济特征作为准则层 B;将准则层又细分为经济发展、经济质量、自然资源、环境污染、环境治理、行业特征、综合利用等要素层 C;指标层 D 根据所反映内容的不同分别隶属于要素层,它们是指标体系的最基层要素。因此,宁东煤炭行业循环经济评价指标体系共划分为四个层次,包括四个子模块、七个要素集,十八个具体指标。

3. 定性指标的量化

宁东煤炭产业循环经济发展评价指标中,除小部分可以从《宁夏统计年鉴2011》和《银川统计年鉴》中找到基础数据外,大都为定性指标,必须通过量化才能用于层次分析评价中。对这些定性指标可以通过模糊评判法进行量化,主要是通过调查按规定的评语对宁东煤炭产业项目运行效果进行评判,由此得到该指标的量化值。其中,实施效果评语集:$E=\{E_1$(好),E_2(较好),E_3(一般),E_4(差),E_5(较差)$\}$。

4. 构造判断矩阵并求各要素权重

(1)构造判断矩阵

将同一层次中各因素对上一层次中某一准则的重要性进行两两比较,写成

矩阵形式

$$A=(B_{ij})n\times n$$

式中，A—判断矩阵；n—两两比较的因素数目；B_{ij}—因素 U_i 比 U_j 与某一准则重要性的比例度，可按 1~9 比例标度对重要性程度赋值，对于判断矩阵的元素 B_{ij} 有

$$B_{ij}>0', \ B_{ii}=1', \ B_{ji}=1/B_{ij}$$

（2）计算判断矩阵的特征向量

矩阵一致性的判断，首先判断矩阵的最大特征值和特征向量，采用几何平均近似法计算，求得的特征向量就是各因子的权重排序，其计算步骤为：

①计算判断矩阵每一行元素的乘积

$$M_i=\prod_{i=1}^{n} B_{ij} \qquad i=1,2,3,\cdots,n \tag{1}$$

②计算 M_i 的 n 次方根

$$\overline{W}_i=\sqrt[n]{M_i} \qquad i=1,2,3,\cdots,n \tag{2}$$

③将向量 $\overline{W}_i=[\overline{W}_1,\overline{W}_2...,\overline{W}_n]^{\mathrm{T}}$ 归一化

$$W_i=\overline{W}_i/\sum_{i=1}^{n}\overline{W}_i \qquad i=1,2,3,\cdots,n \tag{3}$$

则 $W=[W_1,W_2,...,W_n]^T$ 即为所求的特征向量。

④计算最大特征值

$$\lambda_{max}=\sum_{i=1}^{n}=\frac{(AW)_i}{nW_i} \qquad i=1,2,3,\cdots,n \tag{4}$$

其中 $(AW)_i$ 为向量 AW 的第 i 个分量，$W=W_1,W_2,...,W_n$；λ_{max} 为判断矩阵的最大特征根；n 为判断矩阵的阶数；W_i 为因素 i 的特征向量，即相对权重。

（3）一致性检验

①通过分析知道，当判断矩阵具有完全一致性时，$\lambda_{max}=n$。但是，在一般情况下是不可能的。为了检验矩阵的一致性，需要计算它的一致性指标

$$CI=\frac{\lambda_{max}-n}{n-1} \tag{5}$$

在（5）式中，当 $CI=0$ 时，判断矩阵具有完全一致性；反之，越大，则判断矩阵的一致性就越差。

为了检验判断矩阵是否具有令人满意的一致性，需要将 CI 与平均随机一致性指标 RI 进行比较。一般而言，1 或 2 阶判断矩阵具有完全一致性。对于二阶以

上的判断矩阵，其一致性指标 CI 与同阶的平均随机一致性 RI 之比称为判断矩阵的随机一致性比例,记为 CR。一般情况下,当 $CR=CI/RI<0.1$ 时,就认为判断矩阵具有令人满意的一致性;当 $CR\geqslant 0.1$ 时,就需要调整判断矩阵,直到满意为止。

②计算每个基础指标的相对权重(层次单排序),并用各层次的组合权重对实施效果的相应权重相加,计算各实施效果的总权重(层次总排序),它们表示各实施效果对宁东循环经济的重要程度。

用指标间相对重要性程度即权重来表明各指标在煤炭行业循环经济发展中的地位和作用。生态环境指标 B_3 在准则层所占的权重是最大的,说明在宁东煤炭产业循环经济评价体系 A 中，生态环境因素对循环经济发展起着很重要的作用。其次是经济指标 B_1 和自然资源指标 B_2。在生态环境指标 B_3 中,环境污染 C_4 所占的权重高于环境治理 C_5,说明环境污染的治理受到了足够的重视。其中,单位工业增加值 SO_2 排放量 D_{10} 的权重在指标层 D_7~D_{11} 是最高的,说明重视程度最高。

可以看到,综合利用 C_7 中的煤矸石综合利用率(消费率)D_{16}、工业用水重复利用率 D_{17} 和工业固体废物综合利用率 G_{18} 在整个指标层的权重是偏低的,这说明在综合利用方面还做得不够好。

三、结语

通过对宁东能源化工基地的循环经济指标进行权重衡量，可以看到宁东能源化工基地经过几年的发展，在生态治理方面重视程度相对较高，在废水产生量、固废排放量、废气排放量、SO_2 排放量和 COD 排放量方面得到了有效的控制,这与基地建设的初衷是相吻合的。对于综合利用方面，各项指标权重均相对偏低,说明发展与改进空间还很大,这有赖于科技的支撑,一些关键技术还需要做进一步的深入研究和实践,提高资源利用效率。在生产实践中,要大力发展洁净煤技术、清洁能源技术以保证千万千瓦火电基地、煤炭液化、煤基二甲醚等能源重化工基地等大型项目的节能降耗指标达到先进水平。

参考文献

[1]王发民,张庆平,高军.宁东煤炭资源开发的可持续发展[J].宁夏大学学报,2007(3):89-93.

[2]张小盟,高桂英,刘兆强.宁东能源化工基地开发建设经济效益分析[J].宁夏社会科学,2009(9):53-56.

[3]汪一鸣,赵亚峰.宁东能源化工基地的环境保护与生态建设[J].宁夏工程技术,2008(6):190-193.

[4]高桂英,杜灵通,杜鹏.宁东能源化工基地生态效益变化分析[J].宁夏大学学报,2009(12):411-414.

[5]林彬,曾萃林,向美洲.基于层次分析法的城市用地安全评价[J].浙江科技学院学报,2012(2):58-63.

煤炭企业发展模式分析*

金迎春

摘要：煤炭是我国第一大能源，在长期发展中，规模小、效率低、机械化程度低。为了促进宁夏煤炭能源产业的发展，本文对煤炭行业地位、煤炭行业产业链进行了分析，并描述了宁夏煤炭行业的地位与发展现状，概括了煤炭企业发展中的困难，并针对性地提出了对策。

关键词:产业链;现状;困难;对策

一、前言

我国能源工业大而不强。我国重大装备核心技术自主化程度仍较低，能源科研投入和人才储备严重不足，一些关键零部件还不能自主生产和设计，在能源高新技术和前沿技术领域与发达国家的差距有进一步拉大的趋势。《国民经济和社会发展第十二个五年规划纲要》明确提出“推动能源生产和利用方式变革，构建安全、稳定、经济、清洁的现代能源产业体系”。为了促进宁夏煤炭能源产业的发展，文章对煤炭企业的发展模式进行了分析。

二、煤炭行业地位

中国属于“富煤、少气、缺油”的发展中国家，石油探明可采储量只占世界的2.4%，天然气占1.2%，而煤炭却占世界探明储量的14%左右。工业是煤炭消费最主要的部门，占煤炭消费总量的94.48%。而工业中，电力、煤气及水生产和供应业是最主要的煤炭消费部门，占总消费量的49.06%；其次是制造业，占38.48%。我国煤炭资源的地理分布极不均衡，总体格局是北多南少，西多东少。按省区来分，煤炭资源主要集中分布在经济还不发达的山西、内蒙古、陕西、新疆、贵州、宁夏6个省区。煤炭需求主要受制于国民经济增长需求，在供给层面，未来5~10年内，随着技术进步和资源的有效整合，煤炭开采和供给条件会逐步得

作者简介:金迎春(1974—)，女，河北蓟县人，讲师，高级营销师，硕士，研究方向为经济管理。

*本文发表于《煤炭技术》2013年第8期。

到改善，而且短期内煤炭资源储量仍然丰富，因此煤炭供给主要受制于煤炭相对成本或者使用的经济性，并且受到可替代能源，特别是石油以及新能源供给条件的影响。改革开放以来，我国原煤产量与GDP总体呈现同向增长趋势。作为国民经济传统产业和基础产业的煤炭产业在国民经济发展中发挥了重要作用。

三、煤炭行业产业链分析

我国煤炭市场已经逐渐发展起来，上游和下游的格局相对来说较为稳定。上游包括煤炭勘探、建筑工程、煤炭开采和洗选行业，下游包括炼焦产业、煤化工行业和煤制品的生产行业。从现在的产业链来看，下游是影响煤炭行业发展的关键。

当前煤炭焦化和煤炭气化—合成氨—化肥是我国基本的煤炭化工产业，与此同时，煤炭焦化和煤炭气化—甲醇最下游相关化学工业产品有了非常快的发展，且以煤炭制油的有关技术倍受关注，该技术试点早已启动，且处于由小型化逐步过渡到大型化、从无机化学产品向有机化学产品过渡的快速发展期。

煤炭行业产业链产品结构图和煤化工工艺流程图如图1、图2所示。

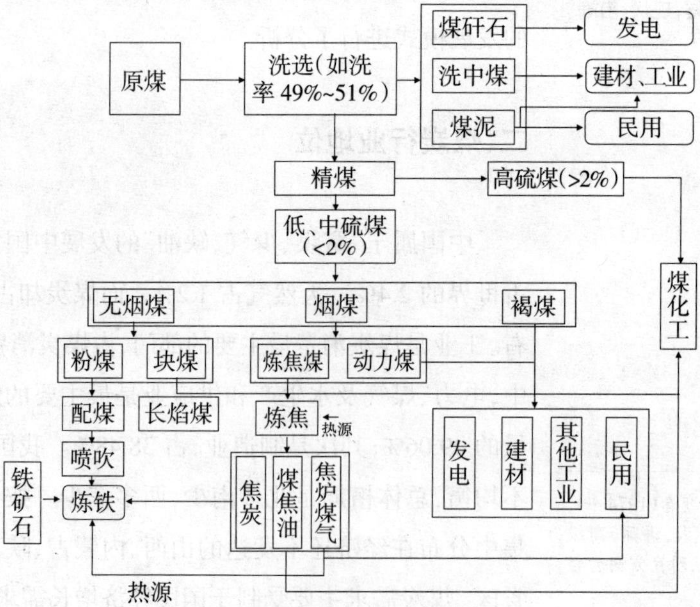

图1 煤炭行业产业链产品结构图

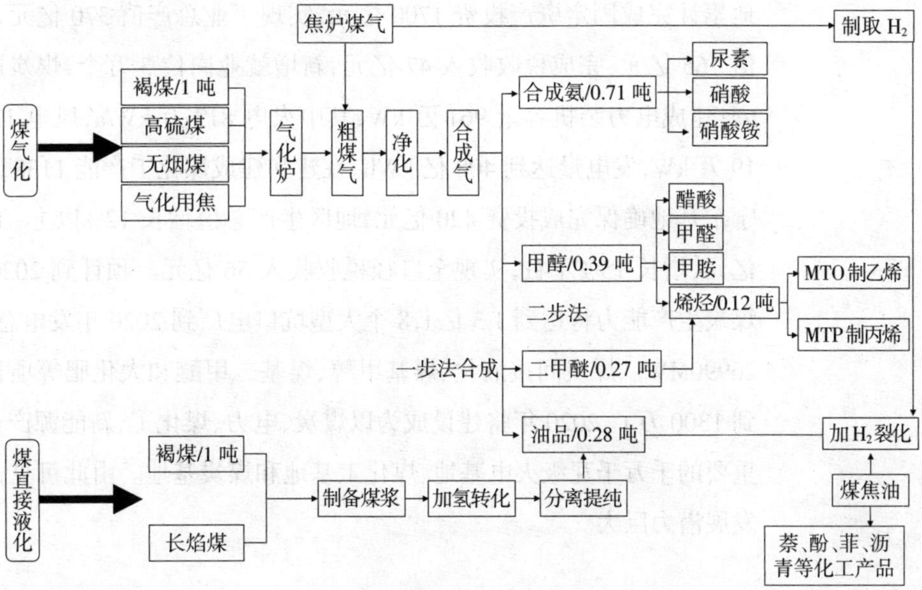

图 2 煤化工工艺流程图

四、宁夏煤炭行业的地位与发展现状

宁夏是我国 5 个少数民族自治区中唯一一个既不沿边也不靠海的省区，全区土地面积 6.64 万平方公里，人口 660 多万。2011 年 1 月至 11 月，全年财政一般预算总收入 350 亿元，煤炭、电力实现增加值 318.8 亿元，对全区工业贡献率达 70.8%，占增加值的 48.7%，煤炭资源是宁夏第一大优势资源。已探明煤炭资源储量保有量 300 亿吨，远景储量超过 2000 亿吨，位居全国第 6。

宁夏煤炭基地是我国煤炭主采区，全区含煤地层分布面积 17000 平方公里，占宁夏总面积的 1/4。13 个市县中有 10 个市县分布有煤炭资源。宁夏的煤炭仅宁东一地探明地质储量就约为 273 亿吨，占宁夏煤炭探明总储量的 87%，相当于东北三省煤炭探明储量的总和。2011 年，国务院《关于促进宁夏社会经济进一步发展的若干意见》，明确将宁东定位为国家级大型煤炭基地、煤化工产业基地、“西电东送”火电基地和循环经济示范区，是国家重点发展的 13 个大型煤炭基地之一。

宁东基地煤炭储量丰富，地质结构简单，保护较好。主要煤种为不粘结煤、炼焦煤和无烟煤，是优质化工用煤和动力用煤。从 2003 年到 2011 年年底，宁东基地累计完成固定资产投资1700亿元,实现工业总产值370亿元,实现工业增加值165亿元,完成税收收入47亿元,新增就业岗位3万个,煤炭产量达5530万t/a;建成电力装机容量961万kW,其中火电813万kW/a,风电129万kW,光伏19万kW,发电量达到408亿kWh。在建和建成煤化工产能1138万t/a。2012年,宁东基地确保完成投资420亿元,地区生产总值增长12%以上,工业增加值190亿元,增长15%左右,实现全口径税收收入56亿元。预计到2020年,宁东基地煤炭生产能力将达到1.3亿t,8个大型坑口电厂到2020年发电总装机容量达到26990MW。煤炭间接液化、煤基甲醇、煤基二甲醚和大化肥等项目到2020年达到1300万t。2020年将建设成为以煤炭、电力、煤化工、新能源产业为支撑,全国重要的千万千瓦级火电基地、煤化工基地和煤炭基地。由此可见,宁夏煤炭工业发展潜力巨大。

五、宁夏煤炭企业发展中的困难

1. 资源利用率低,信息化程度低

除国有大中型煤矿采掘机械化程度达到75%之外,大多数煤矿生产技术水平低、装备差、效率低。特别是乡镇煤矿,基本上是非机械化开采,有的甚至是人工开采。宁东基地在近10年的整体建设中,因为煤炭储量丰富,地质结构简单,保护较好,且相对集中,基本上具有规模优势,但也存在由于投资巨大,生产企业为了尽快达产,追求短期效益,丢薄采厚,粗放开发,回采技术落后,有关行业低效利用、污染环境、效益低下。在资源利用方面,煤炭仅经过简单的洗选后,就作为动力煤出售了,煤化工行业还没有达到大批量生产,有些煤化液体的工厂还在建设期,没有正式投产,资源利用率低、附加值低、技术含量低的现象仍然存在。

2. 高科技人才缺乏

我国的煤炭企业中,煤化工企业人员属于一支高学历、年轻化的队伍。如宁东基地神华宁夏煤业集团有限责任公司现有职员47000多人,其中初级以上专业技术人员7404人,占总人数的16%不到。究其原因,主要是绝大部分煤炭企业工作条件艰苦,存在水、火、瓦斯、煤尘、冒顶五大自然灾害,安全性、舒适性程度较差,有能力的专业人才都不愿意来,再加上前几年煤炭行情不好,煤炭院校压缩甚至取消煤炭专业,煤炭企业人才只有消费没有培养,以致出现了“断档危机”。人才资源匮乏已成为制约企业快速发展的瓶颈。

目前,宁东基地在科技人才方面除存在科技人才总量不足、人员整体素质较低、结构分布不尽合理等普遍的、一时难以解决的问题之外,还存在“重生产、轻人才”的现象。

六、应对策略

1. 竞争激烈,精细化管理是趋势

“精细化管理”就是要按照精确、细致、深入的要求,明确职责分工,优化业务流程,完善岗位体系,加强协调配合。煤炭企业应建立与现代企业制度相适应的人力资源管理体制,建立公开选聘、竞争上岗的新机制。按照市场化的要求,在资金运营、成本控制、技术管理、质量保证、考核监督、市场营销等方面制度化、规范化,完善安全风险预控体系,做好环保管理工作,将循环经济落到实处,利用信息化、智能化、数字化等手段,实现企业管理的集成化、现代化,保障企业管理水平的进一步提升,推进管理制度和管理方式的创新,提高企业的市场竞争能力,实现企业内部资源的最优配置和最佳经济效益。

2. 科研水平是可持续发展的关键

加快研发以煤气化为核心的多联产系统,把煤炭高效洁净地转化为液体、气体燃料;加快燃煤工业锅炉(窑炉)改造,提高煤炭的利用效率,减少污染物二氧化硫、氮氧化物和温室气体排放,保障能源安全。加快研发煤层气体的应用技术、煤炭气化整体循环应用技术以及煤炭发电的超临界技术等煤炭转化技术,促进大规模生产,实现可持续发展。加快智能控制系统信息技术的大规模使用研发。将煤炭企业的产品开发、生产、成本、库存、销售、运输、财务、事务处理、现金流动、客户交互、人力资源等各个业务过程数字化,通过各种网络化信息系统完成企业所需煤矿信息的远程访问、业务处理、运行控制、事故预测等功能,实现远程运输和故障诊断。实行集中远程操作、视频监视,辅助有专人巡视。

3. 人才是一切任务的根基

企业要发展,人才是法宝。搞好人才引进和培养,建立人才汇集机制。调整政策,采用多种形式引进优秀人才,鼓励和支持大中专毕业生到煤炭行业工作。提高科技人员比重，构建学习型企业和学习型行业，建立面向全体职工的教育培训体系，强化素质教育和安全教育。在国家层面，争取国家支持科研院所、发达省区在宁东设立分支机构。国家要支持宁东基地与一些高校、科研院所建立合作机制，充分调动和使用外部人才资源。建立引进专家、博士等高层次人才机制。与高等院校协作，为宁东基地在职培养各类高级人才和急需紧缺人才创造条件。鼓励和支持各类人才跨企业从事咨询、讲学、科研合作等服务，建立区域人才基础数据库，共建统一开放的区域人才信息交流平台，实现人才信息资源的共享。完善政策法规和服务标准，推动行业自律和诚信建设，加快推进人才服务专业化、信息化、产业化，把宁东基地建成国家煤电化科技人才培养基地。

宁夏内陆
开放型经济中的吴忠市商贸流通发展问题研究 *

田 宁

摘要：在宁夏加紧建设内陆开放型经济试验区和银川综合保税区的背景下，本文客观分析了宁夏吴忠市商贸流通业发展的成就与存在的问题，提出了提升吴忠市商贸流通业健康发展的具体设想，建议吴忠市探索实施"1456"（完善一个布局、实施四大战略、发展五个行业、实现六化）商贸流通业发展战略，对吴忠市构建与宁夏第二大城市经济地位和作用相适应的商贸流通发展格局、增强区域发展的辐射和服务能力、促进宁夏内陆开放型经济建设具有至关重要的现实意义。

关键词：宁夏；开放型经济；商贸流通；发展对策

作者简介：田宁（1985—），男，宁夏海原人，硕士，研究方向为物流管理、市场营销管理。

* 本文是宁夏职业技术学院科研发展基金资助项目（XJ201302），发表于《农业科学研究》2013年第12期。

近年来，国家先后出台多项扶持现代物流业和商贸流通业发展的好政策，宁夏回族自治区党委、政府充分重视现代物流业和商贸流通业的发展，已将现代物流业和商贸流通业列为宁夏"十二五"规划的重点发展领域。2012"宁洽会"暨第三届中阿经贸论坛开幕大会上，李克强代表国家宣布：批准在宁夏建立内陆开放型经济试验区、设立银川综合保税区，更是为宁夏发展现代物流业和商贸流通业提供了前所未有的发展机遇。但是，国内外对内陆开放型经济的研究成果还不够丰富，结合具体区域详细研究内陆开放型经济中的商贸流通发展问题的成果几乎没有，因此，以宁夏吴忠市为例，对内陆开放型经济中的商贸流通发展问题进行研究具有较强的理论意义和现实意义。

一、吴忠市商贸流通业发展总体情况

（一）商贸流通业规模保持稳健快速增长势头

1. 社会消费品零售总额

伴随着城乡市场体系的进一步健全、市场流通环境的不断改善和各项促进消费政策的深入实施，全市消费品市场规模迅速扩大，社会消费品零售总额连创新高。据笔者整理吴忠市统计年鉴数据资料显示，吴忠市社会消费品零售总额从2006年的272178万元增长到2011年的596767万元，年均增长16.3%。2011年，吴忠市商贸流通业快速发展，以商贸流通业为主的第三产业占全区生产总值的30.8%。商贸流通业在拉动区域经济增长方面的作用明显增强。

2. 商贸流通业增加值

"十一五"时期，商贸流通业有力地拉动了吴忠市经济总量增长、推进了全市经济社会转型升级和节能减排，具有突出的经济效应、社会效应和生态效应。据笔者整理吴忠市统计年鉴数据资料显示，2011 年，吴忠市以批发零售、住宿餐饮、交通运输、仓储业为主的商贸流通业增加值为 325368 万元，比 2006 年的 162156 万元高出 1 倍。分行业看，2011 年批发零售业和住宿餐饮业增加值为 169248 万元，比 2006 年的 69307 万元高出 1.44 倍；交通运输、仓储邮政业的增加值为 156120 万元，比 2006 年的 92849 万元高出 0.68 倍。

3. 商贸流通业贡献率

从表 1 可以看出，2011 年，吴忠市商贸流通业对 GDP 的贡献率达到 10.4%，对第三产业的贡献率达到 39.8%，对经济增长有较大的拉动作用。

表 1 2006—2011 年吴忠市商贸流通业占 GDP、第三产业比重表

年份	占 GDP 比重	对 GDP 的贡献率	占第三产业比重	对第三产业贡献率
2011	11.9	10.4	38.9	39.8
2010	12.4	9.5	38.8	29.6
2009	12.8	14.9	40.0	33.8
2008	12.6	9.6	40.8	30.4
2007	13.2	13.9	43.1	42.9
2006	13.1	10.7	43.1	46.8

（资料来源:《吴忠统计年鉴 2012》）

4. 商贸流通业就业人数

"十一五"期间，吴忠市商贸流通业在自身发展的同时，吸收劳动力能力逐年增强，对扩大就业具有较大的贡献。据笔者整理吴忠市统计年鉴数据资料显示，2011 年，以批发零售、住宿餐饮、交通运输、仓储业和邮政业为主的商贸流通业从业人员 12868 人。

（二）城乡市场体系日趋完善

通过开展"万村千乡市场工程"、"双百工程"等一系列重点工程，以批发市场为主导、零售市场为主体，生产资料和生活资料、综合市场和专业市场相结合，多层次、多门类的商品市场体系基本形成。据笔者实地调研统计，截至 2012 年，吴忠市累计建成大型商业网点29个，营业面积1371000平方米，其中，百货店6个，营业面积71000平方米；商品交易市场23个；中心城区大中型零售网点13个，涵盖百货店、超市、专业店等相关业态；各类农产品市场34个，其中，城区市场13个，乡镇市场21个，经营类别涉及清真牛羊肉、果蔬、粮油、水产等。年交易额在5000万~1亿元的市场13个，过亿元的市场7个（涝河桥、东郊、铁市场、木材市场、五星建材城、青铜峡商城、同心羊绒市场）。乡村两级连锁农家店981家，配送中心12家，覆盖所有乡镇和96%以上的行政村。

（三）先进流通方式和技术初步显现

“十一五”期间，吴忠市物流市场规模不断扩大，据笔者整理吴忠统计年鉴数据资料显示，2011年吴忠市完成公路货运量6290万吨，比上年增长14%。货运周转量195.6亿吨公里。吴忠市现有仓储物流用地总面积39.4公顷，占城市总建设用地的0.9%，人均用地面积1.1平方米。货运汽车总量达到31641辆，其中，载货挂车4888辆。据有关部门资料显示，截至2010年，吴忠市从事物流、运输、仓储等业务的工商局注册企业139家，百万元以上80家，注册资金大于500万元的企业25家。物流企业经营范围涉及农副产品、日用生活品、钢材、汽车、建材、装潢、家具等，形成了批发、零售并举，以大型企业为龙头、中型企业为骨干、小型商店为基础的流通体系。

（四）商贸流通业竞争力快速提升

近年来，吴忠市商贸流通业整体实力快速提升，涌现出了一批具有较大经营规模和较强市场竞争力的骨干企业，覆盖餐饮业、超市、专业店、专业市场等主要商贸流通业态，业态结构日趋优化，行业组织化程度显著提高。全市商贸流通领域对内对外开放程度不断深化，市场主体多元化趋势愈发明显，苏宁、华联、新华百货等区内外大型连锁企业纷纷进驻。据有关部门资料显示，2011年全市限额以上批发零售、住宿餐饮法人企业数量达65个。

二、商贸流通业发展中存在的主要问题

虽然经过近几年的发展，吴忠市商贸流通业规模保持稳健快速增长势头，竞争力快速提升，但仍然存在一些实际问题，主要表现在五个方面。

（一）商业网点布局不合理，缺乏特色

吴忠中心城区现有商业设施大都集中在旧城中心城区，城市商贸等级网络体系尚未形成；商业网点布局不合理，各类商业设施的市场、功能和档次定位不清晰，消费者难以区分和选择。由于新型商业业态发展起步较晚，传统商业仍占主导地位，新型零售业态较少，没有形成组织化的结构体系；商业服务水平较低，处于初级服务阶段，在档次、规模、管理水平、经营特色及辐射范围上有待提高。现有商场经营业态、商品类别、档次及经营模式等方面都具有较大的雷同性，百店一面，同业竞争激烈。大量中小商店布点随意，缺乏规划和引导，致使小门面过多，餐饮和百货相互交织，导致市级商业中心的辐射力和影响力得不到充分发挥。

（二）战略定位不够明晰，对外开放水平不高

吴忠市作为宁夏的第二大城市，发展潜力巨大，市委、市政府也充分认识到中阿博览会和"两区"建设的重要机遇，但吴忠市商贸流通业的整体战略定位尚不够明晰，对外开放的水平也不高，没有形成与宁夏第二大城市经济地位和作用相适应的商贸流通发展战略。

（三）培育重点行业力度不够，商贸流通企业流通成本较高

宁夏"两区"建设和"两大战略"的进度不断深化，给零售业、清真餐饮业、会展业、家政服务业、再生资源回收与再利用产业带来了巨大的发展空间，但吴忠市培育重点行业力度不够，商贸流通业由于行业组织化程度偏低，导致限额以上企业数量较少、规模偏小、实力不强、流通成本较高等问题依然突出。

（四）商贸流通业信息化建设有待加强

目前，吴忠市小型、孤立的信息系统较多，但信息资源开发利用层次较低，信息资源共享缺乏有效的协调整合，电子商务、网络购物等新型服务业态发展相对滞后，物流配送、连锁化经营程度低，发展速度不快。信息化建设滞后直接影响本市与全国乃至世界的信息交流，进而影响吴忠市零售商业和批发贸易的发展。

（五）商贸流通秩序、市场秩序混乱

吴忠市引导、鼓励和规范商贸业发展的政策相对较少，政府的调控手段和力度还不够，缺乏有效合理的监督机制。商业规划缺乏执行力，没有完善的法律法规来进行约束和管理，导致流通秩序、市场秩序混乱，阻滞了商贸流通业的快速健康发展。

三、吴忠市商贸流通业发展设想

通过实地调研和数据分析比对，结合吴忠市党委和政府的战略部署，笔者建议吴忠市采取以商贸流通业创新发展为主题，以商贸流通转型发展为主线，以改革创新为动力，以健全现代流通体系、完善扩大消费长效机制、提升产业现代化水平为重点，探索实施“1456”（完善一个布局、实施四大战略、发展五个行业、实现六化）商贸流通发展工程的建设，力争进一步做大、做强、做优吴忠区域性商贸中心城市的地位，构建多层次商业网络体系、农村现代流通网络体系、便民生活服务体系、商品交易市场体系、市场调控监管体系、特种商贸服务体系，为全市经济社会平稳较快发展做出新的更大的贡献。

（一）完善一个布局

结合吴忠市产业特色、消费水平及城市未来空间发展趋势，合理规划网点布局和结构，统筹各县、市、区的商贸流通业发展规划，逐步建立起等级清晰、功能配套、分工合理、服务便捷的布局体系。力争“十二五”时期，吴忠市商贸流通业总体上形成“一核，两翼，四区，多中心”（一核即以建设利通区商贸综合服务中心为核心；两翼即建设利通区滨河新区商圈和小坝商圈两个特色商圈；四区即建设小坝新区区域商业中心、红寺堡区区域商业中心、盐池区域商业中心、同心区域商业中心四个区域商业中心；多中心即在吴忠全市建设多个社区商业中心）的空间格局，并在创新专业市场发展模式和培育发展特色商业街区方面多下功夫，着力打造利通街、迎宾大街、朝阳路、民生路、民族食府、金星路、清真美食广场、特色商业街、兰亭街、利宁街、滨河大道等一批商业街区，不断加快特色商业街建设，“十二五”期间重点打造一批集聚效应明显、文化底蕴深厚、建筑风格统一、基础设施完备、街区管理规范、拉动消费显著的商业示范街，努力提升商业街的载体作用，重点培育自治区、市级商业示范街（区）24个，形成具有吴忠特色的商贸流通布局等特色街区。

（二）实施“宁夏第二大城市发展战略、产业升级战略、消费引导战略、城乡一体化战略”四大战略

着眼于自治区对吴忠市的城市定位，更加注重开放型体系建设，着力建设大市场、发展大商贸、搞活大流通，不断提升商贸发展的集聚力和扩散力，构建与宁夏第二大城市经济地位和作用相适应的发展格局，大力实施“宁夏第二大城市发

展战略、产业升级战略、消费引导战略、城乡一体化战略”四大战略，增强对区域发展的辐射和服务功能，力争3~5年内将吴忠市打造成特色鲜明的区域性商贸中心、全国清真食品及穆斯林用品集散中心、穆斯林文化旅游中心和全国清真食品及穆斯林用品高端产品加工中心[1]。着力扩大对外开放水平，一是以回商大会为平台，广泛发展与中东和东南亚穆斯林国家的经贸合作与交流，积极组织企业参与国内外经贸论坛、洽谈会、展览会、促销会，提高企业开拓国际市场的能力；二是以中国（宁夏）中阿经贸论坛为载体，争取设立清真食品和穆斯林用品保税区，把吴忠市打造成具有一定国际影响力的清真食品和穆斯林用品生产服务地和商贸集聚地；三是以“四个中国号”为抓手，重点依托涝河桥、兴达粮油、夏进乳业、茂源果汁、精艺裘皮、祥云皮草等企业，努力搞好特色外贸出口。

（三）发展“零售业、清真餐饮业、会展业、家政服务业、再生资源回收与再利用产业”五大行业

以内陆开放型经济试验区建设为契机，按照《宁夏沿黄城市带发展规划》、建设“黄河金岸”和大力开展生态移民战略的要求，不断推动零售业优化提升，推进清真餐饮业快速发展，促进会展业做大做强[2]，加快发展家政服务业，加快再生资源回收与再利用产业升级。到2015年，培育7~10家营业额过亿元的餐饮企业，建成5家以上具有一定规模和影响力的清真餐饮名街或广场，清真餐饮业营业总额达到30亿元以上，新建或改造4~5个再生资源回收分拣中心，培育3~4个龙头企业，建设200个社区回收网点，建设1个大型集散市场。

（四）加快实现六化

1. 加快构建城乡市场一体化

紧紧围绕推进宁夏沿黄城市带建设和加快内陆开放型经济试验区建设的要求，进一步优化城乡商贸布局，构建全市骨干流通网络，增强集聚、辐射功能，加大对冷链基础设施建设的扶持力度，完善批发市场体系，提升综合服务功能，并加快培育流通主体，增强骨干企业核心竞争力。力争“十二五”末农家店覆盖全市所有具备条件的乡镇和95%以上的行政村，龙头企业连锁门店达1000家以上，基本实现连锁化农家店全覆盖，实现农家店统一配送率达到75%左右。

2. 加快推进居民消费便利化

加快社区流通体系建设，实现社区服务网点连锁化经营。鼓励“人人乐”等有条件的日用消费品流通企业在社区开设便利超市，通过整合通信服务商、供电、

供气、供水等社会公共服务行业的终端服务业务,提供家庭常备药品、报刊、日用消费品等商品销售,代收代存小件快递包裹等业务,充分发挥便利超市便民、为民的综合服务功能。鼓励家政服务企业、餐饮企业、干洗企业等从事社区服务的相关行业企业发展连锁经营,提高服务质量和管理水平,增强社区服务功能,尤其是新建社区的商贸服务功能。加快社区农贸市场升级转型,加快发展农村生活性服务业,大力发展农副产品生产,保障主要农产品供给。开展产销衔接,引导和鼓励农产品批发市场、大型农产品加工和流通企业与区内生产基地建立稳定的产销关系,完善"订单农业"。鼓励鲜活农产品流通企业自建种养殖基地,提高自采能力,实现自产直销。

3. 加快实现商品流通现代化

积极发展新兴零售业态,提高连锁经营比重。引导零售企业不断提升统一采购、统一管理、统一核算、统一配送水平,进一步增强流通产业资源优化配置能力。

加快发展电子商务, 力争到 2015 年全市限额以上商贸流通企业 60%以上应用电子商务,建立清真餐饮网站、果蔬流通网站、清真牛羊肉网站、日用消费品网站、清真粮油网站和农资流通网站 6 个行业门户网站。强化供应链管理理念,积极构建农产品产销一体化流通链条,加快培育第三方物流企业。重点培植龙头物流企业,扶持综合、工业、商贸、农业四类第三方物流企业。鼓励物流领域的技术创新和运营模式创新;重点支持物流园区及企业开展物流技术创新。

4. 加快促进市场运行规范化

加强行业规划引导,提升行业发展规划执行力度,加快行业诚信体系建设,依法严厉打击侵犯知识产权、销售假冒伪劣商品、商业欺诈和商业贿赂等违法行为。规范行业收费管理,制定零售商供应商公平交易管理办法,清理整顿大型零售商向供应商、经销商或零售商违规收费和恶意占压供应商货款行为;规范交通运输领域执法行为,落实和完善鲜活农产品"绿色通道"政策;规范行业协会管理,发挥行业协会作用,提高商贸流通行业搞活流通、扩大消费、引导行业健康发展、规范行业秩序、协助政府监管等方面的积极作用[3]。

完善储备制度,提高应急能力。至"十二五"末,支持 20 家企业开展生活必需品储备,支持建设 2 个清真食品及穆斯林用品应急储备库,形成应急投放网络,确保投放渠道畅通。

5. 加快建立肉菜质量追溯系统化

结合自治区肉菜追溯体系建设试点工作，建立 1 个市级监测管理平台，7 个流通节点子系统（批发市场、农贸市场、大中型超市、团体消费单位、定点屠宰企业、"放心肉"专卖店、社区蔬菜直销点）、3 个工作支撑系统（经营主体数据库、肉菜流通远程视频监控系统、"菜篮子"商品质量检测网络），积极推进以"信息化技术、标准化管理、电子化交易"为手段，以"来源可查、流向可追、数量可计、质量可控"为目标的肉类蔬菜流通追溯体系建设。鼓励重点企业通过 ISO 质量管理体系认证和实施 HACCP（关键控制点技术）为确保肉菜生产质量安全提供支撑。对重点批发市场、屠宰加工企业进行远程监控和实地检查相结合的管理模式，加大质量监管力度。

6. 加快提升市场运行管理信息化

推进流通领域公共信息服务平台建设，提升流通企业信息化水平，加强市场预警监测工作，加强日用消费品及鲜活农产品零售终端价格监测。依托待建的商贸流通行业信息平台和鲜活农产品信息平台，加强价格监督检查和反垄断监管，建立健全日用消费品及鲜活农产品零售终端价格监测和流通费用调查统计制度[4]。通过价格监测引导消费，调控物价。

四、结语

内陆开放型经济与沿海开放型经济最大的区别在于经济发展水平上的差距，它强调同时扩大国际开放和国内开放，强调通过吸引和聚集国内外生产要素，承接国内外产业转移，积极发展优势产品和服务出口，带动地区经济和社会发展[5]。吴忠市作为宁夏沿黄经济区"一核两翼"的重要节点城市和内陆开放型经济试验区的核心区域，要全面提升商贸流通业发展，就要依托清真产业园区和优势特色农产品基地，大力发展清真食品穆斯林用品加工业，积极抓住并利用中国回商大会、中阿博览会等会展经济的优势和自治区大力发展清真产业的政策优势，全面实施"1456"商贸流通业发展战略，为吴忠市发展清真产业和国际贸易开辟广阔的国际通道，为宁夏内陆开放型经济建设做出应有的贡献。

参考文献
[1]周民良.促进宁夏内陆型开放型经济发展的战略思考[J].中国延安干部学院学报,2010(6):66–71.
[2]王彦昌,陈荣.促进宁波商贸流通业快速发展的研究[J].经济月刊,2013(3):62–66.
[3]柳思维.关于我国商贸流通科学发展新任务的思考[J].商业时代,2013(9):4–7.
[4]田宁,吕昂,魁妍.基于消费者角度的银川市设施蔬菜质量安全态度研究[J].中国市场,2012(19):70–71.
[5]全伟,李锡智,王方.内陆开放型经济发展战略路径初探——以重庆市九龙坡区为例[J].特区经济,2009(3):219–220.

乡村旅游经营模式的选择

——以广西为例*

梁　华　周武生

摘要：乡村旅游在广西旅游业发展过程中占有重要的地位和作用。本文在综合分析广西乡村旅游经济、社会、环境、区位等因子的基础上，提出了不同情况下，广西乡村旅游经营模式的选择路径。

关键词：乡村旅游；经营模式；广西

一、广西乡村旅游发展概况

广西是国内乡村旅游发展最早的地区之一，20世纪80年代初，阳朔县的田园风光和乡村生活吸引了众多的外国旅游者，“阳朔模式”已成为我国乡村旅游发展的一个经典案例。20世纪90年代初，广西各地乡村旅游景点数量不断增多，村民们开始自发参与乡村旅游经营，乡村旅游服务设施也不断得到改善。广西作为少数民族聚居地区，各地经济发展不平衡且相对比较落后。乡村旅游在帮助农民脱贫致富、促进当地经济发展上作用十分明显，因此广西各级政府历来十分重视乡村旅游的发展。截至2009年，广西建成常态性经营的乡村旅游区（点）达300多个，农家乐800多家，创建农业旅游示范点192个，分布在全区14个市80多个县（市、区），其中国家级农业旅游示范点34个，排全国第九位、西部省区第二位。广西旅游局与农业厅、建设厅联合打造了15条农业生态旅游精品线路，培育了一批特色旅游名镇名村。乡村旅游已经成为广西一道亮丽的风景线和广西旅游强区建设的重要组成部分。

二、国内外乡村旅游经营模式分析

（一）国内乡村旅游经营模式分析

国内乡村旅游起步晚，但发展速度快，在快速发展过程中，创建了多种经营模式，主要包括“农户+农户”经营模式、“公司+农户”经营模式、

作者简介：梁华，男，宁夏职业技术学院教师。

*本文发表于《农业经济》2012年第11期。

股份制经营模式、乡村组织经营模式、政府主导经营模式、产业依托经营模式等。

“农户+农户”模式是农户与农户之间展开合作，由已经在乡村旅游方面走在前列的农户，带动广大农户参与乡村旅游开发，从而分享利益，他们之间可以是经济合作关系也可以是纯粹的帮助关系。该模式的优点：在一定程度上减少了由于所有权和经营权分离而导致的委托代理问题以及由此产生的一系列纠纷；农户之间相互比较信任，合作开展顺利，而且运作较为灵活；农户都是乡村旅游资源的所有者，对当地民俗、文化了解透彻，他们在开发乡村旅游产品时，能够比较好地体现原汁原味的地方特色；农户在乡村旅游开发中处于主导地位，更加积极主动。该模式的不足：农户经营较为分散，缺乏统一的组织和管理，整体协调性不强；农户经济实力相对较弱，缺乏有力的资金、技术和管理支撑；从长远来看，不利于乡村旅游的规模化、专业化和标准化发展。

“公司+农户”模式是指公司与当地农民展开合作，公司出资金、技术、人才和管理，农民出资源、劳动并配合公司共同开发乡村旅游。该模式的优点：公司为农民分担风险，调动农民参与乡村旅游的积极性；强有力的公司规范化运作，有利于旅游市场的拓展和农民服务意识、素质的提高，有利于乡村旅游的规范化和专业化。该模式的不足：公司的介入会受到自主经营农户的抵制；公司与农户之间会由于经济利益分配不合理引发纠纷，公司追求的利益最大化目标与构建和谐农村的目标有时会有矛盾。

股份制模式是指在开发乡村旅游时，可采取国家、集体和农户个体合作，把旅游资源、特殊技术、劳动量转化成股本，收益按股分红与按劳分红相结合，进行股份合作制经营，通过土地、资金、技术、劳动等形式参与乡村旅游的开发。该模式的优点：股份制明确了各自的责(任)、权(利)、利(益)，能集中资金、技术进行乡村旅游开发，调动了各方参与乡村旅游的积极性，也充分尊重和保障了农民的长期利益，减少了由于利益分配不合理引起的纠纷，有利于乡村旅游的持续健康发展。该模式的不足：股份制成员较多，他们的文化、思想素质相差较大，增加了管理和决策的难度。

乡村组织模式是指乡政府、办事处、村公所有组织地引导农民经营户，按照统一规划和建设的要求，发展旅游接待设施和配套服务，促进乡村旅游发展的模式。其典型特征就是政府参与规划、经营、管理与推销等活动。该模式的优点：政府等乡村组织强有力的领导力和组织力，能够对乡村旅游发展做出科学合理的规划,并且能够有效协调各方积极参与,尤其是在农村经济发展落后地区开发乡村旅游的初始阶段,其驱动功效十分突出;政府等乡村组织具有公共服务性质,在开发乡村旅游时更容易得到农民的信任和支持。该模式的不足:政府等乡村组织可能因领导换届导致政策的不连续,不利于乡村旅游的持续发展;政府毕竟不能代替市场,政府干预太多的做法从长远来看不利于乡村旅游市场的培育。

产业依托模式是指依托当地规模化的农业产业优势,以旅游市场需求为导向,进行旅游项目开发,积极发展乡村旅游的方式。该模式的优点:投资少、见效快,充分利用已有资源,有利于农业产业的转型和发挥旅游业的带动作用;农旅结合促进当地农副产品的生产、加工和就地销售,促进农民增收和农村经济发展;带动农村产业结构的调整,同时促进产业向专业化、规模化发展,形成品牌,发展特色乡村旅游。该模式的不足:产品较为单一,此种产业必须拥有鲜明的特色和优势才能吸引乡村旅游者;依托的产业必须与农村的环境与文化氛围相融合,否则不但不能带动乡村旅游,反而会破坏当地的乡村性和原始风貌,阻碍乡村旅游的发展。

社区参与模式强调社区居民参与在乡村旅游中的重要作用,其基本原则是要充分体现"社区事务,社区参与"。该模式的优点:增强村民对本土文化的自豪与自信,提高农民保护乡村旅游资源的意识;社区参与也保证了乡村旅游产业链本地化,防止了乡村旅游经营的飞地化,有效地保障了本地的利益,提高了居民参与乡村旅游的积极性。该模式的不足:它对当地的经济基础、民主法制环境和居民素质要求较高,很多乡村还达不到这种水平。

政府主导综合开发模式指由政府主导进行乡村旅游的规划设计,投入资金建设和改善公共基础设施,开发核心景区景点,吸引社会资金投入,引导乡村居民参与旅游接待服务,促进乡村旅游快速发展的模式。该模式的特点:一是充分发挥政府主导的作用,表现在搞好乡村旅游规划,搞好公共服务,加强监督和宏观管理;二是调动各方参与积极性,政府要优化投资环境,吸引社会资金投入和村民参与乡村旅游开发,协调各方利益,及时化解相关矛盾;三是坚持科学发展观,走可持续发展之路。该模式综合了上述几种模式的相关做法,有效地发挥了政府的主导作用,最大程度地照顾到各方的利益,有效地调动了各方面的积极性,体现了乡村旅游经营模式的发展趋势。

(二)国外乡村旅游经营模式分析

乡村旅游最早起源于法国,并早已在发达国家形成了新的产业,如意大利、美国、法国、德国、英国、韩国、爱尔兰等国的观光休闲农、牧场和都市农业园，都已由过去单一的观光型农业园，发展为集观光、休闲、度假、教育和体验于一体的观光农业园、农业区和农业带，形成了多元化、多功能和多层次的规模经营格局，且规模与效益同步增长。Marcjanna Augustyn 认为，有的国家的乡村旅游采取的是由政府发起引导的开发模式（如法国），而有的国家采取的是由下至上（bottom-up）并融合各种组织（包括政府组织和非政府组织）支持的开发模式（如德国、奥地利等）；Anne-Mette Hjalager 认为社区层次（Community-level）的内部组织管理创新（如在市场营销等方面的合作）对乡村旅游的发展是非常必要的；针对西西里岛农村区域的公园，提出了四方一体（地区政府—城镇—公园—当地居民）的管理模式并说明了各方的主要责任；Carlos Fernan 等以葡萄牙 Penda-Geres 国家公园为研究对象，提出了 RAIN-BOW 开发模式，该模式强调充分利用当地资源，采取从下至上的方法，吸引当地居民积极参与；而社区参与管理模式，不管是从上至下（top-down）还是从下至上（down-up），都得到了积极的关注与倡导。

三、影响广西乡村旅游经营模式选择的因子

（一）经济因子

影响广西乡村旅游经营模式选择的经济因子包括旅游地经济发展水平和物价水平，当地旅游市场环境、投资环境、投资状况，以及主要客源市场的居民收入水平、消费能力和出游率。

（二）社会因子

影响广西乡村旅游经营模式选择的社会因子包括旅游地社会治安、综合环境、居民素质以及整个社区的和谐程度，旅游地居民对外界、新事物的接受和包容程度，居民对开发乡村旅游持有的态度。

（三）环境因子

影响广西乡村旅游经营模式选择的环境因子包括乡村旅游开发所依托的乡村自然环境和人文环境状况，旅游地居民的生态环保意识，居民对资源、环境破坏的心理极限和容忍程度，以及旅游地营造的整个旅游环境氛围。

（四）区位因子

影响广西乡村旅游经营模式选择的区位因子包括乡村旅游地的周边环境，是否位于某一风景名胜区（著名旅游地）范围内、是否处于某一旅游热线上，以及旅游地距离主要客源市场的距离，市场可进入性状况。

四、适合广西乡村旅游发展的经营模式类型

（一）"农户+农户"模式

广西采取"农户+农户"模式发展乡村旅游的景区有广西柳州融水县香粉乡雨卜东兴旅游村、桂林恭城红岩生态旅游新村等，这些地区原来经济落后，交通不便，居民的思想、文化相对落后，但当地乡村旅游资源丰富，而且价值高。由于受旅游大环境的影响，部分市场意识强的农户首先觉悟，自发投资乡村旅游，开展自主经营，实践上的成功，给其他农民树立了榜样，慢慢地，更多的农户参与进来，农户与农户之间展开合作，共同开发乡村旅游市场。

"农户+农户"模式充分体现了农民作为乡村旅游的经营主体，主动投资开发乡村旅游，自主经营获利。桂林恭城红岩村群众坚定不移地发展"三位一体"的生态农业，并且不断提升生态农业档次，由此发展起来的农家乐远近闻名，成了当地乡村旅游的品牌。全村有44家农户开办了农家乐，150人加入到旅游服务行业，2005年至2011年，旅游村共接待游客102.2万人，社会旅游收入达1576.56万元，带动相关产品销售及附加效益780多万元。"农户+农户"模式有效地促进了农民收入的增加和当地经济社会的发展，增强了农民的主人翁意识和责任感，提高了农民的素质和旅游服务意识，同时也增强了农民的资源保护意识和环境意识。

（二）"公司+农户"模式

广西采用"公司+农户"模式发展乡村旅游的景区有桂林蝴蝶谷瑶寨生态旅游景区、龙胜龙脊梯田风景区等，这些景区的市场条件和区位条件好，当地旅游市场化程度高，旅游客源市场广泛，交通可进入性好，且多位于旅游线路上，景区周边有著名景点，旅游客源量大，这些都是吸引公司投资的良好条件。但由于这些地区多为少数民族聚居、民族文化厚重的地区，经济比较落后，他们自身缺乏开发旅游的条件，必须依靠公司的力量来发展乡村旅游。只有公司在资金、技

术、管理和市场开拓等方面的强有力运作，才能使当地乡村旅游在激烈的旅游市场竞争中占有一席之地。

“公司+农户”模式中公司处于支配地位，农民处于被支配地位，农民参与乡村旅游是被动的，主要起到对乡村旅游开发的配合作用。桂林蝴蝶谷瑶寨生态旅游景区在桂林市蝴蝶谷瑶寨生态旅游有限公司投资下建成，公司看重其优良的旅游资源和生态环境，并且位于桂林至龙胜黄金旅游线上，在经过大量投资和改造下，顺利推向市场，2005 年至 2011 年，蝴蝶谷瑶寨共接待游客 20 多万人次，旅游收入 410 多万元，促进了当地经济发展。同时公司坚持旅游与农业相结合，帮助村民发展种植养殖产业，开展农家乐旅游，引导农民参与旅游开发，多渠道增加农民收入，解决了部分农民的就业问题，同时提高了农民素质和服务意识。

（三）产业依托模式

广西采取产业依托模式发展乡村旅游的景区有柳州市柳江县百朋镇下伦屯千亩藕园休闲区、桂林市临桂县刘三姐茶园等，这些乡村地区的资源丰富，尤其在某一种产业上特色明显、优势突出并且已经发展形成规模，甚至打造出了自己的品牌。凭借这一产业优势，这些地区要发展乡村旅游就非常快，在宣传推广方面可以借助产业的销售网络，在卖点上可以凭借产业资源的优势。

产业依托模式有效地发挥了旅游地产业优势，充分利用了资源。柳州百朋素以“玉藕之乡”享誉八方，盛产的“百朋莲藕”白嫩如玉、脆甜爽口，热销东南亚各国，凭借这一优势发展乡村旅游，很多游客慕名而来。当地坚持产业与农业、旅游相结合，开辟旅游景点，丰富农村参与体验性旅游项目，吸引更多游客，凭借产业的销售网络与多家旅行社签订旅游合作协议，开通旅游专线，确保景区有稳定的客源。通过发展乡村旅游解决了部分农民的就业问题，提高了他们的素质，同时也促进了此种产业的发展壮大。

（四）股份制模式

广西采取股份制模式发展乡村旅游的景区有宾阳蔡氏书香古宅、融水县四荣乡田头村等，这一模式在广西占的比重较高。股份制有利于责、权、利关系的明确，通过股份制模式开发乡村旅游，农民以及所有参股的成员都可以按比例分享利益，它们共同出资开发旅游项目，改善基础设施和公共环境，发挥各自在乡村旅游中的作用，共同营造良好的旅游环境。

股份制模式中各参股成员的地位是平等的，农民参与乡村旅游也是积极主动的。2006年3月底，融水县四荣乡田头村经与旅行社洽谈，村民小组长号召村民共同投资成立旅游股份公司，达到共享资源、共同致富的目的。2006年4月，田头村32户农民正式入股，每股本金500元，总股金1.6万元，开发田头风情苗寨旅游景点，推出了竹筏生态漂流、民俗风情表演、篝火晚会、苗族斗马、峡谷寻幽等旅游项目，规范、民主的管理，使得景区游客数量不断增加。通过股份制模式开发乡村旅游，农民各自分享到应得的利益，增强了农民的主人翁地位和责任感，充分保障了农民对自有资源长期获利的权益。

（五）政府主导综合开发模式

广西采取政府主导综合开发模式的乡村旅游景区有南宁扬美古镇风景区、钦州灵山大芦村民族风情旅游区等。广西作为少数民族地区，很多地方经济发展落后，但他们拥有很多政策上的优势，加上近几年广西改革开放的步伐加快，发展乡村旅游完全可行，关键是要发挥政府在乡村旅游开发中的主导作用，尤其在乡村旅游发展的起步阶段。政府主导作用的发挥有利于调动各方积极性，有效地推动乡村旅游快速健康发展。

政府主导综合开发模式主要是在乡村旅游开发中充分发挥政府的主导作用，表现在政府搞好旅游规划、市场宣传和推介、以优惠的政策吸引外来投资和引导农民参与配合等方面。1999年开始，广西壮族自治区、南宁市政府决定把开发“大扬美旅游圈”作为一项重要工作来抓，先后投入了大量的人力、物力、财力进行开发建设，辖区政府也积极利用世界银行贷款、生态文明村建设资金及旅游专项资金加大景区基础设施建设力度，积极引导和支持旅游部门开展各项树立“扬美古镇”旅游品牌的活动，经过七年的开发建设，景区内的道路、配套设施、景点设置等基础设施逐步得到完善，知名度与日俱增，已成为南宁市知名的旅游品牌。乡村旅游促进了当地土特产的销售和产品价格的提升，切切实实增加了农民的收入，提高了农民素质和旅游服务意识，同时有效地保护了古镇历史文物和文化遗产。

参考文献

[1]蔡碧凡，夏盛民，俞益武. 乡村旅游开发与管理[M].北京：中国林业出版社，2007:7-102.

[2]张文，安艳艳，李娜.我国乡村旅游发展的社会与经济效益问题及对策[J].北京第二外国语学院学报，2006(3):17-24.

[3]Christopher Holloway.The Business of Tourism[M].Beijing: Foreign Language Teaching and Research Press, 2004:188-193.

竞新集2015

教学探索

基于文化产业需求的艺术设计人才培养模式*

常红霞　王　芳　刘阿宝

摘要：本着以“创意能力”培养为核心，以“设计与制作技能”培养为主线，以提高学生的“艺术修养、职业道德、创新思维”为基本要求，创设“工作室”制的艺术设计专业人才培养模式，全面实现能力与岗位需要对接、技能与就业方向对接、素质与企业要求对接、知识与未来发展对接。

关键词：艺术设计；人才培养；“工作室”制；课程建设

作者简介：常红霞（1962—），女，安徽砀山人，宁夏职业技术学院教授，教育硕士，研究方向为职业教育。

王芳（1979—），女，山东单县人，宁夏职业技术学院助教，研究方向为职业教育。

刘阿宝（1964—），男，河南卢氏人，宁夏职业技术学院教师，研究方向为职业教育。

* 本文发表于《职教论坛》2012年第32期。

我国已把文化产业作为新的利润增长点和重要的支柱产业，集中力量优先发展，并提出要从制造大国变为设计（创造）大国。国家“十二五”发展规划提出加强文化产业基地和区域性特色文化产业群建设，鼓励扶持少数民族文化产品创作生产[1]。《文化部关于加快文化产业发展的指导意见》提出，繁荣美术创作，促进当代艺术品产业健康发展，支持传统工艺美术面向市场，鼓励工艺美术技艺创新。大力发展平面、外观、工艺美术、雕塑、服装及展览设计，提升设计创意能力和水平。推动艺术创意和设计业与其他产业合作，提高其他产业的文化内涵和审美效果[2]。党的十七届六中全会做出了《深化文化体制改革、推动社会主义文化大发展大繁荣若干重大问题的决定》[3]，这就为艺术设计专业人才培养和就业提供了广阔的前景。

一、专业建设思路和人才培养目标

人才培养总目标：提升一种核心能力——创意能力；练就两项基本技能——设计与制作技能；提高三个必备素质——艺术修养、职业道德、创新思维；实现四个完全对接——能力与岗位需要对接、技能与就业方向对接、素质与企业要求对接、知识与未来发展对接。

二、人才培养模式创建

摒弃传统的单一课堂教学方式,创设“工作室”制人才培养新模式,即以“创意能力”培养为核心、以“设计技能与制作技能”培养为主线,以提高“艺术修养、职业道德、创新思维”为基本要求,参照企业文化产品生产和师傅带徒弟的工艺流程,改变以前从学习美学基础到学习设计创意到设备操作和施工训练的培养过程,重新调整能力培养顺序:从操作、制图技能到专项创意、设计能力再到整个项目的策划管理、创意设计的综合能力的培养。按此培养程序,以工作室作为项目承载主体,将大量真实案例引进课程,采用任务驱动教学模式,将学生三年的学习分别在校内工作室或企业这两种情境中进行,采用不同的培养方式来完成。第一阶段以培养学生基本设备操作、软件操作技能为主,进行职业素质教育、职业发展规划引导,将职业养成教育融入基本操作技能训练,为其职业能力的形成奠定基础。第二阶段以校内实训室实训为主、工作室为辅,在对基本操作、制作过程掌握的基础上,提升学生创意设计能力,从企业及工作室平面设计师岗位从事的经常性工作任务中提炼需要创意的简单化项目,按照工作室项目运作流程或企业项目设计的具体要求将课程学习和项目实训结合进行,完成学生专项创意设计能力的培养,同时继续将职业养成教育融入创意设计项目训练。第三阶段主要以工作室(或合作企业)为主,在学生具备专项创意设计能力的基础上,提升学生综合项目策划、管理与主持创意、设计的能力,承接真实的、综合性的设计项目,完成设计项目生产性实训和职业资格岗位适应性训练,使学生至少获得一种职业资格证书,继续将职业养成教育融入综合能力训练。

三、课程体系构架与课程建设

(一)课程体系构架

根据对各专业方向企业岗位设置情况的调研,确定通过“基本制作与制图技能—创意设计能力—项目综合执行能力”的三层次能力递进课程体系,完成专业岗位工作能力的培养。依据职业岗位要求,参照企业培养人才的过程,分专业方向将专业课程按岗位能力层次需求进行划分,构建符合人才培养目标并具有专业特色的三层次能力递进课程体系,拓展学生的职业技能和综合素质,培养学生可持续发展能力和职业迁移能力，突出模块式课程体系职业性的特点，增加拓展能力模块，开设职业迁移方向课程作为选修课，并把技能、知识、态度有机结合，融教、学、做为一体，将职业道德与素质教育、企业文化教育贯穿在整个专业能力培养过程中，努力培养具有良好职业道德、较强专业技能和可持续发展的高端技能人才。

三层次能力培养所对应的课程设置

技能层次	工艺品设计与制作方向	平面广告设计与制作方向	室内设计方向
基本技能层次	设计造型基础、快速设计表现、摄影、篆刻、书法、国画、传统图案	平面构成、色彩构成、Photoshop、Illustrator、CorelDraw、Indesign、摄影基础	透视、构成、人体工程学、建筑识图与制图、计算机辅助设计、AutoCAD、3ds Max(V-ray)
创意设计能力层次	计算机平面设计软件、工艺品三维建模及渲染效果、工艺美术史、漆艺、雕塑与陶艺、壁画与浮雕	图形创意、版式设计、印刷工艺、书装设计、平面广告设计与制作、产品包装设计、企业标志视觉识别系统设计	中外建筑史、室内效果图表现技法、装饰材料应用、装饰构造与施工技术、装饰工程概算、居住空间设计、办公空间设计、娱乐空间设计
综合技能层次	精雕设计软件及雕刻加工工艺、传统玉雕工艺、传统手工贺兰砚制作技术	宁夏地区企业品牌推广、宁夏特色产品包装设计、地区各类活动策划与设计	宁夏地区各类建筑室内空间及装饰设计、宁夏地区各类展示设计
职业素养培养	造型基础、色彩基础、快速表现技法、职业素质培养	造型基础、色彩基础、快速表现技法、职业素质培养	造型基础、色彩基础、快速表现技法、职业素质培养

（二）课程建设

1.优质专业核心课程建设。将CorelDraw、企业标志视觉识别系统设计、传统手工贺兰砚制作技术建成工学结合的优质专业核心课程；将室内效果图表现技法、精雕设计软件及雕刻加工工艺建成工学结合的优质专业核心课程。

2.精品课程建设。将平面广告设计与制作建成院级精品课程；将摄影建成院级精品课程；将Photoshop建成省级精品课程。

3.教材与配套课程网络资源建设。编订Photoshop、平面广告设计与制作教材；编制手工砚制作技术、企业标志视觉识别系统设计、CorelDraw、摄影、精雕设计软件及雕刻加工工艺、室内效果图表现技法等课程的配套课件和网络资源。

针对各专业方向的艺术素养课程改革，建设造型基础、色彩基础、快速表现技法等课程的特色教材，编写配套课程设计资料。

四、实训条件建设

以开放性、共享性、示范性为目标，以设计与制作核心能力培养为主线，坚持先进性、实用性并重的原则，新建电脑雕刻实训室、计算机实训室、产品包装实训室、装饰施工工艺实训室等，扩充完善已有的摄影实训室、漆艺实训室、雕塑陶艺实训室、非线性编辑室、图形图像实训室等；大量补充建设校外实训实习基地。

五、教学质量监控体系建设

（一）构建“工作室”制教学模式下的教学质量监控体系

按照艺术设计专业人才培养目标，有效地进行研究、组织、管理和实施教学，不断探索，通过规范实践教学的各项工作，强化实践教学的科学管理，建立一套行之有效的“工作室”制教学模式下的教学质量监控体系，提高艺术设计专业实践课程的教学质量。

（二）建立“工作室”制教学质量监控组织保障体系

“工作室” 制教学质量监控组织保障体系包括管理机构和监督机构两大部分，在学院教学质量监控体系的架构下，成立由系主任、教研室主任、实训中心主任、教务秘书组成的教学质量管理小组，对工作室日常承接的项目设计作品进展情况和教学成果质量进行监控；邀请学院领导、教务处、督导组等专家，通过项目设计中期汇报会、作品展示等方式，定期分析“工作室”制教学模式实施过程中的问题。同时通过召开学生座谈会，教学信息员及时了解“工作室”制教学过程中所存在的问题。

（三）强化教学质量监控管理中的过程管理和目标管理

强化过程管理和目标管理，加强在教学中的自我管理与自我约束，为增强自我发展能力和提高人才培养质量提供一定的保障。教学过程结束，进行终结性评价和反馈，最终形成科学的教学质量监控评价体系，优化教学过程，提高教学质量与人才培养水平，为学院“工作室”制教学模式下的教学质量目标提供保障。

（四）建立专业教学质量监控体系的保障与激励机制

根据办学特点，结合教学实际，及时制定“工作室”制教学模式改革的系列教学质量监控管理规章制度，主要包括专业教学团队建设制度、教师激励机制、教学评价标准、专业成绩考核评价办法等规章制度，以保障“工作室”制教学模式的顺利进行，使制度能充分调动“工作室”主持人的积极性，促进学生参与的积极性，使教学质量监控与保障体系做到有章可循。

（五）创新专业教学质量考核评价方式

根据专业“工作室”制教学的特点进行深入研究，探索出符合“工作室”制教学模式特点的教学质量评价体系。建立就业（用人）单位、行业协会等利益相关方共同参与的第三方人才培养质量评价制度，通过组建企业和院校专业教师共同组成的评分小组，实施考、教分离，大力推进专业试题库建设。

（六）强化就业顶岗实习质量监控

在实现学校与企业、学校与学生家长、学校与学生本人进行全面接触的同时，通过企业、学生家长和学生本人等多个触角对学生顶岗实习情况实施全面监控。一要检验学生在校学习期间是否很好地掌握了相关理论知识，是否能够学以致用；二要检查用人单位是否以培养人才为目标，真正能够把学生在学校里学不到的东西倾囊相授；三要实现学校、学生家长和用人单位全方位对学生进行监督管理，以帮助学生提高就业顶岗实习的学习质量、工作质量和就业创业能力。

参考文献

[1]新华网.中华人民共和国国民经济和社会发展第十二个五年规划纲要[EB/OL].http://news.xinhuanet.com，2011-3-16.

[2]中华人民共和国中央人民政府网.文化部关于加快文化产业发展的指导意见[EB/OL].http://www.gov.cn，2009-9-29.

[3]新华网.中共中央关于深化文化体制改革、推动社会主义文化大发展大繁荣若干重大问题的决定[EB/OL].http://news.xinhuanet.com，2011-10-25.

电气自动化技术专业高技能人才立体化培训模式探索*

何　晶　竺伟华　张　敏

摘要：随着社会、经济和科技的进步，高新技术的发展与应用已经渗透到生产和生活的各个领域，企业对高技能人才队伍建设提出了新的要求。本文针对电气自动化专业的学科特色，分析并探讨“门店+网络+学习中心”的立体化高技能人才培训模式。

关键词：立体化培训模式；高技能人才

作者简介：何晶(1981—)，女，辽宁大连人，宁夏职业技术学院讲师，主要研究方向为智能仪器仪表和检测技术。

竺伟华(1973—)，女，宁夏职业技术学院副教授，主要研究方向为计算机控制。

张敏(1966—)，女，吉林长春人，宁夏职业技术学院教授，主要研究方向为制造技术。

* 本文系2013年宁夏职业技术学院校级课题“电气自动化技术专业高技能人才立体化培训模式探索”阶段性研究成果。

引　言

从2002年“国家高技能人才培训工程”启动到2009年9月第二届中国高技能人才国际论坛召开，在这7年中我国技术工人尤其是高级维修电工、技师及高级技师的数量严重短缺的状况有了很大的缓解。但随着我国现代化水平的逐年提高，企业广泛采用了新的设备与技术，从国外引进了大量的自动化控制系统，企业对高技能人才的需求量逐年增加。因此，加快高技能人才的培训工程，尽快培养出一大批既懂现代化技术又会操作技能的电气自动化专业高技能人才，适应生产力发展的需求已成为当务之急。

2012年宁夏技师学院的“国家高技能人才培训基地建设——电气自动化技术专业(职业)培训基地建设”申报成功。本文便是通过实施高技能人才培训基地建设项目，重点分析了我国电气自动化专业职业培训的现状，完成了电气自动化专业“门店+网络+学习中心”立体化培训模式的校级课题研究。希望通过课题研究可以构建出一套集职业培训课程设置、职业培训教材开发和职业资格认证于一体的立体化培训模式。

一、电气自动化专业建立高技能人才立体化培训模式的必要性和重要性

1.电气自动化专业开展职业培训适应社会经济发展的要求

随着社会、经济和科技的进步,高新技术的发展与应用已经渗透到生产和生活的各个领域,对人才的需求层次越来越高,企业也对高技能人才队伍建设提出了新的更高要求。党的十六大报告强调指出:要“造就数以亿计的高素质劳动者、数以千万计的专门人才和一大批拔尖创新人才”[1],国家劳动和社会保障部也出台了《关于印发国家高技能人才培训工程暨机电高级技工培训项目的通知》,启动了高技能人才培训工程,为加强高技能人才培训工作指明了方向。所以企业对员工进行技能培训已经成为提高员工素质、缓解电气自动化专业高技能人才紧缺最直接、最重要的举措。

2.技师学院电气自动化专业开展立体化培训可拓展自身的生存空间

依据人才培养的类型和学科专业设置,我国将从事普通高等教育的高等学校从横向上划分为学科型和专业型两种,即根据学科来设置专业的高等学校称之为学科型高校,将从事高等职业教育、根据岗位和岗位群设置专业的高等学校称之为专业型高校。由此可见,专业型院校与学科型院校相比更注重教育与生产和工作岗位的结合。

技师学院电气自动化专业开展立体化培训,可以根据行业或企业的培训需求修订课程结构,获取各相关企业培训需求信息,拿到一些职业培训的订单[2]。在按照市场的需求为社会培养合格的高技能人才的同时,还可为相应行业、部门量身定做立体化职业培训,拓宽自身的职业培训市场和生存空间。

二、电气自动化专业培训现状分析

1.电气自动化专业高技能人才的培训处于起步阶段

当前我国的高技能人才培训机构绝大部分只是面向学生开展基本的技能培训和鉴定,真正能够实现对企业和社会高技能人才培训的机构寥寥无几[3]。

2.培训模式和培训内容存在单一性

培训机构在培训上存在培训内容和形式单调,培训大纲和教材不完善,教学内容、教学方法和教学手段与企业和社会需求不相适应,培训途径和层次单一

等问题。

3.高技能培训与证书培训相混淆

目前的高技能人才培训多为学历和证书培训，很多学员是以拿到维修电工证书或者技师证书为目的而进行培训。培训内容与现今企业生产结合较少。培训者往往将高技能培训与考证培训相混淆。

由此可见，构建出一套全方位、多层次、开放性和多元化的电气自动化专业立体化培训模式已成为当务之急。

三、电气自动化技术专业高技能人才立体化培训模式的构建

1. 高技能人才立体化培训模式构建的原则

在兼顾专业教学系统性的前提下，强调教学内容的实用性。基础类课程以应用为目的，坚持“够用”和“实用”的原则；专业岗位类课程以实践为目的，满足“有效性”和“针对性”的要求。

2. 高技能人才立体化培训模式构建

电气自动化专业高技能人才立体化培训模式构建以培养职业岗位能力为目标，以维修电工职业资格标准及考核内容为准绳，开发课程资源，为学习者提供“门店+网络+学习中心”的立体化培训模式。

对于到培训基地接受培训的学习者，能根据学习者的需求，针对学习者的具体情况，为他们量身定制培训内容，形成以学习者为主的“门店”式学习模式。以网络为平台，在维修电工考核要求的基础上，将考工内容融入相关课程，根据考工级别，开发相应的初级、中级、高级课程资源包，形成以课件、题库、动画、视频、案例、网上在线测试和网上模拟实验为主的网络资源。向学习者提供一个所需学习的网络平台，使学习者的学习具有随机性、连续性、多样性，支持学习立体化，发挥学习者的主体作用。“网络”学习模式，亦可为学习者提供学习资源及实景实战场地，并配备专门的教师辅导答疑，形成一种新型的自主学习模式——“学习中心”式的学习模式。下面以电工基础课程为例介绍立体化培训模式构建的具体内容。

(1)立体化培训的课程体系

电工基础课程按照电气自动化设备安装与维护工作过程，分析职业岗位对应

的主要工作任务，以能力培养为主线，依据岗位技能要求和技能成长规律，将职业资格认证融入课程体系，构建阶段式一体化课程体系。

电工基础课程首先围绕培训目标，根据国家职业标准确定能力目标，按照能力要求设置常用的元件识别、直流电阻电路的分析、触摸延时照明电路的设计等相应的课程模块。然后，在课程模块的教学中，根据课程能力目标，科学选择设计一体化项目，以典型的常用元件检测与识别、直流稳压电路的连接、实验与仿真、触摸延时照明电路的设计任务为载体，以学生为中心，根据典型工作任务和工作过程，设计课程体系和内容。按照工作过程的顺序和学生自主学习要求进行教学设计并安排教学活动，实现理论教学和实践教学融通合一、能力培养与工作岗位对接合一、实习实训与顶岗工作学做合一，以项目带动教学内容的选择和教学过程的实施，使学生在完成项目的过程中，达到人才培养目标的要求。

(2)高技能人才立体化培训的教学资源

电工基础课程教学资源开发依据职业标准，体现“内容层次化、载体项目化、方式立体化”的特点，针对核心课程进行资源的建设。

内容层次化：遵循职业成长规律和教育认知规律，将课程内容按照“初级、中级、高级”三个学习层次进行分类，开发出与教学单元相配套的、基于典型工作任务的学习单元，教师可根据“个性化”培训方案，学习者可根据自身学习的需求，自主、灵活地选取不同层次的课程教学资源。

载体项目化：在一门课程的设计中，根据课程能力目标，科学选择和设计项目，以项目带动教学内容的选择和教学过程的实施，学习者可根据自身学习的需求，自主、灵活地选取相应项目的课程教学资源。

方式立体化：为学习者提供学习方式立体化的课程素材。学习者可以随时通过网络下载相关的PPT课件、讲义、习题、动画等，还可以随时在网络上进行在线测试、模拟实验等。同时提供提问区和讨论区，学习者可以在网上提出问题，也可在线讨论，教师也可以在计算机上查阅学习者对各类问题的访问情况，以了解学习者在学习过程中的热点、难点，获取教学的反馈信息，起到良好的辅助教学作用[4]。

(3)高技能人才立体化培训的教学模式

按照电气自动化专业的岗位特点，建立“教学实践组织方式多元化、教育多层次、培训项目立体化”的教学模式[3]。

教学实践组织方式多元化：在一门课的学习过程中教师可以采用课堂教学与课外网络教学相结合的教学组织方式。在课堂教学环节中课堂讲授要多元化，充分调动学习者的主体作用，引导学习者掌握自主的学习方法。在课外网络教学环节中要为学习者提供完整的教学课件、讲义及配套的试题等内容，使学习者在网上可以进行在线模拟测试、在线提问及网络评教等。

教育多层次：高技能人才教育的多层次发展要坚持工学结合的人才培养模式，在学校与企业之间实现人才培养的互动。构建出一套职前的基础教育、在职的技术教育和职后的继续教育相结合的多层次教育模式。

培训项目立体化：高技能人才的技能培训应坚持以项目化为主要的培训模式，构建出一套适合电气自动化专业竞赛培训、认证培训、岗位技术培训的立体化培训项目。

结束语

为了满足当今社会对高技能人才的需求，重视对高技能人才创新精神和创新实践能力的培养。本文通过"电气自动化技术专业高技能人才立体化培训模式探索"课题的研究，建立了"门店+网络+学习中心"的立体化培训模式。本培训模式与原有培训模式比较的突出特点是：教学资源"内容层次化、载体项目化、方式立体化"，教学模式"多元化、多层次、立体化"，学习者可以自主选择学习内容和学习方法。建立立体化培训模式是技师学院改革和发展的重点，也是必须下工夫去探索和解决的难点。

参考文献

[1]胡锦涛.坚定不移沿着中国特色社会主义道路前进　为全面建成小康社会而奋斗——在中国共产党第十八次全国代表大会上的报告[N].2012-11-08.

[2]周叶芹，朱丹. 关于高职院校职业培训模式改革的探讨[J]. 教育与职业，2011(21).

[3]杨建卫，任晓莉. 基于立体化教学模式培养创新型人才[J]. 科技信息，2013(3).

[4]王霞，王平.《机械制造基础》课程立体化教学模式探索[J]. 机械管理开发，2012(1).

高职热能动力设备与应用专业顶岗实习模式探讨*

牛 刚

摘要：迄今为止，我院热动专业一直处于高速发展阶段，但未能对高职热动专业学生的顶岗实习做一个全面的探讨和总结。现在我们尝试将热动专业在示范性院校建设以来，在顶岗实习方面所做的工作和取得的成绩、存在的问题进行探讨，力求加以解决。

关键词：高职；热动专业；顶岗实习

作者简介：牛刚（1986—），男，陕西宝鸡人，热动专业教师，助教，主要研究方向为热动专业教学和新能源开发与利用。

* 本文发表于《价值工程》2013年3月上旬刊（总第309期/第32卷）。

宁夏职业技术学院、宁夏广播电视大学是自治区人民政府直属的一所集高等职业教育、现代远程教育为一体的多门类、多学科的综合性高等学校。学校是国家示范性高等职业技术学院；是全国高职高专校长联席会议主席团42所高校成员单位之一；是教育部、人力资源和社会保障部等六部委确定的全国90家数控技术技能型紧缺人才培养工程重点建设单位和国家首批100家高技能人才培训基地；形成了面向宁东能源化工基地的热能动力设备及应用（以下简称热动）、金属材料焊接技术、应用化工技术、煤化工技术、化工设备技术、机电一体化技术工科类专业群。

在全国百所示范性高等职业院校中只有两所学院设置了热动专业，我院即为其中一所。我院热动专业已有30余年办学历史，积累了丰富的办学经验，为地方经济建设做出了积极的贡献，2007年热动专业被确定为自治区级骨干示范专业。之后经过3年的示范建设，于2010年8月通过国家验收，建成国家重点示范建设专业。现在，热动专业是宁夏职业技术学院示范院校建设项目中由中央财政支持的重点建设专业之一。实验实训条件建设是专业建设的核心内容。根据教育部的有关文件规定，中央财政投入资金的50%应用于实验实训条件建设。我院热动专业实验实训条件建设的核心内容是建设校内热能动力实训中心，仅设备方面计划投入资金总计625万元（其中中央财政投入500万元），所以热能动力实训中心是我院示范建设的重点项目，对热动专业的建设起到关键的作用。通过示范性院校的建设和热动专业建设，我们不仅在以上教学硬件方面取得了丰厚的成果，更重要的是热动专业的人才培养方案的成功制订与有效实施。

我院热动专业自2004年招生以来已有8届学生，目前毕业和顶岗实习学生80%以上在电力企业（包括热电厂和企业自备电厂）。但是应该看到，电厂的建设是有周期性的，如何让学生的就业工作可持续发展下去，我们在构建人才培养方案方面做了大量的探索，采取请进来、走出去的办法。首先聘请各种类别热能动力设备与应用企业的专家到学校来进行研讨，共同探索专业人才的培养模式和课程体系的构建；然后是走出去，到各类热动企业去，与企业一线技术人员现场分析本专业的主要就业岗位分布、核心工作任务内容、职业能力素质要求，以此为依据构建本专业的人才培养模式。经过多次调研、论证，通过到各种不同类别的热能动力设备制造、安装、检修、运行企业，如到华电宁夏灵武发电厂、马莲台发电厂、中石油宁夏石化公司自备电厂、银川热电厂、宁夏锅炉压力容器检验所、宁夏核工业217锅炉制造厂、宁夏电力建设公司、宁夏电力科技工程院、宁夏林盛供热公司、神华宁煤烯烃公司、宁夏多维药业自备电厂、宁夏紫荆花造纸厂自备电厂等进行调研。

后来我们专业教师又坐到一起，将日常的教学实际结合调研所得的反馈，对本专业进行了重新审视，与其他专业详加对比后发现本专业所涉及的锅炉容器等热力设备属于有爆炸危险的特种设备。按照国家有关规定，操作此类设备必须经过专门培训取得安全操作上岗证才能上岗操作。本专业学生在取得毕业证和职业资格证后还须取得特种设备作业人员操作岗位证书（上岗证）才能上岗操作。所以在教学设计过程中，将职业资格证和上岗证的有关考核要求与专业课程有机结合在一起，形成“3证融合”。

最终依据热动专业知识的认知规律和专业能力的递进特点，以及热动设备岗位能力的培养方式，依托校内热动实训中心和校外实训基地，校企合作共同制定出既有较广的专业涵盖范围又基于职业能力成长规律的热动专业人才培养模式——“5阶递进，3证融合”（如图1所示）。

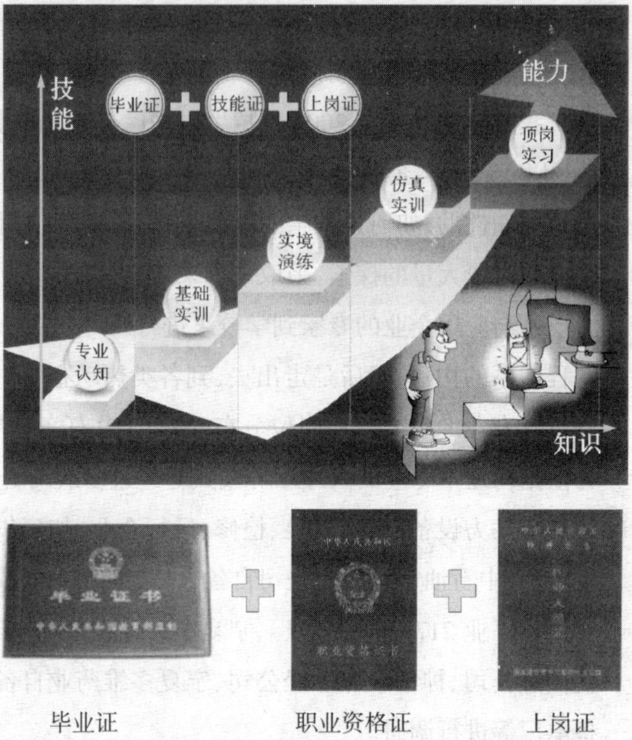

图 1 “5 阶递进,3 证融合”的人才培养模式

我们最初所制定的人才培养模式是这样的：在建成校内热能动力实训中心的基础上,结合北方季节性供热的特点,采取实训教学与供热周期结合,采用分期的模块教学方式,将学生在校的 5 个学期分成 3 个模块(基础学习领域/基本技能、专业学习领域/专业技能、拓展学习领域/综合技能)进行教学,最后一学期进行校外顶岗实习/职业技能。在校期间,每个模块中的技能训练安排在对应的三个冬季采暖期,主要在校内热能动力实训中心进行(如图 2 所示)。

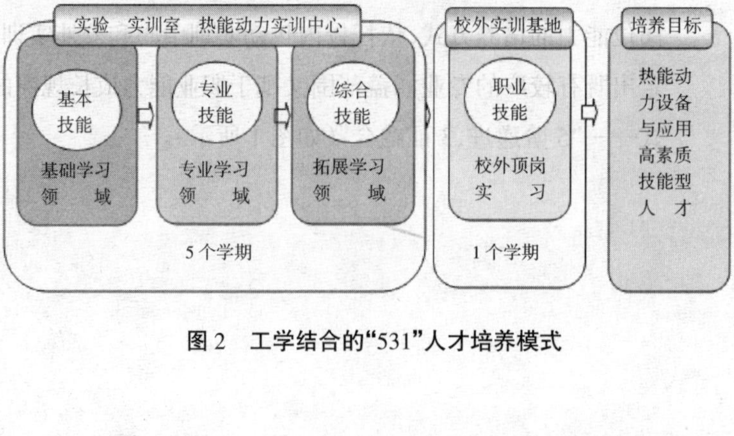

图 2 工学结合的“531”人才培养模式

这一模式与大多数高职专业的人才培养模式类似，可以说是放之四海而皆准,无明显特色。在这里列出,仅供大家参考。

下面对热动人才培养方案中的“5 阶递进”进行说明：

将学生三年的学习内容在“2+1”的总模式下按照热动专业实践教学环节的五个阶段来进行组织和实施,分别是:认知实训、专业基础实训、实境实训、集控仿真实训、顶岗实习。

(1)认知实训:在学生入学的第一学期,参观校内、校外实训基地的热能动力设备与应用设备真实环境,重点参观热能动力设备模型室,让学生深刻认识到热能动力设备这种具有爆炸危险的特种设备的整体结构、形式及其工作特点,牢固树立安全第一的意识,为专业课程的学习和职业素养的培育奠定基础。

(2)专业基础实训:第二至第四学期,学生分别通过校内实训基地的钳工、电工、车工、机械测绘、焊工和水处理实训,对本专业的基础知识和部分专业知识有综合的了解,并通过各种实验实训与实际相结合,将各种类别的基础知识技能融会贯通,掌握本专业未来就业的专业基础知识和技能。

(3)实境实训:第三至第四学期,在校内锅炉实训室和校外相关设备企业交叉进行。通过校内锅炉实训室一台实体 4 吨蒸汽锅炉和校外实训基地的在线运行锅炉的实境训练,使学生对本专业的 3 个核心岗位——操作、检修、安装有清晰的认知,熟悉热能动力的主体设备——锅炉的安装、操作、检修工艺流程。

(4)集控(运行)仿真实训:根据宁夏及周边地区火力发电企业集中的特点,在第四学期通过校内火电厂集控运行仿真室进行实训，同时配置了锅炉模拟仿真运行软件和 200WM、300MW、600MW 三台火电机组集控运行仿真软件，利用虚拟的仿真技术实现事故和故障的演示、防止和应急处理,使学生对火电厂的集控运行有全面的认识,并具备基本的操作技能。

(5)顶岗实习:第五至第六学期,是本专业的综合实践课程,通过在企业顶岗实习,熟悉热能动力设备的生产工作过程,基本掌握热能动力设备制造(销售)、安装调试、安全管理、运行操作、检修维护等相关基本技能,真实体验实际工作现场环境,了解企业的生产控制和管理情况,为毕业后顺利上岗就业打好基础。

可以看出,顶岗实习是学生毕业前的一个重要学习环节,是专业学习的深化与升华;它既是对学生素质与能力的一次全面检验,又是对学生的毕业资格进行认定的重要依据。顶岗实习对培养学生良好的职业素质、提高学生的综合岗位能力具有十分重要的意义，顶岗实习是热动专业“5阶递进，3证融合”人才培养模式中重要的一环，是培养具有“良好的职业道德和强烈的责任心，高度的安全生产意识”人才的必要步骤之一。顶岗实习使高职学生提前了解社会，增强社会经验，增加工作经验，转变观念，增强岗位意识和岗位责任感，最大限度地提高其综合素养，以便与将来的工作岗位实现对接。

建立有效的校企合作机制是本专业工学结合人才培养模式建立与实施的基本保障。

顶岗实习是学校安排在校学生在校外实习的一种方式。顶岗实习不同于其他方式的地方在于它使学生完全履行其实习岗位的所有职责，独当一面，具有很大的挑战性，对学生的能力锻炼起到很大的作用。热动专业在顶岗实习中，所需要操作的设备是锅炉等压力容器，属于具有爆炸危险的特种设备，上岗操作须经过专门培训并持有上岗证。如何才能保证学生在顶岗实习过程中的安全实习，并且通过自我学习、师傅帮带的渐进过程，直到能做到在监控下的亲自动手操作，这也是我们在制订人才培养方案时所关注的内容。

另外，如今的顶岗实习都面临一个问题，就是顶岗实习的学生多被企业当作廉价劳动力来使用。我们所要做的就是如何使顶岗实习脱离这种困境，淡化顶岗，突出实习，让学生在实习的过程中真正做到理论结合实践。理论指导实践，又从实践中得到新的体验，总结自己的理论，在如此的反复中，让学生掌握真正的技能。为追求利益最大化，企业要廉价劳动力，而为了理论结合实践，学生要顶岗实习。企业给学生一定的报酬，虽能满足学生的基本生活要求，但是太少，产生的结果就是在准社会化的顶岗实习期间，如果学生所得报酬相对在同岗位工作的企业员工来说过低的话，也会对学生的工作热情和学习积极性产生消极影响。

为了让学生学习尽可能多的知识，学校可在签订合同之初，就尽可能多地掌握企业的生产实际，根据企业的初建情况制订学生的顶岗实习计划，做到实事求是、有的放矢；在签订校企合作协议的时候就先要挑选有责任心的企业，并且必须加入有关顶岗实习的可操作性条款。在学生顶岗实习过程中，学校可根据已有条款规定，检查学生，更重要的是检查企业的执行情况。

如何保障条款对企业的约束性？我认为可以从以下几个方面入手：首先，提高教学质量，让学生成为抢手货；其次，运用法律手段，保障学生在顶岗实习中的权益；再次，利用市场机制，让学生走进人才市场；第四，在现有的体制和大环境下，利用国家对高职教育的重视，发现高职教育，重视对技能的掌握；第五，让校内教师参加到企业课题中去，帮企业做技改，让企业有得可图。

学生是顶岗实习的主体，保证学生在顶岗实习期间的学习效果是顶岗实习的关键。

顶岗实习的学生具有双重身份，既是一名学生，又是顶岗企业的一名员工，要服从企业和学校对顶岗实习的安排和管理，尊重企业的各级领导、实习指导教师和其他员工；要有高度的安全防范意识，切实做好安全工作；自觉遵守企业和学校的规章制度，做到按时作息，不迟到，不早退，不误工，不做损人利己、有损企业形象和学校声誉的事情；按照顶岗实习计划、工作任务和岗位特点，安排好自己的学习、工作和生活，发扬艰苦朴素的工作作风和谦虚好学的精神，培养独立工作能力，刻苦锻炼和提高自己的业务技能，按时按质完成各项工作任务；认真写好顶岗实习鉴定表的自我评价，交由企业实习指导教师和学校实习指导教师签署鉴定意见，顺利完成学业；并考虑如何在顶岗实习中给企业创造一定的价值（经济效益），让企业欢迎自己，乐意接收自己。

在我们的人才培养方案设计中，顶岗实习是热动专业的专业核心课程，安排在第五、第六学期，在校外实训基地和有意向录用热动专业毕业生的企业进行，每10~20名学生聘请一位企业兼职教师。学时为34周，学分为34分。在顶岗实习结束后由企业出具顶岗实习鉴定报告，学生撰写顶岗实习报告书。

具体组织与管理如下：

（1）顶岗实习工作由学校教务处总负责，由系部设立顶岗实习指导小组并安排组织，由专业教研室与系部学生管理办公室具体负责实施。

（2）顶岗实习由学校、企业、学生三方共同参与完成。学校在三方中处于主导地位，是一切活动的组织者，在整个运作过程中起着重要的作用，企业是三方中最关键的一方。

（3）专业顶岗实习指导小组是顶岗实习的具体管理组织者。小组成员由企业管理人员、学生处、学生管理办公室、教研室、专业教师共同组成。

（4）聘请企业技术人员为学校的兼职教师，负责学生顶岗实习期间的组织管理、指导等工作，保证每名学生有专人负责。

（5）安排教师对每位学生的顶岗实习进行管理，一般每名教师负责管理的学生不多于20名。

学生在企业顶岗实习期间就是企业的准员工(或称实习员工),要接受企业与学校的双重管理。顶岗实习是校企合作进行,它的考核由企业指导教师和校内指导教师共同完成,并以企业指导教师的考核为主。所以顶岗实习的考核由以下两部分内容组成:实习报告和企业鉴定报告。实习报告是全面反映学生在一年的实习期间将学校所学知识技能与实际生产环境相结合的真实写照,实习报告分为优秀、良好、合格、不合格四个标准。学生实习企业鉴定报告是企业对顶岗实习学生实习期间德、技、勤、能的全面考核,考核标准分为优秀、良好、合格、不合格四个标准。

学生要完成以上两项报告的考核,合格者获得学分,完成顶岗实习。

学生要通过顶岗实习明白,获得学分并不是最终的目的。学生要能在顶岗实习中体会到工人劳作的辛苦、生活的艰辛,完成从学生到工人的巨大转变,从身份到心理上接受这一变化。

企业为顶岗实习场所,并对学生的顶岗实习进行工作上的管理和实践知识的教学。

我们对合作企业适时进行有目的的筛选,为学生提供代表区域行业先进技术的工作岗位,配备具有一定职业教育能力的企业技术指导教师,具有较好的后勤保障,保证学生在顶岗实习期间的日常生活;紧随现代热能动力一线生产技术发展要求所建立的校外实训基地,结合"5阶递进,3证融合"的人才培养模式,实现工学结合,最终完成本专业的人才培养目标。

同时我们致力于增加校外实训基地的数量,拓宽学生在校学习期间的实训渠道,增加学生的行业环境认识,提供锅炉及其辅机的生产、安装、运行、检修及水处理等岗位实习机会,为基于行动导向的教学组织提供基本保障,最终提高学生的就业质量。

表1 2007年已建成的校外实训基地

基地类别	名　称	承担本专业教学任务
校外实训基地	宁夏三新锅炉有限公司	锅炉安装、调试
	宁夏电力科技教育工程院	火电厂热动设备检修、运行
	银川热电厂	电厂运行、检修、维护、管理
	中石油宁夏石化分公司自备电厂	自备电厂运行、检修、维护
	宁夏伊品集团发电厂	热力发电厂运行、检修
	宁夏锅炉厂	锅炉安装、调试

表2　示范建设中建成的校外实训基地

基地类别	名　称	承担本专业教学任务
校外实训基地	宁夏京能宁东发电有限责任公司	火电厂热动设备运行、安装、检修
	宁夏核工业 217 锅炉厂	锅炉制造、安装、调试
	宁夏电建集团	火电厂热动设备、安装、检修、运行
	宁夏紫金花纸业公司自备电厂	自备电厂运行、检修、维护
	宁夏宁能电力技术有限公司	锅炉制造、安装、调试
	宁夏发电集团	热动设备安装、运行、检修
	国电英力特集团公司	热动设备安装、运行、检修
	华电宁夏灵武发电有限公司	电厂运行、检修、维护、管理
	开泰镁业有限公司	热动设备安装、运行、检修
	宁夏太阳镁业有限公司	动力设备的调试、运行
	宁夏金海永和泰煤化工有限责任公司	热动设备安装、运行、检修
	宁夏金海峰晟煤化工有限公司	热动设备安装、运行、检修

合作企业要能够为本专业学生提供足够的机组运行、安装与调试、检修等生产实训场所、顶岗实习岗位和就业岗位，还要提供有经验、技术好、品德高、善沟通的企业师傅。平时也可以支持企业内部的优秀技术专家参与校内实践教学活动，参与工学结合课程开发工作，并接收青年教师到企业实践锻炼。

企业要有充分的宽容心。企业常常为了利益最大化，就想使得岗位上的顶岗实习生对企业效益产生积极的立竿见影的效果，忽略了基础素质的教育，只说有专业方面的培训就行了。基础课程很重要，不可以一边用学生，一边说学生没用。企业还要有责任心，要让学生在有限的顶岗实习期间，接触尽可能多的工作岗位，不要说为何学校三年都没有把学生培养成功，而企业只用几天的入职培训，就能让学生“融入”企业，还要能为学生就业后在企业内部提供有效的升迁路线。企业更要有事业心，要明白学生不能光为了一间工厂而培养，企业正在做的是为了整个社会培养技术人才。

顶岗实习模式的探讨，是一个无止尽的话题，时代在发展，经济环境在变，如何跟随变化，如何立于不败之地，以不变应万变？这是我们需要持续思考的问题。现在我们所形成的“5 阶递进，3 证融合”人才培养模式，基本实现了学生在第三年 100%顶岗实习——准就业；校企合作构建基于工作过程为导向的课程体系，建设专业优质核心课程；通过培养、引进和聘请等方式，打造一支专兼结合的高素质“双师”结构教学团队。未来,我们想要通过引企入校,共建生产型热能动力实训中心,把本专业建设成国内同类院校中在人才培养模式、课程体系建设、实训实习条件和顶岗实习环境、师资队伍建设等方面具有示范引领作用的品牌专业,并通过师资培训、优质教学资源共享等途径,带动国内其他职业院校同类专业共同发展。

结　语

顶岗实习的制度不是一成不变的,需要在实践中不断改进,这就需要沟通。学校对学生下达一个“指令”,就要从学生那里得到一个有效“反馈”,然后再在“处理器”内对“反馈”进行处理,提出解决问题的方法。在这一过程中需要不断解放思想。目的只有一个:实现学生、学校、企业三者的共赢。

理想的顶岗实习模式应该是一个变化的模式,一个不断自我改进的体系。这个体系主要是要能提供一个建立在一定制度上的宽松的空间(环境)。在这个体系内每一个个体都有充分的自由度来发挥他的自由性、积极性。

参考文献

[1]宁夏职业技术学院人才培养方案(2010)[S].2010.

[2]吴松,邹劲松,何小波,胡勇.高职院校顶岗实习模式的研究与探讨[J].中国电力教育,2010(35).

[3]龚迎春.高职高专学生顶岗实习管理模式的探索和实践[J].教育与职业,2011(15).

浅谈与专业课程相链接的应用文写作课程教学改革 *

吴红卫　殷正行

摘要：应用文写作课程与专业课程相链接的教学改革实践，在注重学生职业需求的同时，以学生的未来职业活动为导向，引导学生将应用文写作的学习变成独立思考、分析问题解决问题的过程，调动了学生构建相关知识体系的积极性。

关键词：链接；任务驱动；瓶颈；职业需求；导向

对于高职院校的学生来说，通过应用文写作课程提升个人素质在未来的职业活动中有着重要的现实意义。与一般高校相比，高职院校更侧重于学生专业技术能力的训练。因此，以学生的职业活动为导向，注重虚拟情境下的任务驱动，追求教学的实用性，一直都是高职院校工科类应用文写作课程教学改革的重要组成内容。而本文所论述的主要内容，正是基于这样的改革而展开的教学实践。

一、在这样的教学改革过程中，首先，必须充分认识应用文写作课程在学生职业发展过程中的重要性；其次，只有正确面对高职院校工科类应用文写作课程长期存在的瓶颈问题，才能有效地进行教学改革。

高职院校工科类应用文写作课程瓶颈问题主要包括两个方面，一方面，由于高职院校工科类应用文写作课程普遍存在授课教师由中文类相关专业教师担任的现实，授课教师的教学无法很好地引入工科类知识，其结果是因授课教师工科类知识贫乏导致在应用文写作课程学习过程中，教师无法正确全面地引导学生进行相关知识的准确定位与拓展。另一方面，许多高职院校高职类学生的来源都较为复杂，学生层次参差不齐，学生的写作能力由此受到制约。这种由学生的来源直接导致的应用文写作课程在教学实施中出现的难度，加剧了应用文写作课程的瓶颈障碍。

如何打破瓶颈，破解应用文写作课程遇到的难题，使应用文写作课程的教学最终走入“良性循环”的道路？这就要求教师立足于成熟的理论，大胆实践，努力尝试将工科类应用文写作课程与工科类其他专业课

作者简介：吴红卫（1967—），宁夏职业技术学院机械与电气技术系讲师，研究方向为教育探索。

* 本文发表于《教育界》2012年第6期。

程相链接，从而引导学生的职业活动兴趣走向，并借此打破长期存在的工科类应用文写作课程的瓶颈问题，推进高职院校应用文写作课程教学改革工作的进程。

二、将应用文写作课程与工科类现代企业管理课程相链接，这种独辟蹊径的教学改革方式闯出了一条独特的应用文写作课程的教学改革之路，使教与学双方无论是内容还是形式，都在教学改革的实践中获益。

现代企业管理课程所涵盖的内容，主要包括企业的经营管理、市场营销管理、企业的生产管理与技术管理、质量管理、企业的物流管理与设备管理、财务管理、人力资源管理、企业文化与企业形象设计等理论知识。依据这些内容，首先要在应用文写作课程的教学设计、授课计划环节，合理设置学生的职业活动，并由此确定灵活的学生职业活动导向。

以学生职业活动为导向的教学方式，必须以虚拟的学生职业工作过程、职业能力要求为依据，使应用文写作课程的教学设计、教学组织紧紧围绕现代企业管理确立的学生职业活动组织教学，从而最大限度地满足虚拟的企业生产和管理，满足虚拟情境下学生各项职业活动的基本要求。

现代企业管理课程涉及的内容细致而又广泛，综合性强，所以此课程授课教师的选聘要求一直很高，最恰当的人选往往来自企业。聘请拥有企业生产经历，具有长期企业经营、管理经验并且符合高职教育教学条件的人员担任现代企业管理课程的教学，是完成此类应用文写作课程学生“职业活动导向”的关键。这是因为，这类来自企业的人员在拥有教学的资质外，他们的职业素质与现代企业有着无法割舍的联系；这类人员的理论教学已经完全超出了书本的局限，这类人员在进行现代企业管理课程的讲授时，他们自身足够丰富的企业经历远远胜过教师在企业进行的教学调研；他们只需要时常关注现代企业发展中的最新动向以及新知识新技术在企业的转化、推广与应用，便可以将现代企业管理这门专业课讲得精彩而又切中要害。所以，选用恰当的现代企业管理课程教师对完成现代企业管理制度课程与应用文写作课程的链接，完成学生的“职业活动”设计，并由此完成工科类应用文写作课程的“职业活动导向”有着至关重要的意义。

然而拥有高素质的企业管理课程教师，只是完成了工科类应用文写作课程教学改革目标所应具备的条件之一。“教”与“学”，“传授”与“获得”，“理论”与“应用”，无论如何辩证地分析这些相联系的问题，其最根本的所在依然是如何服务于获取知识的学生这个主体，只有真正调动起这个现实的主体才能最终完成应用文写作课程改革的目标，使其“教”能够得以“学”，使其“传授”能够得以“获得”，使“理论”最终见之于“应用”。这样的教学改革才真正有意义。

前苏联教育学家苏霍姆林斯基指出：所有智力方面的工作，都要依赖于兴趣。由现代企业管理所确立的学生的职业活动导向，在所进行的应用文写作课堂教学中，模拟出了众多虚拟的学生职业活动场景和职场工作流程。这一教学过程如果运用得当，会极大地调动学生学习的兴趣以及构建相关知识体系的积极性。所以，借助于应用文写作课程与现代企业管理课程的互动与交流，在应用文写作教学中重点讲授学生未来职业的需求，并适当运用任务驱动法等先进的教学方法调动、引导学生展开教学活动，因材施教、由简到繁、由易到难、循序渐进地展开并完成一系列的教学任务，从而培养学生的独立思考能力、分析判断能力和所应具备的写作能力。

传统的应用文写作课程教学往往以学生为客体、教师为主体，以“教”为教学的中心，采用“满堂灌”的教学模式。这种重传授轻参与的教学方式，使学生在整个教学过程中只是被动地接受知识，学生的积极性、主动性和创造性难以发挥，这样的教学模式无异于在应用文写作课程的教学中“雪上加霜”。摈弃这种难与学生的职业活动相联系的教学方法，采用应用文写作课程与现代企业管理课程相链接的“职业活动导向”教学模式，并依据这种教学模式确定应用文写作课程的授课重点。这种在虚拟学生职业活动基础上，设置相应任务驱动的高职工科类应用文写作实践，在教学理论和实践上已经打破了原有应用文写作课程的瓶颈，极大地调动了学生职业活动探究意识和对未来职场工作流程的注意力。为了和学生一起顺利地完成应用文写作课程的教学改革任务，教师还要密切关注学生的学习动向，并且善于及时总结和纠正教学改革中出现的问题。

总之，专业课程与应用文写作课程相链接的教学改革，在拓宽应用文写作课程教学改革思路、破解一直以来应用文写作课程教学中存在的瓶颈难题之外，这样的课程间的知识互动与交流，为应用文写作课程的改革带来了亮色。即便如此，这样的教学改革还是太多地受到来自课程之外的外在条件的制约。这些课程改革的外在制约条件，似乎无法通过确立相关制度等方式进行教学规范。要确保课程改革的外在制约条件环节顺畅，随时依据企业发展的实际，依据企业生产经营过程中出现的具有代表性的示例，变更应用文写作课程的教学设计、授课计划等环节，并将虚拟学生职业活动的趣味性、远瞻性及时地带入教学改革实际中。

要确保相互链接的教改课程交流畅通，坚决杜绝导致学生职业活动设计以及应用文写作课程的职业活动导向发生错误。

此外还要在毫不懈怠地不断总结教学改革经验的同时继续探寻，使教学改革有规律可循。这是应用文写作课程改革能够长期有效存在的十分重要的一环。为此，教师必须依据学生学习中的实际情况，在进行授课的同时主动实施任务评价，并进一步开拓思维，继续有效地进行应用文写作课程教学改革的学术探索。

参考文献

[1]刘桂英. 如何提高高职院校学生的应用写作能力[J]. 陕西教育，2011(12).

[2]刘新英. 项目教学法在高职应用文写作中的应用[J]. 教育与职业，2012，2(5).

[3]毛玉兰，姜萍. 高职学生应用文写作学习倦怠成因及对策[J]. 宿州教育学院学报，2011，12(6).

[4]范志云. "任务驱动法"教学模式在高职应用文写作教学中的应用[J]. 宿州教育学院学报，2011，12(6).

[5]钟莹. 浅谈高职院校以职业为导向的财经应用课程教学改革[J]. 企业导报，2011(21).

机械图样的识读与绘制精品课程改革与建设研究

马锦才

摘要：本文以机械图样的识读与绘制精品课程的教学改革与建设为例，分析该课程在工科人才培养方面的作用、特点，按照工作过程系统化原则，提出了以典型零件为载体、任务驱动、教学做一体的教学改革的思路和模式，对高职院校创新课程设计具有一定的借鉴意义。

关键词：工作过程系统化；典型零件载体；教学做一体；教学改革

作者简介：马锦才（1962—），男，中共党员，硕士，副教授，现任宁夏职业技术学院合作办学处处长。研究方向为机械制造工艺及设备、金属材料与热处理等。

一、制造业呼唤课程教学改革

随着科学技术的突飞猛进，经济全球化趋势日益增强，国际产业分工正在“重新洗牌”，许多发达国家和跨国公司看好中国市场。目前，我国制造业发展迅速，“中国制造”的产品越来越多地走向世界，成为我国参与国际竞争的强势产品。我国制造业要打造“中国制造”的品牌，要真正成为“世界加工制造中心”，实现由“制造大国”向“制造强国”的转变，必须有先进的制造技术与一大批掌握先进制造技术的人才作为支撑。技术的发展对人才的知识、能力、素质结构提出了新的要求。“中国制造”竞争力的提高呼唤我国高职课程教学要适应市场需求，改革现行的课程体系、教学内容和教学方式，从根本上建立全新的、适合高职教育定位的课程体系，以满足制造业发展对高技能人才的需求。

制图课程是高职院校机械制造类专业一门重要的专业基础课程。然而，传统的机械制图类课程，在教学内容、教学模式、教学方法上，都沿袭本科教育与传统的学科体系的制图课程构架体系，过于注重学科的系统性、理论性、完整性，课程发展渐渐与实际应用脱轨，已不能适应职业教育的发展，更不能适应社会对高技能人才的需求。为培养出合格的人才，机械制图类课程教学必须不断进行改革，才能适应职业教育不断发展的需求。

二、课程教学改革的目标和主要目的

机械图样作为表达设计思想、进行技术交流必不可少的重要工具，是在机械制造业中用来指导与组织生产、完成零部件和机器的制造最重要的技术文件。由于其任务无法用人文语言代替完成，因此，图样被誉为“工程技术界的通用语言”，在机电行业各岗位起核心支撑作用。

课程建设是实现教育目的的核心。本课程教学改革的目标，就是针对传统的机械制图课程体系进行改革，在教学内容、教学模式、教学方法上，开展新的课程建设，以课程创新带动全面教学改革，实现创新教育的目的。

课程教学改革的主要目的是：根据高技能人才培养目标和职业岗位的任职要求，培养学生绘制和阅读工程图样，正确理解和运用技术要求，并能熟练运用于零件加工、质量分析、零部件装配、设备拆装与维修等工作岗位和生产过程的职业技能，同时，提高学生的空间想象能力和形象思维能力。

三、课程教学改革的基本思路

机械图样的识读与绘制精品课程教学改革，正是为适应高职人才培养目标，按照工作过程系统化原则，以职业能力培养为重点，经过广泛的企业调研和认真的岗位分析讨论、专家论证后，对传统的画法几何学与机械制图的课程内容进行重组，并结合公差配合与技术测量等课程的知识整合而成的。我们确定的课程教学改革与建设的基本思路是：以高技能人才培养为目标；以“任务驱动、能力递进”为人才培养模式；以企业调研和岗位、能力、知识、课程分析为主线；以职业能力培养为重点；以工作过程系统化为课程开发与设计理念；以理论实践一体化教学为保障措施。突出工学结合，体现职业性要求。

在课程设计中，坚持加强基本素质和基本技能的培养，处理好传授知识和培养能力的关系。课程教学改革既强调基本知识的讲授，更注意在实践应用中加强学生的实践能力和创新能力的培养，充分体现职业性、实践性和开放性的要求。

课程教学改革的基本步骤是：

1.通过企业调研和工作岗位及岗位群分析，确定行动领域的典型工作任务；

2.根据典型工作任务归纳综合能力与知识能力需求；

3.根据认知及职业成长递进的规律设计学习情境；

4.通过具体任务的完成，使学生达到掌握识读、绘制机械图样的能力和初步表达设计思想的能力的目的。

四、课程教学改革的主要内容

工学结合教学改革就是要打破传统的学科型教学设计方式，实现理论教学与实践教学一体化的创新，把原来单纯的课堂教学转变为课堂、实验室、实训车间以及企业生产车间等多个地点进行的情景教学活动，也就是说，在总体教学目标框架下，将课堂教学与实验室教学、实训基地教学以及企业生产教学计划相互统一，将理论知识的教学内容与实践教学、生产服务科技开发的内容相融合。

本课程的建设自 2008 年开始启动，至 2009 年完成。依照校企合作教改方向，组建了多元化课程建设团队和教学团队。课程组成员包含企业与学校、本科与高职（专业基础）、本校与外校、本课程与其他课程等各种组合，实现老中青结合、各学历层次结合；在课程规划上，通过对知识交叉的课程体系改革、多重思维训练的教学手段改革以及多种能力培养的教学方式改革，以图为核心，以实用为标准，以应用能力培养为目的，主要进行了人才培养模式、课程体系和教学内容、教学手段、教学方式的改革。

1.课程体系的改革

课程体系改革是教学改革的核心。为适应职业教育发展的需要，机电工程系机械图样的识读与绘制课程开发团队通过企业调研、岗位分析、专家论证后，对所涉及的教学内容做了系统的修改，通过整合、优化，使教学体系更符合职业教育特色，内容选取也更为合理。

课程体系改革以职业能力培养为重点，以工学结合为根本，以完善和实施工作过程系统化为全新的课程体系设计理念，根据专业能力的递进规律，结合工作过程，构建课程内容，设置教学项目，重组传统的画法几何学与机械制图的课程内容，结合公差配合与技术测量课程的知识，将原学科体系的教学内容调整整合为 9 个教学学习情境，并完成教案、课件的编写和制作，最终建设成为具有引领和示范作用的机械图样的识读与绘制专业核心课程和精品课程。表 1 所示为原机械制图课程典型的学科体系教学设计，表 2 为按照工作过程系统化建设的机械图样的识读与绘制学习领域课程设计。

表1　机械制图教学内容设计

课程内容
第一章　制图的基本知识和技能
第二章　点、直线和平面的投影
第三章　基本立体的投影
第四章　立体的表面交线
第五章　组合体的视图及尺寸注法
第六章　轴测图
第七章　机件的表述方法
第八章　零件图
第九章　标准件和常用件
第十章　装配图

表2　学习领域课程设计

序号	学习情境
1	减速器的拆装与零部件的分类识别
2	制图基本技能与国家标准
3	基本形体视图的识读与绘制
4	轴套类零件图的识读与绘制
5	轮盘类零件图的识读与绘制
6	箱体类零件图的识读与绘制
7	叉架类零件图的识读与绘制
8	标准件与常用件零件图的识读与绘制
9	装配图的识读与绘制

2.教学内容的改革

以典型零部件为载体，以完成生产中常用的减速器、齿轮油泵等及其典型零部件图纸的识读与绘制工作任务为主线，按照基于工作过程系统化的理念，整合原有课程的教学内容。依据真实的生产过程将整个课程教学过程设置为九个学习情境，在每个学习情境中，分成若干个任务，从对减速器等机构的拆装、测绘等真实任务入手，引入完成任务必需的国家标准、制图技能等，按照轴套、轮盘、箱体等典型零件结构的复杂程度，从初始的抄画图纸，读绘简单零件图，到分组合作测绘，完成产品的全套图纸，由易到难，由浅入深，循序渐进，逐步使学生掌握识读、绘制各种机械图样的技能。

在课程设计中，坚持加强基本素质和基本技能的培养，处理好传授知识和培养能力的关系。课程教学既强调基本知识的讲授，更注意在实践应用中加强学生的实践能力和创新能力的培养，充分体现职业性、实践性和开放性的要求。

3.教学方式的改革

以职业能力培养为重点，与行业企业合作进行基于工作过程的课程开发与设计，突出工学结合，利用实训和实际生产条件，把制图教学与生产实际融为一体，在教学做中巩固教学效果，提高教学水平。在实际生产过程中通过对图的运用，巩固和提高学生的识图、绘图能力；巩固和提高学生正确理解技术要求的能力；巩固和提高学生正确查阅技术资料和运用国家标准的能力。

4.教学手段的改革

在课堂教学过程中，注重传统教学手段与现代教育技术的结合。充分利用教材、板书、挂图、模型、实物零件、实训环节等传统教学资源的优势，重视运用现代教育技术，充分展示多媒体资源和网络资源形象、灵活、方便的特性，使学生可以不受师资、时间、地点等条件的限制，进行机动灵活的学习和训练，使教师全方位、多形式地与学生进行更形象、直观、方便、灵活的交互，使课程的教学效果得到大幅度提高，让枯燥乏味的制图教学变得形象生动。

五、结论

通过本课程的学习，学生在对以减速器、齿轮油泵及其典型零件为载体的零部件测量、绘图的工作过程中，不仅能熟悉和正确运用制图国家标准；熟练掌握轴套类、盘盖类、叉架类、箱体类等典型零件绘图与读图方法和步骤；掌握装配图的绘制与阅读方法；能正确选用和使用常用量具，具有尺寸公差、形位公差、表面粗糙度的合理选择、标注和检测的能力；更能养成严谨精细、认真负责、一丝不苟的工作作风，对学生良好的职业能力培养和职业素养养成起到重要的支撑作用，为后续专业课程的学习和适应工作岗位奠定了坚实的基础。

本课程经过课程组教师多年的辛勤努力和不断探索，形成了自己独特的课程设计理念与思路，已成为我院机电类各专业的核心课程和国家示范专业建设的省级精品课程。通过课程教学改革,提高了教学质量,为社会培养了一大批受到用人单位欢迎的技术实用人才。

参考文献

[1]王学雯.高技能人才培养示范基地建设经验借鉴与校企合作规范操作实用手册[M].2009.

浅谈高职"工学结合"教学模式的探究

——以宁夏机电一体化专业为例*

王　婷　苏红磊　马　维　殷正行

摘要：工学结合是我国高职教育教学改革的一种新尝试，是以学生为主体、以职业为导向，充分利用学校与社会两种教学资源和教育环境，把课堂教学和直接获取实际经验的工作有机结合起来，增强课程的实用性与开放性的人才培养模式。本文以我区高职教育机电类专业为例，探索符合自身发展的"校企合作、工学结合"教学模式。

关键词：工学结合；高职教育；教学模式

"校企合作、工学结合"的教学模式实际上是由国际普遍认同的学校和用人单位合作培养学生的教育模式——Cooperative Education 演化发展而来的，德国的双元制、英国的"三明治"以及澳大利亚的 TAFE 体系都是校企合作发展职业教育的成功范例。职业教育需要行业的参与和配合，这是世界性的发展趋势。要发挥高职院校区域经济发展助推器和科学技术转化为生产力桥梁的作用，必须结合当地经济建设和社会发展的实际，整合和充分利用现有各种职业教育资源，打破部门界限和学校类型界限，积极发挥市场机制作用，提高办学效益，走一条跨行政体制的多元化合作的道路，优势互补，资源共享，增强其为区域经济服务的功能[1]。变德国双元制为"校企合作联合体"，引进企业模式进行教改，真刀实干，做到质量效益优先。

工学结合的人才培养模式，使学生通过完成未来工作岗位所面临的实际工作任务，进一步提高学生学习理论的主动性和目的性。同时，学生提前进入角色，感受真实的工作情境，提高了学生毕业后适应实际工作的能力，是培养高素质、技能型人才的一种有效的模式。它的实施为高职院校的教学改革带来了深刻的影响，高职院校如何按照先进的职教理念和职教人才培养目标，改革职教课程，提高教师的教学能力，进一步提高人才培养质量，是迫切需要解决的现实问题[2]。

作者简介：王婷（1985—），女，讲师，硕士。

*本文发表于《中小企业管理与科技》2012 年第 10 期。

一、我区高职教育机电类专业教学模式研究的背景

发展高职教育,促进农村劳动力的转移。通过高职院校对学员的培养,使他们成为生产、服务一线急需的技能型人才,特别是现代制造业、现代服务业紧缺的高素质高技能专门人才。装备制造业是宁夏回族自治区重点发展的传统优势产业,拥有被誉为"中国第一座智能网络化机床制造工厂"的宁夏小巨人机床有限公司,拥有创立中国机床制造业"大河"、"长城"两大品牌的大河数控机床制造有限公司和宁夏长城数控机床有限公司, 拥有全球轴承制造业第二大公司德国舍弗勒集团旗下的富安捷铁路轴承(宁夏)有限公司等一批在国内外具有较大影响力的机电产品制造骨干企业。

《宁夏回族自治区"十一五"科学技术发展规划》明确指出:"根据全面建设小康社会的迫切要求,把先进装备制造作为科技发展的七大重点领域之一。"这充分说明了先进装备制造业在推动宁夏经济社会跨越式发展中的重要作用。同时,全区装备制造等行业的发展, 也为机电类专业的建设发展提供了良好的机遇和广阔的空间。大量现代化生产设备的引进、应用、安装、调试、运行、管理、维修和维护等,需要一大批机电类专业的高素质技能型人才。因此,我们必须探索一条符合自身发展的,具有职业性、开放性、示范性的工学结合的机电类教学模式,以体现高职教育对我区经济发展的推动作用。

二、我区高职教育"校企合作、工学结合"教学模式的现状分析

我区职业教育的发展尚处于初级阶段,因而在发展过程中,往往注重外延的发展而难于顾及内涵的发展,教学质量及目标不明确,模式单一。传统的教学模式基本上是单一的重知识培养的"学科中心"教学模式。目前,高职教育的传统教学模式往往是以普通高等教育的教学模式进行设置的, 此种教学模式可简单归纳为:基础理论知识—基础专业知识—专业知识。这种教学模式忽略了高职教育的发展和社会的需求,教学形式单一、偏理论化。同样,高职教育的企业需求性在教学模式中也没有实质性的满足,在传统的教学模式中,教学模式照搬高等教育统一标准,缺乏具有地方特色的教学模式及课程建设,学生不能从学校教学中了解企业,学到技术,造成教学对学生的吸引力不大、学习积极性不高的现象,同时

企业不能从学校接收符合企业发展需要的学生。进而言之,我区的高职教育现状也存在相同的困境。因此,在新一轮教学改革过程中,如何把“校企合作、工学结合、校企共融”的理念引入我区教学模式改革之中,加强对民族地区高职教育教学模式的研究,建构出富有生机、活力和实力的我区高职教学体系,这不仅有助于我区高职教育的深化发展,丰富高职教育理论和民族教育理论,为建立具有区域特色的高职教育课程体系做出应有的贡献;而且可以为我区装备制造等行业的发展,也为机电类专业的建设发展提供良好的机遇和广阔的空间,实现校企共融的目标,以便更好地促进我区经济建设的发展。[3]

三、我区高职教育“校企合作、工学结合”教学模式的新探索

教学模式必须反映出教学的基本思路,对具体教学目标具有意义。所以,工学结合教学模式是探索教学改革的重要环节。首先,教学模式的设计要协调好社会、学生、企业三者的关系,这是教学改革面临的一个永恒的主题,即以学生的发展为中心平衡三者的关系,以产品为载体形成工教合一的教学模式在校企合作、工学结合中发展起来。在教学模式的设计中要体现这一原则,把促进学生的发展作为课程模式设计的主线。其次,教学模式必须遵循学生技能培养及企业的发展需要,做到学生有所精、企业有所需。从横向维度上看,学生的技能发展要经历技术理论知识的掌握—技术实践知识的掌握—技术过程的实践,作为学习过程中特有的内隐性要求确立自己的教学体系应在企业的需求之后加以建立;从纵向维度上看,学生对专业技能的认识逐渐加深,由理论经验转向实践守则,由知识理解过渡到操作控制,由课堂迁移到工厂。作者认为,在多元文化开放融合的指导思想下,高职教育的教学应该把课堂教学转移到实训基地及企业,让实训基地起到练兵场、回水炉的作用,成为学生的一个“编组站”,起到“换车轮”的作用,达到学校与企业的对接。只有这样的教学模式才能被引入学校,才能实现校企共融,真正体现高职教育所倡导的思想。

我校校企共融的教学模式有入厂办学、以产品为载体的富盛模式等。入厂办学的范例之一就是通过宁夏银川大河数控机床有限公司与宁夏职业技术学院组成联合体,创办大河数控技术学院,实现在企业真实环境下进行学习的一种教学模式。学生在经过学校公共课学习后即深入企业,按照企业岗位要求,通过企业

学院(大河数控技术学院)实施“双内核”教学,让学生在真实的生产环境中学习演练,完成从学生到劳动者、从劳动者到高技能人才的转变,企业成为学生的又一个课堂。

在这种教学模式下,工厂的技术人员成为兼职老师,大河数控技术学院掌握着大量的师资力量,充分发挥教学主导作用,宁夏职业技术学院的老师通过与企业的合作也提高了技能,特别是通过大河数控技术学院的培训对大河的产品有了深刻了解,获得认证讲师资格。因此老师在给学生讲解植入企业产品教材的校本教材时能讲得清楚,会动手操作,学生学习感兴趣,效果好。由于校企双方达到了共融,企业的生产资料成了学院的教学资源,大大提高了教学质量,使学生从单一的技能训练变成多个环节上的技术训练。

由于教师长期在工厂劳动,对工厂产品与生产环境非常熟悉,这给老师服务于企业创造了条件。老师可以很容易地参加企业的新产品研制,实现产、学、研一体化。

通过校企共融,企业从经营产品变成了经营资源,在销售产品的同时,销售技术,销售人才,大大提高了企业的经济效益。

除此,我们在学生基础实训的基础上安排了生产实践演练环节,形成了实训(基础实训)—实练(生产实践演练)—实习(顶岗实习)的三步教学模式,使学生掌握技术实践知识的核心,为学生就业后成为高技能人才提供了强大的后盾。

同时,这一模式还为老师提高实践技能提供了条件。由于产品生产的需要在实践演练中出现的大量技术工艺问题,通过指导老师得到反映,这就需要老师同企业工人进行有效的交流和学习,通过企业工人直接的传、帮、带,使问题解决在实践过程中,直观,易懂,学得快,用得上,印象深,掌握牢,提高了学生的学习兴趣,促进了老师知识的更新和实际技能的提高,真正做到了工教合一[4]。

四、我区教学模式探索的发展方向

确立课程建构模式下的“校企合作、工学结合”教学模式,并不意味着解决了高职教育的所有问题。高职教育的发展应着力解决以下几个问题。第一,教学模式应体现适应性和灵活性,以适应不同民族、不同学校、不同文化经济背景及企业需求。第二,教学模式应体现高职教育的双重性教育特征。高职教育具有双重性的特征，即在普通高等教育中，高等教育既要考虑和适应学生及学校的环境、发展和需要，又要兼顾企业及区域经济发展所需岗位的需要[5]。第三，教学模式应体现综合性和开放性，使学生在认同和接纳不同教学模式的同时，达成对技术知识乃至技术操作的学习和操作，以准员工的标准要求自己[6]。第四，注重教学模式的创新性，使教学充满生命活力。如何体现高职教育教学模式改革的精神、展现高职教育的创新性，应是当下亟待解决的一个关键问题。

参考文献

[1]杨琳.少数民族地区高职院校多元化办学模式的思考[J].高教论坛，2008(10).

[2]吴华群.基于“工学结合”的课程改革创新研究[J].当代职业教育，2011(7).

[3]赵凌宙，刘玉杰.民族地区基础教育多元文化课程建构的现状与展望[J].贵州教育学院学报：社会科学版，2008，24(11).

[4]汪春燕.西部地区民族教育存在的问题及其成因透析[J].中南民族大学学报：人文社会科学版，2004(3).

[5]孔斌，王婷，等.多元文化背景下宁夏高职教育教学模式的探索[J].价值工程，2010(26).

[6]沈小碚.我国多元文化课程研究的现状及其发展对策[J].西南师范大学学报：人文社会科学版，2005(6).

合作学习策略在高职公共英语大班教学中的应用研究*

王　玲

摘要：合作学习已被认为是当今最有成效的教学策略之一。自20世纪70年代美国兴起合作学习理论以来，合作学习越来越受到国内外学者的重视，他们对合作学习的各种问题展开了广泛的研究。文献资料显示，近年来国内学者在合作学习策略应用于教学方面做了很多实证研究，但该策略用于高职公共英语教学方面的实证研究还远远不够。该研究通过实验，主要探索合作学习对高职公共英语大班教学的影响，指出实施合作学习存在的问题，并对后续研究提出了建议。

关键词：合作学习；大班英语课；积极互赖；个人职责；社交技能

一、研究背景

合作学习(Cooperative Learning)是20世纪70年代初兴起于美国，并在70年代中期至80年代中期取得实质性进展的一种富有创意和实效的教学理论与策略。它是以现代社会心理学、教育社会学、认知心理学、人本主义心理学、现代教育技术等为理论基础，以研究与利用课堂教学中的人际关系为基点，以目标设计为先导，以学生合作为基本动力，以小组活动为基本教学方式，以团体成绩为评价标准，以标准参照评价为基本手段，以大面积提高学生的学习成绩、改善课堂内的社会心理气氛、形成学生良好的心理品质和社会技能为根本目标，以短时、高效、低耗、愉快为基本品质的一系列教学活动的统一，是一种极富创意与实效的教学理论与策略体系。因其在促进学生非认知品质等方面实效显著，很快引起了世界各国的关注，成为当代主流教学理论与策略之一，被人们誉为近十几年来最重要和最成功的教学改革。

二、实验过程

本项研究的目的是对合作学习在我国高职非英语专业大班教学中的应用进行探讨和尝试。

研究重点：主要对比学生在英语课的传统教学(实施合作学习理论之前)和合作教学(实施合作学习理论之后)中反映出的不同。

作者简介：王玲(1973—)，女，宁夏职业技术学院副教授。

*本文是宁夏职业技术学院资助项目(XJ1005)，发表于《职业技术教育》2012年第7期。

研究问题：

第一，合作学习是否能被应用到我国高职公共英语的教学中？如果可以，合作学习能改变学生学习公共英语的态度吗？

第二，合作学习是否能提高学生的语言水平，使其英语成绩有所提高？

第三，通过合作学习，学生还能有哪些方面的受益？

研究参与者：我校（宁夏职业技术学院）2009 级非英语专业（广告设计和艺术设计）共 71 名学生参与了研究，这 71 名学生被放在一个自然班，一周上 4 个课时的英语课。

研究工具及研究内容：采用笔试试卷、问卷、日常教学观察和非正式访谈的方式收集数据。

研究者用了近两个学期的时间（2009 年 9 月到 12 月，2010 年 3 月到 6 月，总共 36 周的时间）调查学生在高职英语课上的学习情况。所有学生一周的教学指导时间是 4 小时，两个学期的总教学量是 144 课时（两个学期都是从第一周到第十八周）。

笔试的前后测试卷采用的是 2003 年、2009 年和 2010 年的高等学校英语应用能力考试（PRETCO:Practical English Test for Colleges）试卷。学生在 2009 年 9 月入校之初，用 2003 年的应用能力考试 B 级试卷作为前测试卷，以此考察他们入校时的英语水平，考试的分数作为小组分组的重要依据。2009 年 12 月新生正式参加 B 级考试，分数表明在一个学期的合作学习之后，学生的英语是否有所提高。在第二学期，没通过 B 级考试的学生将在 2010 年 6 月份第二次参加 B 级考试，以此来考察合作学习是否在持续地起作用——第一次没通过考试的学生这次是否能通过考试。这些试卷的重点是考察经过合作教学后，学生的学习成绩是否有所提高。

问卷调查：研究中使用了两个问卷。第一个问卷在学期之初，学生刚入校时做，主要反映学生的英语学习状况和学习态度。问卷给研究者提供了学生基本的学习信息，在课堂教学正式使用合作方法时，研究者做出了一些必要的调整。第二份问卷在整个学期中会用两次。第一次使用是合作学习在课堂实施的前六周内，这六周是对学生进行培训的时间。研究者试图培养和训练学生合作的技巧，为的是学生在小组中能友好相处，并明白合作学习的真实含义。从问卷结果可以看出：在实施合作学习时，学生的英语学习策略需要加强引导。学期的后几周，在老师的指导之下,学生在合作学习小组的学习会渐渐走上正轨,并能和小组成员进行行之有效的配合。问卷第二次使用是在学期的第十五周,考察学生经过近一学期的合作学习后,在英语学习上方方面面的变化。通过问卷的前测和后测,研究者可以看出在课堂合作教学的背景下,学生的英语学习策略等的改变和合作学习实际执行的情况。

教师观察:在实际的教学中,老师在应用合作学习的课堂教学过程中体察学生在实施合作时的情感变化,学生从心底对合作学习持有什么样的态度等。在实际的合作中,研究者观察到学生在小组中的工作情况,以此判断小组工作是否进展顺利。最主要的是,学生除了学习成绩提高外,在其他方面,如学习习惯、方法、态度、动机、人际关系、自尊、自信等方面是否也能受益较多。

非正式访谈:学生对合作学习的真实感受很多都是从和学生的非正式访谈中获得的。在合作学习的实施过程中,研究者经常找单个的学生或几个学生一起交流。交流时间有时是非正式的,比如课间,通常聊 20 分钟左右。形式自由的聊天不会使学生紧张,他们也愿意表达对合作学习的真实想法。从这些访谈中研究者了解到很多,这样指导工作可以一步一步地完成,合作学习也能更好地在教学中得到贯彻。

三、实验结果分析

采用 SPSS(Statistical Package for Social Science)10.0 分析试卷前后测得出的数据。

第一轮 PRETCO 考试的结果分析:从学生们第一轮的前测和后测所取得的分数来看,大多数学生的分数都有所提高。前测 2003 年试卷的平均分是 56.1 分,39 名学生通过了测试,最高分是 78 分;2009 年试卷的平均分是 62.9 分,48 名学生通过了考试,最高分是 81 分。

表 1　第一轮前后测结果对比

		基本数量	平均值	标准差	t 值	P 值
第一轮	前测	71	56.0915	18.0409	–7.204	0.000
	后测	71	62.8944	13.2079		

结果显示：t=-7.204，P=0.000，这就显示差别是很明显的，前测和后测的不同是很显著的。

第二轮 PRETCO 考试的结果分析：第一次正式考试没有通过的 23 名学生必须参加第二学期的考试。在没通过考试的学生中，最高分是 59.5 分，最低分是 21 分；第二次参加考试后，9 名学生通过了考试，最高分是 86 分，最低分是 9分。

表 2　第二轮前后测结果对比

		基本数量	平均值	标准差	t 值	P 值
第二轮	前测	23	47.2174	10.4096	-2.999	0.007
	后测	23	54.1087	14.2733		

结果显示：t=-2.999，P=0.007，这也显示差异性是很显著的，前测和后测的不同是明显的。

通过分析两轮考试学生的得分情况，从所得到的两个 t 值可以得到相应的两个 P 值，这是 t 检验中所得的最终值，也是最重要的。比照的结果是：P=0.000<0.05，P=0.007<0.05，因此不同是很显著的。

根据以上分析可以得出结论：英语能力测试显示学生在合作学习后确实取得了重要的不同。合作学习帮助普通的学生极大地提高了语言水平，但是对于成绩好的学生和成绩差的学生，效果则不是很明显。

问卷的分析：从学期之初的问卷可以看出，大多数同学对自己的英语学习不满意，尽管学英语学了至少六年的时间，但是他们当中很多人没有形成好的学习习惯。因为学习状况不是很让人满意，他们的学习态度也受到了影响。大多数学生认为英语不是他们的专业，只要考试能及格就可以了，可见学生的学习态度也需要做一引导。问卷发现的问题需要在后续的教学中予以解决，如：很多学生没有向别人学习的意识。当一些组员用英语表达自己的看法时，小组里的一些学生没有注意倾听。有些学生没有主动改变英语学习状况的愿望，英语学习处于被动的状态，他们根本不积极抓住学习机会来提高英语。因此，在学期后续的时间里，教师应该研发更多改变学生学习方法的途径，激发学生形成好的英语学习习惯，指引学生掌握好的英语学习策略。在培训周，一些学生仅是对合作学习的熟悉，并没有掌握合作学习的精华，因此，他们在小组中的所做和所说都应该被适度地进行指导。

在合作学习的六周培训之后,学生们比以前有了良性的变化。通过培训,在老师的指导下,学生的英语学习态度改变了很多。以前一些不是很积极的学生现在在合作学习中开始主动参与小组活动,他们的学习策略也改变了不少。近一半的学生注意听别人说英语,开始考虑他们的英语学习,试着成为一个更好的英语学习者,学生们逐渐形成了和别人交流的学习策略。

后测在学期第十五周进行。经过近一学期的合作学习的教学,学生们从几个层面都发生了变化,他们明白了小组合作的真实含义,即共同取得成绩,为一个目标而付出。前后测的问卷调查表明:合作学习提高了语言实践的机会,提升了学生交流的质量;合作学习提升了内在的动机,减少了学生对语言的焦虑;合作学习提升了自尊,创立了学生中的关照关系。

四、实验结论

首先,合作学习能够被实施在我国高职英语的授课中,它能够改变学生对高职公共英语的学习态度。通过两学期的合作学习,学生们对合作学习的评价基本还是正面的。在合作学习中,学生不仅仅依赖老师,他们还可以彼此交流、讨论,和别的组员进行通力协作,共同解决问题。

其次,合作学习能提升学生的语言水平,使其英语成绩有所提高。英语的水平测试表明学生们在合作教学后确实发生了重要的变化。当然,合作学习帮助普通学生在语言能力方面得到了很大的提高, 但是对学习好和学习差的学生则不是很明显。

最后,学生们通过合作学习,也得到了别的方面的收获。合作学习帮助学生孕育了社交技能和别的与学习相关的能力,诸如学习习惯、方法、动机、自尊等。在合作学习的小组中,小组成员可以形成积极的互赖,可以彼此交流、互相扶持。在小组活动中,组员们可以学着表达自己,也知道如何欣赏别人,通过互相理解、互相努力,使小组活动运转良好。从表面上看,这是小组的活动,但实际上,学生的社交技能和方式都在潜移默化中受到了影响, 这对他们以后的工作和生活经历会起到很好的作用。

五、研究的局限性

由于时间和精力有限,71名受试者仅来自宁夏一所高职学院的一个自然班,数量上不是很充足,学生们也只是来自两个专业:艺术设计和广告设计专业。因此,如果学生的数量能够扩大,更多不同专业的学生能够参与研究,结果会更令人信服。

客观地讲,尽管合作学习有很多优点,但不可否认的是,在实施合作学习的现实教学中也存在一些问题,如果这些问题无法得到解决,合作学习的质量会大打折扣。首先,老师的领悟要到位。学生小组学习的先决条件是老师对合作学习理论应该先有一个好的理解,并能将合作学习在课堂中充分实践。其次,加强对学生的培训。小组学习的质量及与老师的良好配合都直接取决于学生对合作学习的理解。当然也应看到,合作学习并不是万能钥匙。在语言教学中,应根据实际情况实施合作学习,从而取得最佳的教学效果,使学生得到最大的受益。

参考文献

[1]Cohen, Elizabeth G. Teaching Cooperative Learning[M]. The Challenge for Teacher Education[M].New York:State University of New York Press,2004.

[2]靳玉乐.合作学习[M].成都:四川教育出版社,2005.

[3]李俏.合作学习的研究及其在英语教学中的应用[J].课程教材教法,2003(6).

[4]马兰.大班额条件下的合作学习[J].人民教育,2004(6).

[5]王坦.合作教学导论[M].济南:山东教育出版社,2007.

互动式教学法在高职公共英语教学中的应用

——以宁夏职业技术学院为例*

郑晓婷 付万荣 何淑玲 陈西风 王玉荣

摘要：本文以宁夏职业技术学院为例，对一线英语教师在日常教育教学中的教学情况及互动式教学使用情况进行调查，并深入分析造成互动式教学实施的现状原因及影响互动教学的因素，提出互动式教学实施时的具体操作策略。高职学校英语教师在互动式教学使用中应注重：高职学校英语教师必须精心备课、善于活跃课堂气氛、高职英语教师作用的发挥要科学、注重案例素材的积累和加强教学的针对性几个环节。

关键词：互动式教学法；高职学校新编实用英语课程；应用

作者简介：郑晓婷(1985—)，女，满族，硕士，助教，课程教学论研究方向，现是专职辅导员并从事英语教学。

付万荣(1966—)，女，硕士，宁夏职业技术学院教授。

何淑玲(1967—)，女，本科，宁夏职业技术学院政工师。

陈西风(1975—)，女，硕士，宁夏职业技术学院副教授。

王玉荣(1980—)，女，本科，宁夏职业技术学院讲师。

*本文发表于《湖北函授大学学报》2014年第2期。

互动式教学法，是以教师为中心的教学模式变为教师引导、鼓励和组织高职学校学生积极参与、师生互动，集讲解、质疑、交流、讨论、归纳等教学手段于一体的合成式教学运作模式，是一种以教师为主导、以高职学生为主体、以训练为主线、以思维为核心的新型教学模式。互动式教学模式是针对把高职学校学生当作知识的接受器、教师主宰整个教学活动的传统教育观而提出的，能促进教师和高职学校学生以及高职学校学生间的多边活动，保证课堂教学顺利而有效地开展，适应了现代教育发展和高职学校学生发展的需要。

一、英语互动教学法的意义和特点

1.互动式教学法的内涵

从法国人 Gouin 1880 年撰写第一本外语教学法书《The Art of Learning and Studying Foreign Languages》算起，第二语言教学的历史已有一百多年。进入 20 世纪 80 年代以后，人们意识到，想要取得语言教学的成功，方法必定是动态的，随时可以调整的开放系统。Brown(1994年)对第二语言教学的历史和现状进行了精辟的分析，提出了 12 条教学原理，为互动式教学法的产生提供了理论基础。英语交际理论适应了英语学习者的需求，它的理论核心在于通过互动培养英语学习者的交际能力。高职学校英语教学也是英语教师与高职学生共同参与的学习过程，是教学相长的过程。教师和学生互相影响，互相促进，都得到提高。在运用互动式教学法的过程中，通过形式多样的互动形式，比如展示小组秀、个人秀、问辩、讨论等形式，学生在积极主动参与互动活动时，不仅习得了言语知识，而且语言能力得到提升，教师也能从中获取新鲜知识，掌握与主题相关的文化知识，发展智力，陶冶情操。

2.互动式教学的特点

(1)以交际实用为主培养高职学生的应用能力

互动式教学以社会语言学为本，即明确学习英语的目的是为了满足某种社会活动需要，获取信息，交流信息，它以“实用为主，够用为度”的教学原则为主线，不仅要帮助学生打下一定的语言基础，更要注重培养学生实际应用语言的技能，特别是用英语处理与未来职业相关业务的能力。

(2)以互动交流为主培养高职学生的自主学习能力

英语教学的互动性是指在教学过程中，师生和生生之间的双向交流活动。在教学过程中，英语教师设计教学组织，充分把握教学过程的有效进行，通过运用多媒体、创设语言交际情景等形式引导学生主动学习，通过激励、表扬或加平时成绩等形式唤起高职学生的注意力，让他们积极投入到英语课堂教学活动中。

(3)以小组互动为主创设“学习轻松，学用结合”的教学环境

互动式教学能提高高职学生学习英语的积极性，要积极鼓励高职学生参加全国高职类的各项英语竞赛，增强学生的就业竞争力。新编和更新的课文更加符合时代气息和职场交际的特色，语言更具时代性，更加注意体现人文因素和跨文化交际，为学生创设了轻松的学习环境，更有利于激发学生的学习兴趣。

二、互动式教学法在高职学校公共英语教学中运用成因分析

高职英语是高职学校学生把英语作为工具运用于语言实践课，是高职高等教育的必要环节。它以激发学生学习兴趣主动性的“交际对话”为切入点，逐步扩展深化，使多种言语技能在共同的话题下，通过多种交际环境和练习形式反复循环、巩固、加深和深化，最终达到掌握学习语言的目的。可实际上，高职英语在实际的教学中往往达不到预期的效果，对宁夏职业技术学院8个系部公共英语课堂调查问卷研究表明，互动式教学的问题主要表现在：第一，互动效率较低，少数英语教师的教学方法陈旧，以老师讲、学生听的讲授式为主，造成课堂教学的低

效。第二,互动质量不高,高职学校英语教师以自我为中心,在有些教师的心灵深处,还没有切实把高职学生看成学习主体。学生学习的积极性、主动性受到很大的限制,从而大大削弱了教学质量。第三,互动教学深度不够,教学上课一问一答,只讲求形式,没有注重互动的质量,只有形式上的互动,没有本质上的互动。第四,互动人数少,高职学校英语教学模式多是“复习旧课—导入新课—讲解新课—巩固新课—布置作业”的程序,基本从教师的角度考虑和体现教学过程及教师上课的规律,忽略学生学习主动性的发挥。教学活动主要是填鸭式的语言点讲解,课堂教学中的交际活动人数极少,课堂内容的组织毫无趣味性,不能调动学生的情感因素。

三、互动式教学法在高职学校公共英语教学中的应用

《新编实用英语》是由高职高专教育英语课程教学指导委员会组织全国力量,按照《高职高专教育英语课程教学基本要求(试行)》编写的普通高等教育“十五”国家级规划教材,是高职高专英语课程教学指导委员会向全国高职高专院校推荐的推动英语教学改革的新型教材。对于高职英语教学来说,它与别的学科的最大不同就是它的交际性比较强,整个教学都围绕着培养学生的英语交际能力而展开。根据其学科性质和学生的特点,高职英语教学中实施研究性教学适合采取以下组织形式:互动式教学。以笔者最近所讲的一节公开课为例:UNIT 2 Saying Thanks Or Sorry(选自《新编实用英语》第二版,英语 1 必修,高等教育出版社)。

(一)学习目标和任务

1. 语言技能目标

(1)灵活掌握和运用单词、词组、重要句型以及语法(尤其是掌握名词性从句中的宾语从句和表语从句的用法)。

(2)学会语言交际中委婉请求、请求允许和点餐的表达法。

2. 能力目标

(1)掌握听、说、读、写的技能,培养创新精神和合作能力。

(2)培养学生用英语表演课本剧的能力和口头表达能力,促进学生创新思维的发展,增强学生的互动学习意识,实现资源共享。

(二)学习者分析

高职大一阶段是学生形成世界观、人生观、价值观和知识观的重要时期。学生的特点是:思维活跃,好奇心和求知欲强,学习兴趣浓厚,积极参与互动和表演。本单元的主要内容是 Saying Thanks Or Sorry,通过学习,利用课本和朗诵、表演,帮助学生改进语音和语调,从而大大提高学生的英语综合素质。

(三)学习材料、学习环境与学习资源类型

1.学习材料:高职公共英语教材第二单元

2.学习环境:多媒体教室

3.学习资源类型:多媒体课件

(四)设计原则

遵循"课前准备,课上探究,课后拓展"的原则。

课前:通过让学生上网查找资料或到图书馆、阅览室以及其他各种媒体查找相关信息和资料,做好课前准备工作,为授课打好基础。

课上:帮助学生打通创新思维,鼓励学生积极讨论,积极参与,小组表演。

课后:拓展、延伸,充分利用学生的想象力和创设情境,达到教学目的,圆满完成教学任务。

(五)课例特点

本教学设计方案是笔者最新设计的优秀课例,是基于信息技术环境下的教学设计方案,突出了多媒体特点,遵循素质教育原则,教学方法和手段具有创新性、可操作性,体现了多媒体课堂教学的特点、优势及新课程改革的精神。该方案符合新课标的要求,充分体现了以"学生为中心"的教学理念,打破了原有的传统教学方法,培养了学生的创新精神和实践能力,同时也使学生的探究精神和能力得到了进一步的提高。

(六)教学步骤和过程

教学内容:Saying Thanks Or Sorry 是《新编实用英语》大一第一册第二单元的话题。在处理这一单元的教学时,笔者主要采用了课内互动式教学模式。教学目标如下。

1.语言知识目标(Language-knowledge):(1)重点单词(Important words): weekend, congratulating, winning, prize, proud, apology, successful, forgive, advice, regret, fault.(2) 重点词组 (Important phrases):a thank-you note, a gift card, a congratulation message, communicate with.(3)重点句型(Important sentence): That's very thoughtful of you, it's my pleasure, I'm terribly sorry.

2.语言技能目标(Language skills):(1)让学生通过练习 MINI-TALKS 每段对话来背诵文章的内容。(2)让学生通过图式来了解和学习文章的结构,把握文章的内在逻辑联系。

3.学习策略目标(Learning strategies):根据学生实际和教材内容,本教学设计着重采用互动式教学模式学习。

4.情感态度目标(Affective objectives):让学生通过学习本课树立正确的人生观和学习观,正确表达致谢或祝贺用语。

5.文化意识目标(Cultural awareness):让学生通过学习文中对话和阅读,进一步了解异国文化有关表述致谢或道歉的内容。

Step Ⅰ Lead in(引入,3 分钟)

教师活动:通过提问,让学生说出如何用英语表达感谢,让学生列出有关表达后悔或抱歉的相关用语。

学生活动:学生分组阅读、背诵 MINI-TALKS。学生在组内进行讨论,总结出频繁使用的单词、词组和句子。

设计目的:激发学生的学习兴趣,让学生主动参与。

The teacher: Girls and boys, in this lesson, we'll learn Unit2 before starting to read it formally, please look at the portable board, your task is to summarize the words, phrases and sentences frequently used according to the text in groups. Paying attention to the pronunciation and the intonation.

教学思考:运用小组学习,让学生找出文中有关表达感谢、祝贺和道歉的用语,并模仿老师发音和语调背诵。教学实践证明,这种方式不仅能激发学生学习英语的兴趣,而且也活跃了课堂气氛,更加有利于提高英语教学效果。

Step Ⅱ Act-out Activities

教师活动:通过小组活动让学生一起讨论,调动每个小组根据主题编写对话,并且分组表演展示给大家观看。

学生活动:学生进行小组活动,展示相关信息。

设计意图:调动学生参与课堂的积极性,进一步提升学生英语表达能力。

The teacher: As you see from our practice, this test is mainly talking about the expressing thanks and other feelings.

教学思考:让小组中成员集体讨论,每人至少说出一条自己所知道的表达感谢或祝贺的用语,这主要是通过让学生调动已有图式来减少阅读困难,为进一步阅读做好铺垫。

StepⅢ Maintaining a Sharp Eye

While-reading(阅读,9分钟)

Careful reading

教师活动:要求学生细读文章,回答阅读问题,并完成Comprehension Check部分练习。

学生活动:阅读并回答问题以及完成练习。

设计意图:训练学生猜词的能力。

The teacher:Now you have had a clear understanding of the structure. In order to make you better understand the passage,I need you to finish answer part and vocabulary on Page38.

教学思考:在处理这一部分的教学时,笔者要求学生两人一组互相讨论。通过讨论,使学生能更准确地学习单词,理解词义,掌握一定的短语,为之后的小组演讲活动做好语言上的准备。

StepⅣ Post-reading(读后,20分钟)

(1)Interactive learning(互动小组学习,8分钟)

教师活动:要求学生每六人一组,通过讨论选出本组成员一致推荐的一位同学,并进行课堂演讲,讲述关于表达致谢或道歉等用语。

学生活动:每个学生参与讨论话题并进行交流。

设计意图:帮助学生通过演讲来总结有关表达感谢、祝贺的常用语句,进一步在学生大脑构建图式。

The teacher:I want you to be divided into groups of six and each group chooses a representative to give a talk on how can you say sorry and thanks.After that, you must pay attention to discussing your task.

(2)Class talk(课堂演讲,12分钟)

教师活动:要求每组推选出一位代表上台做3分钟左右的演讲。公布评分标准,每组选出一人担任评委。要求每位评委依据评分标准,选出最佳演讲选手。

学生活动:每组的代表上台演讲,评委为每位代表打分。

设计意图:通过课堂演讲,训练学生的口语表达能力。

通过以上案例,笔者展示了自己在将互动式教学运用于英语阅读教学中的一些实践。通过这种教学实践,笔者对互动式教学有了更深的了解,而学生也从互动学习中体会到了学习的乐趣,提高了自身的阅读能力,训练了自己的协调能力、沟通能力和表达能力。在运用互动式教学的过程中,笔者将学生按照性别、能力的不同进行分组,这样使得小组之间、学生之间形成竞争。为了使自己级获得优胜,学生开始积极地配合教师工作,主动进行自主学习,这既增强了学生的自主学习能力,也加强了学生之间的互动交流和团队意识。同时,重视平时成绩,增加考核次数和考核面。成绩的考核由平时成绩与期末考试成绩两部分组成。宁夏职业技术学院高职英语考试,其中平时成绩占40%,口语成绩占10%,期末成绩占50%。平时成绩考核形式灵活多样,可根据高职学校教师具体的授课特点确定平时考核的内容和形式,可从高职学校学生参与课堂讨论、课堂辩论、尝试教学、论文写作、对话及学习态度、出勤情况等项目综合加权处理后进行评定,并且将高职学校学生的平时表现情况详尽地记录下来,以求平时成绩评定的客观、公平、公正。

参考文献

[1]Brown H.D. Teaching by Principles:An Interactive Approach to Language Pedagogy[M].北京:外语教学与研究出版社,2001.

[2]胡鉴明.交际法和中国英语教学[M].广州:广东教育出版社,2002.

[3]张淑琴.互动式教学法在理工科英语教学中的应用[J].高等理科教育,2003(6).

[4]吴秀云."互动式"教学模式探析[J].太原教育学院学报,2002(1).

[5]张利云,袁水林.对互动式教学方法的探讨[J].山西财经大学学报:高等教育版,2002(4).

[6]宋俊义.论互动式教学及其在伦理学教学中的运用[J].煤炭高等教育,2004(3).

谈高职数学教学对学生创新思维能力的培养 *

李新力

摘要：目前，人才的竞争越来越激烈，人才是否具有创新意识、创新能力和创新精神是非常关键的。高职数学教学起着提高思维能力的作用，但高职数学教学中存在着不少不利于学生创新思维能力培养的因素。作者在多年高职数学教学实践的基础上，结合新时期高职学生学习的特点，对高职学生创新能力的培养提出了相关解决办法。

关键词：高职数学；教学；学生；创新思维

作者简介：李新力（1960—），男，宁夏职业技术学院副教授。

* 本文发表于《社会科学家》2012年第S1期。

目前有相关资料表明：我国当前最紧缺的人才并不是高级知识分子，而是熟练技术工人，企业需要工人具有一定的创新能力，能通过小革新、小发明来优化生产程序，降低成本，进而提高工作效率。高职数学教学在学生创新能力的培养方面起着十分关键的作用。但目前的高职数学教学却存在着一些不利于学生创新能力培养的因素，笔者通过多年的实际教学经验，提出相关解决方法。

一、当前高职数学教学现状分析

（一）教学内容不合理

高等数学是一门基础课，在高职课程体系的设计中，根据不同的专业要求，课程内容和学时数有所不同，但大都放在第一学年开设。知识讲授方面主要是极限、导数、微分、积分及多重积分等，根据不同专业要求，还讲授一部分线性代数、概率论与数理统计、微分方程等。从教学实践看，大多数院校的高等数学教师抱怨学时不够，教学大纲规定的内容讲不完。学生在相关专业课的学习中遇到用高等数学知识时不懂、不会，专业课教师又不可能补充高等数学知识，这使高职学生要么重新自学数学知识，要么放弃那些繁杂的数学推导，死记公式，不能灵活运用，学生的创新思维能力没有得到很好地培养。

（二）学生学习数学积极性不高

高职人才培养的目标是高级应用型人才，面向岗位，面向就业。学生关心的是如何学好实用技术,为将来毕业时找到理想的工作做准备。学生普遍认为学习高等数学在今后的工作中用不上,还不如考相关证书有用,导致在学专业课时只想学简单的、实用的,一旦遇到专业课程需要高等数学知识就放弃该内容的学习,为今后走向工作岗位只能从事简单的工作埋下伏笔。如机电专业毕业生,经过一段时间的实习,可能让你负责一个项目的设计、实施,这就需要你在本领域不断学习、创新,才能胜任未来的工作。如果学生把自己看成只能从事本专业简单工作的技工,那就不是高等职业教育的任务,而只是培训班或中等技术教育的任务。高等职业教育与中等技术教育或培训班教育的本质差异应在于创新思维能力培养的差别,而不是应用型人才的差别。

另外,高职的学生在高考时分数较低,有的学校录取时学生的高考成绩才二百多分。学校为了争取生源,也把这些考分低的学生录取到了工科、理科专业或其他需要以高等数学作为基础的专业。这些学生在学习高等数学时自然积极性不高,上课时不听,或者根本听不懂,导致恶性循环,不愿上高等数学课,使学生在本专业的创新思维能力没有得到较好的培养。

(三)教师在课堂教学中的主观能动性发挥不佳

现在大多数高职的数学教师感到十分无奈, 一方面学生学习高等数学的积极性不高, 另一方面学校在评估教师时采取的质量考评体系没有很好地体现教师的教学效果,导致数学教师们只好难的不讲,容易的一遍讲不懂再讲一遍。其结果是:学生应该掌握的知识没有讲到,或者课时不够,后面的内容没有讲。

二、高职数学教学中学生创新思维能力的培养方法

(一)结合实际应用,激发兴趣和求知欲

数学是思维的科学,独立思考是什么也无法代替的,兴趣不是与生俱来的,要激发兴趣就要使学生在学习数学的过程中体会到学习数学的乐趣, 引导学生能够直接参与创造数学的活动,感到自己有事做,感到自己能行,激发学生学习数学的兴趣,增强自信心,培养他们在独立思考的基础上创造性学习的能力。学习数学的兴趣是关键, 把抽象的概念形象化, 不仅让学生容易理解数学中的概念,而且还可让学生知道自然现象、社会现象是密不可分的。如在微积分中极限是一个十分重要的概念,一个学生难于理解的概念,如果从我国古代的极限思想

入手，不但有助于学生对极限概念的理解，而且有助于学生了解中华古代数学的辉煌成就。在讲新概念时，教师可尽量提一些学生熟悉或已有的知识，使学生从开始就对新问题产生浓厚的兴趣，创设诱人的学习环境。今天的数学在工程、管理、经济等领域的作用与地位早已像它在物理等基础科学领域的作用与地位一样。我们的教学应该对此有较充分的体现，可以将一些商品的最佳效益问题，利用数学分析商品是否相关、是否竞争等，都充实到教学中来。要做到这一点，备课时要对问题的引入进行认真的设计。

（二）发挥学生的主体作用，营造良好氛围

1.建立师生之间和谐友爱的关系

高职数学课堂教学不仅是学生认知信息的交流，更是学生情感信息的交流。学生的情感十分丰富，如热爱、美感、羡慕等，这些都可以成为创造性教学的动机。在教学过程中，教师要摒弃满堂灌的教学习惯，利用学生的真挚情感，建立师生互动、教学相长、平等民主的师生间和谐友爱的关系。

2.鼓励学生提出不同的见解

在教学中，要鼓励学生发表自己的见解，提出不同的意见，从而培养学生勇于探索、敢于创造的独创精神，引导学生自主活动，使学生真正成为认知的主体。数学教学是提示数学思维过程的活动，教师要充分展示思维过程，使数学教学成为再发现、再创造的过程；教师要创设学习情境，提出不同问题让学生参考讨论，鼓励学生提出不同的见解，互相争论、互相启迪，这样有利于促进学生创造力的发展。

3.保证学生有思考的时间

在高职数学教学中，教给学生一定的知识已不是教学的唯一目标，更为重要的是让学生得到获取新知识的方法。教师要给予学生参与的时间和权利，养成学生独立判断、独立处理问题的能力，教师应改进教学方法，在教学中渗透学习方法指导、学习风格指导、学习策略指导。教师要充当导演，让学生自己去当主角，采取让学生自管、自理、自学“三自”的教学方式，确保学生有必要的思考时间。

（三）合理选择教学内容，培养学生的创新能力

尽管高等数学是高职院校相关专业的基础课，是从事本专业工作的工具，但各专业在应用高等数学时有差异，如经济管理专业应用较多的是线性代数、概率论与数理统计，计算机信息类专业应用较多的是离散数学，而机械工程类则偏重

微积分。高职数学的教学有不少教材,但真正适合不同专业要求的教材还较少,因此,应组织讲授高等数学的教师为不同专业需求编写出优质的高职数学教材。教材要针对一定的育人目标,指导学生认识客观事物,了解客观规律。大学生毕业时有了必备的高等数学知识做工具,在今后的工作中就容易出成绩,创新能力就强。即使有些学生升入本科学习,高等数学也是基础课,可以增强工作适应能力,为创新发展提供保障。

(四)注重思维方法训练,提高学生创新能力

1.进行归纳思维训练,培养学生的创新精神

归纳是对事物的若干个体或若干方面进行分析、研究,发现它们的共同属性的一种思维方法。在高等数学教学中,可经常指导学生对解题思路、解题方法或解题步骤以及各章节的知识结构进行归纳总结,提高学生的创新思维。

2.进行类比思维训练,培养学生的创新意识

在高职数学教学中,类比是根据两个或两类事物的一些相同或相似的属性,猜测另一些属性可能相同或相似的思维方法。在教学中可由性质、公式、法则的相似性进行类比或推广,由解决问题方法的相似性进行类比,还可以从有限到无限进行类比等,培养学生的创新意识。

3.重视直觉思维,培养学生的创新精神

直觉思维是一种不运用推理过程而直接了解事物的行为或能力的一种思维方式。人们一贯重视逻辑思维能力的训练和培养,忽视直觉思维的训练,从而导致学生数学能力片面发展及思维僵化与保守,不利于数学活动中的创造发明。在教学中,应重视直觉思维能力的培养,指导学生多猜多想,使学生具有创新精神。

(五)转变教学方式,培养学生的创新能力

1.启发式教学

启发式教学是指教师在教学工作中,依据学习过程的客观规律,引导学生主动、积极、自觉地掌握知识的教学方法。在教学中,要积极实行启发式教学,加强思维训练,激发学生独立思考和创新的意识,培养学生的科学精神和创新思维习惯。数学教学实质上是数学思维活动的教学,教师要突出“怎样想的”,使学生“会想”。通过教师的点拨,启迪学生积极思考,使知识系统化,达到预期的教学效果。对学生进行多种学法指导,如数形结合、分类讨论、函数与方程、化归等思想,还有综合分析法、放缩法、反证法、数学归纳法等教学方法,这对培养学生的创新能

力都具有深远的意义。

2.多媒体教学

在教学中,教师要恰当运用多媒体等先进的教学手段。尽管随着现代教育技术的发展,多媒体辅助教学已成为大学教学改革的方向之一,但对高等数学教学而言,应有取舍地利用。高等数学教学的目的是培养逻辑思维能力,如果把定理、公式的证明、推导过程事先展现在学生面前,课堂教学就不需要再证明、推导这些定理、公式,那么学生的逻辑思维能力就没有在课堂教学中得到培养,进而不利于培养学生的创新能力。

总之,高职院校肩负着培养具有创新能力的高级应用型、技能型人才的重任,我们只有通过对课程教学、课堂教学等方面的改革和创新,才能培养更多的具有创新精神和创新能力的优秀人才。营造和谐的教学氛围,选择合适的教学内容,创新与完善高职数学教学的方法与手段,不断提高教学质量,才能有效培养与提升高职生的创新能力及综合素质,才能为市场和社会输送高素质的职业人才。

参考文献

[1]张亚春.对高职学生数学思维、探索和实践能力培养的思考[J].中国高教研究,2004(11).

高职物理课探究式学习的实践与思考*

刘　青

摘要:在新课改的背景下,高职教育呼唤自主学习,物理课堂采用探究式学习法,既能增强学生的自学能力,又能培养学生的创新意识,更有助于学生形成良好的学习态度。探究式学习由提出问题、鼓励学生提出猜想、收集信息、整合信息、得出结论几部分组成。这种学习方式强调学生独立思考,在合作中发现解决问题的办法,是一种积极的学习过程。

关键词:高职物理课;探究式学习;实践

作者简介:刘青(1963—),女,宁夏职业技术学院副教授。
*本文发表于《技术物理教学》2012年第3期。

探究式学习也被称为研究式学习,指学生在老师的指导下,主动发现问题并解决问题的过程和方法。探究式学习能够培养学生的创新意识,发现问题、解决问题的能力,有助于学生形成良好的实际操作能力。这种新的学习模式强调学生的主体性,与传统学习方法最大的不同是把课堂还给学生,教师不再"满堂灌"。探究式学习法已经得到越来越多的教育工作者的支持,同时教育工作者也在自己的教育实践中不断摸索,努力使探究式学习法的优点得到最大限度的发挥。

现代教育强调发挥学生的主观能动性,也就是说教师的作用在于指导学生更好地学,并不是单纯为了教。所以教师在教学过程中应该敢于放手,多让学生参与到学习中,把学生的内在潜力挖掘出来,使学生成为学习的主人。

第一,教师备课时应该充分考虑学生的实际水平,并且弄清楚学生是否认识到本学科的重要性、有哪些学习方法值得推广、哪些不良习惯应该摒弃。每一位学生的实际情况各不相同,所使用的教学方法也不能完全一致。因此,教师在备课时要分清知识的难易度,对于简单的可以由学生独立完成,稍难一点的由学生在老师的指点之下合作完成。第二,教师备课时应该从全局出发,认识到每一节课的知识点在整个学习过程中所占据的地位,以及对其他学科的学习会产生哪些影响。另外,教师在备课时要精心设计自己的语言,努力使问题更有针对性,充分考虑课堂中各个环节的时间分配。在实施探究式学习的具体实践中,教师需要注意以下几点。

一、注意合作小组的划分

采用探究式学习法，首先需要注意的问题是小组的划分。因为学生在执行各个步骤的环节中会花费大量的时间，如果每个环节都要求学生独立操作完成，显然不太现实，所以学生采用小组合作的模式是必须的。另外，现代社会需要的是能够团结协作的人才，而探究式学习中的小组合作恰好可以提高学生与他人相处、分工合作的能力。因此，小组成员一定要找好自己的位置，分工协作。有的学生搜集信息；有的学生分析信息，找出有用的部分；还有的学生归纳总结，得出结论。每个学生的任务不同，但大家相互影响，共同进步。在不同环节中，教师应该设置不同的问题，这样，每个学生都有表述自己所做工作以及取得哪些成绩的机会。这样就会杜绝任务由好学生完成、其他学生无所事事的不利局面。学生现有知识水平不同，所接受的任务也要有区别。一般的原则是任务的难度稍高于学生现有水平。学生只要在一定的指引下，就能通过交流探讨找到解决问题的办法，获得成功的自信。教师要注意自己角色的转变，演变为现在的导演和朋友，引导学生积极思考，在轻松愉快的课堂气氛中学到知识。

二、引导学生发现问题

人只有会提问题才算是会思考，所以提出问题在物理教学中占有很重要的地位。教师在为学生布置预习任务时，应该努力使问题与学生的生活实际联系紧密一些，并且这些问题还要带有启发性和灵活性。教师不妨在不同的生活场景中设计相同的问题，这样学生可以自由选择自己比较感兴趣的问题，有利于提高参与的乐趣。比如高职物理中学习“离心惯性力”这节内容时，因为学生已经具备圆周运动基本物理量关系方面的知识，教师可以布置“计算变速自行车超过摩托车速度的最低改造成本，并论述是否可行”这一任务。课堂演变为“投标现场”，不同小组的成员上台陈述自己的设计方案。学生既扮演着投标商的角色，也具有方案评定者的身份。学生要在充分了解这部分知识之后才能演好这两个角色，学生也会很自然地把高中物理知识和大学物理知识紧密结合起来。同时,学生也会真切感受到物理学不仅同生活密切相关,同其他学科也有着千丝万缕的联系。

三、注意课堂交流的时间与主题

在课堂上,小组成员主要是展示自己完成任务的情况,并通过小组之间的交流,反思自己,丰富自己的见解。这个环节是探究式学习能否取得预期效果的关键,所以教师一定要合理分配交流的主题与实践,既要使教材的重难点得到体现,也要在时间允许的范围内展现各个小组的学习成果。因此,教师一定要引导学生紧紧围绕主题来交流,对一些没有价值的问题要及时终止讨论。

四、及时关注课后反馈与延伸

教师应该督促和指导学生总结归纳每一节课的知识点,这样,学生不但会对知识有更深的理解和认识,还能提高自己的归纳总结能力和口语表达能力。如果是课上的重难点知识,教师不妨采用灵活多变的形式把一些练习题布置给学生,学生通过解答练习题,可以巩固已经学到的知识,提高解答能力。在物理常见的研究方法中,有一种创建理想模型的方法,教师可以让学生统计出接触过的理想模型并对比它们的形成条件。教师可以引导学生站在生活的角度去处理遇到的物理问题,而不仅仅是为了通过考试才学习。对于类似问题,教师如果以小论文的形式布置给学生,可以大大提高学生的书面表达能力。同时,也避免了学生临考突击的现象。

物理教师在设计任务时一定要多考虑几种情况,提前预料问题发展的各种可能性,这样才能够在具体的教学过程中及时对突发问题做出灵活反应,正确应对。当学生发现有价值的问题或现象时,教师应该因势利导。当教学时间和进度与预定计划不太符合时,教师应该重新调整教学计划,不能死板地守住原计划。

总之,使用探究式教学法可以使教学中的各个环节发生翻天覆地的变化,改变以往物理课堂上死气沉沉的局面,有利于帮助学生揭开事物的本质,启迪学生的智慧。教师应该努力使学生意识到学习对改进生活质量的重要性,把素质教育落到实处,使高职物理课堂大放异彩。只有这样,高职院校的毕业生才能在激烈的就业竞争中占据一席之地。

参考文献
[1]李远蓉,朱霞,邓磊.物理探究式教学设计与案例分析[M].北京:高等教育出版社,2007.
[2]滕琴,刘传先.浅谈大学物理课中的互动式教学[J].中国科教创新导刊,2007(47).
[3]门保全.高职高专物理课教学方法初探[J].教育教学,2007(4).

实例化教学在现代远程开放教育中的应用

——以 CAD 二次开发教学为例*

伍　丹

摘要：现代远程开放教育是我国高等教育事业的重要组成部分，其中，对合理、高效教学模式的探索，是提高开放教育教学质量的重要途径。本文结合远程开放教育的实际情况，针对学生的特点，提出实例化教学模式。本着以学生需求为中心、以培养能力为本位的目标，基于教学大纲，对电大必修课中的"CAD 二次开发"进行教学过程的设计。

关键词：现代远程开放教育；实例化教学；CAD 二次开发

作者简介：伍丹（1983—），女，硕士，宁夏职业技术学院远程教育处助教，研究方向为计算机应用、软件编程。

* 本文发表于《科教文汇》2013 年第 7 期。

一、引言

在现代远程开放教育中，依据远程教育理论和教育思想，对教学模式进行合理设计，对教学诸要素进行稳定组合，是教学过程得以高效实施的保证。自开放教育试点工作开展以来，教学模式改革一直是远程教育教学工作的一项重要内容。

本文在结合现代远程教育的特点和实际情况，并查找传统教学模式不足之处的基础上，以电大教学为例，对实例化教学模式在现代远程开放教育中的应用进行研究。

二、实例化教学的含义及特点

实例化教学法起源于哈佛大学的案例教学法，其含义是采用与传统教学的"概念—理论—应用"模式完全相反的教学模式，即"案例—理论和概念"的模式，从案例着手，自顶向下逐层深入[1]。

建构主义认为，学习是在一定的情境即社会文化背景下，借助其他人的帮助，即通过人际间的协作活动而实现的意义建构过程[2]。对于学生，深刻理解的最好办法是现实生活中的实例展现。尤其是对强调动手能力的工科学生，只是"听"经验，是无法真正获得实践经验的。所以，这种以实际案例为基础的教学过程，即实例化教学模式。

三、现代远程开放教育的特点

1. 教学的特点

不同于普通学校的教学，现代远程开放教育的教学过程是：在远程资源支撑下，教师依据现代远程教育理论和教育思想，合理建构“教师面授、学生自学、教师学生网上互动”三者相结合的教学方案，使学生可以不受时间和空间限制地应用教学资源，使教师成功和高效地进行教学实施。

2. 受教育对象的特点

现代远程开放教育最鲜明的特点为受教育对象的开放性。开放教育面向的对象为普通社会大众，而并非仅仅是社会精英。他们的基础不一，参差不齐。但是，由于是来自社会各行业的成人，所以学生对学习内容与实际工作的紧密结合有着比普通学校学生更高的要求。

3. 教学的目标

现代远程开放教育的目标是为学生的终身型学习服务，终身型学习对知识的不断更新和与时俱进提出了一定要求，即学生在学习过程中，需要不断汲取新的知识，开阔视角，为自主个性化学习提供一定的基础。

四、实例化教学在现代远程开放教育中应用的必要性

首先，由于远程教育的学习过程分为三部分：教师面授、学生自学及网上互动，那么，结合教学大纲及课程考核说明，学生可以通过课下自学来巩固教材基本理论知识，教师面授环节就可以侧重于以实例的形式来讲解教材内容以及学生课堂实际操作，而网上互动则解决学习过程中的疑难问题。三部分互为补充，相得益彰。

其次，开放教育面向的对象是成人，学习目的性比较强，迫切希望“学有所用”；同时，工学结合的学习方式，导致学生投入在学习上的精力和时间都十分有限。实例化的教学方式是将教材理论知识与实践操作融会贯通的很必要的方式，能更大限度地考虑学生群体的实际困难和需求，便于有的放矢，因材施教。

最后，现今，对从业人员的知识储备要与时俱进并加以创新的要求已经是大势所趋。但是，学生基础不一，很多人的知识储备与当前行业热点技术之间存在

很严重的断层。所以,学生无力自行弥补断层知识,在此基础上的创新更是无从谈起。针对终身学习的目标,“学”必须与“用”相结合,“所学”必须与“热点趋势”相靠拢,那么教学中就必须引入紧跟行业热点的实例以辅助教学。

五、实例化教学在现代远程开放教育中的实施——以CAD二次开发(以下也称CAD开发技术)教学为例

1. 教学设计思路

本文以电大“CAD开发技术”内容的教学过程为例,阐述实例化教学实施的具体方案。由于电大机械CAD/CAM、计算机绘图、土木工程CAD三门必修课程,对CAD开发技术有着基本一致的教学要求和目标,所以,可以结合CAD开发技术的热点,打破原有的传统教学模式(见图1),重建新的实例化教学模式(见图2)。以期通过教学,使学生切实掌握CAD系统的开发流程及详细实

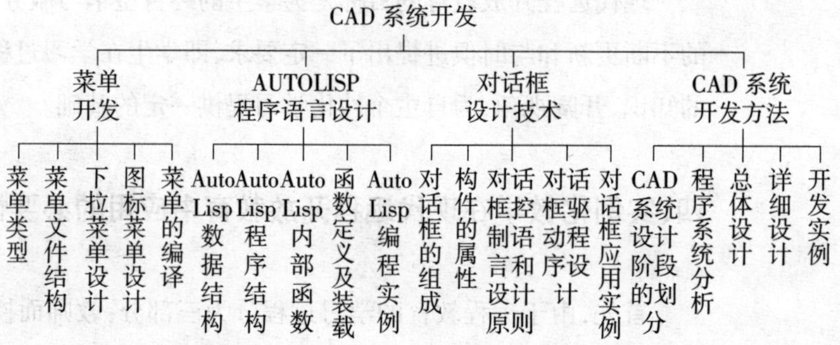

图1　传统模式下的教学设计

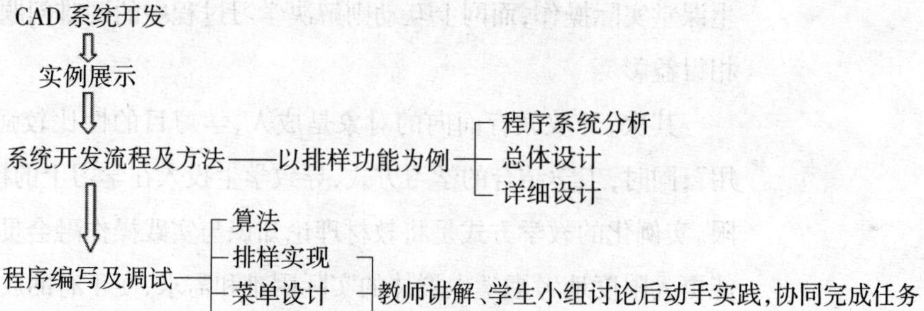

图2　实例化的教学设计

现，把握该项技术的研究热点及现状，达到在完善相关理论知识的同时提高职业能力的目标。

2. 实例来源

在现代生产中，工业制造占据着十分重要的地位，诸如造船、机械制造、皮革二次加工、玻璃的切割、土建材料的生产等。所有的制造过程均存在着大量的下料操作（即在给定原材料上剪裁出所需的零件）。市场竞争激烈与原材料数量有限的现状，迫使生产者始终将提高材料利用率作为增加利润的有效途径之一，这就要求在裁料之前，先以较合理的方式在给定原料上排布所有零件，最大限度地利用原材料。较之采用手工反复试验布局，选择性能较好的设备，自动给出零件的排布方式，可提高时间效率、材料利用率以及生产厂家的经济收益。因此，应用性能优良的集绘图排样功能为一体的设备是广大生产厂商的迫切需求。在硬件设备性能差别并不大的情况下，应用软件的性能好坏将直接影响到效率的高低。因此，在绘图软件的平台上增加排样功能，有着广泛的市场前景和应用价值。但是，由于排样问题属于 NP 完全问题[3]，即除非待排零件个数很少，否则无法求得最优解。所以，越来越广泛的群体（包括科研工作者、学生、生产厂商的技术人员等）纷纷基于各种平台，进行绘图排样求优软件的开发，以期满足个性化需求，提升经济效益，同时，这也成为当前 CAD 技术的研究热点。

实际上，在下料过程中，零件的形状是多样的（既包含规则形状零件，也包含不规则形状零件），但是排样的研究中，对不规则零件的处理，通常采用的方法是将其用面积最小的规则形状例如矩形进行包络，对包络零件的矩形进行排样，以达到对不规则零件的排样[4]。所以，本文以 AUTOCAD 平台上对矩形件排样功能的开发过程作为教学实例。

3. 以实例驱动教学的具体实施

根据教学大纲，原有的教学模式采用自底向上的教学方法，即每一个分支内容的教学都是从最底层开始，如图 1 所示。例如："菜单开发"章节，首先要讲述的内容为菜单类型，接着是菜单文件结构，然后为下拉菜单设计等，在菜单的编译讲解完毕后，再对菜单开发过程进行总结性讲解。所以，整个教学内容为依次对树形结构的各个叶子结点进行讲解。同一个子树的叶子结点讲解完毕后，对该子树的根结点内容进行总结。

与上述方式不同,本文提出自顶向下的实例化教学模式,教学过程如下。

(1)实例展示。由教师展示AUTOCAD平台二次开发出的排样模块的功能;由小组协作讨论,教师—学生、学生—学生会话讨论,讨论的内容是排样功能在机械、建筑、服装等行业的用途及用法,如何与各自实际工作相融合。

(2)CAD系统开发流程及方法的讲解。首先,讲解CAD系统开发过程的阶段划分及各个阶段的任务,接着对排样模块的实现进行程序系统分析、总体设计、详细设计三个步骤的实例化讲解。

(3)程序编写及调试的讲解。按照功能进行细化,分为算法、排样模块实现、菜单设计、对话框设计。

第一步,了解算法。由于在排样实现过程中涉及排样算法,而该排样算法并不在教学大纲要求掌握范围之内,所以,由教师采用自然语言对算法(采用现今已经较为成熟的最低水平线算法[3-4])进行阐述,目标为学生了解现今较为热点的技术及其原理。

第二步,排样模块实现。对整个排样模块进行分解,使其成为数个独立的程序段,教师协同学生,采用AUTOLISP语言对程序段逐个进行编写。目标为学生掌握基本AUTOLISP函数及AUTOLISP程序的编写方法。具体实施步骤为:教师演示第一个独立程序段的实现过程;将任务依次下发给学生,教师—学生会话,讨论任务的流程;教师按照流程讲解需用到的AUTOLISP函数功能及参数;最后,由学生动手—教师协助完成各个任务。

第三步,菜单设计。将第二步中实现的排样功能,采用不同的菜单形式调用,目标为学生掌握各类菜单设计及实现的方法。

第四步,对话框设计。教师先阐述对话框的基本设计方法,再进行小组协作讨论,内容为如何将第二步中实现的排样功能以对话框的形式反映在AUTOCAD的绘图界面上。目标为学生掌握对话框设计的方法。

六、实例化教学的评价

远程开放教育的对象有着很直接的学习目的,单纯、孤立地讲解书本理论知识,已远不能满足学生“所学即所用”的强烈需求。实例化教学的模式,充分考虑到远程教育学生群体的“工学结合”现状,立足于将提升实践能力、完成教学过程、拓展知识面融为一体；从实例入手，可以更好地激发学习兴趣，加深理解程度，让学生真实感受到与现实工作紧密结合的实例，在有限的时间内，有效地完成教学过程。

参考文献

[1]钱雪忠. 实例化教学法在计算机类课程中的应用[J]. 中国电力教育，2008(17).

[2]宋宇翔."实例式"教学模式在《Photoshop》课程教学中的应用[J]. 广东培正学院学报，2009(4).

[3]贾志欣. 排样问题的分类研究[J]. 锻压技术，2004(4).

[4]贾志欣，殷国富，罗阳. 二维不规则零件排样问题的遗传算法求解[J]. 计算机辅助设计与图形学学报，2002,14(5).

专业研究

我国物流运输环节法律体系健全和完善问题的研究 *

马 新

摘要：本文探讨了我国货物运输环节相关的法律法规和制度体系建设的现状及存在的问题，围绕公路运输、铁路运输、水路运输、航空运输和货运代理等方面进行研究，提出了健全和完善我国物流运输环节法律体系的建议和对策。

关键词：物流；运输环节；法律体系；健全完善

一、引言

现代物流产业是包括代理采购、运输、仓储、装运搬卸、加工包装、配送以及信息管理等在内的综合型服务产业，而货物运输作为传统的主要物流功能依然在现代物流产业和服务中占有极其重要的地位，货物运输贯穿于实体产品物流的整个过程和环节之中，对货物运输的管理是物流管理中几个核心职能之一。货物运输涉及的技术、管理、利益等问题众多而复杂，使得物流管理中货物运输环节成为最容易产生法律纠纷和摩擦的领域，而目前各种物流纠纷和法律摩擦中约有超过70%的比例来自货物运输环节，因此在我国物流产业还处于成长的初期阶段，健全和完善与货物运输环节相关的法律法规体系就显得十分重要。

二、国际物流运输环节法律法规的发展概况

从国外物流法律法规的发展总体情况来看，运输环节一直是其关注的重点和核心立法领域，这主要是因为运输环节在物流产业长期的发展过程中一直处于核心地位，是物流产业的主要模式。货物运输中的损失赔偿责任制度和委托代理关系是国际物流运输服务法律法规体系的主要内容，随着物流产业发展的市场化和公共化趋势，运输服务中为了协调与其他利益主体的关系开始了专项化立法的探索和改进。目前

作者简介：马新(1963—)，男，青海互助人，副教授，研究方向为民法、经济法。

* 本文发表于《研究与探讨》2012 年第 12 期。

国际上与物流运输环节相关的法律法规主要有船舶法、车辆法、海上安全法、货运代理法、仓储法以及交通安全法等。

工业化发达国家物流运输法律法规制度的演变大致经历了四个阶段，即水路运输时代、铁路运输时代、数量管制时代和质量控制时代。水路运输时代运输法律法规主要是海上、运河货物运输法律；铁路运输时代运输法律最早在英国出现，主要目的在于用法律防范铁路运输垄断，保护货物委托人利益；数量管制时代的运输法规主要致力于建立铁路运输市场准入资格制度；质量控制时代的运输法规主要致力于推动市场开放、公平竞争和多种运输方式协作。

三、我国货物运输中法律纠纷产生的主要原因

(1)货运运输的准时率较低。较低的货物运输准时率是物流运输服务环节产生法律纠纷的主要原因之一。现代市场经济的时效性和运作效率使得越来越多的物流运输客户对货物的时间要求越来越高，如果货物运输不能在规定时间内送达目的地，将会给物流运输客户带来重大经济损失。在目前不合理的货物运输配送节点布局情况下，相当一部分物流企业对中心配送仓库与货物配送地的运输安排不能够实现优化，从而使得货物运输的时效性较低，导致了较低的货物运输准时率。这样就延长了货物在途时间，降低了货主企业的货物周转速度，从而提高了货主企业的物流成本和资源利用率，并最终导致物流运输环节的法律纠纷。

(2)货物运输中的货损率较高。有统计资料表明，我国物流运输中货损率已经达到了3%左右，这种居高不下的货损率成为货物运输环节中法律纠纷产生的主要因素，而物流企业的货物运输标准化程度低是导致较高货损率的主要原因。目前我国从事货物运输的物流企业不管内部还是外部合作伙伴之间，其使用的物流运输设备的通用化程度较低，从而产生了较高的车辆空载率和货损率。货物运输环节中较高的货损率造成了大量物流资源的浪费，同时也产生了大量物流运输环节的法律纠纷案件。

(3)货物运输中车辆的空载率较高。据相关统计资料显示，我国货物运输环节中车辆的空载率达到了25%以上，而在某些特殊行业和特殊运输车辆的货物运输中其空载率达到了50%，货物运输效率较低和运输成本较高，从而导致物流

企业和物流客户之间的法律纠纷和合同摩擦。导致我国物流运输中较高车辆空载率的原因是物流信息化水平较低,使得物流供需信息难以实现集成化管理。

四、我国物流运输环节的法律体系建设现状及存在问题分析

我国物流运输环节的法律体系建设经历了几十年的发展和探索，初步建立了现代物流运输环节的法律法规体系,主要包括公路运输法律法规、铁路运输法律法规、航空运输法律法规、水路运输法律法规、货运代理法律法规等。

1. 公路运输法律法规建设

公路作为现代物流运输的基本手段和方法,其使用率相对较高,尤其在短途货物运输中公路运输的作用更为明显。公路运输是我国发展最早的物流运输方式且发展速度也相对较快，因此与公路运输相关的法律法规体系的健全程度也相对较高。围绕公路运输的主要法律有《中华人民共和国公路法》《高速公路交通管理办法》《汽车货物运输规则》《中华人民共和国道路交通管理条例》《道路货物运输服务业管理办法》《公路运输管理暂行条例》以及《道路零担货物运输管理办法》等。

从以上这些法律规范来看,其规定的内容和管理领域存在较多重叠领域,在实际执行过程中极易产生矛盾、冲突和混乱,从而给整体协调带来难度,也使得公路运输企业难以区分和无所适从。

2. 铁路运输法律法规建设

在我国,铁路运输是仅次于公路运输的第二大运输方式,运输量大、时间稳定和过程风险较低是其主要特征。围绕铁路货物运输的主要法律有《中华人民共和国铁路法》《铁路货物运输管理规则》《铁路货物运输杂费管理办法》《铁路货物运输事故处理规则》《铁路货物运输规程》以及《铁路零担货物运输组织规则》等。

目前我国铁路货物运输的经营权为国家所垄断，其面向市场的开放程度有限,随着我国物流运输产业的发展趋势和需要,铁路运输产业的价格机制改革和投资主体多元化是铁路改革的重要内容。

3. 航空运输法律法规建设

航空货物运输是各种货物运输方式中速度最快、效率最高、费用最大的一

种。围绕航空货物运输的主要法律有《中华人民共和国航空法》《中国民用航空货物国际运输规则》《国务院关于开办民用航空运输企业审批权限的暂行规定》《航空货物运输合同实施细则》以及《中国民用航空货物国内运输规则》等。同时加入了包括《海牙议定书》和《华沙条约》等在内的 30 多项国际议定书和公约，并与 90 多个国家签订了多边双边航空货物运输协定。但是这些法律框架不能有效地满足航空运输业快速发展的步伐，且可操作性不强。

4. 水路运输法律法规建设

水路货物运输的特点是运量大、运价低、风险高、速度慢，围绕水路货物运输的主要法律有《中华人民共和国海商法》《中华人民共和国国际海运条例》《中华人民共和国水路运输管理条例》等，水路货物运输和公路货物运输一样存在着法律规范冲突、管理部门较多等现象。

随着我国融入世界经济体系的步伐和程度的加深，水路运输法律法规建设引入了新的管理制度，并确立了海上运输争端和调查解决机制，为中国国际航运市场中外资企业相关经营活动确立了基本行动框架和行为准则。

5. 货物运输代理法律法规建设

货物运输代理是现代物流运输环节中的普遍形式，围绕货物运输代理的主要法律有《中华人民共和国国际货物运输代理业管理规定》《中华人民共和国国际货物运输代理业管理规定实施细则》以及《外商投资国际货物运输代理企业审批规定》等，这些法律法规对国际货运代理人的法律地位给予了确认，同时对从事国际货物运输代理的中外合资企业的条件、资质和审批程序做出了详细的规定。

现有的关于货物运输代理的规定并不能有效地满足和解决货物运输代理行业发展和管理的需要，其法律地位层次相对较低、条款缺乏可操作性、管理权限不统一、货运代理人法律地位不明确以及无船承运人签发单证法律地位不明确等是目前货运代理法律法规建设中存在的主要问题。

五、健全和完善我国物流运输环节法律体系的建议和对策研究

根据以上分析，本文认为加速实现运输业向现代物流产业融合的速度并对其在现代物流体系中的法律地位给予清晰明朗的确认，是健全和完善我国物流

运输环节法律法规体系的主要任务和目标。为此提出以下建议和对策。

1. 调整、重塑和优化现有物流运输管理模式以统一管理监督权限

从国际上对于从事货物运输的企业设立方式的管理来看，存在着审批制和登记制两种方式，登记制主要从企业自身的要求来考虑，只要其设立条件符合法律法规规定的企业设立的要求和程序，其成立就具有合法性并受到相关法律保护，审批制主要从方便政府管理的角度出发。目前我国从事货物运输企业的设立基本上属于行政审批制，主管行政部门的行政裁量权偏大，而这与目前国际上大多数货物运输发达国家的做法是相违背的。

从我国货物运输行业的管理来看，分散、条块分割、行业垄断的现象十分严重，使得行业的正常市场竞争秩序不能得到有效的建立，相关的货物运输决策和经营管理缺乏协调、优化和统筹安排，货物运输的基础设施建设、物流配送中心、港口、机场等缺乏综合考虑和布局优化，使得货物运输的效率、服务流程、服务质量、物流成本等都难以和国际水平相匹配，因此必须着眼于统一的货物运输管理模式改革和调整，以实现对整个货物运输产业的统一安排、计划、调整和优化。

2. 建立健全和完善货物运输业的税收和价格形成机制

运输价格是调节和管理货物运输过程中各相关主体经济利益关系的基本市场机制，合理适当的运输价格可以促进运输资源的合理配置和高效运输能力的形成，从而提高货物运输作业的效率。

在对货物运输的市场价格和税收政策等制度建设上，可以借鉴英美国家的相关做法，英美国家在铁路投资上都曾采取税收优惠和土地补助政策来鼓励社会资本进入和参与经营，而对公路运输则收取了较高的税收费率以弥补公路建设的成本，其对于公路运输相关的主要税种包括车辆登记税、燃油税、车辆购置税、驾驶执照税、汽车轮胎税以及重载车辆税等。

我国现行公路货物运输的价格机制仍然未能完全摆脱传统的定价机制，一个突出的表现就是铁路货物运输价格和公路货物运输价格的严重失衡，铁路运输作为主要运输方式，运输价格低、运载负荷大，使得公路运输的后续资金和发展受到了抑制。因此平衡各种货物运输方式的税收和价格机制问题是建立高效货物运输系统的重要条件。

3. 加强货物运输代理方面的立法建设

现行关于货物运输代理方面的法律为部门规章，立法层次较低，使得其作用范围和法律效力有限，参考国外货物代理相关法律法规，一个统一的正式的货物运输代理法律应该包括以下内容。

（1）对货物运输代理企业的设立条件、法律地位、经营范围和登记制度等内容应该有明确的规定，从而明确管理部门与货物运输代理企业之间的关系。

（2）对货物运输代理人之间、货物运输代理人与海关之间、货物运输代理人与被代理人之间以及与商品检验检疫部门的法律关系进行界定和明确。

（3）对货物运输代理人订立仓储合同、运输合同和委托合同的有关条款进行明确规定，对相关免责条款、无船承运人责任限额以及无船承运人留置权等问题给予清晰明确的规定。

参考文献
[1]郝琳琳.完善我国物流运输法律制度的几点思考[J].世界贸易组织动态与研究，2009(11).
[2]孙林.完善物流法律制度的构想[J].综合运输，2010(10).
[3]曾繁丽，简立立.论我国物流法律制度的构建[J].物流科技，2009(2).
[4]周艳军.现代物流法律的体系化[J].中国物流与采购，2008(3).
[5]张新桥，张海涛.略论我国物流法律体系的构建[J].商场现代化，2010(1).
[6]于定勇.试论我国物流法律制度存在的问题及对策[J].企业经济，2011(3).

宁夏新生代农民工法律意识的问题及对策研究 *

赵 佳

摘要：影响宁夏新生代农民工法律意识的因素包括经济因素、宗教因素、执法和司法因素、文化教育因素，而提高宁夏新生代农民工法律意识水平是一个综合性的系统过程，需要全社会的积极参与和支持。对宁夏新生代农民工法律意识状况的访谈和研究将为我国其他少数民族地区的法治建设提供借鉴，具有一定的代表性。

关键词：宁夏新生代农民工；法律意识；问题；对策研究

引 言

宁夏地处祖国西北、黄河中上游，总面积 6.64 万平方公里，海拔 1090~2900 米，自古就有“天下黄河富宁夏”之说。宁夏大力发展劳务产业，每年转移农村劳动力 70 万人以上，农民工在二、三产业从业人员分别占到 60%和 70%，已成为宁夏二、三产业的基本力量。80、90 后新生代农民工成为农民工的主力军，30 岁及以下农民工占到农民工总量的 62%。

2013 年春节期间，笔者以访谈的形式，对户籍在宁夏的 80、90 后新生代农民工法律意识进行了分析和研究。调查工作由笔者组织宁夏大学学生实施，以入户随机调查为主，结合部分行业调查，基本涵盖了宁夏各个地区。调查结果较为客观地反映出宁夏新生代农民工法律意识现状。

一、宁夏新生代农民工法律意识存在的问题

1. 法律知识缺乏，无法满足现实需要

您知道我国都制定了哪些法律、法规，调查见表 1。

作者简介：赵佳(1981—)，女，满族，上海人，讲师，现任职于宁夏职业技术学院科技开发处，研究方向为法社会学。

* 本文由 2012 年宁夏高等学校科学研究项目资助(NGY2012128)，由宁夏大学东方毅民族地区社会管理研究中心课题资助，发表于《价值工程》2013 年第 5 期。

表 1

选　项	频　数	百分比	累计百分比
宪法	6	20	20
刑法	1	3.3	23.3
劳动合同法	14	46.7	70
婚姻法	9	30	100
总计	30	100	

调查表明，宁夏新生代农民工对我国法律、法规还不够了解。了解婚姻法和劳动合同法高于宪法和刑法。调查显示，只有不到 1/2 的被调查者回答知道劳动合同法，而超过 1/3 的人回答知道婚姻法，1/5 的人回答知道宪法。因此，新生代农民工对我国法律、法规的了解仍需提高。

2. 法律意识脆弱，维权护法精神欠缺

如果您的雇主有意拖欠您和您工友半年的工资，您的首选做法。调查见表2。

表 2

选　项	频　数	百分比	累计百分比
找老板商量	12	40	40
找熟人协调	14	46.6	86.7
向法院起诉	2	6.7	93.3
找律师	2	6.7	100
总计	30	100	

宁夏新生代农民工对“找熟人协调”的选择率高达 46.7%，而对“向法院起诉”的选择率则低至 6.7%，甚至远远低于对“找老板商量”的选择率。这一现象反映出公众在法律保护问题上对社会关系的依赖和对法律的强烈排斥。

3. 法律意识受到宗教影响很大

宁夏新生代农民工的法律意志脆弱，维权护法的精神较为欠缺，普遍存在担心麻烦、恐惧报复、权利麻木等情况。在当地回族中，法律意识还较大程度地受到宗教，尤其是《古兰经》的影响。当面对相关的法律问题时，他们更习惯用宗教信仰而非法律规范来分析和解决问题。由于当地少数民族法律思维方式的感性化，即对自身的行为调整倾向于自律或者是私了，法律因素还难以成为他们思维或决策中的主导因素。

二、宁夏新生代农民工法律意识的对策研究

1. 宁夏新生代农民工法律意识现状的形成原因

(1)经济因素

西部地区的社会经济条件决定了提高农民工法律意识水平必须将经济建设作为基础工程。社会存在决定社会意识,环境法律意识特别受到社会总体经济条件的影响和制约。在经济发展水平低下的社会里,人们最为关注的是衣食住行问题,法律意识是居于第二位的。

只有发展市场经济,人们的生活水平才能提高,才能为法律意识的提高奠定坚实的物质基础。目前,宁夏一些地区还属于国扶、省扶贫困县,还有很多人生活在贫困线以下,甚至连温饱水平都达不到,这在很大程度上对人们的法律意识水平造成了影响。例如,诉讼作为纠纷的解决手段比起其他私力救济方式来说需要耗费更多的财力,这就让人们在选择运用诉讼手段时多了一份顾虑。

(2)宗教因素

宁夏新生代回族农民工对伊斯兰宗教信仰是无比虔诚的,他们将《古兰经》作为生活准则置于生活中的首要位置,一般人都能自觉服从和遵守这些准则。而对于法律,在大多数情况下,宁夏新生代回族农民工也都是认可和遵守的,但他们对法律的信赖程度远远低于《古兰经》。

回族伊斯兰习惯法作为一种严格的内控性生活制度，其严格的私密性和族群性实际上有可能对国家法律的实施产生一定的阻隔和消解作用，比如当回族伊斯兰习惯法中的某些规定一旦与国家法的价值追求不一致的时候，这种可能即会变成现实,它往往会削弱国家法律在回族社会中的权威和效力。它会影响到人们对国家法律的认知程度,甚至误导人们轻视国家法律。

(3)执法和司法因素

从对宁夏新生代农民工访谈中我们可以看出，新生代农民工对法的实现缺乏信心，而造成这一结果的最主要原因就在于执法和司法过程中存在的不公正现象,执法不严、司法腐败导致执法机关、司法机关在当地群众的眼中不过是金钱和权力的玩偶。以普法为主要形式的法制教育、宣传活动对提高宁夏新生代农民工法律意识水平的作用,可以说是虽有成效,但并不显著。问题的关键在于,对法律至上的确信和观念的形成不可能只靠宣传和教育,对社会大众而言,更要靠

具体的法律经验的感知。因为对观念确信乃至信仰坚守而言，最重要的不是语言的说教，而是行为的感召；不是一般的倡导，而是具体的示范。这种感召与示范在很大程度上取决于国家机关及其工作人员对法律自身的尊重、服从与遵守。

(4)文化教育因素

宁夏新生代农民工的文化教育程度在一定程度上影响着他们法律意识水平的高低。知识与文明相伴，而文明是法律意识现代化的主观要件。当然，我们不能简单地说受过文化教育的人或有较高文化水平的人其法律意识水平一定高，但是可以肯定，一个人如果是文盲或半文盲，对他知法和守法无疑会形成严重的障碍。经过对宁夏新生代农民工访谈情况的统计，我们可以看到，宁夏新生代农民工受高等教育的程度较低，文化素养普遍不高。宁夏的教育事业发展还存在诸多问题，例如办学力量薄弱、教师队伍整体素质较低、教育手段落后等，这些因素在制约当地回族受教育程度的同时也阻碍了他们法律意识水平的提高。

2. 宁夏新生代农民工法律意识现状的对策研究

(1)在清真寺管理委员会中设置兼职法制督导员。建立、健全对清真寺管理委员会成员及阿訇的法制宣传、培训制度。清真寺在回族具有十分重要的地位，它是开展和进行各种宗教活动的地方，也是回族聚居区信息交流的中心，所以要通过强化和提高清真寺管理委员会成员和阿訇的法律素养来发挥清真寺在宁夏回族自治区法治文明建设中的积极作用。清真寺中的法律督导员不仅要为管理委员会成员和阿訇在自主管理过程中提供法律帮助和指导，还要定期或不定期地以各种形式对管理委员会成员和阿訇进行法制宣传和教育。

(2)拓宽新生代农民工学法渠道。利用网络这种新型宣传媒介进行法律宣传，拓宽新生代农民工学法的渠道。政府和有关部门可以组织法律宣传人员将与新生代农民工生活息息相关的一些法律知识编成通俗易懂的顺口溜，将新生代农民工可能感兴趣的典型小案例采用漫画、照片等图文并茂的生动形式进行展现，并创建专门用于法律宣传的《法律手机报》，通过手机短信的形式免费向新生代农民工发送。在一些新生代农民工经常浏览的网站和一些门户网站上，将针对新生代农民工的法律宣传内容放在醒目位置。当然，在内容的选择上也需要注意案例的典型性和语言的生动性，从而引起新生代农民工的注意，调动其学法的积极性和主动性。对于一些因经济困难无力购买手机的农民工，可以采用政府发放通信费用补贴或政府直接购买的形式，提高农民工的手机拥有率，从而扩大手机和网络这两种新型宣传媒介的影响力。

(3)加强普法宣传力度，普及法律知识，提高宁夏新生代农民工法律意识水平。可以采取培训班、讲座、科技推广等形式，内容包括：①法律、法规教育。为农民工讲解《中华人民共和国劳动合同法》《中华人民共和国劳动争议调解仲裁法》及农民工维权常识等法律知识，进一步增强农民工依法维权的意识和能力，让农民工知法、懂法、用法，更好地依法维护自身的合法权益。②可持续发展教育。强抓教育培训，提高农民工的整体技能水平。政府在农民工在职培训上担任重要角色，通过和当地职业院校联系，以政府采购方式建立农民工培训基地，在培训经费、师资力量上予以支持。建立健全农民工在职培训机制。③文化修养和综合素质教育。提高宁夏新生代农民工的受教育程度。法律意识的提高是一个系统工程，它与人的自身素质和整个社会环境有直接关系。在直接进行普法教育宣传的同时，也要注意培养人们的竞争意识、市场观念和现代价值观念等，这与提高人们的权利意识、契约意识，促进法律意识的现代化是相辅相成的。

参考文献

[1]杨经德.回族伊斯兰习惯法研究[M].银川：宁夏人民出版社，2006.

[2]梁利.试论偏远地区少数民族法律信仰问题[J].南宁师范高等专科学校学报，2004(2).

[3]刘进田，李少伟.法律文化导论[M].北京：中国政法大学出版社，2005.

[4]李萃英，李光禄，李双立，庄严，李文波.山东省公民法律意识调查与分析[J].山东科技大学学报：社会科学版，2000(3).

[5]李洁萍.论法治进程中的守法因素[J].华南农业大学学报，2005(3).

[6]缪文升.中国少数民族习惯法与现代化[J].重庆交通学院学报：社会科学版，2004(4).

基于UG的岩心钻机提升机构的虚拟样机设计 *

蔡春林

摘要：笔者利用三维建模软件UG对提升机构的关键零部件及整机建立了三维模型，并进行了整机的虚拟装配、干涉检验和生成二维工程图，实现了提升机构的虚拟样机设计。提升机构的三维参数化建模为后续的机构仿真及样机的完善设计奠定了良好的基础。

关键词：岩心钻机；提升机构；UG；虚拟样机

一、虚拟样机技术及UG

虚拟样机开发技术是一种基于产品的计算机仿真模型的数字化设计方法，这些数字模型即虚拟样机。传统的岩心钻机设计过程是根据设计方案确定的参数进行零部件的设计计算，主要零部件的强度、刚度校核，然后绘制二维工程图纸，根据二维工程图纸进行物理样机的制造、装配和测试，如果在测试中某个环节出现问题或设计方案出现变化，就必须重复一遍设计过程，重新制造物理样机并对其进行测试。虚拟设计是指设计者在虚拟环境中进行设计。设计者可以在虚拟环境中用交互手段对在计算机内建立的模型进行修改。就设计而言，所有的设计工作都是围绕虚拟的产品进行的，只要虚拟的产品能达到设计要求，则实际产品必定能达到设计要求。而传统设计中，所有的设计工作都是针对物理原型展开的。

UG是一个高度集成的CAD/CAM/CAE软件系统，可用于整个产品的开发过程，包括产品的概念设计、建模分析和加工等。它不仅具有强大的实体造型、曲线造型、虚拟装配和生成工程图等设计功能，而且在设计过程中可进行有限元分析、机构运动分析、动力性分析和仿真模拟，从而提高设计的可靠性。利用UG的虚拟装配平台，可以在设计初期就把提升机构的设计过程和装配过程有机结合，通过完成提升机构各个零部件的实体建模和造型、虚拟装配与分析等，就可以实现提升机构设计过程与零部件制造和装配过程的统一，使岩心钻机提升机构的

作者简介：蔡春林（1970—），女，宁夏职业技术学院机械与电气技术系教授。主要从事机械设计、仪器仪表等方面的教学科研工作。

* 本文发表于《煤矿机械》2011年第8期。

设计从一开始就被控制在最终产品可装配的范围之内，从而改善提升机构的设计质量。

二、岩心钻机提升机构虚拟样机设计

提升机构主要由提升抱闸、行星齿轮机构、卷筒、制动抱闸等组成。其工作原理为当抱紧提升抱闸时，行星齿轮不能公转，成为中心齿轮和内齿轮间的过渡轮,从而使中心齿轮带动内齿圈,并使卷筒旋转,实现钻具提升。当提升抱闸和制动抱闸都松开时,卷筒自由地支承在主轴上,并被钻具自重带动而旋转,实现钻具下放。当抱紧制动抱闸时,内齿圈随卷筒一起被刹住不转,此时行星齿轮既作自转又作公转,实现钻具制动(如图1)。

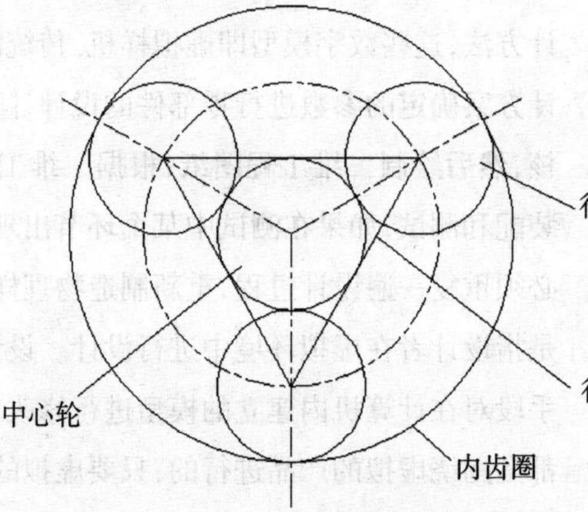

图1　行星轮系示意图

1. 整机虚拟样机的建立

在岩心钻机提升机构的整机虚拟样机的设计中,采用了“化整为零”的设计方法,即从结构和功能出发,把提升机构分成相对独立的各个部件,然后再根据每个部件的结构分成各个零部件。比如,整机可以分成提升机构、制动机构、卷筒及行星齿轮机构等。其中行星齿轮机构又可以细分为行星轮、中心轮、行星齿轮架及轴等,然后分别对这些单一的零件进行三维实体建模。

在提升机构各个单一零件的实体模型建立完成后,进行三维虚拟装配。在虚拟装配过程中,根据提升机构零部件的实际装配关系和部件实现的运动功能,来选择相应的装配关系。在装配过程中，采用“自下而上”的设计方法，即先形成子装配体（提升机构、制动机构、行星齿轮机构等），再由子装配体形成总装配体。这样可以使整个模型层次分明，便于分析和修改。

通过对零部件的三维建模和虚拟装配，建立了岩心钻机提升机构的虚拟样机，如图 2 所示。

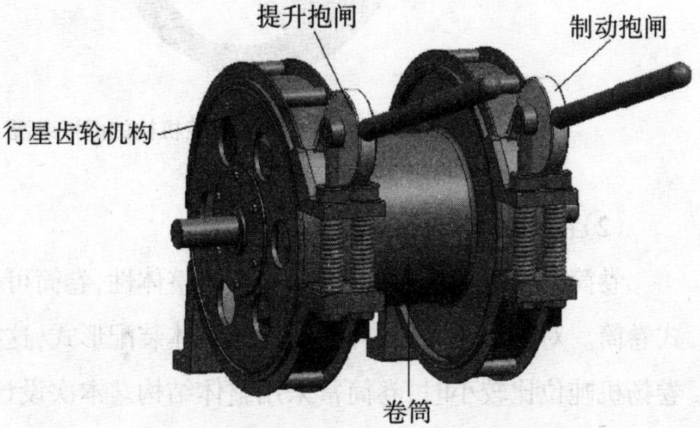

图 2　提升机构整机虚拟样机

2. 提升机构关键部件的虚拟样机设计

（1）行星齿轮机构的虚拟设计

按传动原理，行星轮系传动式提升机构又分为两种结构类型：定轴轮系传动型和行星轮系传动型。在国内岩心钻机绝大多数采用第一类传动，国外欧美则多采用第二类。本设计采用定轴轮系传动型。行星轮系传动式提升机构的特点是可获得较大的传动比、能传送较大的功率、传动效率高、结构紧凑、传动平稳、操纵灵活等。行星齿轮机构主要由行星轮、太阳轮、主轴、行星轮轴、内齿圈、行星齿轮架等组成。

建立所有零件的三维模型后，在组件环境下，通过匹配和对齐等装配功能对零件进行虚拟装配，建立如图 3 所示的提升机构行星轮系传动机构的虚拟样机。

行星轮系传动要满足三个条件：传动比条件、同心条件和装配条件。

图 3　行星齿轮机构的虚拟装配

(2)卷筒的虚拟样机设计

卷筒结构有多种形式,按照结构的整体性,卷筒可分整体式卷筒和分体装配式卷筒。对吨位较大的卷筒,常做成分体装配形式,这样可简化工艺,减轻重量。卷扬机吨位比较小时,卷筒常采用整体结构。本次设计考虑具体情况,采用整体结构。卷筒按照制造方式的不同可分为铸造卷筒和焊接卷筒。铸造卷筒应用广泛。钻井用提升机构卷筒大多数为铸造卷筒,成本低,工艺性好。按照转矩的传递方式来分,常采用端侧板周边大齿轮外啮合式和筒或筒内齿轮内啮合式,本设计采用后者啮合方式。

卷筒结构参数包括卷筒直径、卷筒容绳量与卷筒长度和筒壁厚。在这三个因素中,前两个与第三个存在矛盾。实践证明,卷筒直径与钢绳直径比例恰当,就可适当兼顾三个因素。因此,我们可以根据卷筒直径确定钢绳直径。在选择时还要适当兼顾其他因素。

(3)抱闸虚拟样机的设计

要确定制圈直径、闸瓦(制带)宽度和制动(提升)手把长度,必须根据提升机构的最大起重量、卷筒计算直径与行星轮系结构确定所需制动力矩的大小。由于提升抱闸与制动抱闸的功用不同,因此所需制动力矩也不一样。为了简化结构和加工,升降机的两个抱闸通常结构尺寸相同。设计时,应把两个抱闸中工作条件恶劣的一个作为确定制圈直径、抱闸宽度和制动手把长度等数据的依据(见图 4)。

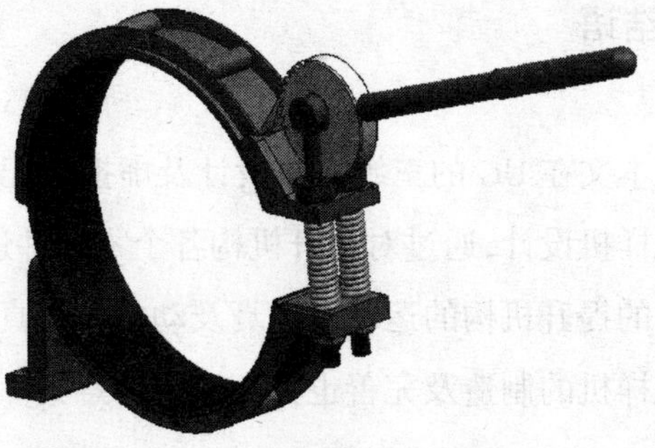

图 4　抱闸的虚拟装配

三、干涉检查和二维工程图的生成

干涉检查指在特定的装配结构形式下，检查装配体各零件之间的相对位置关系,看是否存在干涉。结果发现没有装配干涉的存在。提升机构的三维实体模型设计完成后,可以利用 UG 中生成二维工程图的模块,将提升机构的各个零部件和整个提升机构装配图输出成二维工程图纸的形式,可以打印输出,也可以供其他 CAD 系统读取。在图纸中,所有的图形视图都是相关联的,即基于统一的数据库,修改其中某个视图的尺寸后,系统就会自动更新其他的相关零件视图及装配图。提升机构的二维工程图如图 5 所示。

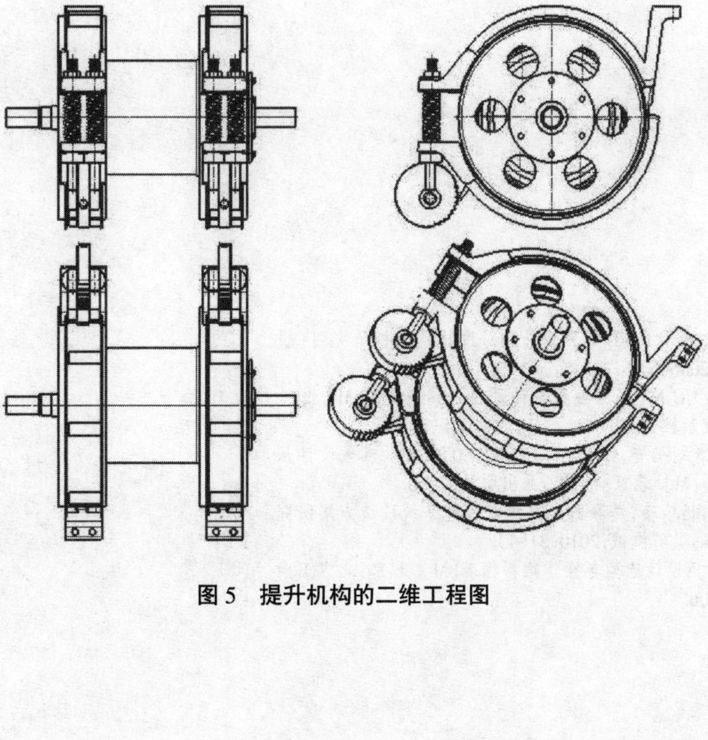

图 5　提升机构的二维工程图

四、结语

本文在UG的三维实体设计及虚拟装配平台上对岩心钻机提升机构进行了虚拟样机设计,通过对提升机构各个零部件进行三维参数化建模及虚拟装配,为后续的提升机构的运动学仿真及动力学仿真提供了工作基础，而且对提升机构物理样机的制造及完善也具有重要的意义。

参考文献

[1]方代正. 基于 Pro/E 的弧面凸轮分度机构建模研究[J].机电与液压,2006(6).

[2]李锦标. UG NX 三维造型设计教程与实例精讲[M].北京:机械工业出版社,2010.

[3]槐创峰, 刘平安,许玢,等.UG NX7.0 中文版机械设计从入门到精通[M]. 北京:机械工业出版社,2010.

[4]张建中,杨珍珍,卢寿丽，等.煤矿提升系统改造方案研究[J]. 哈尔滨:煤矿机械,2010,31(4).

[5]周江.钻机设计选型与操作维护保养[M]. 北京:北方工业出版社,2006.

基于单片机的煤气厂煤气浓度监控系统设计 *

竺伟华

摘要:众所周知,煤气泄漏会造成巨大的危害，因此需要对煤气的浓度进行精确的监控。本文介绍了一种基于单片机的煤气生产煤气浓度监控系统。该系统具有声光报警、报警限设定以及误差自动校正等，具有向上位机报警、煤气管道阀门以及按键开启阀门功能。这种系统的多次试运行表明,其灵敏度、精确度以及稳定性都能够达到设计的要求,不仅造价低,而且操作也比较安全方便。

关键词:单片机;煤气浓度;监控系统

前　言

很长一段时间以来，对煤气厂工房车内的煤气浓度进行判断和监测大多都是依靠工人的经验来判别的。这不仅为安全事故埋下了巨大的隐患,而且给生产带来了诸多不安全因素。所以,设计一种能够实时对煤气浓度进行监控的系统势在必行。煤气浓度监控系统能够在 IPC（工控机)上面实时地显示出测量点的煤气浓度,还能够在所测点的浓度超过所设定的临界值时自动通过轴流风机进行吹散和排送，在必要时还会发出相应的警报。此外,还能够通过工控机把整个生产过程中相同测点的浓度的变化曲线图绘制出来。由此可见,煤气浓度监控系统在煤气安全生产的整个过程中发挥着巨大的作用。

一、煤气浓度监控系统的工作原理及其结构

煤气浓度监控系统的工作原理是利用半导体气敏传感器把煤气的浓度转换成为 mV 级的模拟电压信号，当放大器把信号放大到 0~5V 时,由低通滤波滤掉所干扰的信号,然后再传送到 A/D 转换器,并将其转换为数字量然后发送到 CPU 进行数据的分析。然而,一旦空气当中的煤气浓度达到最初所设定的值时,将会把数字量进行输出,经过变送器驱动电磁阀。此时会关闭煤气管道并且打开排气装置，从而输出向上位 PC 机输出所处位置和数字信号驱动光电报警以及报警值，能够

作者简介:竺伟华(1973—),女,银川人,副教授,研究方向为计算机控制。

* 本文发表于《煤炭技术》2013 年第 8 期。

及时让监控人员得到消息实施处理和控制。当故障被派出以后,便可以对控制面板当中的按键进行相应的操作，并打开阀门让供气继续工作。煤气浓度监控系统的结构如图 1 所示。

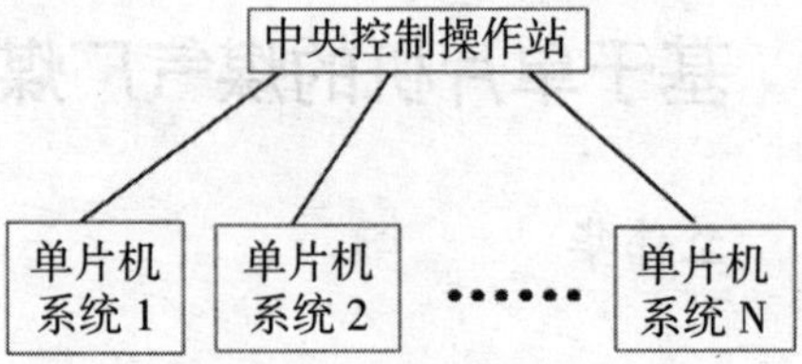

图 1　集群煤气浓度监控系统组成图

集群煤气浓度监控系统大多是通过多机的方式和前端机进行通信的,该系统采用的主要是主从工作模式，把单片机作为从机和本地的上位机进行通信和联系。集群煤气浓度监控系统的分级如下:第一级为上位 PC 机(中央控制操作站),此系统的 PC 机以 Windows98 作为主要操作平台，并且利用的是 Rockwell 美国公司的 Rsview32 组态软件包建立的管理系统和监视系统,完成煤气浓度现场位置的确认、煤气浓度数据的显示、数据的查询,数据库的建立、打印、统计和数据分析等一系列的操作。第二级为单片机控制系统,因为此系统对精确性和实时性以及可靠性的要求较高，所以在系统当中通常采用的都是以单片机为主的现场控制器,完成对煤气浓度的运算、采集以及控制,并且向 PC 机传送煤气浓度数据。

二、单片机系统硬件结构和工作原理

1. 单片机

因为考虑到煤气浓度监控系统的数据和程序空间运算空间比较宽，因此 CPU 选择使用的是 ATMEL 公司生产的以 AT89C51 单片机控制系统为主要核心,并且运用 EPROM 作为系统程序的主要存储。采用上位 PC 机和 RS-232 接口进行远距离之间的串行通信。

2. 执行电路

执行电路分为排气和电磁阀启闭两个部分的电路，电磁阀的启闭主要是由电磁阀和 DAC0832 以及变送器等组成的。而煤气浓度监控系统所采用的 DAC0832 则是由 National Semiconductor Corporation 所生产的。因为电磁阀有其独特的特性，特别采用了 AIDE 型号 M 系列的二位二通节能型的燃气电磁阀，这种电磁阀的特点是：能耗小、电压低。它的工作原理如图 2 所示。

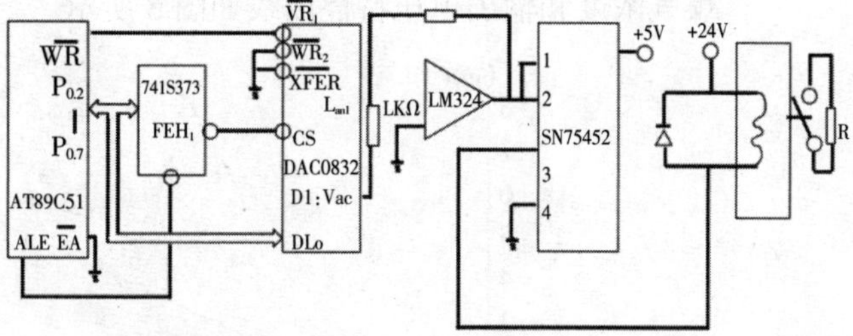

图 2 电磁阀驱动电路

由上图可以看出，结构在线圈位置的时候所配置为永久性磁钢，且线圈为正、负极脉冲供电。然而，如果当脉冲进行供电的时候阀门需要存在于开启状态并且要随时保持，这时电源切断阀门的时候为开启的状态。如果当反向脉冲供电的时候阀门是关闭的状态保持，这时电源切断阀门是关闭的位置。因为电磁阀门是通过脉冲信号进行驱动的，故系统在单缓冲模式之下进行工作的 DAC0832 是作为一种波形器发生的，以此来提供正负脉冲，可以实现自动启闭和安装位置的可调整型。单片机系统硬件的排气部分所选用的是普通家庭使用的排风机、DAC0832 以及 TPL 光电隔离器，它们可以使单片机系统和现场的信号完全实现电隔离状态，并有效地提高系统的抗干扰性。

3. 前向通道

前向通道的组成部分有传感器、低通滤波器、电压隔离器以及逐次逼近式 ADC0809。在单片机系统当中，CS-2000 型化学一氧化碳气体传感器凭借其分辨率高、精度高、零功耗、使用寿命长以及宽量程和电压/电流线性输出、不受湿度环境影响等优点，一直被采用。电压隔离器可以把模拟和数字分别开来，消除共模的干扰。它的主要性能参数如下：

测量精度 3%

分辨率 1ppm

测量浓度 0~1000ppm

输出信号 2~10MV/4000ppm（5kΩ 负载电阻）

反应时间 <20ms

恢复时间 <1min

工作温度 0℃~60℃

工作湿度 0RH%~95RH%（无凝结）

煤气浓度和输出电压特性曲线如图 3 所示。

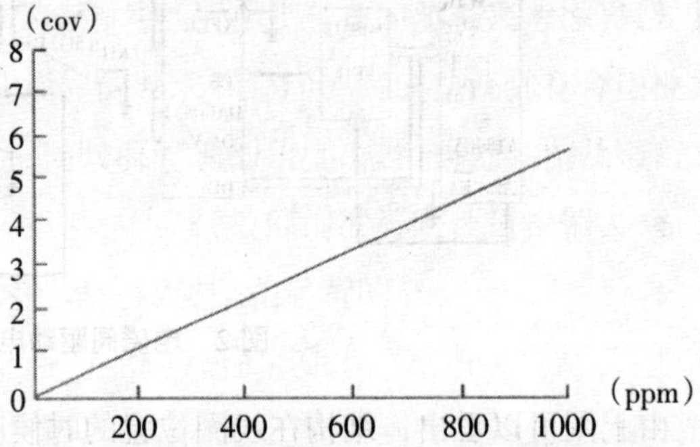

图 3 传感器煤气浓度和输出电压特性曲线图

4. 电源

煤气浓度监控系统采用的电源是由 4NIC-X2.5 所提供的电源，负责为单片机系统提供不间断的电源。此外，电源还需要采取一定的保护措施，其电源采用的是 UPS 电源。通常情况下，系统的供电是通过交流电网进行的，这个时候的电池组是处于浮充状态的。如果交流电一旦发生中断情况，那么电池组即可进行供电。

5. 程序进行监控

此系统所采用的监控程序是看门狗电路 Max813，它在系统的正常运行期间隔一定的时间即会发出一个复位信号，这样就可以有效地确保看门狗的复位端处于无效状态。但是，如果系统是由于进入到了死循环状态或者跑飞状态，一出现失效，那么看门狗是否都会发出一定复位信号，使系统能够在最快的时间内恢复正常的工作。

6. 声光报警

声光报警部分是由门电路 4069 以及音乐芯片、振荡器和 MC275 驱动器构成。其中音乐芯片采用的是 ISD1200 系列当中的 20s 单片语音录放芯片，其工作电压主要是 5V，录放电流主要为 12mA，静态电流主要是 0.5mA，含有 EPROM（一种断电后仍能保留数据的计算机储存芯片），不但可以把存储、语音融于一体，还具有一定的掉电信息保护功能，可以实现单片控制或者手动等，其使用更方便，更快捷。另外“光”所采用的是发光二级管 LED，具有双重指示灯报警和音响报警的功能，其指示灯在正常工作状态显示为绿色，在报警状态显示的是红色。

7. 显示/键盘

其中显示器采用的是 2 组 LED 数码管，经过 AT89C51 单片机处理之后检测数据，可以通过 I/O 口直接传送到驱动电路中，现场煤气时钟和浓度都会在 LED 上显示出来。系统键盘的显示接口采用的是 8279 芯片，并且使用硬件显示器进行扫描和用硬件对键盘进行完成的。键盘是由阀门开启键、报警值设定键、运行键以及时钟设定键、确认键、左移位健以及 0~9 数字键等组成的。用户的操作可以根据实际需要进行，其中键盘的工作采用的是中断方式，万一出现按键情况，就要先进行8279 申请中断。另外 CPU 则会在响应之后进入键盘的监控处理程序。

三、单片机系统软件设计

1. 系统主程序

主系统的功能主要是进行浓度超标限制、始终信息显示、完成系统信号采集处理和初始化、装置以上位机通信以及启动排气装置。为了满足系统的主要工作特点，选用的是结构化软件设计方法。图 4 所示为主程序流程图。

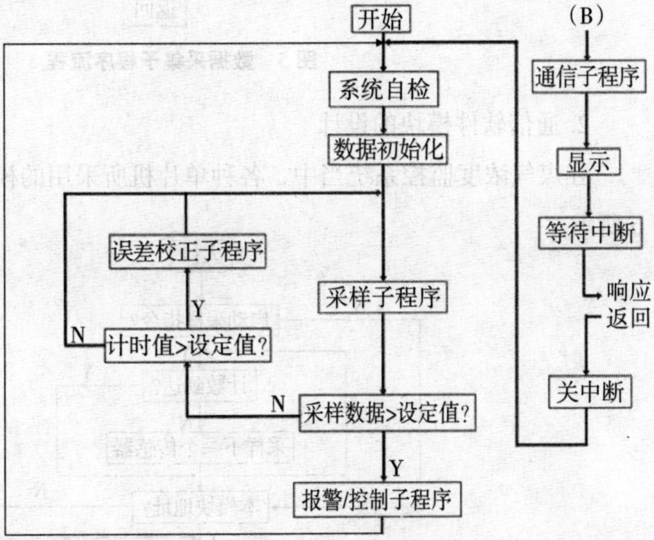

图 4 主程序流程图

初始化程序主要包括堆湛指针的设置、内存空间的分配以及初始变量的设置等，其中系统默认的煤气浓度是 8ppm。如果根据所规定的定时器，数据采集程序始终要求进行 D/A 数据采集时，就要对煤气浓度的测量值实时进行判别，一旦发现其超过所设定的限额，那么电磁阀会立即根据程序的指示把煤气管道关闭，与此同时把光电报警系统打开。对主画面当中的当前子系统状态要定时地给出，在出现报警的时候要提醒主控人员进行相应的处理。图 5 所示为数据采集子程序流程图。

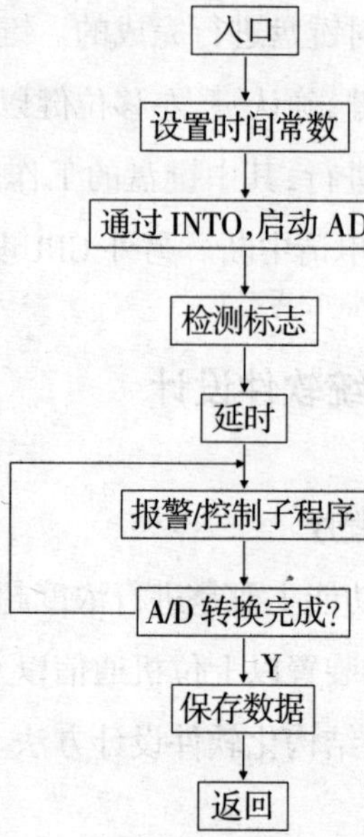

图 5　数据采集子程序流程

2. 通信软件模块的设计

在煤气浓度监控系统当中，各种单片机所采用的模块通信软件流程图如图 6 所示。

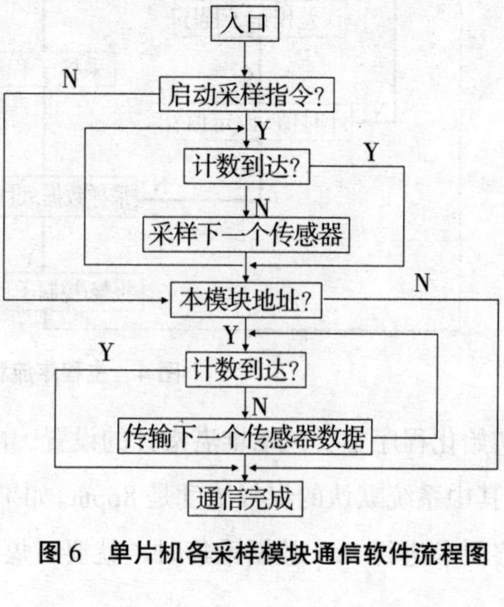

图 6　单片机各采样模块通信软件流程图

通信软件所采用的通信方式是以从动式中断通信方式进行设计的，也就是说把单片机当中的地址预先设定好，一旦单片机采样模块接收到上位工控机(IPC)的“启动采样”指令的时候，单片机采样模块便开始对该模块的八个浓度监测回路进行采样，而且还会对其检测控制的传感器进行故障状态的检测。

3. 误差自动校准子程序

测量精度是系统中一个普遍存在的问题，所以必须增加系统误差自动校正功能。这一功能的原理主要是依据气敏传感器的老化曲线，在特定程序中存放一些特定时刻点的标准参数，并且在一个月之后，系统还会根据实时所测量数据自动对其中的参数进行校正，然后系统就会根据所校正的参数标准对之后的测量值进行校对，这样可以有效地保持其报警灵敏度。此外，为了能够切实减少环境温度所带来的系统误差，通过采用软件来实现对温度的补偿。

4. 中断服务子程序

此程序的主要功能是实现人机对话、完成报警消音、进行时钟锁定以及数据处理等。这样，系统就可以根据操作者的需求来进行工作。

四、结语

这种系统改变了以往通过岗位员工判别煤气浓度的落后事实，实现了自动化控制和实时监测，上位机还可以提供历史数据以及趋势图等。这种系统自从设计和投入使用以来，由煤气浓度超标所引发的安全中毒事故几乎为零。通过具体实践证明，这种系统具有工作可靠、稳定的特点，且应用效果良好。

参考文献

[1]陈新岗，胡超，杜海洋，等.基于单片机的智能行驶速度限制、疲惫唤醒器[J].重庆工学院学报：自然科学版，2009，21(8)：1220-1222.

[2]周从明，刘念聪，王银芝，等.基于单片机技术的智能型煤气监控系统[J].仪表技术与传感器，2003(6)：25-27.

[3]姚丰，刘念聪，陈朝大，等.单片机技术在智能煤气监控系统中的应用[J].河南科技大学学报：自然科学版，2010，25(4)：54-57.

PLC技术支持下的煤矿输煤控制系统研究*

曹雅丽

摘要：集散控制技术是集中控制系统所采用的技术，在胶带输煤现场，各个工作站将采集的数据通过电缆箱主控制室输送，然后进行处理。整个控制系统能够实现监测和控制，生产过程实现计算机化，从而促使一种规范性的管理得以形成。文章主要对PLC（可编程控制器）技术支持下的带式输送机控制系统进行了设计。

关键词：PLC技术；煤矿；输煤控制系统

前言

现阶段，我国煤矿绝大多数主斜井提升应用带式输送机，投资、运行成本及状况受到输送机方案确定的合理性的直接影响。传统的输煤系统是一种半自动化系统，给予继电接触器与人工手动方式，现场环境非常恶劣，工人们在对煤炭进行输送时使用皮带运输机和取煤机，常常会有各种问题出现，比如皮带跑偏、落煤管堵塞等，而且很难在第一时间将故障排除。在输煤系统中应用PLC（可编程控制器）技术，在井下运输线中上述问题就能够得到有效解决，在工业控制领域，该技术的应用前景十分广泛。

一、系统功能

1.控制系统组成

信号采集系统与信号处理系统共同组成了带式输送机控制系统。信号采集系统的主要任务是采集现场的开关量与模拟量信号，比如，输送带打滑信号等，其执行装置是继电器和各类传感器。信号处理系统主要是对包括PLC、人机界面等在内的现场信号进行运算和实现。

由于井下环境恶劣，同时具有较多的电磁干扰等，在对PLC进行选择时可以选用西门子公司的S7-200系列。该系列PLC的配置较为灵活，而且可靠性较高，同时具有良好的环境适应性和抗干扰能力。对

作者简介：曹雅丽（1971—），女，河北唐山人，副教授，研究方向为电气自动化、机电一体化。

*本文发表于《煤炭技术》2013年第10期。

模块进行扩展时使用的 PLC 是 S7-200 系列的 CPU226、EM231 模拟量输入模块。PLC 主要负责对现场信号进行采集，在对设备的启停进行控制时通过程序运算，并向上位机发送信号，从而达到实时监控系统的目的。模拟量输入模块、PLC、工控机三部分构成了控制系统的硬件[1]。而控制系统的软件包括两部分，即 PLC 程序与 WINCC6.0 组态软件，软件程序又包括两部分，即系统控制部分与保护系统。控制系统主要是对煤机、带式输送机等的顺序进行有效的控制，而保护系统主要是为特殊情况报警，比如输送带撕裂、跑偏等。

2.控制要求

在对系统进行控制时，采用逆煤流启动与顺煤流停车的顺序。供煤时，首先同时启动输送机电机和溜槽电机，经过一段时间之后，启动受煤坑挡板电机。为了有效地避免输送机电机带负荷启动的现象，应该逆序延时启动各输送机电动机；停车时首先让挡板电机反向运转，过一段时间之后，关闭给煤口，再停止输送机电机。为了保证停车时没有煤料残留在各运输输送带上，应该依据一定的时间间隔，顺着煤流方向顺序停止。

在运行过程中，如果某台设备出现故障，应该自动报警，同时自动停车，其煤流方向的设备也应该立即停车，同时依据一定的顺序，对其后方设备进行延时联锁停车。将跑偏检测开关设置在各输煤输送带，当输送带跑偏 20°时报警并自动停车。可以将各机电设备的运行状况显示出来，并实时记录输煤过程中报警与自动停车等相关情况。

二、系统设计

1.系统硬件设计

(1)控制系统的硬件结构（如图 1 所示）

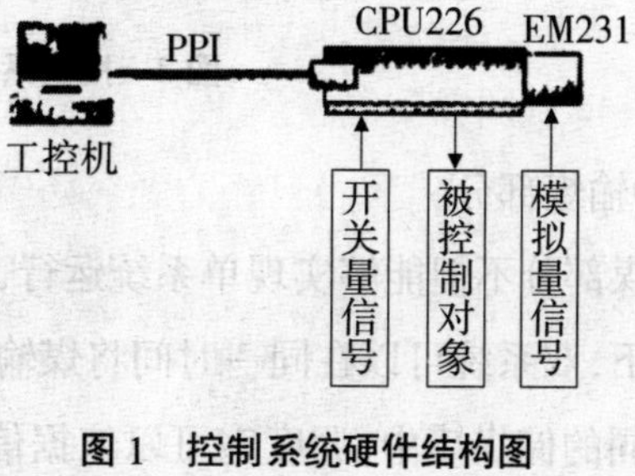

图 1　控制系统硬件结构图

(2)PLC选型主电路设计

西门子公司的S7-200系列中小型PLC具有较强的控制功能、较高的性价比和较快的运行速率,集中控制与就地分散控制都能够得到较好的实现,国内市场已经广泛采用。参照S7-200产品目录,依据市场实际价格,选择S7-200产品CPU226模块,因为该模块具有较高的运行速度和较大的存储区,可以在线编辑程序,并且具有扩展功能。有34个现场输入信号,如总启动、停止,煤仓位传感信号等,其中有34个开关量输入信号,1个模拟量输入信号;有51个开关量输出信号,如振动给煤机、输送带运输机正反转、故障报警等,1个模拟量输入信号。PLC系统组成如图2所示。

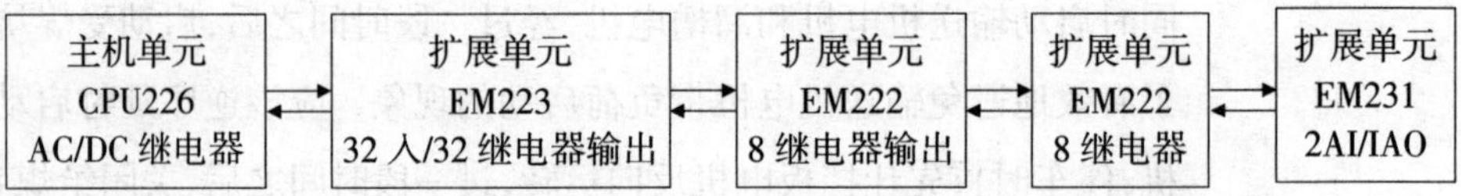

图2 PLC系统组成框图

2.系统软件设计

系统软件由控制功能部分与人机界面部分构成。PLC程序是实现控制功能部分的主要模块,主要是完成启动煤机与输送带的顺序任务、启停控制1″输送带和2″输送带、报警及处理故障等。通过WINCC6.0组态软件实现人机界面部分。WINCC6.0组态软件通过处理PLC信号,向用户呈现图像、声音等形式的现场信息。控制系统软件如图3所示。

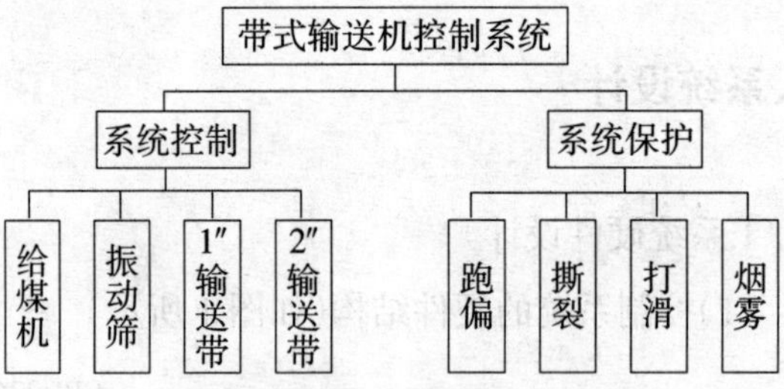

图3 控制系统软件框图

(1)输煤部分

输煤部分不但能够实现单系统运行,同时也能够实现双系统运行,在同种煤的情况下,双系统可以在同一时间将煤输送到一个储煤罐中,也可以将煤输送到两个不同的储煤罐中,调度室可以依据信号显示,对现场储煤罐输煤情况、主输送机运行情况和受煤坑给煤情况进行实时的监控。如果不是同种煤,可以分别输送到两个储煤罐中。

当系统出现故障时,紧急停车能够实现,这时允许有煤存在于输送带上;正常停车也可以完成,这时如果双系统都在运行,而现场只要求将一个系统停止的情况下,选择性停车也可以实现,同时使另一个系统的正常运行得到有效的保证,生产不会受到影响。当需要更换储煤罐时,在决定电机的启停时可以依据换罐前后的比较情况,这样可以使溜槽电机由于挡板已到位而仍正转的情况得到有效的避免,或者使已经翻转到位而仍在反转的情况得到有效的避免,从而将堵转现象有效消除[2]。当储煤罐中煤位出现高位信号时,不应该再接着将煤输送到该储煤罐中,而应该依据生产需要将该输煤系统停止或是将该储煤罐更换掉。当主输送带出现跑偏的情况时,将受煤坑给煤和跑偏的输送带同时停止,然后进行及时修复。

(2)系统故障的显示与报警

储煤仓煤位高、低位信号、输送带跑偏信号等的显示与报警都设置在系统,同时还设置了指示灯对储煤罐储煤与配煤情况、满空、故障信号等进行显示,这些保护措施都是十分必要的。当有故障发生时,控制面板上的报警指示灯就会开始闪烁,同时伴随着电铃报警信号。操作人员在得知故障发生后,按销铃按钮关闭电铃,报警指示灯就会由原先的闪烁转变为长亮。故障消除之后,报警灯就会自动熄灭。除此之外,还将试灯、试铃按钮设置在其上,平时用来检测报警指示灯与电铃的好坏。在对信号显示进行控制时不需要进入PLC输入端,而仍然使用继电器,将控制部分省略。

三、工作原理

1.操作方式

(1)自动操作方式

自动操作方式在PLC程序与组态软件下得以实现,操作员可以在工控机上启动/停止设备。当系统进入自动状态之后,在自动启动/停止带式输送机时应该严格依据顺序,并在自动实现报警和互锁功能时严格依据采集上来的信号。

当设备发生事故或出现故障时,系统就会自动停止,并发出声光报警。同时将故障日志创建在组态系统中，为技术人员以后对设备的运行状况进行分析打下坚实的基础。要想立即停止所有设备，只需要按下系统上的“紧急停车”按钮。

(2)手动操作方式

当设备处于手动操作方式时，操作员可以控制任何一台设备的启动/停止状态，系统可以设置每一条输送带的互锁/解锁状态。在互锁状态下，带式输送机实现启停时依据一定的顺序动作。该种情况下手动针对的对象是一条输送带系统。在解锁状态下，操作员在对设备进行启动/停止时不需要严格依据先后顺序。

2.变频控制

采用变频控制对输送带电机进行控制，软启动/停止电机可以通过变频器得以实现，这样就使电机启停冲击电网的力度得到有效的减小。为了使输送带的恒速转动得以切实的实现，可以通过 PLC 通信与变频器，将 PLC 的 PID 功能充分利用起来。

3.检测保护功能

系统要能够实时监控与保护输送带与电机，只有这样才能够使系统的工作安全得到有效的保证。将跑偏开关设置在输送机的两级，每隔 50 米在输送带上设置一对跑偏开关。一级跑偏开关用于报警，二级跑偏开关用于故障停车。每隔 50 米在输送带的两侧安装拉线开关，只有这样才能在故障发生时做到紧急停车，从而使设备与人身安全得到切实的保障。PLC 通过和变频器通信实时检测电机的温度与电流。如果电机具有过大的电流或过高的温度，可以立即停车，转入故障处理程序，使电机被烧毁的概率降到最低限度。为了保证输送带的正常运行，可以在系统上安装撕裂、烟雾等传感器[3]。

四、结语

随着科技的不断进步与发展，煤矿生产的自动化技术水平得到了不断提升，PLC 作为一种自动控制装置已经在现代运煤系统中得到广泛的应用。通过监理控制网络连接起相距较远的各输煤机架控制器，可以使信息的相互传递得以实现，利用 PLC 在一个控制系统中集中整条运输线，在集中管理、分散控制的基础上可以实现控制输煤设备的目标。该系统在运用 PLC 时比较成功，使变频器驱动电机运转的目标得以实现，同时设置了皮带综合保护装置，主从点击运转频率的一致在利用变频器软启动技术中得以保证，使打滑等事故的发生率得到了极大降低，同时在整个皮带的运行过程中，有多个皮带保护装置设置在其上，如果发生事故，会及时在主控制室的 PLC 故障显示控制板上反映故障地点、类型等，使故障的发生概率得到了最大限度的降低，从而使工作效率得到了有效提高。在设计和控制整个系统时应用 PLC 的应用特点与变频器的软启动技术，取得的效果十分显著。

参考文献

[1]王琳.PLC 在煤化工输煤程控系统中的应用[J].石油化工自动化,2011,47(3):75-77.

[2]曾海珍.一种基于 PLC 控制输煤程控控制系统在发电厂中的应用[J].广东科技,2009(16):179-180.

[3]李瑞斌.基于 PLC 的煤炭企业备煤控制系统的研究[J].煤炭技术,2012,31(6):55-56.

基于 PLC 控制的煤炭分拣系统研究 *

李献智

摘要:本文首先分析了基于 PLC 控制的煤炭分拣系统的功能与要求，然后概括了材料自动分拣系统的总体设计方案，研究了该分拣系统的控制原理，最后针对其硬件和软件设计进行了分析和研究。

关键词:PLC;PLC 控制;煤炭;分拣系统

0 引言

以 PLC 控制为核心的煤炭分拣系统的成本非常低,而且工作效率很高,可以自动对物料进行分拣以及出库,能够很好地对整个生产过程进行控制,因此也可以提高企业的生产效率,使企业获得更大的利润。以 PLC 控制为核心的煤炭分拣系统主要由硬件和软件两大部分组成,分拣和控制的整个工作也主要由这两大部分完成。下面针对该系统的功能、要求、设计方案和控制原理进行阐述。

1 PLC 控制为核心的煤炭分拣系统的功能与要求

在设计煤炭分拣系统时,主要根据的三种基本功能是识别不同颜色色块、识别金属和非金属、分拣出金属或者非金属中某一颜色色块。为了使煤炭企业的实际需要得到满足,设计了许多传感器在 PLC 控制系统上,这样分类和检测采集材料的工作就可以由这些传感器来完成,从而对煤炭进行判断。首先要将采集到的材料送到传送带,分类的工作可以交给各种传感器来完成。然后将传感器检测出来的材料通过各自的启动系统送到对应的材料箱,否则还要由其他传感器对它们进行检测。

对以 PLC 控制为核心的煤炭分拣系统是有具体要求的。首先,电机在接通电源后开始工作，系统所需要的电脉冲由光电编码器发出。传送带在这个时候也开始工作。如果有物料在传送带上，下料气缸需

作者简介:李献智(1972—),男,银川人,副教授,研究方向为计算机控制。

* 本文发表于《煤炭技术》2013 年第 8 期。

要启动工作，物料经过各传感器后分出。如果有金属的材料被检测出来，金属材料将会被气缸 1 送到下料槽。如果有煤炭材料被检测出来，非金属材料就会由气缸 2 送入下料槽。如果颜色传感器检测到某种颜色的材料，待测材料就会被气缸 3 送入下料槽。如果有其他材料到达备用传感器部位，待测材料就会被气缸 4 送到下料槽。气缸要有合理的动作保护限位，如果下料槽中没有下料，延时装置后可以自动停机。

2 材料自动分拣系统的总体设计方案

基于 PLC 控制为核心的煤炭分拣系统主要由三大部分组成，其中包括机械、启动和控制，在整体的控制系统中依靠的是计算机。机械部分的主要功能是实现各种机构装置预定的运动轨迹和完成预期的功能。启动部分主要由检测传感器和电磁控制阀等构成。控制系统则由可编程控制器、变频器、低压断路器和交流接触器等组成。硬件和软件是基于 PLC 控制为核心的煤炭分拣系统的两大主要的组成部分。

(1)硬件组成。组成硬件的元件有很多，其中包括检测元件、控制元件、中央处理单元及人机操作界面等。

(2)软件组成。系统软件和应用软件是机电计算机控制系统的软件组成部分。在计算机的控制中，有相应的控制程序在每一个控制对象或者控制任务中，每个对象的不同要求要通过这些控制程序完成，通常情况下，称这种程序为应用程序。文中在编写 PLC 梯形图程序时主要根据的是材料自动分拣以及各种进出库的输入和输出状态。

3 以 PLC 控制为核心的煤炭分拣系统的控制原理

计算机和可编程控制器系统是现在很多煤炭企业使用的自动分拣智能控制系统的组成部分，特点是体积比较小，具有很强的操作性，使企业的生产成本大大降低。PLC 控制为核心的煤炭分拣系统具有很强的稳定性、很高的可靠性和安全度，另外系统模块的功能也比较完善，可以使企业的工作和生产效率大大提高。因此，很多与煤炭有关的企业都运用了以 PLC 控制为核心的煤炭分拣系统。

PLC 控制系统工作原理如图 1 所示。

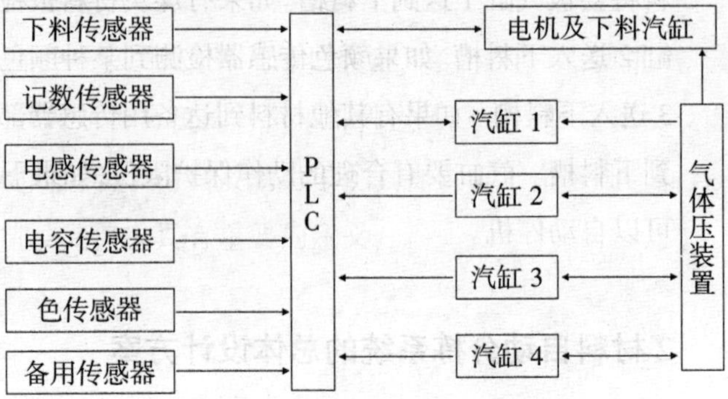

图 1　PLC 控制系统工作原理图

PLC 是整个智能控制系统的下位机,可以识别装置状态,也可以实现控制的功能。首先,要接通控制装置的电源,输送带在 PLC 的推动下开始传输煤炭,料槽中是否有煤炭需要由下料传感器进行分析。如果有煤炭就会被传送带输送到荷重传感器上,并且给 PLC 发送产生的信号。如果没有煤炭,电机就会在一个周期后自动停止运作。一般情况下,工业生产出来的模拟信号都是关于速度、质量等的,只有数字信号才能够被 PLC 系统接收和处理。所以,为了方便 PLC 系统对发出的信号进行处理,必须通过模数转换器将模拟信号转换成数字信号。需要注意的是,被控物的体积和压力等会调节和控制 PLC 发出的信号,因此要经过 D/A 将 PLC 发出的数字信号转换成模拟信号,这样才能达到控制的目的。在煤炭自动分拣系统中,PLC 控制系统需要根据物料的实际重量以及装置的设置阈值来对物料的位置进行判断。然后,通过对气阀的控制将物料推入不同的出料口,这样就可以使材料的分拣任务完成。

4 硬件分析设计

(1)确定 I/O 点数。PLC 控制为核心的煤炭分拣系统主要有 6 个传感器信号输入端和 2 个开关信号输入端,其中检测金属的电感传感器、备用传感器、下料传感器、记数传感器,检测非金属的电容传感器是传感器的几个组成部分。有 5 个气缸工作方位信号与以上的传感器相对应。5 个气缸共有 10 个信号,每个气缸分别有 2 个信号,2 个信号分别是动作限位信号和回位限位信号。有 5 个电磁阀在输出中控制着气缸的运作。另外，输出中还有接触器操作电动机的正常工作。所以说,I/O 由 18 个输入点数和 6 个输出点数组成。

(2)PLC 选型。在 I/O 的点数确定之后,要选择一个满足要求的 PLC,选择的 PLC 要符合实际的分拣装置的需要，体积不能过大。S7-200 型 PLC 的 CPU224 具有输入点 24 个,输出点 16 个,远远比实际需求的能力大,所以能够使该系统的要求得到满足。

(3)步进电机的设计。控制系统中的一种操作装置就是步进电机,可以推动传输带传输物料,与编码器相连接。步进电机需要通过 PLC 发出脉冲个数,这样能够使系统准确定位,然后对角度位移量进行控制。电动机转动速度的调节需要通过对脉冲发出的频率的控制来实现。

(4)旋转编码器。与步进电机相接触的是旋转编码器,可以将系统所需的脉冲信号输入计数装置中,另外为了方便操作,还要转化这些脉冲信号为位移量,然后才能完成识别传送带上的物料的任务。

(5)电感传感器的设计。用于检测金属材料的传感器就是电感传感器,它的功能是开关量输出。其中 LC 高频振动电路和信号放大处理器是电感传感器的构成部分。如果高频振荡感应顶端有金属材料靠近,就会有相应的电磁产生,并且有涡流在金属材料内部产生。另外,由涡流产生的反作用与开关接近,可以使接近开关振荡强度降低,从而使内部的电路参数得到改变。有没有金属材料的接近,就是通过这样的方式判别的。

(6)电容传感器的设计。用于检测煤炭的装置就是电容传感器。作为一种位置传感器，电容传感器又是一种接近式开关装置。电容传感器的一极是待测材料,另一极是测量头。如果电容传感器上有煤炭接近,待测煤炭和接近开关的介电常数就会改变,另外与测量头相连的电路参数也随之改变,这样可以判断出是非金属材料。

(7)颜色传感器的设计。在对颜色传感器进行选择时,首先要使系统装置的需要得到满足,在检测材料的颜色时,主要根据的是待测物对 3 基色的反射率。

(8)上位机通信的设计。上位机在煤炭自动分拣系统中与 PLC 相连接,能够控制参数、显示状态和储存数据,并且能够与上位机通信,所以可以在线检测自动智能分拣的全过程。首先要通过不同的传感器检测材料和颜色，然后传送给 PLC 在检测过程中产生的信号,材料自动分拣操作就完成了。另外,上位机通信还可以在线对动态进行监控,还可以实时地显示出最新的动态,如果遇到故障,还能够自动报警。最后,上位机通信系统还能够统计出分拣物料的数量,还能够对数据进行存贮。

(9)系统的电气接线。执行器的接口选择的是正反转的电机接口型和能耗制动型,采用的是YF2012型的脉冲切换接口,具有节省布线型接口的中继器。PLC执行器接口的重要组成部分是5毫米基座和小型继电器或者光耦。其中5毫米基座是带螺钉或者弹簧连接方式的,小型继电器是可插拔式的。有时也需要手动或者自动切换。在PLC执行器之间的接口应用中，手动的高速脉冲不需要由PLC输出,可以直接由脉冲切换接口产生。为了产生脉冲,设置的单片机电路在该接口内，接口中的单片机在手动时会发出脉冲，有2路脉冲从每个接口中产生。脉冲的速度为1.5k,在连接该接口时依据的是弹簧连接方式。中继器采用的是节省布线型接口。一般情况下,为了方便传送传感器和执行器的信号,很多信号需要集中起来。

5 软件部分设计

以PLC控制为核心的煤炭分拣系统的软件设计是PLC控制系统设计的核心,同时在整个设计中起着灵魂的作用。按照煤炭企业的具体要求,先要确定电路参数和限定保护、系统的控制方式及应完成的操作。然后对PLC控制系统的不同部分进行分类,在分类时要根据生产设备的实际要求,并且要按照输入和输出分类,这样更有利于软件的设计。最后把各个类型设备的输入或者输出地址按照顺序进行分配。

在传送带上传送金属铁铝和煤炭材料块时，传感器会依次对这些材料进行检查,如果有相应的传感器测中某些材料,PLC控制系统就会接到由相应的传感器发出的信号,然后相应的气缸就会在PLC的启动下开始工作。检测到的物料被推入料槽中，其他的气缸将会在旋转编码器的操作下继续检测不能识别的其他物料。当荷重传感器接收到传送带传送的物料信号时,气缸的电磁阀会被推到限定的位置,这时电磁阀就会恢复原位。如果料槽中没有材料,电机就会继续工作一个周期,然后停止。系统接线图如图2所示。

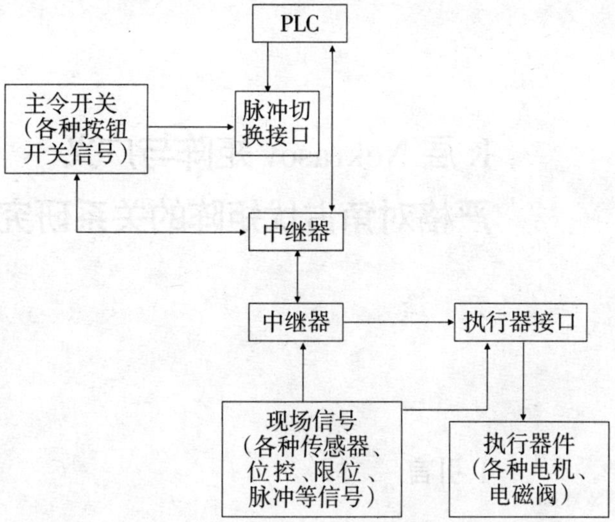

图 2　系统接线框图

6 结语

以 PLC 控制为核心的煤炭分拣系统在检测物料的属性和颜色等时使用多种传感器,并且能够自动检测和分拣煤炭,具有很高的安全性、很强的稳定性及可靠性,操作时非常灵活,应用在煤炭领域内可以在很大程度上使煤炭的生产率得到提高,另外还能够使企业的生产成本大大降低。

参考文献

[1]于昊. PLC 在材料自动分拣系统中的应用[J].煤炭技术,2011,30(12):31-32.

[2]张玲莉.基于 PLC 控制的自动识别、分拣系统设计[J].自动化技术与应用,2010,29(5):110-111,122.

[3]向六昭. PLC 在煤炭分拣系统中的应用[J].煤炭技术,2012,31(3):54-56.

[4]郭润夏,白兰萍. PLC 在自动材料分拣系统中的应用[J].微计算机信息,2006,22(13):62-64.

[5]陈钧.几种基于 PLC 技术的实用控制程序设计[J].制造业自动化,2008(4):87-90.

K 层 Nekrasov 矩阵与广义严格对角占优矩阵的关系研究*

尹　锋

摘要：K 层 Nekrasov 矩阵的推广矩阵中，K 层弱Nekrasov 矩阵与广义严格对角占优矩阵存在迭代矩阵和不等式估计等性质，本文针对这几类矩阵与广义严格对角占优矩阵之间的置换关系进行了定义和证明，并根据广义 Nekrasov 矩阵与弱 Nekrasov 矩阵的置换不变性，推论出非奇异矩阵的充要条件，将广义 K 层 Nekrasov 矩阵和 K 层弱 Nekrasov 矩阵的对角阵的奇异性进行了充要性的推论和证明，进而通过构造特殊矩阵和特殊向量改进了广义 Nekrasov 矩阵研究中的不足。

关键词：K 层 Nekrasov 矩阵；弱 Nekrasov 矩阵；广义严格对角占优矩阵；不等式估计

作者简介：尹锋（1964— ），男，回族，宁夏银川人，硕士，副教授，主要研究方向为高等职业教育（数学）或开放教育（数学）。

*本文为宁夏高等学校科学技术研究资助项目（NGY2012124），发表于《科技通报》2013年第 9 期。

1 引言

本文针对 Nekrasov 矩阵的特殊性进行了深入研究，该矩阵广泛应用于代数、控制理论、经济数学等领域，是众多数学研究者关注的重点。一些大型系数矩阵作为特殊矩阵被应用到线性方程组的求解问题中，取得了较好的效果，例如有限元方法、线性互补问题以及马尔科夫问题等，将实际问题向系数矩阵方向转移是非常高效的研究方法[1-3]。与此同时，对于线性滞系统的稳定性研究也是非常有必要的，它不仅可以扩大这类系数矩阵的应用范围，还能够在诸如控制论中借助 M-矩阵等大型未定型矩阵进行数学建模。文献[4-5]在 Nekrasov 矩阵行列式上下界正确性判断方面做了大量研究工作，对几个等价条件的充要性进行了证明。在研究 Nekrasov 矩阵与广义严格对角占优矩阵的关系中，仍然需要对 Nekrasov 矩阵行列式不等式方面做进一步的研究。

2 Nekrasov 矩阵的基本概念

首先，定义复矩阵与实矩阵的分别为 $C^{n\times n}$ 与 $R^{n\times n}$，其集合为 $A=(a_{ij})\in C^{n\times n}$，其中：

$$\langle n\rangle=\{1,2,\cdots,n\},r_i(A)=\sum_{i\neq j}|a_{ij}|,\forall i\in\langle n\rangle$$

定义：$R_i(A)=\sum_{j=1}^{i-1}|a_{ij}|\frac{R_j(A)}{|a_{jj}|}+\sum_{j=i+1}^{n}|a_{ij}|$，$2\leqslant i\leqslant n$，则

$\beta(A)=\{i\in\langle n\rangle;|a_{ij}|=r_i(A)\}$

$J_\beta(A)=\{i\in\langle n\rangle;|a_{ii}|>r_i(A)\}$

$\alpha(A)=\{i\in\langle n\rangle;|a_{ii}|=R_i(A)\}$

$J_\alpha(A)=\{i\in\langle n\rangle;|a_{ii}|>R_i(A)\}$

定义1　广义 Nekrasov 矩阵

当 $A=(a_{ij})\in C^{n\times n}$ 时，有严格不等式 $|a_{ij}|>R_i(A)$，$\forall i\in\langle n\rangle$ 成立时，则 A 为 Nekrasov 矩阵；当正对角矩阵 X 使得 $AX\in N$ 成立时，则 A 为广义 Nekrasov 矩阵。

定义2　对角占优矩阵

当 $A=(a_{ij})\in C^{n\times n}$ 时，有严格不等式 $|a_{ij}|>r_i(A)$，$\forall i\in\langle n\rangle$ 成立时，则 A 为严格对角占优矩阵；存在任意 $i\in\beta\langle A\rangle$ 时，有 $j\in J_\beta(A)$，且 $a_{ii1}a_{i1i2}\cdots a_{i\beta j}\neq 0$ 成立，则 A 为链对角占优矩阵。

定义3　非奇 M 矩阵

当 $A=(a_{ij})\in R^{n\times n}$ 时，所有非对角元素全非正，可以使得 $A=sI-B$，矩阵 B 的谱半径为 $\rho(B)$ 时，$s>\rho(B)$，则 A 为非奇 M 矩阵。

3 广义严格对角占优矩阵与广义 K 层 Nekrasov 矩阵的关系

当 $A=(a_{ij})\in C^{n\times n}$ 时，定义：

$$N_1=\left\{i\in\langle n\rangle;|a_{ii}|\geqslant\sum_{i\neq j}|a_{ii}|=r_i(A)=P_i(A)\right\}$$

$$N_2=\left\{i\in\langle n\rangle\setminus N_1;|a_{ii}|\geqslant\sum_{j\in N_1}|a_{ii}|\frac{R_j(A)}{|a_{jj}|}+\sum_{i\neq j,\,j\in\langle n\rangle\setminus N_1}|a_{ij}|=P_i(A)\right\}$$

$$N_k=\left\{\begin{array}{l}i\in\langle n\rangle\setminus(N_1\cup N_2\cdots N_{k-1});|a_{ii}|\geqslant\sum_{j\in N_1\cup N_2\cdots N_{k-1}}|a_{ii}|\frac{P_j(A)}{|a_{jj}|}\\+\sum_{i\neq j,\,j\in\langle n\rangle\setminus N_1\cup N_2\cdots N_{k-1}}|a_{ij}|=P_i(A)\end{array}\right\}$$

如果存在 $k\in\langle n\rangle$ 使得 $N_k\neq\varnothing$，且 $N_1\cup N_2\cdots N_k=\langle n\rangle$ 时，A 即为 K 层 Nekrasov 矩阵。

当正对角矩阵 X 使得 $AX\in N$ 成立时，则 A 为广义 Nekrasov 矩阵，记为 $A\in GBN_k$。

可以由以上定义得到，对于任意置换矩阵 P 来说，进行置换后的 PAP^T 也是K层 Nekrasov 矩阵，这就是广义 Nekrasov 矩阵与弱 Nekrasov 矩阵的置换不变性。

首先，引用文献[3]中关于 Nekrasov 矩阵与广义对角占优矩阵的关系结论：

引理 2　令 $A=(a_{ij})\in C^{n\times n}$，对于 $i\in\langle n\rangle$ 来说，如果都满足 $r_i(A)>0$，则有 $P_i(A)>0$。

证明：当 $i\in N_1, P_i(A)=r_i(A)>0$。当 $i\in N_k$ 时，假设结论成立，则有：

$$P_i(A)=\sum_{j\in N_1\cup N_2\cdots N_k}|a_{ii}|\frac{P_j(A)}{|a_{jj}|}+\sum_{i\neq j,\ j\in\langle n\rangle\backslash N_1\cup N_2\cdots N_{k-1}}|a_{ij}|$$

显然对于 $j\in N_{k+1}$ 时，有 $P_i(A)>0$。

证毕。

引理 3　矩阵 A 为广义对角占优矩阵的充要条件是 A 为链对角占优的。

引理 4　矩阵 A 为广义严格对角占优矩阵的充要条件是 μ（A）为非奇 M 矩阵。

定理 1　当有 $k\in\langle n\rangle$ 时，$A\in BN_k\Rightarrow A\in D^n$

证明：对于 $\forall k\in\langle n\rangle$，且时 $P_i(A)>0$，假设

$$A\begin{bmatrix} A_{11} & A_{12} & \cdots & A_{1k}\\ A_{21} & A_{22} & \cdots & A_{2k}\\ \cdots & \cdots & \cdots & \cdots\\ A_{k1} & A_{k2} & \cdots & A_{kk}\end{bmatrix}$$

令 $D_i=diag(x_1^{(i)},x_2^{(i)},\cdots,x_n^{(i)})$，其中 $1\leqslant i\leqslant k$，

$$x_j^{(i)}\begin{cases}\dfrac{P_j(A)+\varepsilon_i}{|a_{jj}|}, & j\in N_i\\ 1, j\in\langle n\rangle\setminus N_i\end{cases}$$

$Ai=AD_1D_2\cdots D_i=(a_{ij}^{(i)})$，对于 $\forall s\in N_1$ 时

$|a_{ij}^{(i)}|=|a_{ss}^{(1)}|=P_s(A)+\varepsilon_1$

$$r_s(A_i)=\sum_{i\neq j,\ j\in N_1}|a_{sj}|\frac{P_j(A)+\varepsilon_i}{|a_{jj}|}+\cdots+\sum_{i\neq j,j\in\langle n\rangle\backslash N_1\cup N_2\cdots N_{k-1}}|a_{ij}|\leqslant\sum_{j\neq s}|a_{sj}|=r_s(A)$$

即 $P_s(A)<|a_{ss}^{(i)}|$

对于 $\forall s\in N_2$ 时

$|a_{ij}^{(i)}|=|a_{ss}^{(2)}|=P_s(A)+\varepsilon_2$

$$r_s(A_i)=\sum_{i\neq j,\, j\in N_1}|a_{sj}|\frac{P_j(A)+\varepsilon_i}{|a_{jj}|}+\cdots+\sum_{i\neq j, j\in\langle n\rangle\backslash N_l\cup N_2\cdots N_{k-1}}|a_{ij}|\leqslant\sum_{j\neq s, j\in\langle n\rangle\backslash N_l}|a_{sj}|=R_s(A)$$

即 $P_s(A)+\varepsilon_2<|a_{ss}^{(i)}|$

对于 $\forall s\in N_{i+1}$ 时

$|a_{ij}^{(i)}|=|a_{ss}^{(2)}|=P_s(A)+\varepsilon_i$

$$r_s(A_i)=\sum_{i\neq j,\, j\in N_1}|a_{sj}|\frac{P_j(A)+\varepsilon_i}{|a_{jj}|}+\cdots+\sum_{i\neq j, j\in\langle n\rangle\backslash N_l\cup N_2\cdots N_{k-1}}|a_{ij}|\leqslant\sum_{j\neq s, j\in\langle n\rangle\backslash N_l}|a_{sj}|=R_s(A)$$

通过以上的计算，将 A 右乘 i 个正对角矩阵 $D_1,\cdots,D_i$，得到矩阵 $N_1,\cdots,N_{i+1}$ 中的行全是严格对角占优行；将 A 右乘 $k-1$ 个正对角矩阵使得 $A\in D^n$。

如果 $k\in\langle n\rangle$ 使得：

①$A\in GBN_k$，则 $A\in D^n$；

②$A\in GBN_k$，则 $A[\alpha]\in GBN_1$；

③$A\in GBN_k$，则 $A\in GBN_1$；

④$A\in BN_k$，则存在正对角矩阵 X 与矩阵 $B\in CD$，$A=BX$，且 $BX\in BN_l$。

4 K 层弱 Nekrasov 矩阵与广义严格对角占优矩阵的关系

根据文献[6]的研究，非零元素链的对角占优矩阵属于广义严格对角占优矩阵，对于广义 K 层弱 Nekrasov 矩阵来说，$|a_{ii}|\geqslant P_i(A)$ 表示存在 $i\in\delta(A)$ 与 $j\in\delta(A)$，使得 $\delta(A)=\{i\in\langle n\rangle\}$ 是严格的。A 为广义严格对角占优矩阵的充要条件 $\gamma(A)=\{i\in\langle n\rangle:(18)\}$，且有：

$$\sum_{i\neq j, j\in N_l\cup N_2\cdots N_k}(|a_{jj}|-P_j(A))\frac{|a_{ij}|}{|a_{jj}|}\geqslant 0$$

证明：令 $Di=diag(x_1^{(i)},x_2^{(i)},\cdots,x_n^{(i)})$，其中 $1\leqslant i\leqslant k$，$x_j^{(i)}=\begin{cases}\dfrac{P_j(A)}{|a_{jj}|}, j\in N_i\\ 1, j\in\langle n\rangle\setminus N_i\end{cases}$

$\forall i\in N_t$，有 $|b_{ii}|=P_j(A)$，且

$$r_s(B)=\sum_{i\neq j, j\in N_l\cup N_2\cdots N}|a_{ij}|\frac{|a_{ij}|}{|a_{jj}|}P_i(A)-\sum_{i\neq j, j\in N_l\cup N_2\cdots N}|a_{ij}|+\sum_{i\neq j, j\in N_l\cup N_2\cdots N}|a_{ij}|\frac{P_i(A)}{|a_{jj}|}$$

即 $P_j(A)=|b_{ii}|$成立。

根据以上证明，当存在 $j\in N_t\cup\cdots\cup N_k$ 且 $\lambda=\{i\in N_t:t\in\langle k\rangle\}$ 时，a_{ij}（$|a_{ji}|-P_j(A)$）$\neq 0$，即可说明 A 为广义严格对角占优矩阵。

同理可证当$|a_{ii}|\geqslant P_i(A)$时，A 为广义严格对角占优矩阵的充要条件为 $\lambda=\{i\in N_t:t\in\langle k\rangle\}$且 $\lambda\neq\varnothing$。

下面给出广义严格对角占优矩阵的充要条件：

定理 2　若 $A=(a_{ij})\in C^{n\times n}$ 是 k，$(1\leqslant k\leqslant n)$层 Nekrasov 矩阵，则 A 即为广义严格对角占优矩阵。

证明：当 $i\in\langle n\rangle$时，如果 $r_i(A)=0$ 成立，只需要判断 $A(i)$的性质即可。对于任意 $i\in\langle n\rangle$，可以推出 $r_i(A)>0$，$\forall i\in\langle n\rangle$且 $P_i(A)>0$。

由于 k，$(1\leqslant k\leqslant n)$层 Nekrasov 矩阵具有矩阵置换不变性，假设矩阵为：

$$A\begin{vmatrix} A_{11} & A_{12} & \cdots & A_{1k} \\ A_{21} & A_{22} & \cdots & A_{2k} \\ \cdots & \cdots & \cdots & \cdots \\ A_{k1} & A_{k2} & \cdots & A_{kk} \end{vmatrix}$$

矩阵中的元素 A_{kk} 都是矩阵，并且其行标集分别为 $N_1,N_2,\cdots,N_k$，令 $D_1=diag(x_1^{(1)},x_2^{(1)},\cdots,x_n^{(1)})$，其中

$$x_i^{(1)}\begin{cases} \dfrac{P_j(A)+\varepsilon_1}{|a_{ii}|},i\in N_1 \\ 1,j\in\langle n\rangle\setminus N_1 \end{cases}$$

ε_1 的取值为：

$$\begin{cases} \varepsilon_1<|a_{ii}|-P_i(A),\ \forall i\in N_1 \\ \varepsilon_1\sum\limits_{j\in N_l}\dfrac{|a_{ij}|}{|a_{jj}|}<|a_{ii}|-P_i(A),\ \forall i\in N_2 \end{cases}$$

对于 $A_1=AD_1=(a_{ij}^{(1)})$，则有 $\forall i\in N_1$，$|a_{ii}^{(1)}|P_j(A)+\varepsilon_1$，且

$$r_i(A_1)=\sum_{i\neq j,j\in N_l}|a_{ij}|\frac{P_j(A)+\varepsilon_1}{|a_{jj}|}+\sum_{j\in N\setminus N_1}|a_{ij}|\leqslant\sum_{j\neq i}|a_{ij}|=P_i(A)<|a_{ii}^{(1)}|$$

$\forall i\in N_2$ 时，$|a_{ii}^{(1)}|=|a_{ii}|$，且有

$$r_i(A_1)=\sum_{j\in N_l}|a_{ij}|\frac{P_j(A)+\varepsilon_1}{|a_{jj}|}+\sum_{i\neq j,j\in N\setminus N_1}|a_{ij}|=P_i(A)+\varepsilon_1\sum_{j\in N_l}\frac{|a_{ij}|}{|a_{jj}|}<|a_{ii}^{(1)}|$$

令 $D_2=diag(x_1^{(2)},x_2^{(2)},\cdots,x_n^{(2)})$,其中

$$x_i^{(2)}\begin{cases}\dfrac{P_j(A)+\varepsilon_2}{|a_{ii}|},i\in N_2\\1,j\in N\setminus N_1\end{cases}$$

其中 ε_2 的取值为:

$$\begin{cases}\varepsilon_1\sum\limits_{j\in N_1}\dfrac{|a_{ij}|}{|a_{jj}|}<\varepsilon_2<|a_{ii}|-P_i(A),\ \forall i\in N_2\\\varepsilon_1\sum\limits_{j\in N_1}\dfrac{|a_{ij}|}{|a_{jj}|}<\varepsilon_2\sum\limits_{j\in N_2}\dfrac{|a_{ij}|}{|a_{jj}|}<|a_{ii}|-P_i(A),\ \forall i\in N_3\end{cases}$$

则有 $A_2=A_1D_2=AD_1D_2=(a_{ij}^{(2)})$满足如下情况:

$\forall i\in N_1,|a_{ii}^{(2)}|=P_i(A)+\varepsilon_1$,并且

$$r_i(A_2)=\sum_{i\neq j,j\in N_1}|a_{ij}|\frac{P_j(A)+\varepsilon_1}{|a_{jj}|}+\sum_{j\in N_2}|a_{ij}|\frac{P_j(A)+\varepsilon_2}{|a_{jj}|}+\sum_{j\in N\setminus N_1\cup N_2}|a_{ij}|\leqslant P_j(A)<|a_{ii}^{(2)}|$$

同理可得到:

$$r_i(A_{t+1})=\sum_{j\in N_1}|a_{ij}|\frac{P_j(A)+\varepsilon_1}{|a_{jj}|}+\sum_{j\in N_2}|a_{ij}|\frac{P_j(A)+\varepsilon_2}{|a_{jj}|}+\sum_{j\in N_t}|a_{ij}|\frac{P_j(A)+\varepsilon_t}{|a_{jj}|}+\sum_{j\in N\setminus N_1\cup N_2\cup\cdots\cup N_t}|a_{ij}|<|a_{ii}^{(t+1)}|$$

利用数学归纳法可以得到，存在 $k-1$ 个正对角矩阵 $D_1,D_2,\cdots,D_{k-1}$ 使得 $AD_1D_2\cdots D_{k-1}\in D$,即 $A\in D^*$,证毕。

5 结论

本文在研究 K 层 Nekrasov 矩阵的推广矩阵中,对已知矩阵附加上一定的条件,使 Nekrasov 矩阵具有置换不变性，在保持原定理条件不变的情形下，利用 Nekrasov 矩阵子阵的性质和相关不等式的放缩等技巧、K 层弱 Nekrasov 矩阵与广义严格对角占优矩阵存在迭代矩阵和不等式估计等性质，并将广义 K 层 Nekrasov 矩阵和 K 层弱 Nekrasov 矩阵的对角阵的奇异性进行了充要性的推论和证明。

参考文献
[1]黄廷祝.非奇 H-矩阵的简捷判据[J].计算数学, 2012(3) 318-328.
[2]刘智国,张雅明,林立忠.基于粒子群 LSSVM 的网络入侵检测[J].计算机仿真,2010,27(11):136-140.
[3]Gan T B,Huang T Z. Simple criteria for nonsingular H-matrices[J].Linear Algebra and its Applications, 2012(374):317-326.
[4] 郭希娟,高益明.广义严格对角占优矩阵与非奇异 M- 矩阵的判定[J]. 应用数学学报, 2012(2):23-29.
[5]刘燕.基于云计算信息处理系统体系结构设计[J].科技通报, 2012, 28(18): 100-102.
[6]干泰彬,黄廷祝.非奇 H-矩阵的实用充分条件[J].计算数学,2011(2):109-116.

完善宁夏 A 监理有限公司员工培训体系对策研究 *

黄文娟　田　宁

摘要：本文从员工培训的理论出发，对宁夏 A 监理有限公司员工的培训现状进行实地调查，详细分析了员工培训存在的问题，提出了完善员工培训体系的对策，以期对监理企业发展培训机制及创新有所启发。

关键词：监理公司；员工培训；培训体系；对策

监理行业是智力密集型行业，高智力、高技术人才投入多，如何针对监理企业特点，把握经营方向，制定监理企业员工培训制度，是一项重要的管理工作。近年来，由于市场需求量递增，国家建筑业迅速发展，监理行业随之数量激增，但行业高素质人才紧缺[1]。如何吸引人才、留住人才、激励人才，使企业获取相对持久的竞争优势，具有重要的战略意义。这一点对宁夏 A 监理有限公司来说也不例外。

一、宁夏 A 监理有限公司公司员工培训现状

1. 公司人力资源状况

截至 2013 年 1 月，宁夏 A 监理有限公司拥有高级职称专业人员 48 名，中级职称专业人员 111 名，初级职称专业人员 86 名，辅助人员 41 名，共计在职监理人员 286 人。其中通过国家注册监理工程师 34 人，注册 32 人，116 人取得了国家监理工程师培训上岗证，91 人取得了宁夏监理工程师上岗证，人员的学历层次结构为：硕士 5 人、本科 68 人、大专 180 人、中专及以下 33 人。在 2006 年以前没有专门的人力资源部，相关工作由财务部的人员兼任。总的来说，宁夏 A 监理有限公司的员工学历相对偏低，98%以上的员工没有获得硕士研究生学历，获得硕士研究生学历的都集中在高层管理人员中，但公司员工年龄上占有优势，80%的员工平均年龄都在 30 岁以下，这为员工培训体系建设提供了机遇和挑战。

作者简介：黄文娟(1976—)，女，宁夏银川人，讲师，硕士，主要从事人力资源管理工作研究。

* 本文是宁夏职业技术学院科研发展基金资助项目(XJ201206)，发表于《中国连锁/中外企业文化》2014 年第 4 期。

2. 公司员工对企业培训的评价调查分析

为了深入了解宁夏A监理有限公司现有培训工作情况和成效，我们采取抽样问卷和抽样访谈的形式，对该公司的60名员工进行了调查，共回收有效问卷50份，问卷的有效率为83.3%。同时，对7人进行了个体访谈，调查和访谈的时间为2012年6月到2013年1月，对调查结果进行了统计分析。

（1）评价对象特征分析

有效的研究对象共50人，其中管理人员22人，技术人员28人；研究对象工作年限：5年以下11人，5年到10年21人，10年以上18人；访谈的对象包括管理人员4人，员工4人，由访谈人提出问题，被访谈人回答，访谈人根据被访谈人的回答进行记录，并加工整理。

（2）访谈的主要内容

访谈的主要内容是接受培训的意愿、对以往培训活动的内容和形式等方面的评价、对培训工作的意见和建议、培训效果评估[2]。

（3）调查结果分析

①企业员工培训满意度研究结果分析

表1　卡方检验结果表

问题	人数						
	很同意	比较同意	一般	较不同意	很不同意	X^2	*df*
您是否同意“我很满意企业组织的培训”的观点	2	2	22	21	3	44.20**	4
贵公司为员工提供了足够的培训机会，您认为是这样吗	0	3	32	10	5	42.64**	3
贵公司“培训效果有相应的评估方法”的说法，您同意吗	0	1	16	28	5	35.28**	3
贵公司培训能满足员工的学习需求，您同意吗	0	0	21	14	15	1.72*	2

（注：* 为 P<0.05，** 为 P<0.01）

通过卡方检验结果表可以看出，对“我很满意企业组织的培训”的观点持“一般”和“较不同意”的员工人数远远超过“很同意”、“比较同意”、“很不同意”的人，说明大部分员工对企业的培训持不满意的态度；对“培训效果有相应的评估方法”的说法的选项大部分人倾向于“较不同意”，说明公司在员工培训评估方面做得不到位，员工普遍认为企业没有相应的评估方法，通过对问卷五、六、七、八项的分析得出，员工普遍对该公司培训不满意，培训不能满足员工的需求，企业的培训评估不健全。

②访谈结果分析

对管理人员的访谈结果：对4名管理人员的访谈结果表明，有3名人员认为企业培训要有目的性，高层人员的培训要借鉴新的管理理念、新的思想，要走出去，请进来，创新培训模式，适宜的课程主要以能力开发、拓展思路、交流经验为主，如企业战略管理、成功的经典案例分析等培训内容，通过培训与先进的企业进行交流学习；中层人员应注重培训团队的组织能力、协调能力、执行能力，适宜的培训应是企业管理和相关专业的培训，如人力资源培训、团队建设等的培训；普通员工应注重岗位技术方面的培训，及对公司的制度、企业文化的指导学习。在企业的员工培训评估问题上，通过与人力总监的谈话了解到该公司对员工培训的评估侧重过程中的测试，基本上对培训后期的调查跟踪工作做得很少。

对技术人员的访谈结果：有3名人员认为企业培训的目的性不强，认为公司做培训大部分不能满足他们的需要，有的内容不是他们所需要的，培训形式比较单一，内容枯燥，培训的时间很短，效果不好，而且没有相应的激励机制，有的培训老师只有理论知识，实践的内容不多。访谈员工认为公司没有对他们的需求做过问卷调查，培训工作做得不到位。

总体来说，该公司员工培训体系建设中存在很多问题，主要表现在员工培训需求不完全明确、分析不足，员工培训目标定位不科学，监督手段不力和沟通渠道单一，员工培训评估机制不健全，员工培训内容设置不合理，员工培训流程实施不完整等，公司在这一块要下很大功夫。

二、完善公司员工培训的具体对策

1. 树立科学的员工培训战略定位

监理公司要充分认识员工培训的重要意义，树立科学的员工培训理念。在开展企业培训的具体工作中，要围绕公司发展战略，树立提高综合能力理念、终身学习理念、国际化理念、全过程开发理念、变革创新理念等先进的员工培训理念，结合公司实际运营情况，制定高水准的培训管理制度，吸取先进的培训经验与成果，实施科学化、规范化的培训管理，提高培训工作水平，培养和造就人才[2]。

2. 抓好完善培训体系建设的具体工作

(1)认真分析员工培训需求

培训需求分析是指在规划与设计每项培训活动之前，由培训部门采取各种办法和技术，对组织及成员的目标、知识、技能等方面进行系统的鉴别与分析，从而确定培训必要性及培训内容的过程。因此，监理公司员工培训要通过制定合理的员工培训需求调查表，做好培训需求分析，提高培训效率。

(2)合理设定员工培训目标

培训目标的确定是以培训需求为根据的，据该公司的标准和调查访谈结果，我们把公司培训体系的总目标设定为：建立一套符合企业发展战略的培训系统，打造一支高素质的团队，建立终身学习氛围的学习型组织，最终实现员企双赢。

(3)不断完善员工培训制度

随着公司规模的发展，公司承接的业务范围也在不断扩大，公司更需要各方面的人才，所以最初的简单培训已经跟不上了，不能停留在原有新员工和管理层次的培训上，公司应在原有基础上按层次划分，分别制定新进员工、一般员工、基层管理人员、中层管理人员、高层管理人员培训的制度，不断完善员工培训制度。

(4)做好员工培训评估制度

培训评估就是衡量培训的效果，评估是培训的重要环节。笔者前面已经提到该公司存在缺乏完善的培训效果评估体系、对培训效果进行测评的方法单一等问题，该公司的评估应包括培训课程、培训讲师、培训环境等培训方案的评估，同时也包括需求、培训效果以及后续追踪调查的评估，培训评估是一个系统工程，需要利用多种评估工具进行综合评估。第一要选择有效的培训评估指标，第二要确定适当的评估阶段，第三要确定评估具有实用性和效益性较好的层次，第四要选择满意度较高的评估方法，第五要合理收集、分析评估资料，第六要撰写良好的培训评估报告。

(5)构建员工培训和谐环境

现代科学管理最突出的一个特点就是强调人本化，“天时不如地利，地利不如人和”，把企业的成长与员工的成长看得同样重要，把员工个人的充分发展作为企业追求卓越目标的极为重要的一项内容[3]。因此，监理公司一定要坚持以人为本，为员工营造和谐发展的培训环境。具体操作如下：一是要在决策层之间、决策层和员工之间、员工层之间建立融洽和谐的人际关系。二是要畅通民主管理渠道，一方面继续坚持和完善企业职工代表大会和其他形式的民主管理制度，另一方面大力实施企务公开，保障职工的参与权、知情权。不断增进公司与职工之间的理解合作，努力实现企业和职工的互利双赢，努力形成共谋经济发展、共建企业和谐稳定的发展环境的良好局面。

(6)抓好员工培训过程控制

为了巩固培训体系，发挥培训效果反馈作用，抓好员工培训的过程控制是非常必要的。具体来说，就是要注意在以下环节做好控制工作，并落实好以下几个步骤。一是在培训过程中，鼓励培训督导员和培训中心的教师随时对学员进行提问，及时掌握学员的学习进程以便灵活调整教学的内容和方法；二是在培训结束后，通过发放不记名调查问卷的方式获得培训效果反馈信息，调查问卷内容包括学员对培训知识、培训老师、自身培训收获的大小、培训的实用性等，对每次培训做出客观的评价；三是在培训结束时，开展座谈交流活动，让教员和学员之间进行心得交流、做出总结，制订今后工作的行动计划，把在培训中学到的理论知识和技能运用到具体工作实践中去，同时还可以鼓励学员们培训后写培训总结，及时把总结报给培训评估监督小组，经小组成员讨论后存入个人培训档案，如果总结里边有一些意见被以后培训所采纳的话将会在员工考评得分中获得加分；四是在培训评估效果反馈结束后，注意将评估反馈结果在单位内进行传阅并沟通。

三、结语

培训永远是企业发展的不竭动力，作为宁夏首家和发展实力最大的监理公司，宁夏A监理有限公司的员工培训体系研究，可以折现出宁夏监理行业所面临的共同问题，对其他监理公司具有一定的启示作用。希望通过我们的调查研究，能对宁夏乃至全国监理行业的员工培训以及人力资源管理产生积极影响。

参考文献

[1]周晓玲.B公司员工培训问题分析及对策研究[D].中国地质大学(北京)硕士学位论文,2010.

[2]李其原.中小企业员工培训的问题与对策分析[J].企业技术开发(下半月),2009(3).

[3]周冰.企业培训创新的特点及其开发浅析[J].科技创业月刊,2004(11).

中国画中石绿颜色的制作问题*

马宝军

摘要：中国画传统颜色的制作是研习传统绘画的物质平台之一，石绿颜色作为中国画的主色之一，直接关联到对传统绘画的认知和思考，其制作方法更是重要环节。本文结合个人实践浅谈石绿颜色的制作步骤，希望能够起到抛砖引玉的作用。

关键词：石绿；研漂

石绿作为中国画的主色之一，其颜色的鲜、艳、亮与其制作程序关系紧密。对一个中国画家来说，熟练掌握或熟知其制作方法，有利于加深对传统绘画技术层面的理解和丰富自身的艺术语言及表现形式，更深切地传达中国画特有的人文内涵。下面结合自己的实践，粗略地谈一下石绿颜色的制作问题，希望能起到抛砖引玉的作用。

1. 选用颜色

广东阳春所产的孔雀石，重 20 克，通体一色，表面有凸起的圆包，横截面有近 20 个同心圆状的色层深浅交替出现，颜色鲜艳，呈翠绿色，具有孔雀羽毛般的光泽，硬度在 4~4.5 之间。

使用工具：乳钵、水桶、洗涤剂、锤子、电磁炉、锅、明胶、试管、酒精灯、碗碟 10 个、1000 毫升的烧杯 1 只、500 毫升的烧杯 3 只、滤布、毛笔、温胶壶、毛刷。

2. 研漂方法

研漂颜色是使用“水飞法”来完成的，其制作原理是颜料在研完碾细之后，兑入胶水，由于自身的颗粒大小不一，浮沉的速度快慢不一，利用胶水遇热上浮的性质，在不同的情况下增减胶水的浓度，颜色自身的比重会有所变化，从而能明显地分析出深浅不同的色阶。其方法大致分为“淘、澄、飞、跌”四个步骤：“淘”是把矿石洗涤一下，然后进行研磨；“澄”是淘洗研细之后兑入胶水，经过一段时间的澄清，使颜色自然沉淀；“飞”是把澄清上浮的颜色倒入碗碟中，重沉的部分自然下沉，然后再研；等候一定时间后，指搅或是旋转，把细的色层搅起来，不至于压在

作者简介：马宝军（1983—），硕士，宁夏职业技术学院实用工艺美术系助教，研究方向为美术学理论研究。

* 本文发表于《美术大观》2010 年第 5 期。

下面，曰“跌”。这是大概的四个程序，可以根据不同的情况灵活运用，以保证所得颜色的质量。

3. 研漂步骤

(1)淘洗：现在市场上所售的石绿矿石，商家为了增加其色感的鲜艳，往往刷上一层油质物，所以在研磨之前应先用洗涤剂或洗衣粉，用刷子清洗干净，这样做也可以去掉矿石中的杂质、泥土。在洗之前，最好先把原料击成小块，然后再“淘”，效果更好。

(2)研磨：研钵如果是新买的，应先把研钵用细砂纸打磨一下，清除壁上的瓷沫，研磨中不使其掺入颜色。使用研钵的优点是较之于电动的球磨机，所得的数据更准确可靠，石绿的色阶变化更明显，而且可以清楚地感觉到石绿在研磨过程中的细微变化，这不是“大概如此”的机械化生产所能达到的。把石绿用锤子击碎，放入乳钵擂成小块，按顺时针或逆时针方向研，从开始到漂洗结束，要始终按一个方向研，这样做的好处是不会在反复研磨的过程中产生圆而滑的小颗粒。这种颗粒，乳钵锤是碾不到的，犹如在河水不同流向下撞击摩擦所产生的鹅卵石。实验证明，这样做研细石绿较易。应先干研，研到栩栩然而欲出为止，此时颜色呈粉绿色，手感细腻。

(3)煮：研磨完成之后，放入锅中，在电磁炉上煮一下，炉温控制在100℃左右，不要使其沸腾，加热4~5分钟后取下。炉温过热或时间过长，会使颜色变得灰暗，从而失去光泽。这样做的好处是通过煮使颜色中的泥土、杂质翻上来，冷却之后，将滤布蒙在筛子上，把烧杯放在筛子下面，边倒边滤，使杂质、泥土留在上面，过一会儿，将浊水倒掉，就可以使石绿变得干净了。如果所选石绿是通体一块，不含杂质的，则水煮上浮的部分就是颜色中极细的色阶，应先撇入碗碟中，收存起来。

(4)漂洗分层。

①“水飞法”。将石绿兑胶之后，放入乳钵中研，过半小时后，将最上层的颜色倒入第一碟中，过一段时间后，上浮最细的颜色，淡而少者倒入第二碟中名曰“绿花”；再研半小时后，用手指轻搅或旋转摇动，将上层的颜色“飞”出，倒入一大碟中，这时的色层数量最大，色阶加深，过一段时间后，在大碟中边摇边倒，将其从第三碟倒入第四碟中，第四碟中较细而深的部分就是“三绿”；将第三碟中深而粗的部分倒入乳钵中重研，用这种方法反复研磨漂洗之后，最下层粗而绿的部分便

是“头绿”，上一层的便是“二绿”。石绿分成绿花、枝条绿、三绿（或称“浅绿”）、二绿（或称“正绿”）、头绿（或称“粗绿”）五层。绿花是石绿中最细最淡的部分，头绿是最粗最深的部分。我们习惯上把石绿分为五绿、四绿、三绿、二绿、头绿。无论名称如何，原料好的石绿是可以做到的。日本将石绿分为1~17目，其实实验证明，如果有好的原材料支持，并使用有效的漂洗方法，不对石绿进行任何化学或物理加工，分为7~8目，甚至更多是可以做到的。

②“量杯分层法”。由于“水飞法”所用时间相当长，为了节省时间，可以把石绿兑胶研磨之后，倒入量杯，大致分成上、中、下三色，然后再分析绿花和枝条绿、三绿和二绿、头绿，这样做可以根据量杯的刻度清晰地看到颜色的上下分层，分析色阶变化，既省时又省力。

（5）颜色加热。

①头绿最粗，为了增石绿的“出头”，可以把头绿放入砂锅内炒一下，趁热用冷水一激，再研，就很容易研开了。一定要使用砂锅，因其受热慢，可以掌握火候，如果把颜色放入铁锅内，在电磁炉上加热，因其受热太快，马上使颜色变黑变灰，失去光泽。实验证明，把头绿一直研磨，也可以漂出细色，但时间太长，费时费力，前者更方便些。

②实验证明颜色可以通过高温加热来改变色阶。将二绿放入试管中，在酒精灯下加热，15分钟后取下，会发现二绿比原来灰暗，呈豆青色，无光泽。在锅内加热过长，也是如此。除二绿外，其他色阶的情况雷同。所以，在特殊的色彩要求下，改变石绿色阶是可以做到的，这也是增加色阶丰富性的一种手段。

（6）收存：颜色漂洗分层完成之后就要出胶，以便收存。方法是用烫水一激，胶液上浮，倒出来凉干，收存即可。绿花和枝条绿立场因其极淡极细，不可能完全出胶，可待其干后收存。由于矿石的质量有差异，色阶不止从绿到头绿的五个层次。有时可以达到七八个色阶，甚至更多，所以我选用编号制。这样就可以统一记录石绿色阶的微妙变化，使人一目了然，同时也与其他不同地质和产地的石绿色阶有对照和比较。

总之，石绿色阶的丰富性如何，所得数据是否准确，取决于矿石的质量和研漂得如何。我国石绿产地多而且品质各有差异，各有特点。画家可以根据自己的需要和实践经验去选择石绿，丰富自己的艺术表现形式和视野空间。

宁夏旱区湿地生态系统碳汇功能研究 *

卜晓燕 米 楠 米文宝

摘要：本文采用 3S 技术对 2012 年宁夏旱区 TM 卫星假彩色数字影像进行解译，并利用 GPS 仪进行野外考察验证，实地调查了宁夏湿地典型植被，获取了较为全面、完整和系统的宁夏湿地资源数据，在此基础上研究了不同湿地类型的碳汇功能。结果表明：宁夏湿地总面积为 19.65 万 hm^2，占总面积的 3.1%，位居我国西部干旱半干旱地区之首。宁夏湿地总碳储量为 1502.80 万 t，约占宁夏旱区五种主要生态系统碳汇的 45.03%，比全球湿地总碳储量占全球陆地生态系统碳库的百分比(10%~35%)高出 10 多个百分点。预测2015 年的碳汇潜力为 1593.48 万 t，与 2012 年相比，2015 年湿地面积增加 0.34 万 hm^2，碳汇量增加 90.68 万 t。

关键词：宁夏旱区；湿地生态系统；碳汇

作者简介：卜晓燕(1979—)，女，博士，宁夏职业技术学院讲师。研究方向为区域资源环境。

* 本文是国家自然科学基金项目(41161020)；宁夏自然科学基金项目(NZ12217)；宁夏高等学校科学研究重点项目(NGY2012123)；宁夏回族自治区发改委“宁夏主要生态系统建设的碳汇效应研究”资助项目。发表于《干旱区资源与环境》2013 年第 7 期。

随着大气二氧化碳浓度的升高和全球气候变暖的加剧，温室气体减排得到越来越多的关注，自 2009 年 12 月哥本哈根联合国气候变化大会以来，湿地在全球碳循环中的作用受到世界各国政府和学术界的广泛关注，湿地生态系统碳储量和碳汇功能研究成为学术热点问题之一。BaZhin N M.、李博、梅雪英、刘晓辉、段晓男[1-5]等从不同的角度研究了湿地的固碳功能，认为湿地生态系统具有很强的固碳能力，能够作为一个抑制大气 CO_2 浓度升高的碳汇。湿地吸碳能力是其他生态系统的十倍[6]，其碳汇功能在应对全球变化、减缓温室效应方面发挥了重要作用，湿地碳循环与全球碳循环、全球气候变化关系密切[7-8]，随着全球气候变暖及人口的急剧增加，湿地面积却不断减小[9-10]，严重影响其碳汇功能的发挥。宁夏旱区湿地是西北干旱半干旱地区人工绿洲生态系统的有机组成部分，是黄河中上游重要的保水、蓄水和调水基地，也是全球范围内荒漠半荒漠地区极为少见的具有生物多样性和环境保护等多功能的重要湿地，具有独特的湿地过程和重要的生态区位，并与荒漠基质有着十分密切的生态联系。研究宁夏旱区湿地生态系统碳汇量，对于量化全球气候变化条件下敏感区域湿地生态系统的碳汇功能具有重要意义。本文以宁夏旱区为研究对象，采用 3S 技术在对 2012 年宁夏旱区湿地资源及重点湿地进行调查的基础上，对 2012 年湿地及湿地建设工程碳汇量进行估算与分析，并对 2015 年碳汇潜力进行预估，为保护和合理利用宁夏湿地资源以及应对全球气候变化提供科学依据。

一、材料与研究方法

1. 数据来源

文中采用研究区 2012 年 7 月丰水期时段的 Landsat-TM 真彩色遥感影像（分辨率为 28m×28m）进行解译，并结合宁夏湿地专题图，利用 GPS 仪对重点湿地进行野外考察验证，结合 2010 年宁夏湿地资源调查数据，得到 2012 年宁夏湿地资源相关数据（表 1）。

表 1　2012 年各不同湿地类型及植被面积

（单位：hm^2）

年份	2012	
	湿地面积	植被面积
河流	99190.71	32732.93
湖泊	33500.07	11624.52
沼泽	37596.91	13046.13
人工湿地	26163.28	9078.66
合计	196450.97	66482.24

2. 生物量估算方法

湿地地上生物量的估算方法主要有样地实测法、非破坏性估算法、基于遥感信息估测法和生物量遥感估测模型等[11]。文中研究主要采用样地实测法并参考已有的文献资料[3,12,13]，计算湿地典型植被芦苇生物量和湿地生态系统的植被平均生物量（宁夏芦苇地上生物量为 0.60~0.75$kg·m^{-2}$，平均为 0.68$kg·m^{-2}$），确定宁夏湿地地上平均生物量为 0.44$kg·m^{-2}$。

湿地地下生物量在碳循环中扮演着重要的角色，其主要测定方法包括挖掘收获法、钻土芯法、内生长土芯法、微根区管法、根冠比法、同位素法等[11]，目前应用最广泛的是钻土芯法和根冠比法，根冠比法在大中尺度的应用比较广泛，采用与地上生物量的比值来估算地下生物量并换算根系碳储量。李博等[2]研究白洋淀的湿地植被芦苇的根冠比为 2.38~3.3，平均为 2.9，碳储量是地上部分的近 3 倍。梅雪英等[14]研究长江口典型湿地植被芦苇的根冠比为 2.33~3.64，平均为 2.96，碳储量是地上部分的近 3 倍。文中研究结合已有的研究成果[14-16]，采用根冠比法以地下生物量是地上生物量的 3 倍估算。

3. 碳汇估算方法

(1)估算方法

目前,我国对森林生态系统碳汇方面的研究较多,但对沼泽、湖泊和河流等各类湿地生态系统碳汇进行系统研究的较少,因此参照我国的相关资料进行估算尚无可参考的系统性内容[16]。宁夏绝大部分地区处于北半球中温带,与Whittaker(1975 年)[17]已确定的以落叶林、泽沼、湖泊、人工湿地和河流等生态系统为主的北方温度带,处于同一个温度带上,生态系统类型也基本一致,因此,宁夏湿地生物量和碳储量估算可参考该温度带各生态类型的单位面积平均生物量等指标。湿地中的有机碳主要储存在湿地土壤和湿地植被中。依据 Whittaker(1975 年)和 Schlesinge(1977 年)[18]提出的碳储量估算要求,确定如下估算方法:

$$WTOCS=A_1 \cdot P \cdot C+A_2 \cdot D \quad (1)$$

式中:A_1 为湿地植被覆盖面积;A_2 为湿地生态系统面积;P 为湿地单位面积平均生物量;D 为湿地平均土壤碳密度;C 为生物量(干重)的碳储量系数,取 0.5(含碳率采用 2006 年 IPCC 报告中干物质的碳比例),WTOCS 为湿地有机碳储量。

(2)参数的选取

根据 Whittaker(1975 年)和 Schlesinge(1977 年)对不同陆地生态系统的研究及 IPCC 报告(2006 年),采用前述研究方法,确定宁夏湿地碳储量估算的参数(表 2)。

表 2　宁夏湿地生态系统碳储量估算参数

湿地类型	平均生物量 P(干重)[12,13,17,18] ($kg \cdot m^{-2}$)	平均土壤碳密度 D($kg \cdot m^{-2}$) (IPCC 报告,2006 年)
河流	0.22	–
湖泊	0.51	14.60
沼泽	0.68	14.60
人工湿地	0.22	14.60

二、结果与分析

1. 湿地生态系统碳汇分析

湿地生态系统是陆地生态系统的重要碳库，约占全球陆地生态系统碳库的10%~35%[5],根据公式(1)计算,宁夏湿地总碳储量为 1502.80 万 t,约占宁夏旱区五种主要生态系统(林地、灌木、草地、湿地、特色经果林)碳汇的 45.03%。

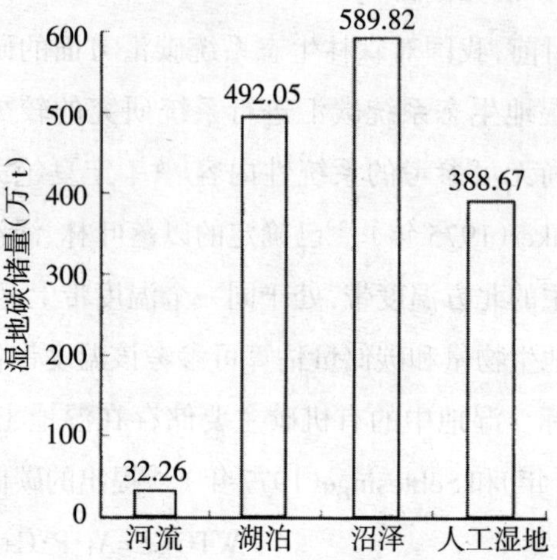

图 1　2012 年宁夏不同湿地类型碳储量

表 3　2012 年宁夏不同湿地类型植被、土壤有机碳储量

(单位:万 t,t/hm²)

湿地类型	土壤碳储量	植被碳储量	总碳储量	单位面积碳储量
河流	–	32.26	32.26	3.25
湖泊	482.84	9.21	492.05	146.88
沼泽	573.91	15.91	589.82	156.88
人工湿地	382.66	6.01	388.67	148.56
合计	1439.41	63.39	1502.80	76.50

由图 1 可知,2012 年宁夏湿地生态系统有机碳储量分别为:河流 32.26 万 t,湖泊 492.05 万 t,沼泽 589.82 万 t,人工湿地 388.67 万 t;单位面积碳储量分别为:河流 3.25t/hm²,湖泊 146.88t/hm²,沼泽 156.88t/hm²,人工湿地 148.56t/hm²。四种湿地类型的有机总碳储量顺序和单位面积碳储量顺序基本一致,其顺序为:沼泽湿地>湖泊湿地>人工湿地>河流湿地, 主要原因是沼泽湿地由于受人为影响较少,其有机碳储量最多,占宁夏湿地碳储量的 39.24%,而河流湿地为流态湿地,以水面为主,其植物量相对较少,所以河流湿地有机碳储量最少。

由表 3 可知,2012 年宁夏湿地植被有机碳储量为 63.39 万 t,其中河流 32.26 万 t,湖泊 9.21 万 t,沼泽 15.91 万 t,人工湿地 6.01 万 t。四种湿地类型的植被有机碳储量顺序为:河流湿地>沼泽湿地>人工湿地>湖泊湿地,主要原因是河流湿地的面积大，占到整个湿地面积的47.9%，湖泊湿地面积最少，占整个湿地面积的16.4%。

2.典型湿地建设工程的碳汇分析

2002年以来，宁夏回族自治区政府对湿地生态系统实施了一系列恢复与保护工程，恢复保护湿地总面积达8.5万hm^2，碳储量达495.44万t，其中湿地保护工程面积达4.7万hm^2，碳储量达418.45万t，占宁夏湿地生态系统总碳储量的27.84%；湿地恢复工程面积达3.8万hm^2，碳储量达76.99万t，占宁夏湿地生态系统总碳储量的5.12%。

3.未来碳汇潜力预估

根据宁夏"十二五"规划，宁夏2015年湿地面积为19.98万hm^2（不包括运河、输水河面积），根据公式（1），计算得出2015年湿地生态系统的碳储量为1593.48万t，与2012年相比，2015年湿地面积将增加0.34万hm^2，碳汇量将增加90.68万t（表4）。

表4　2012年宁夏不同湿地类型植被、土壤有机碳储量

（单位：万t，t/hm^2）

	湿地面积	土壤碳储量	植被碳储量	总碳储量
河流	99190.71	–	33.24	33.24
湖泊	36800.07	545.34	9.91	555.25
沼泽	37596.91	590.08	15.59	605.67
人工湿地（库塘和水产养殖场）	26163.28	393.44	5.88	399.32
合计	199750.97	1528.86	64.62	1593.48

三、讨论

文中对2012年宁夏湿地及湿地建设工程的碳汇量进行估算与分析，并对2015年碳汇潜力进行预估，根据文献[16,19]，文中计算的宁夏湿地单位面积碳储量及湿地类型有机碳储量排序与同温度带基本一致。同时，文中在估算湿地植被碳储量时以湿地典型植被芦苇代替整个湿地植被来估算，未考虑其他湿地植被类型的碳储量差异；在估算湿地土壤碳储量时采用了统一的土壤碳密度值，未考虑不同地区湿地土壤碳密度的差异。因此，进一步深入了解不同湿地植被的碳储量和不同地区湿地土壤碳储量，将有助于准确评估宁夏湿地固碳状况，也是下一步湿地恢复与保护和相关研究中要关注的重要问题。

2002年以来，宁夏回族自治区实施了一系列湿地恢复保护工程，合计增加湿地碳储量76.99万t，占宁夏湿地生态系统总碳储量的5.12%。上述结果虽然主要根据2012年的遥感影像解译数据计算得出，却足以表明加强湿地恢复与保护工程的实施，有助于恢复并增加宁夏旱区湿地生态系统及其碳储量。

文中利用“十二五”规划数据估算2015年的湿地碳储量，估算过程仅考虑了湿地面积变化，未考虑环境、气候及其他不确定因素，所得结果具有参考意义，但误差可能较大。同时也反映出如何找到一种较为准确的估算中小尺度地域内湿地碳汇潜力的方法是一个需要深入探索的问题。

四、结论

(1)宁夏湿地由河流、湖泊、沼泽、人工湿地(不包括运河、输水河)等组成。2012年，宁夏湿地总面积为19.65万hm^2，占宁夏总面积的3.1%，位居我国西部干旱半干旱区之首。其中自然湿地面积(包括河流湿地、湖泊湿地、沼泽湿地)为17.03万hm^2，占宁夏湿地面积的86.67%，主要分布在宁夏沿黄经济区。

(2)2012年宁夏湿地生态系统的碳汇量为1502.80万t，占宁夏五种主要生态系统(林地、灌木、草地、湿地、特色经果林)碳汇量的45.03%，比全球湿地生态系统碳库占全球陆地生态系统碳库的百分比(10%~35%)[5]高十多个百分点，其中沼泽湿地的碳汇量最大，为589.82万t。2002年以来，宁夏回族自治区政府对湿地生态系统实施了一系列恢复与保护工程，恢复保护湿地总面积达8.5万hm^2，碳储量达495.44万t，占宁夏湿地生态系统碳储量的32.97%。由此可见，湿地恢复的生态效益明显。

(3)依据宁夏“十二五”规划，2015年宁夏湿地面积为19.98万hm^2(不包括运河、输水河面积)，预估碳汇量为1593.48万t。与2012年相比，2015年湿地面积增加0.34万hm^2，碳汇量增加90.68万t。

(4)伴随着内陆开放型经济试验区和宁夏沿黄经济区建设，加之宁夏气候变暖趋干，降水量和黄河来水量明显减少，宁夏旱区湿地生态系统水质日渐变差，生物多样性日趋减弱。对此，应采取有关技术手段，加强湿地演变过程的研究，找出湿地生态系统问题的症结，有针对性地加强湿地保护工作，以提高湿地碳汇量。

参考文献

[1]Bazhin N M. Influence of plants on the methane emission fromsediments[J].Chemosphere,2004(54):209-215.

[2]李博，刘伟岐，王军霞，等.白洋淀湿地典型植被芦苇储碳固碳功能研究[J].农业环境科学学报，2009,28(12):2603-2607.

[3]梅雪英，张修峰.长江口湿地海三棱蔗草的储碳、固碳功能研究——以崇明东滩为例[J].农业环境科学学报，2007,26(1):360-366.

[4]刘晓辉，吕宪国.三江平原湿地生态系统固碳功能及其价值评估[J].湿地科学，2008,6(2):212-217.

[5]段晓男，王效科，等.中国湿地生态系统固碳现状和潜力[J].生态学报，2008,28(2):463-464.

[6]邓培雁，陈桂珠.湿地价值及其有关问题探讨[J].湿地科学，2003,1(2):24-26.

[7]刘子刚.湿地生态系统碳储存和温室气体排放研究[J].地理科学，2001,24(5):634-639.

[8]李孟颖.全球气候变化背景下湿地系统的碳汇作用研究——以天津为例[J].中国园林，2010(6):27-30.

[9]陶信平.略论中国湿地保护[J].长安大学学报：社会科学版，2004,6(4):13-17.

[10]王建华，吕宪国.城市湿地概念和功能及中国城市湿地保护[J].生态学杂志，2007,26(4):555-560.

[11]崔丽娟，马琼芳，宋洪涛，栾军伟.湿地生态系统碳储量估算方法综述[J].生态学杂志，2012,31(10):2673-2680.

[12]李瑞，张克斌，等.宁夏哈巴湖自然保护区湿地植被优先保护研究[J].北京林业大学学报，2009,31(2):44-49.

[13]邵宁平，刘小鹏，等.银川湖泊湿地生态系统服务价值评估[J].生态学杂志，2008,27(9):1625-1630.

[14]梅雪英，张修峰.长江口典型湿地植被储碳、固碳功能研究[J].中国生态农业学报，2008,16(2):269-272.

[15]索安宁，赵冬至，张丰收.我国北方河口湿地植被储碳、固碳功能研究——以辽河三角洲盘锦地区为例[J].海洋学研究，2010,28(3):67-71.

[16]张桂芹，王兆军.基于3S的济南湿地资源调查及碳汇功能研究[J].环境科学与技术，2011,34(12):212-216.

[17]Whittaker R H,Likens G E,Lieth H,et al. Primary Productivity of the Biosphere[M].New York:Springer Verlag,1975:305-328.

[18]Schlesinger W H.Carbon balance in terrestrial detritus[J].Annual Review of Ecology and Systematics,1977(8):51-81.

[19]张文菊.典型湿地生态系统碳蓄积与碳循环模拟[D].华中农业大学博士学位论文，2006:57-58.

宁夏地区奶牛衣原体病和布病的血清学调查*

张永康　吴　娥

牛衣原体病(Cattle chlamydia disease)是由鹦鹉热衣原体感染牛引起的一种地方流行的接触性传染病,其主要特征为妊娠母牛流产、死产或产无活力的犊牛,一般流产发生于怀孕后期,流产率高达25%~75%;犊牛常表现为鼻流黏液性分泌物、流泪、咳嗽及支气管肺炎,有时出现胸膜炎、心包炎或脑脊髓炎、关节炎等;公牛易患精囊炎综合征,其特征是精囊、睾丸呈慢性发炎,发病率可达10%。

布鲁杆菌病(Bruccellosis)简称布病,是由布鲁杆菌引起的人畜共患慢性传染病。健畜通过消化道、呼吸道或皮肤感染,还可经吸血昆虫叮咬而传播。主要表现为流产、不育等症状,经一定潜伏期后急性发生,在妊娠牛群中常常暴发流行。被世界动物卫生组织(OIE)规定为强制性报道的疫病。

近年来,宁夏地区的牛场有不同程度的母牛流产现象,为了查清原因,笔者对银川地区的4个奶牛场进行了随机采血,并进行了衣原体和布鲁杆菌病的血清学检测,以期为这两种病的防控提供依据,调查结果如下。

一、材料及方法

1. 试剂

(1)衣原体IHA稀释液,批号为070302;衣原体IHA标准阳性血清,批号为070302;衣原体IHA标准阴性血清,批号为070302。以上试

作者简介:张永康(1977—),男,讲师,硕士,执业兽医师。
*本文发表于《黑龙江畜牧兽医》综合指导版2013年第2期。

剂均由中国农科院兰州兽医研究所提供。

(2)布鲁杆菌平板凝集试验抗原由农业部动物检疫所提供,批号为090204。

2. 血清来源

试验分别从宁夏地区4个奶牛场采集牛血清样本共63份,于-15℃保存备用。

3. 试验器械及设备

(1)96孔V型板、可调式移液器、滴头、滴管、玻璃板、微量振荡器。

(2)高压锅。立式自动电热压力蒸气灭菌锅,由上海申安医疗器械厂提供;型号:LD2X-40SⅡ型;编号:03-94-12;出厂日期:03.11。

(3)冰箱。新飞牌转换型冷藏冷冻箱,由河南新飞电器有限公司提供;型号:BC/BD-625型;编号:809199;出厂日期:04.11。

(4)烤箱。电热恒温鼓风干燥箱,由上海精宏实验设备有限公司提供;型号:DHG9-123A型;编号:L-404(3);出厂日期:04.04。

4. 调查方法

(1)衣原体间接血凝试验(IHA)。①铺板,每孔加稀释液75μL。②稀释血清,用移液器吸取被检测血清25μL加入第一孔,然后呈4倍递增分别稀释3孔(即1:4~1:64),第三孔弃去25μL,孔内液体量仍为75μL。在板子上同时设阴性对照和空白对照各2组。③加抗原,每孔加稀释好的抗原25μL,置于微型振荡器上振荡2min,盖上玻璃板,在37℃温箱内作用2h。④结果判定,对照各孔均成立,则被检测血清1:16孔出现"++"以上者为阳性;1:4孔出现"+"以下者为阴性;1:4孔"++"至1:16孔"+"以下者为可疑。

(2)布鲁杆菌虎红平板凝集试验。①铺板,每块平板上滴加布鲁氏抗原25μL,待用。②加血清,向抗原中央加25μL血清,涂匀,置室温2~3min,观察结果。③结果观察,将布鲁氏平板在阳光下旋转,用肉眼观察,发现其中有明显细小颗粒物为阳性,细小颗粒物不明显为可疑,无颗粒物为阴性。

二、调查结果

1. 衣原体间接血凝试验(IHA)检测结果

对宁夏地区4个牛场63份血清样本进行检测,结果见表1。

表 1 衣原体间接血凝试验(IHA)检测结果

编号	共饲养头数/头	检测数/份	阳性数/份	阳性率/%
1	500	19	0	0
2	180	4	0	0
3	800	20	8	40.0
4	588	20	0	0
合计	2068	63	8	12.7

由表 1 看出,63 份血清中总阳性率为 12.7%，最高阳性率为 40.0%(8/20),最低为 0。

2. 布鲁杆菌病检测结果

对宁夏地区 4 个牛场 63 份血清进行检测,结果见表 2。

表 2 布鲁杆菌病检测结果

编号	共饲养头数/头	检测数/份	阳性数/份	阳性率/%
1	500	19	0	0
2	180	4	0	0
3	800	20	0	0
4	588	20	7	35.0
合计	2068	63	7	11.1

由表 2 看出,63 份血清中总阳性率为 11.1%，最高阳性率为 35.0%(7/20),最低为 0。

三、讨论

(1)试验在衣原体检测中共采集血清样本 63 份,总阳性数为 8 份,总阳性率为 12.7%,最高阳性率为 40.0%,为 3 号牛场。近年来宁夏地区牛场的繁殖障碍现象较多,有些牛场怀孕母牛流产和死胎率达 40%以上,且不同程度地存在犊牛肺炎、肠炎、关节炎等,但确切病因不明。这次血清学调查说明,宁夏地区牛群中存在牛衣原体的感染，衣原体的感染很可能是导致牛繁殖障碍的主要原因之一。所以需要对病原体进行分离鉴定,做进一步确定。

(2)试验在布鲁杆菌病检测中共采集血清样本 63 份,总阳性数为 7 份,总阳性率为 11.1%，最高阳性率为 35.0%，为 4 号牛场，说明此牛场布鲁杆菌病发病率较高。可能原因是从外地购回牛，未经检疫混群饲养而感染。

本次血清学检测反映了宁夏地区奶牛群中布鲁杆菌病的感染率较高，应采取检疫净化为主的综合性防疫措施，以便有效控制布鲁杆菌病的扩散。同时应提倡自繁自养，不从外地购买家畜。对新购入的奶牛，应首先进行隔离观察并进行检疫，确认健康后方能合群。布鲁杆菌病是人畜共患病，人间发生的根源在病畜，因此应继续加强畜间布鲁杆菌病的防疫工作，定期对牛群进行检疫，在预防接种或处理病牛时要严格操作，防止细菌散布，并注意个人防护。

宁夏道地药材苦豆子的不同药用部位中生物碱成分和含量的测定分析 *

陈海燕　郭鸿雁　冷晓红

摘要：为分析研究宁夏苦豆籽、苦豆草两个药用部位的生物碱成分及各成分含量，采用 HPLC 法分析测定了苦豆籽、苦豆草中槐定碱、苦参碱、氧化苦参碱、槐果碱、氧化槐果碱、苦豆碱六种生物碱成分及含量的变化，以期为综合开发利用苦豆子这一具有地域性特色的药用植物提供参考。结果表明：槐定碱、氧化苦参碱、氧化槐果碱、苦参碱、槐果碱的含量在苦豆子药材不同药用部位中存在明显差异；其质量浓度和峰面积在线性范围内，呈良好的线性关系（R≥0.999），加样平均回收率分别为 97.6%、98.2%、99.5%、96.4%、100.2%，RSD 分别为 2.7%、1.9%、3.8%、0.91%、2.2%。

关键词：苦豆子；生物碱含量；测定分析

作者简介：陈海燕（1966—），女，本科，副教授，现主要从事药用植物的分析等研究工作。

* 本文是国家科技支撑计划资助项目（2011BAI05B04），发表于《北方园艺》2013 年第 17 期。

苦豆子（*Sophora alopecuroides L.*）属豆科（Leguminosae）槐属植物，别名苦豆根、苦豆草、苦甘草等，全株性寒，味极苦，有毒。苦豆子为宁夏道地的沙生植物，具有药用及生态双重价值，资源极其丰富，宁夏回族自治区已将苦豆子列入重点保护的六大道地药材之一，纳入国家中药现代化科技产业行动计划中。苦豆子中含 20 多种生物碱[1]，已有研究表明，苦豆子生物碱具有清热解毒、抗菌消炎、止痛杀虫、痛经活血、提高机体免疫功能等作用[2]。苦豆子药用部分主要是地上干燥全草和成熟的种子，虽然根及根茎也具有清热解毒、消肿止痛的作用，但考虑到地下根茎庞大、耐盐，具有防风固沙、防止水土流失、保护土壤的生态作用，因此不建议供药。通常将地上干燥全草称为“苦豆草”，成熟的种子称为“苦豆籽”。宁夏从 20 世纪 70 年代起，就开展了对苦豆子的开发利用，以苦豆籽和苦豆草为原料提取苦豆子总碱及苦参碱、氧化苦参碱等，制成苦参素、妇炎栓、克泻灵片等各种制剂，先后载入《中国药典》1977 年版、《卫生部部颁标准》《宁夏中药材标准》1993 年版[2]，形成了以生态环境保护、特色产品开发及区域经济发展的苦豆子植物产业链。

由于国内对其原药材从源头上并未进行相应的研究，目前苦豆子药材尚无国家质量标准，而苦豆籽、苦豆草中含有的生物碱成分和含量又有一定的差异，作为提取苦参碱、氧化苦参碱等单体生物碱原料的生产厂家或从苦豆籽或从苦豆草中，甚至从苦豆籽、苦豆草的混合体中进行提取生产，造成了产品质量参差不齐，其制剂的质量也受到了影响，严重制约着苦豆子产业的现代化发展。因此，为了分析研究宁夏苦豆籽、苦豆草两个药用部位的生物碱成分及各成分含量，现采用 HPLC 法分析确定苦豆籽、苦豆草中槐定碱、苦参碱、氧化苦参碱、槐果碱、氧化槐果碱、苦豆碱六种生物碱成分及含量的变化[3-5]，为综合开发利用苦豆子这一具有地域性特色的药用植物提供参考。

1 材料与方法

1.1 试验材料

供试苦豆籽和苦豆草购于宁夏盐池，粉碎后过 40 目筛，备用。日立 L-2000 高效液相色谱仪，L-2130 泵，L-2400 紫外检测器；FW135 型中药材粉碎机（天津泰斯特仪器有限公司）；EL-204 型电子分析天平（Mettler Toledo 设备上海有限公司）。乙腈、甲醇为色谱纯，磷酸二氢钾、浓氨水为分析纯，色谱用水为超纯水。苦参碱（批号 110805-200508）、氧化苦参碱（批号 110780-201007）、氧化槐果碱（批号 111652-200301）、槐定碱（批号 110784-200303），均购自中国药品生物制品检定所；槐果碱（质量分数大于 98%）和苦豆碱（质量分数大于 95%））购于宁夏紫荆花药业有限公司。

1.2 试验方法

1.2.1 色谱条件。色谱柱：Wondasil C18（4.6×250mm，5μm）；流动相：乙腈-0.05mol/L 磷酸二氢钾溶液（三乙胺 2.0mL/L），10:90；检测波长：205nm；流速：1.0mL/min；进样量：20μL，柱温：30℃。在该色谱条件下，各生物碱之间均能实现基线分离。色谱图见图 1 至图 3。

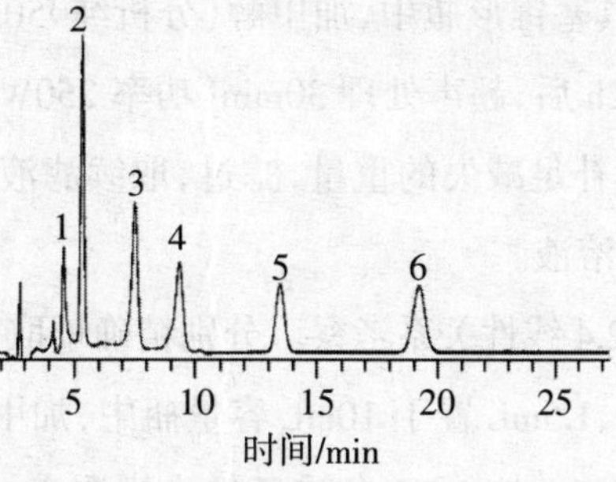

1—苦豆碱（alopefine） 2—槐定碱（sophoridine） 3—氧化苦参碱（oxymatrinel）
4—氧化槐果碱（oxysophocarpine） 5—苦参碱（matrine） 6—槐果碱（sophocarpine）

图 1 混合对照品 HPLC 色谱图

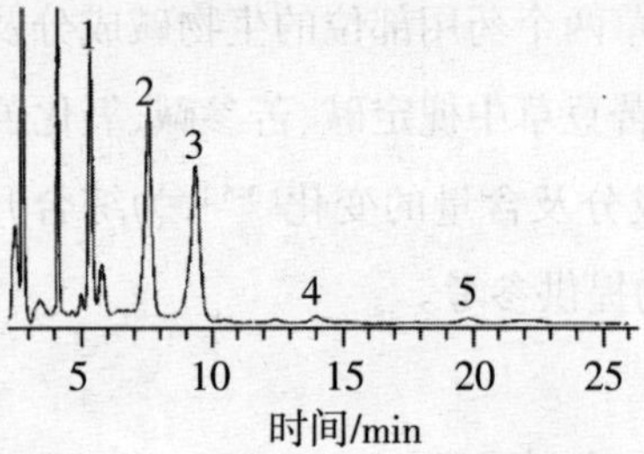

1—槐定碱(sophoridine) 2—氧化苦参碱(oxymatrinel)
3—氧化槐果碱(oxysophocarpine) 4—苦参碱(matrine) 5—槐果碱(sophocarpine)

图 2 宁夏苦豆籽 HPLC 色谱图

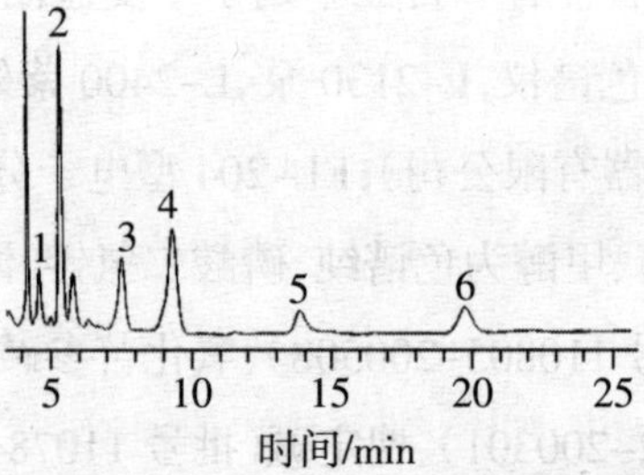

1—苦豆碱(alopefine) 2—槐定碱(sophoridine) 3—氧化苦参碱(oxymatrinel)
4—氧化槐果碱(oxysophocarpine) 5—苦参碱(matrine) 6—槐果碱(sophocarpine)

图 3 宁夏苦豆草 HPLC 色谱图

1.2.2 对照品溶液的制备。精密称取槐定碱、氧化苦参碱、氧化槐果碱、苦参碱、槐果碱、苦豆碱对照品各适量，分别置于 10mL 容量瓶中，加甲醇溶解并定容至刻度，得质量浓度约为 1.0mg/mL 的对照品溶液，备用。

1.2.3 供试品溶液的制备。取宁夏产苦豆籽、苦豆草细粉各约 0.5g，精密称定，置具塞锥形瓶中，加甲醇(分析纯)50mL、浓氨水 1.0mL，称定重量，放置室温浸润 12h 后，超声处理 30min(功率 250W，频率 33kHz)，冷却至室温，称定重量，加甲醇补足减失的重量，滤过，取续滤液，过 0.45μm 滤膜，即得苦豆籽、苦豆草供试品溶液。

1.2.4 线性关系考察。分别精确量取 1.2.2 项下对照品溶液 0.1、0.2、0.3、0.5、0.7、1.0、1.5mL 置于 10mL 容量瓶中，加甲醇稀释至刻度，摇匀，制得系列混合对照品溶液，按 1.2.1 色谱条件进样测定，以混合对照品溶液质量浓度为横坐标(C)，色谱峰面积为纵坐标(Y)，得线性回归方程，见表 1。结果表明六种生物碱的线性关系良好。

表 1　线性回归方程

化合物	回归方程	r	线性范围/mg·L^{-1}
槐定碱	Y=44863C-3451.2	0.9997	11.3~169.2
氧化苦参碱	Y=44073C-36608	0.9998	10.0~153.0
氧化槐果碱	Y=38413C+18099	0.9999	10.4~156.6
苦参碱	Y=48572C+108100	0.9993	10.5~157.2
槐果碱	Y=48065C+37045	0.9996	10.8~162.0
苦豆碱	Y=40384C+17590	0.9998	13.0~195.0

1.2.5 精密度试验。精密吸取混合对照品溶液 20μL，连续进样 6 次，测定对照品色谱峰面积，所得槐定碱、氧化苦参碱、氧化槐果碱、苦参碱、槐果碱、苦豆碱峰面积的 RSD 分别为 0.77%、0.69%、1.02%、0.79%、0.92%、0.83%，表明仪器的精密度良好。

1.2.6 重复性试验。取同一批苦豆籽细粉，按 1.2.3 项下的方法平行制备供试品溶液 6 份，测定各生物碱含量，得槐定碱、氧化苦参碱、氧化槐果碱、苦参碱、槐果碱的 RSD 分别为 1.51%、1.40%、0.89%、1.65%、1.46%。

1.2.7 稳定性试验。取苦豆籽供试品溶液 1 份，按上述色谱条件分别于 0、4、8、12、16、24h 进样测定，得槐定碱、氧化苦参碱、氧化槐果碱、苦参碱、槐果碱峰面积的 RSD 分别为 1.16%、0.81%、0.72%、1.84%、1.77%，表明供试品溶液在 24h 内基本稳定。

1.2.8 加样回收率试验。精密称取已知含量的苦豆籽粉末 6 份，每份约 0.25g 置具塞锥形瓶中，加甲醇 50mL、浓氨水 1.0mL 浸润，并在每份样品中分别精密加入槐定碱、氧化苦参碱、氧化槐果碱、苦参碱、槐果碱对照品溶液适量，密塞，称定重量，放置室温浸润 12h 后，超声处理 30min，冷却至室温，加甲醇补足减失的重量，摇匀，过滤取续滤液，过 0.45μm 滤膜，即得加样回收样品液。按上述色谱条件进样测定，计算各生物碱回收率，得槐定碱、氧化苦参碱、氧化槐果碱、苦参碱、槐果碱的平均回收率分别为 97.6%、98.2%、99.5%、96.4%、100.2%，RSD 分别为 2.7%、1.9%、3.8%、0.91%、2.2%。

1.3 项目测定

精密称取苦豆籽、苦豆草细粉样品各 6 份，按 1.2.3 项下配制供试品溶液并进行生物碱各成分含量测定。

2 结果与分析

由表 2 可知，苦豆草器官中均含有氧化苦参碱、氧化槐果碱、苦参碱、槐定碱、槐果碱和苦豆碱 6 种生物碱，而苦豆籽器官中只含有 5 种生物碱，未见苦豆碱，表明苦豆子药材不同药用部位生物碱成分不完全相同。经高效液相色谱仪检测的数据表明，苦豆子总生物碱含量在籽中的含量（5.06%）>全草中的含量（2.13%），槐定碱、氧化苦参碱、氧化槐果碱在籽中的含量（1.12%、1.98%、1.84%）>全草中的含量（0.54%、0.34%、0.65%），苦参碱、槐果碱在籽中的含量（0.051%、0.068%）<全草中的含量（0.170%、0.150%），苦豆碱在全草中的含量（0.28%）>籽中的含量（未检出），说明苦豆子不同药用部位其生物碱含量有着明显的差别。

表 2　宁夏苦豆子药材不同药用部位生物碱成分及含量（n=6）

药用部位	生物碱含量/%					
	槐定碱	氧化苦参碱	氧化槐果碱	苦参碱	槐果碱	苦豆碱
苦豆籽	1.12	1.98	1.84	0.051	0.068	未检出
苦豆草	0.54	0.34	0.65	0.170	0.150	0.28

3 结论与讨论

该试验结果表明，苦豆子药材不同药用部位所含生物碱成分及各成分含量不完全一致。今后在以苦豆子为原料提取单体生物碱时，有必要根据生产的实际需要，采用苦豆子不同药用部位，提高苦豆子生物碱提取率。选用苦豆籽为原料时，可有效增加槐定碱、氧化苦参碱、氧化槐果碱的提取率；而选用苦豆草作为原料时，可增加苦参碱、槐果碱的提取率，从而更加充分合理地发挥苦豆子的药用价值。

参考文献

[1]杨家新，喻志芳.苦豆子的研究进展[J].天津药学，1998，10（1）：43-45.

[2]邢世瑞.宁夏中药志（上卷）[M].第 2 版.银川：宁夏人民出版社，2006：130.

[3]李凯，王银兰，朱会秦.HPLC 法测定苦豆子总碱中 3 种生物碱的含量[J].西北药学杂志，2004，4（2）：53-54.

[4]马玲，王俊卿，田杰，等.HPLC 同时测定苦豆草中 7 种生物碱的含量[J].中国中药杂志，2011，6（11）：1483-1486.

[5]张建华，乌云，侯建华，等.苦豆子中生物碱含量测定方法新探[J].中草药，1997，28（8）：465-467.

宁夏乌拉尔甘草经济施磷量研究*

刘美杰　郝彩琴

摘要：为探索宁夏乌拉尔甘草人工栽培的合理施磷量，笔者对宁夏中部干旱带栽培的乌拉尔甘草进行了不同施磷量对其产量和经济效益影响的研究。结果表明：土壤施磷量和甘草产量存在显著的曲线相关，随着施磷量的增加，产量显著增加，当施纯 P_2O_5 达到 155kg/hm^2 时，产量达最高，为 6927.75kg/hm^2；继续增加施磷量，甘草增产不显著。施纯 P_2O_5 量在 75~150kg/hm^2 时，达最佳经济效益。

关键词：甘草；产量；施磷量；经济效益

宁夏中部半干旱地区是我国乌拉尔甘草的主产区之一，由于其独特的自然环境，所产甘草色红皮细、骨重粉足、条干顺直，甘草酸和甘草黄酮含量高[1]。随着国内外市场需求量的逐年加大，价格不断上涨，栽培甘草已成为农业增效、农民增收的重要途径。近几年在种植甘草的过程中，人们为了追求经济利益大量增施化肥来提高产量，但不合理的施肥技术在提高产量的同时严重影响了甘草的质量[2]，既污染环境，又浪费资源，致使宁夏甘草的药用价值受到影响，同时也阻碍了宁夏甘草的品牌效应和可持续发展。尤其甘草是豆科植物，其药用部位又是地下根及根茎，许多人认为不需要施氮而大量施用磷肥的现象非常普遍[3]。事实上磷素过多对甘草也会产生不良影响，水溶性磷酸盐可与土壤中锌、铁、镁、锰等营养元素生成溶解度较小的化合物，降低微量元素的有效性。因此，为在提高甘草产量的同时保证甘草质量，使药农获得最大的经济效益，现对甘草的经济施磷量进行研究，以期为甘草生产合理施用磷肥提供科学依据。

1 材料与方法

1.1 试验地概况

试验地位于宁夏红寺堡，属于大陆性半干旱气候区，海拔 1240~1450m，无霜期 155d，年降雨量 258mm，蒸发量 2000mm 以上，年日照时数 2900~3500h。试验地土壤为灰钙土，种植历史 3a。土壤 pH 为 8.12，全盐

作者简介：刘美杰（1960—），女，本科，副教授，现主要从事药用植物种植技术的教学与研究工作。

*本文是国家科技支撑计划资助项目（2011BAI05B01），发表于《北方园艺》2013 年第 1期。

0.28g/kg，有机质 2.28g/kg，全氮 0.18g/kg，全磷 0.26g/kg，全钾 16.8g/kg，水解氮 11.2mg/kg，速效磷 6.3mg/kg，速效钾 110mg/kg。

1.2 试验材料

将宁夏乌拉尔甘草育苗 1a 的种苗移栽进试验地，栽培 2a 后采挖测产。供试肥料：尿素，含 N 46%（宁夏化工厂）；磷酸二铵，含 N 17%，P_2O_5 46%（宁夏鲁西化工化肥有限公司）；硫酸钾，含 K_2O 50%（进口）。

1.3 试验方法

结合生产实际，试验在施农家肥 75000kg/hm²、纯 N 225kg/hm²、纯 K_2O 75kg/hm² 的基础上[4]，设计施纯 P_2O_5 5 个处理（kg/hm²）：A（CK）：0；B：75；C：150；D：225；E：300。小区面积 30m²，3 次重复，随机区组设计。试验 P 肥一次性作基肥施入，N、K 化肥基追施结合，施肥方案见表 1。种植方式是移栽 1a 生种苗，其他管理方法同大田生产。

表 1　施肥方案

（单位：kg/hm²）

处理	基施 P 肥		纯 N		K_2O	
	P_2O_5	折合磷酸二铵	基施 20%	追施 80%	基施 40%	追施 60%
A（CK）	0	0	45	180	30	45
B	75	163.0	45	180	30	45
C	150	326.1	45	180	30	45
D	225	489.1	45	180	30	45
E	300	652.2	45	180	30	45

2 结果与分析

2.1 不同施磷量对甘草产量的影响

在施生产上常用数量的农家肥、氮肥和钾肥的基础上，按照试验处理施用不同数量的磷肥。由表 2 可知，施用磷肥的 4 个处理均比对照增产，其中，处理 C 产量最高，为 6937kg/hm²，较对照增产 13.5%，其次是处理 B 和 D，处理 E 与对照间无显著差异。

表 3 方差分析表明，处理间存在极显著差异（$F_t=11.49>F_{0.01}=5.99$），不同施磷量对产量有极显著的影响。进一步的新复极差测验结果表明，处理 E 和处理 A

间没有显著差异，二者与处理B、C、D存在极显著的差异；处理B、D和处理C有显著差异。说明在低中磷量（75~225kg/hm²）水平下，产量显著高于对照（不施肥）；在高磷量时（300kg/hm²）的产量和不施磷的产量没有显著差异。

表2　不同施磷量对甘草产量的影响

处理	30m² 小区产量/kg				折合产量/kg·hm⁻²	较对照±	
	Ⅰ	Ⅱ	Ⅲ	$\bar{x}t$		kg	%
A(CK)	18.9	18.4	17.6	18.3	6103 a A	—	—
B	21.0	20.2	20.0	20.4	6803 b B	690	11.3
C	21.4	20.7	20.3	20.8	6937 c B	825	13.5
D	20.8	20.2	19.6	20.2	6737 b B	630	10.3
E	18.8	19.2	18.4	18.8	6270 a A	165	2.7

表3　不同施磷量的方差分析

差异源	SS	df	MS	F	$F_{0.05}$	$F_{0.01}$
处理间	14.16	4	3.54	11.49	3.48	5.59
误差	3.08	10	0.308			
总计	17.24	14				

2.2 施磷量与产量间的相关分析

经回归分析得到产量（Y）与施磷量（X）之间的回归式为：$Y=410.6+9.92X-0.48X^2$，$r^2=0.8938$。进一步进行回归显著性测验，得到 $F=16.86>F_{0.05}=6.94$，说明回归显著，可以用方程进行拟合测算施磷量与产量之间的关系。说明磷肥和甘草产量呈曲线相关，表现在低磷水平时，随着施磷量的增加，产量逐渐增加，增产效果显著；当达到最大峰值后，随着施磷量的继续增加，产量呈下降趋势。由方程解得，当施 P_2O_5 为155kg/hm² 时，产量达到最高，为6927.75kg/hm²。

2.3 施用磷肥的经济效益分析

由表4经济效益分析可知，5个处理的产值排序为处理C>处理B>处理D>处理E>处理A，但从施磷产生的经济效益来看，投产比最高的为处理B（1:21.5），依次为处理C（1:12.8）、处理D（1:6.5）和处理E（1:1.3）。说明合理施磷经济效益显著，大量施磷（300kg/hm²），虽然产量有少量增加，但扣除投入（表4没有计入施磷的人工费用），从经济效益来看，成本较高，资源没有合理利用。

表 4 不同施磷量对甘草产值的影响分析

处理	施硫酸二铵量 /kg·hm^{-2}	产量 /kg·hm^{-2}	产值 /元·hm^{-2}	投入 P 肥 /元·hm^{-2}	施 P 净收益 /元·hm^{-2}	投产比
A(CK)	0	6103	122060	0	0	—
B	163.0	6803	136060	652	14000	1:21.5
C	326.1	6937	138740	1304	16680	1:12.8
D	489.1	6737	134740	1956	12680	1:6.5
E	652.2	6270	125400	2609	3340	1:1.3

(注:磷酸二铵 4 元/kg,甘草 20 元/kg)

3 结论

当施 P_2O_5 量在 75~225kg/hm^2 内，增产效果显著；当施 P_2O_5 量为 155kg/hm^2 时,产量达到最高,为 6927.75kg/hm^2;当施 P_2O_5 量增至 300kg/hm^2 时,产量较不施磷没有显著差异。表明磷肥和甘草产量呈曲线相关,表现在低磷水平时,随着施磷量的增加,产量逐渐增加,增产效果明显;当达到最大峰值后,随着施磷量的继续增加,产量呈下降趋势。在现有土壤和栽培条件下,施磷量在 75~150kg/hm^2 时能达到最佳的经济效益。表明甘草的耐瘠薄性很强,在少氮、缺磷、中钾的荒漠化沙质土壤中,供给过量的磷肥既浪费肥料又不利于甘草的生长,所以为保护生态环境、发挥最大的经济效益,要提倡经济合理施肥。

参考文献

[1]邢世瑞.宁夏中药志[M].银川:宁夏人民出版社,2005:96-100.

[2]裴文梅,马金竹,王景安,等.不同施氮水平对甘草产量及品质的影响[J].西北农业学报,2011,20(9):139-142.

[3]祝玲敏,安文艺,李发江,等.栽培甘草氮磷钾施用水平的试验研究[J].农业科技与信息,2007(2):49-50.

[4]李明,张清云,蒋齐.提高人工栽培甘草产量和质量的氮磷钾施肥技术初步研究[J].世界科学技术(中医药现代化),2006,8(1):124-127.

灵武长枣优系试管繁殖生根培养基优化研究 *

魏　鹏　张存智　任　杰

摘要：本文以 1a 生枣头为外植体，研究了灵武长枣优系试管繁殖生根优化培养基对其生根指标的影响。结果表明：培养基中 KH_2PO_4、$MgSO_4 \cdot 7H_2O$、$CaCl_2 \cdot 2H_2O$ 维持一定水平，KNO_3 与 NH_4NO_3 浓度比值介于 0.9~2.0 之间，长枣试管苗生根率明显提高，与对照 1/2MS 相比，生根率由 56.7%升至 84%以上，生根数、根长等反映生根质量的指标也明显提高。

关键词：灵武长枣；微繁；生根率；KNO_3/NH_4NO_3

灵武长枣是宁夏知名的经济林果，果形喜人，汁多脆甜，营养价值极高，被誉为鲜食枣品的上品[1]。2008 年宁夏回族自治区政府做出了扩大红枣栽培面积的重大决定，尤其是灵武长枣，计划未来几年内栽培面积由 5667hm² 增至 10000hm²，大规模繁殖灵武长枣优系势在必行。利用试管快繁技术繁殖灵武长枣一直是长枣产业链中的研究热点，它制约着品种复壮、更新，从源头上影响长枣的经济效益。由于长枣自身结构特性，相对于国内其他知名枣树品种如狗头枣[2]、梨枣[3]、木枣[4]等，关于长枣组培研究一直鲜见报道，实践中广大农民、相关工作者仍以传统的播种育苗与根蘖育苗繁殖灵武长枣[5]。长枣试管内生根困难，生根率较低是制约试管苗成功入地移栽、组培快繁技术规模化应用的瓶颈，极有必要对灵武长枣优良品种试管内生根技术进行研究。

1 材料与方法

1.1 试验材料

根据喻菊芳等[6]灵武长枣种质资源调查和品种选优研究，试验材料鉴定为枣刺退化型灵武长枣，该品种的形态特点是针刺明显退化，当年枣头上的针刺比一般小、短，2a 生枣头和枣股无针刺。2011 年 3 月剪取该优系的 1a 生枣头为外植体，建立了该优系的组培快繁无菌体系。长枣试管内生长分枝较多，侧枝类型多样，继代培养时始终剪取主枝茎段培养，3 代以后试管苗生长、分化稳定。

作者简介：魏鹏（1981—），男，硕士，讲师，现主要从事植物组培快繁与植物生理生态等的研究工作。

* 本文是宁夏职业技术学院科研资助项目；宁夏回族自治区科技攻关计划资助项目（宁科技[2010]168 号），发表于《北方园艺》2013 年第 1 期。

1.2 试验方法

以 MS 培养基中 KNO_3、NH_4NO_3、KH_2PO_4、$CaCl_2·2H_2O$ 用量为基础，各化合物含量设置 4 个水平，$MgSO_4·7H_2O$ 固定为 370mg/L，利用均匀设计共组成 11 个处理，对照处理大量元素采用 1/2MS。以上 12 个配方铁盐含量与 MS 培养基一致，Na_2-EDTA 为 37.3mg/L，$FeSO_4·7H_2O$ 为 27.8mg/L；微量元素与有机物含量以陈宗礼等[2] 研究结果为主，$MnSO_4·4H_2O$ 为 25mg/L（MS 为 22.3），$ZnSO_4·7H_2O$ 为 10mg/L（MS 为 8.6），H_3BO_3 为 10mg/L（MS 为 10），$CuSO_4·5H_2O$ 为 0.025mg/L，$Na_2MnO_4·2H_2O$ 为 0.25mg/L，$CoCl_2·6H_2O$ 与 KI 为 0；肌醇 100mg/L，盐酸硫胺素 10mg/L（MS 为 0.1），盐酸吡哆醇 0.5mg/L，烟酸 0.5mg/L，甘氨酸 2mg/L。试验配方处理见表 1。

表 1　试验各配方处理大量元素含量

（单位：mg/L）

处理	KNO_3	NH_4NO_3	KH_2PO_4	$CaCl_2·2H_2O$	$MgSO_4·7H_2O$
S1	2300	370	112	272	370
S2	2070	925	252	544	370
S3	1840	1480	84	68	370
S4	1610	0	224	340	370
S5	1380	555	56	612	370
S6	1150	1110	196	136	370
S7	920	1665	28	408	370
S8	690	185	168	680	370
S9	460	740	0	204	370
S10	230	1295	140	476	370
S11	0	1850	280	0	370
CK（1/2MS）	950	825	85	220	185

所有试验配方均加入 IBA 0.1mg/L，琼脂粉 4.2g/L，葡萄糖 20g/L，培养基灭菌前 pH6.8，各配方配制 0.5L，利用高压灭菌锅灭菌，121℃与 0.11MPa 条件下灭菌 15min。剪取继代培养试管苗主枝茎切段，切段着生 2 个芽，接种在试验培养基上，每瓶接种 4~5 株，每个配方接种 10 瓶左右，随机摆放在培养架上。培养瓶为圆柱形玻璃瓶，瓶口直径为 6cm，光照强度为 2000lx，光照时间为 18h/d。33d 后统计试管苗各配方生根率、生根数（条）/株、根长（cm）/株、根生物量（g）/株，各

指标每配方统计6瓶以上，每瓶统计4~5株，取平均值。

1.3 数据分析

同一指标不同配方之间利用SPSS 13.0做方差分析，利用LSD法表示方差分析的结果。

2 结果与分析

2.1 不同试验配方N、P、K、Ca浓度的比较

由表2可知，配方S_1 KNO_3含量最高，为22.75mmol，从配方S1至配方S11 KNO_3含量逐渐降低，相邻配方相差约2.3mmol。NH_4+由NH_4NO_3提供，相邻配方浓度差别较大。培养基中NO_3–由KNO_3与NH_4NO_3两个部分提供，排在前两位的为S3与S2。培养基中总NO_3–与NH_4+比值变化规律不明显，S1最高，接近6，S3、S6、S7、S9、S10、S11均大于1小于2。P与Ca浓度相对较低，S11 P最高，除去S9未加KH_2PO_4，浓度为0外，最低为S7。培养基中Ca由$CaCl_2·2H_2O$供给，排在前两位的为S8与S5，2个配方Ca浓度均大于4.1，除去S11未加$CaCl_2·2H_2O$外，配方S3 Ca浓度最低，为0.46。

表2 试验各配方处理大量元素含量

处理	NH_4+	NO_3– KNO_3	NO_3– NH_4NO_3	NO_3– 总NO_3–	总NO_3–/NH_4+	P	K	Ca
S1	4.62	22.75	4.62	27.37	5.92	0.82	23.57	1.85
S2	11.56	20.47	11.56	32.03	2.77	1.85	22.33	3.70
S3	18.49	18.20	18.49	36.69	1.98	0.62	18.82	0.46
S4	0.00	15.92	0.00	15.92	0.00	1.65	17.57	2.31
S5	6.93	13.65	6.93	20.58	2.97	0.41	14.06	4.16
S6	13.87	11.37	13.87	25.24	1.82	1.44	12.82	0.93
S7	20.80	9.10	20.80	29.90	1.44	0.21	9.31	2.78
S8	2.31	6.82	2.31	9.14	3.95	1.23	8.06	4.63
S9	9.24	4.55	9.24	13.79	1.49	0.00	4.55	1.39
S10	16.18	2.27	16.18	18.45	1.14	1.03	3.30	3.24
S11	23.11	0.00	23.11	23.11	1.00	2.06	2.06	0.00
CK(1/2MS)	10.31	9.40	10.31	19.70	1.91	0.62	10.02	1.50

2.2 不同试验配方试管苗生根性状的比较

由表 3 可知,各配方生根特征差异较大。培养基中未加 NH_4NO_3 的 S4 与未加 KNO_3 的 S11 生根率为 0，试管苗接种 12d 后黄化枯死。对照 CK 生根率居中,S2 与 S3 生根率较高,均大于 84%,生根苗中 S8 最低,为 18%。生根数、根长与生根率一致,S2 与 S3 排在前两位,只是 S3 大于 S2。对照 CK 生根数、根长在所有配方中居中。根生物量与生根数、根长变化规律一致,S3 最大,S2 次之,S8 最低。

表 3　不同试验配方试管苗各生根指标的比较

处理	生根率 /%	生根数 /条	根长 /cm	根生物量 /g
S1	74.7b	3.26a	1.98b	0.053b
S2	87.8a	3.48a	2.04b	0.063a
S3	84.1a	3.60a	3.66a	0.079a
S4	0	0	0	0
S5	71b	1.94c	1.97b	0.043bc
S6	77b	3.09ab	2.12b	0.054b
S7	43c	1.66c	1.57bc	0.037c
S8	18d	0.83c	0.45d	0.018d
S9	21d	0.80d	0.16d	0.022cd
S10	31cd	0.92d	1.04c	0.036c
S11	0	0	0	0
CK(1/2MS)	56.7bc	2.70b	1.97b	0.051b

2.3 不同配方 N 素对枣树试管苗生根率的影响

培养基中 N 素由 KNO_3(提供 NO_3-)与 NH_4NO_3(提供 NO_3-与 NH_4+)供给,分析表 2 与表 3，培养基中总 NO_3-/NH_4+比值与试管苗生根率并未出现明显的规律特点，而培养基中 KNO_3 与 NH_4NO_3 浓度比值对枣树生根影响显著（图 1),KNO_3 / NH_4NO_3 比值介于 0.9~2.0 之间，生根率较高，最高为 87.8%。单一地看 KNO_3 由 S1 至 S11 逐渐降低，生根率变化规律不明显,NH_4NO_3 也未出现明显的特征变化规律。

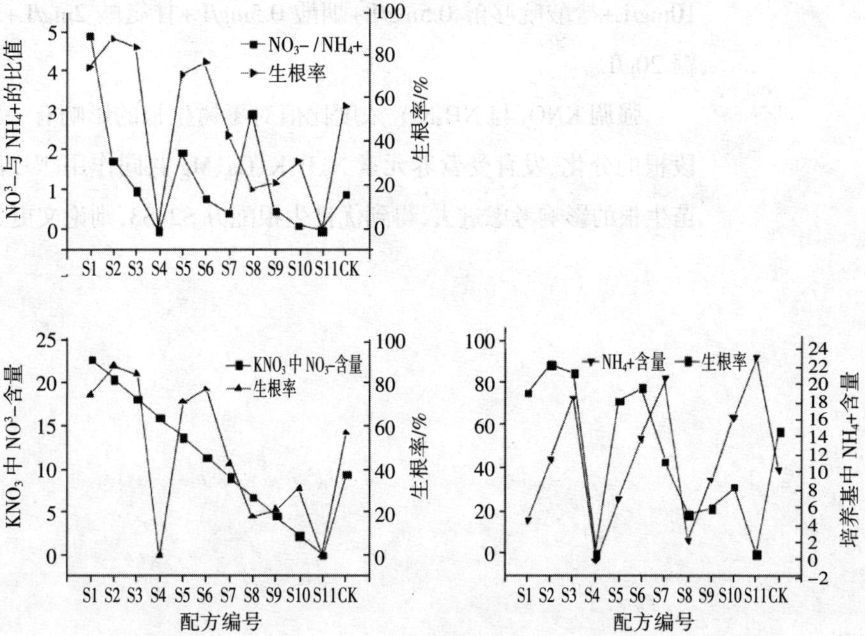

图 1　不同配方 KNO_3 与 NH_4NO_3 浓度比值对试管苗生根率的影响

3 结论与讨论

长枣属难生根经济木本植物，试管内生根极为困难[7]。许多学者针对长枣试管内生根将基本培养基惯性地固定为 1/2MS、1/3MS、WPM 等，浪费大量精力聚焦在生长素的种类与浓度上，试管苗生根效果不甚理想，生根率不能满足实践标准。

关于 N 素营养影响木本植物试管内生根已有多例报道，如培养基中总 N 的水平[8]、总 NO_3–/NH_4+[9]对试管苗生根率的影响，这些文献为后续木本植物改善生根状况开辟了新的途径。该试验分析了试验配方中总 NO_3–/NH_4+水平与试管苗生根率的关系，并未得出理想结论，而通过 KNO_3/NH_4NO_3 特征值研究生根率，发现 KNO_3/NH_4NO_3 比值介于 0.9~2.0 之间，生根率较高，得出了生根率大于 87%的枣树生根配方 S2：IBA 0.1mg/L＋KNO_3 2070mg/L＋NH_4NO_3 925mg/L＋KH_2PO_4 252mg/L＋$MgSO_4·7H_2O$ 370mg/L＋$CaCl_2·2H_2O$ 544mg/L＋Na_2–EDTA 37.3mg/L＋$FeSO_4·7H_2O$ 27.8mg/L＋$MnSO_4·4H_2O$ 25mg/L＋$ZnSO_4·7H_2O$ 10mg/L＋H_3BO_3 10mg/L＋$CuSO_4·5H_2O$ 0.025mg/L＋$Na_2MO_4·2H_2O$ 0.25mg/L＋肌醇 100mg/L＋盐酸硫胺素

10mg/L+盐酸吡哆醇 0.5mg/L+烟酸 0.5mg/L+甘氨酸 2mg/L+琼脂粉 4.2g/L+葡萄糖 20g/L。

强调 KNO_3 与 NH_4NO_3 浓度比值对枣树生根的影响有一定局限，因为植株切段根的分化、发育受营养元素 N、P、K、Ca、Mg 共同作用[10]，若将 P、K、Ca 对试管苗生根的影响考虑进去，得到优良生根配方 S2、S3，则论文更具说服力与合理性。

参考文献

[1]喻菊芳，朱连成，魏天军，等.灵武长枣品种特性及规范化栽培技术研究与示范[J].宁夏农林科技，2007(2):1-4.

[2]陈宗礼，薛皓，延志莲，等.枣树试管苗一次成苗培养基的研究[J].西北植物学报，2005，25(1):57-63.

[3]何振艳，王玉国，石武良，等.山西特有品种梨枣叶片的组织培养及植株再生[J].植物生理学通讯，2002，38(5):457-457.

[4]延志莲，陈宗礼，薛皓，等.木枣的组织培养和快速繁殖[J].植物生理学通讯，2002，38(6):585.

[5]朱连成，魏天军，周全良，等.灵武长枣苗木繁殖技术的研究与探讨[J].宁夏农林科技，2007(2):30-32.

[6]喻菊芳，魏天军，陈卫军，等.灵武长枣种质资源调查和品种选优研究[J].中国果树，2008(1):56-57.

[7]曹孜义，刘国民.实用植物组织培养技术教程[M].兰州：甘肃技术出版社，1996:128-129.

[8]Gu X F，Zhang J R.An efficient adventitious shoot regeneration system for Zhanhua winter jujube (*Zizyphus jujuba* Mill.) using leaf explants[J].Plant Cell Reports，2005(23):775-779.

[9]Feng J C，Yu X M，Shang X L，et al.Factors influencing efficiency of shoot regeneration in *Ziziphus jujuba* Mill.'Huizao'[J].Plant Cell Tissue and Organ Culture，2010(18):77-81.

[10]刘彤，魏鹏，赵新俊，等.应用均匀设计优化香梨脱毒苗生根培养基[J].果树学报，2006，23(4):635-637.

灵武长枣高效继代增殖体系的建立*

张存智　魏天军　魏　鹏　任　杰　王　敏

摘要：本文对灵武长枣茎段离体培养、高效继代增殖体系进行了研究。结果表明：以灵武长枣当年萌发幼嫩枣头为外植体，诱导腋芽萌发，细胞分裂素/生长素的比值为5倍时，腋芽萌发率最高；将萌发的嫩梢进行继代增殖培养，继代增殖茎段不同的放置方式、茎段不同位置、培养基的相态对增殖倍数有影响。

关键词：枣；腋芽萌发；继代增殖

灵武长枣是宁夏具有地方特色的优良鲜食枣品种，果大整齐、果色紫红、质地细脆、汁液较多、甜中带酸[1]，综合性状优良，宁夏回族自治区人民政府将灵武长枣作为自治区优势果品产业大力发展。灵武长枣组织培养研究起步较晚，利用离体茎段建立起高效的继代增殖体系，现少见研究报道，试验对灵武长枣茎段离体培养高效继代增殖体系进行了研究，以期为工厂化快速无性繁殖提供参考。

1 材料与方法

1.1 试验材料

1.1.1 植物材料

灵武长枣优良母株由宁夏农林科学院提供，为种植于灵武枣园6a生的灵武长枣枣树。

1.1.2 培养基

在预备试验的基础上，选用MS改良培养基（降低硝酸铵的浓度），均附加蔗糖20/L，琼脂4.0g/L，pH 6.2及不同浓度的NAA（萘乙酸）、BA（细胞分裂素）、IBA（吲哚丁酸）。培养条件光照强度2000~3000lx，光照时间16h/d，温度27℃~30℃。

1.2 试验方法

1.2.1 启动培养

春季5月份中旬在田间剪取当年萌发幼嫩枣头，洗衣粉液刷洗灰

作者简介：张存智（1973—），女，硕士，副教授，现主要从事果树生物技术育种方面的研究工作。

*本文是宁夏回族自治区科技攻关资助项目，发表于《北方园艺》2012年第16期。

尘后，自来水冲洗 4h，适当修剪后置于超净工作台上，用 75%酒精浸润杀菌 30s，无菌水冲洗 3~4 次；再用 0.1%升汞灭菌 18min，最后用无菌水冲洗 3~4 次，将嫩枝切成 4.0cm 左右带芽的茎段，腋芽朝上接种于 MS 改良附加 BA 和 IBA 不同素配比的诱导培养基上，腋芽距培养基高度（h）有两种情况：h>1.0cm 和 h<1.0cm。

1.2.2 继代增殖

待启动培养抽出的嫩梢长至 2.0~3.0cm 时，切下转入增殖 MS 改良培养基，附加 IBA（0.1~0.5mg/L）和 NAA（0.05~0.5mg/L）上进行继代增殖培养。待继代材料长至瓶高约 5cm，切成含顶芽茎段和含 2 个叶腋芽茎段进行增殖培养，采用垂直插和斜插两种方式，斜插与培养基倾斜 15°~30°。每次无根苗上面一部分转接继代后，留下至少 1 个芽长度，倒入适量液体增殖培养基，采用固液两相培养。30~40d 继代 1 次。30d 后记录结果。

1.2.3 生根培养

将继代苗剪成茎段接种在 1/2MS（改良）+IBA 0.2mg/L+NAA 0.05mg/L+蔗糖 20g/L 生根培养基上进行生根培养。

2 结果与分析

2.1 启动培养结果

将外植体插入 MS 改良附加不同激素配比的诱导培养基上。由表 1 可知，腋芽距培养基的高度和不同激素浓度的配比对茎段腋芽诱导率不同。

表 1　外植体腋芽萌发情况

处理	激素 /mg·L^{-1} BA	激素 /mg·L^{-1} IBA	腋芽距培养基高度 /cm	外植体腋芽个数 /个	腋芽萌发数 /个	腋芽萌发率 /%	愈伤组织诱导率 /%
1	1.5	0.3	>1.0	16	14	87.5	0.0
			<1.0	16	4	25.0	5.2
2	1.0	0.1	>1.0	18	12	66.7	0.0
			<1.0	12	4	33.3	1.3

续表

处理	激素 /mg·L^{-1}		腋芽距培养基高度 /cm	外植体腋芽个数 /个	腋芽萌发数 /个	腋芽萌发率 /%	愈伤组织诱导率 /%
	BA	IBA					
3	1.0	0.4	>1.0	20	10	50.0	80.0
			<1.0	20	4	20.0	100.0

在植物组织培养时，细胞分裂素/生长素的比值控制器官发育模式，比值高时，诱导芽的分化；低时，诱导根的分化，否则，诱导愈伤组织[2]。该试验细胞分裂素/生长素的比值分别为10、5、2.5倍，在h>1.0cm时腋芽萌发率分别为66.7%、87.5%、50.0%，可以看出细胞分裂素/生长素的比值为5倍时，腋芽萌发率最高，细胞分裂素/生长素的比值为2.5倍时，腋芽萌发率最低，且容易诱导愈伤组织。研究发现腋芽距培养基高度太近时，在外植体接触培养基的一端周围长出黄绿色、质地松软的愈伤组织，抑制腋芽萌发。由表1可以看出，当h<1.0cm时，3种激素处理配方均出现不同程度的愈伤组织诱导率，当细胞分裂素/生长素的比值为2.5倍时，愈伤组织诱导率为100.0%(图1)。

图1　腋芽萌发

2.2 继代增殖培养

将诱导培养抽出的嫩梢切下来，转入增殖培养基，即MS经改良附加IBA(0.1~0.5mg/L)和NAA(0.05~0.5mg/L)进行继代增殖培养。随着灵武长枣继代次数的增加，所得无根苗植株茎变粗壮，叶变大。研究发现茎段不同的放置方式、茎段不同位置、培养基的相态对增殖倍数有影响。

2.2.1 茎段不同的放置方式对试管苗增殖倍数的影响

在组培苗继代茎段插入培养基时，采用垂直插和斜插两种方式。由图2可知，斜插与培养基倾斜15°~30°，试管苗斜插时，茎段可萌发1~2个腋芽，前者一般只有1个腋芽能萌发。试管苗增殖倍数差异极显著，由表2可看出，试管苗斜插，增殖倍数可以达到5.1倍，直插的增殖倍数为2.9倍，在a=0.01水平达到差异极显著。这可能是斜插后茎段与培养基接触面大，养分充足，芽体发育良好的缘故，这与朱文勇等[3]的研究结果一致。

图2　茎段不同放置方式增殖情况

表2　茎段不同的放置方式对试管苗增殖倍数的影响

放置方式	茎段数/个	腋芽萌发数	增殖倍数
斜插	30	38	5.1a
直插	70	20	2.9a

（注：当试管苗长到5cm时，至少可以剪成4个含2个叶片的茎段，即增殖倍数为4×腋芽萌发数/茎段数）

2.2.2 培养基的相态对试管苗增殖倍数的影响

在植物组织培养中，诱发丛生芽增加增殖倍数，是提高繁殖效率的关键环节之一。在以茎段和茎尖为外植体建立的快繁体系中，诱发叶腋丛生芽是较为理想的方式[3]。该试验在组培苗长到瓶高时，剪去无根苗上面一部分转接进行增殖，留下至少1个芽长度，倒入适量液体增殖培养基，采用固液两相培养，诱发腋芽丛生芽发生(图3)，可以反复多代切割，大大提高繁殖系数。

图3　固液培养基继代增殖情况

2.2.3 激素浓度及配比对组培苗继代增殖的影响

以 MS 改良附加不同浓度的激素为基本培养基进行增殖培养，试管苗经过反复切割继代培养后，逐渐适应试管培养环境，性状逐渐稳定，植株生长加快，分化系数提高，且生根能力增强，灵武长枣的组培快繁过程中易出现"驯化"现象，即培养材料对生长素的要求有逐渐减弱的趋势，这与刘贵仁等[4]的研究结果一致。在同一浓度下多次继代，组培苗长势逐渐变差，苗矮，叶弱小、黄化，苗基部长出许多愈伤组织，应根据枣组培苗生长分化情况及时调整配方。

2.2.4 接种茎段的部位对试管苗继代增殖的影响

一株组培苗可以剪成含顶芽茎段(2 片以上叶片)和含叶腋芽茎段(2 片叶片)两种继代材料，这两种材料的生长速度、继代潜力和生根能力有所不同。从表 3 可看出，相比之下，含顶芽茎段的生长速度快于茎段，具有较高的生根率和较大的茎生长量，分析其原因，是由于顶端优势的存在，越靠近顶芽的位置生长素浓度越高，对侧芽的抑制作用就越强，含叶腋芽的茎段最初受原顶芽优势的抑制，生长速度较含顶芽茎段慢。这与柴慈江[5]的研究结果一致。该研究发现，枣组培苗从 4 代开始，枣苗出现二次枝，并生长旺盛，从表 3 可看出，组培苗的含顶芽茎段和含叶腋芽茎段在继代时都有二次枝出现，含顶芽茎段更容易产生二次枝，生长速度快于含叶腋芽茎段二次枝的生长速度。分析原因，枣树的枣头即一般果树所谓的发育枝，是形成树体骨架和结果单位枝的主要枝条。在自然状态下，枣头基部的副芽长成脱落性的二次枝，上部的副芽长成永久性的二次枝，再由二次枝抽生枣吊。含顶芽茎段易产生二次枝与枣树生长习性有关。在试管中出现二次枝，将会大量消耗体内及培养基中的养分，所以在继代培养时，应去掉二次枝。在相同的外源激素浓度下，含顶芽茎段基部更容易产生愈伤组织。分析原因，植物合成生长素最活跃的部位是具有分生能力的组织，特别是芽顶端的分生组织。顶芽处产生的生长素浓度通过主动运输而不断运到茎中，就造成含顶芽茎段基部生长素浓度大于含叶腋芽茎段基部，含顶芽茎段基部更容易产生愈伤组织。因此含叶腋芽茎段更适宜作为继代增殖材料，王玖瑞等[6]研究发现，在枣的快繁中，多次继代的材料叶腋芽容易萌发，且能发生丛生芽，同时无根苗生根潜能增加，易被诱导生根。

表 3　接种茎段的部位对试管苗继代增殖的影响

茎段部位	组培苗株数/株	平均新生叶片数/片	分支		底部愈伤大小	根数/个
			数/个	平均叶片数/片		
含顶芽茎段	14	10.3	1.0	4.7	大	0.6
含叶腋芽茎段	12	9.0	0.3	2.5	小	0.0

2.3 诱导生根

继代增殖培养出大量植株，通过生根培养基的筛选对比试验，筛选出最佳的生根培养基。由图 4 可知，将组培苗剪成茎段接种在 1/2MS(改良)+IBA 0.2mg/L+NAA 0.05mg/L+蔗糖 20g/L 生根培养基上，可有效诱导试管苗生根。

图 4　枣苗生根

3 结论与讨论

枣幼嫩茎段做外植体，提高腋芽萌发率，细胞分裂素/生长素的比值要适当，该研究发现，腋芽距离培养基不能太近，否则容易诱导愈伤组织，抑制腋芽萌发。刘贵仁等[4]在研究金丝小枣茎段离体培养与快繁研究中发现，随着世代的增加，其浓度应逐渐减少，可见外源激素在体内有逐渐积累的作用，组培苗随着继代次数的增加，应逐步降低激素浓度。增加继代材料与营养物质的接触面积，可以提高植株吸收营养量，刺激腋芽萌发，提高增殖倍数。该试验将试管苗斜插，增殖倍数可以提高到 5.1 倍。采用固液两相培养，诱发腋芽丛生芽发生，可反复多代切割，大大提高繁殖系数。

参考文献
[1]朱连成，魏天军，周全良，等.灵武长枣苗木繁殖技术的研究与探讨[J].宁夏农林科技，2004(6):30-33.
[2]曹孜义，刘国民.实用植物组织培养技术教程[M].兰州：甘肃科学技术出版社，1996.
[3]朱文勇，杜学梅，郭黄萍，等.影响枣试管苗生长分化的因素[J].植物生理学通讯，1995，31(4):276-278.
[4]刘贵仁，王震星，严仁玲，等.金丝小枣茎段离体培养与快繁研究总结[J].天津农学院学报，1995(3):1-5.
[5]柴慈江，苏卫国，张美静.接种茎段的部位与长度对无核枣试管苗生长的影响[J].山西果树，2008，7(4):5-6.
[6]王玖瑞，刘孟军，代丽.枣组培中的品种差异及辣椒枣的组培快繁[J].河北农业大学学报，2003(4):59-61.

酸碱胁迫对短梗五加生长发育及其根系活力的影响*

于　荣

摘要：本文以短梗五加实生苗为试材，研究了不同 pH 值的土壤环境对短梗五加生长发育和根系活力的影响。结果表明：短梗五加在宁夏河套灌区微碱性土壤环境中是可以存活的。其中在 pH 为 6.87 的偏酸至中性环境中，短梗五加的茎高最高、叶片数最多、生物量的积累最大且根系活力也最佳。偏酸环境生长的短梗五加相对比偏碱环境生长的短梗五加长势好些；但在 pH 为 9 时，仍有 5%的植株能够存活，将其移栽到温室 pH 为 8.76 的环境中，则生长状况良好。

关键词：短梗五加；pH 值；生长发育；根系活力；生物量

短梗五加属五加科五加属多年生落叶灌木，又名无梗五加、五加皮、刺拐棒。原产辽东地区，喜阳光和湿润腐殖质多的偏酸性土壤。多生于海拔 200~1600m 的森林或灌木丛中，自然生长在山地林下或林缘，与多种木本和草本植物共生，常见于山谷溪水边、沟旁、林缘、山缓坡土壤肥沃、光照较充足处。人工栽培短梗五加最早始于 1998 年，除集中在辽宁东部地区外，在沈阳、大连、本溪、抚顺、鞍山、辽阳，以及吉林、黑龙江、山东、湖北、北京、上海等地均有引种栽培。

短梗五加的根、茎、叶、果都可以食用。近年来一些食品生产企业以刺拐棒、五加皮、五加叶和五加果为原料，加工各种食品、饮料，产品市场已覆盖东北三省，消费群体人数过百万。短梗五加的食用最早见述于《神农本草经》，有“五加无毒，久服延年益老，功难尽述”之说，被列为上品。据国内外现代医学研究证明，短梗五加具有提高机体免疫机能、解除疲劳、调节中枢神经系统和心脑血管系统等功能。春季萌发的嫩茎可制成咸菜、蘸酱菜，或凉拌、炖食、炒食等，是餐桌上的上等佳肴，为人们心目中理想的高档木本蔬菜。该试验研究了不同基质酸碱度对短梗五加成活率、生长势、根系活力和生物量的影响，以筛选出适合短梗五加栽培的土壤。

作者简介：于荣（1966—），女，宁夏平罗人，硕士，教授，现主要从事生物化学及植物生理学的教学与科研工作。

*本文是宁夏回族自治区自然科学基金资助项目（NZ11259），宁夏广播电视大学、宁夏职业技术学院资助项目（XJ1023），发表于《北方园艺》2013 年第 7 期。

一、材料与方法

1. 试验材料

短梗五加为实生苗，系丹东市农业科学院2011年12月以种子培育。栽培基质成分：有机质含量≥20%，腐殖酸含量≥14%、水分含量≤20%，基质pH为5.67，宁夏嘉禾种业有限公司与山东省潍坊汇丰进出口有限公司共同研制，中国农业大学永宁设施园艺生产。

2. 试验方法

2012年3月29日将实生苗用3袋2.5g生根粉稀释1000倍浸泡3h后取出，埋入基质中，3月30日上盆，随机栽培。覆膜，每天揭膜10min，4月9日开始有叶长出，揭膜培养。每7d浇1次蒸馏水，半个月加1次营养液；4月19日开始酸碱处理。基质酸碱度共设7个处理，处理Ⅰ～Ⅶ pH值分别为3.0、4.0、5.0、6.87、8.0、9.0、11.0。每个处理6盆，每盆6株，共252株。酸碱度分别用34%的CH_3COOH和分析纯NaOH稀释后来进行调节。

3. 项目测定

每周测定1次株高及叶片数，每5d观察记录1次短梗五加的生长状况。至5月29日收获，测定其生物量。根系活力的测定采用氯化三苯基四氮唑（TTC）法[1-3]。

二、结果与分析

1. 不同pH值处理的基质对短梗五加成活率的影响

由表1可以看出，经酸碱处理5d后，不同pH处理基质的植株在重酸和重碱胁迫下死亡较为严重，至中性条件下死亡较少，且随生长天数的增加，植株死亡数增加，同样在重酸和重碱胁迫条件下，死亡现象加重。处理10d后，7个处理均有死亡，死亡最多的是处理Ⅶ，为28株，其次为处理Ⅰ，死亡22株，处理Ⅳ死亡最少，为1株；处理20d后，处理Ⅰ和处理Ⅶ全部死亡，处理Ⅲ死亡2株。从成活率来看，处理Ⅳ的成活率最高，为86.1%，处理Ⅰ和处理Ⅶ无成活。

表 1　不同 pH 值处理的基质对短梗五加成活率的影响

处理		死亡数/株				成活率/%			
代号	pH	5d	10d	15d	20d	重复Ⅰ	重复Ⅱ	重复Ⅲ	重复Ⅳ
Ⅰ	3.0	8	22	36	36	0.0	0.0	0.0	0.0
Ⅱ	4.0	6	17	26	33	8.3	8.3	8.3	8.3
Ⅲ	5.0	3	16	21	22	33.3	41.7	41.7	38.9
Ⅳ	6.87	0	1	2	5	91.7	83.3	83.3	86.1
Ⅴ	8.0	4	11	26	26	41.7	33.3	33.3	36.1
Ⅵ	9.0	9	24	34	34	8.3	0.0	8.3	5.6
Ⅶ	11.0	11	28	36	36	0.0	0.0	0.0	0.0

由表 2、3 方差分析结果可知，处理Ⅳ与处理Ⅲ、Ⅴ、Ⅱ、Ⅵ、Ⅰ、Ⅶ均达到了 1%的极显著水平，处理Ⅲ、Ⅴ间差异不显著，处理Ⅱ、Ⅵ、Ⅰ、Ⅶ间差异不显著，表明处理Ⅳ，即 pH 值 6.87 中性土壤环境适合短梗五加生长。

表 2　方差分析

变异来源	平方和	自由度	均方	*F* 值	*P* 值
区组间	31.5202	2	15.7601	0.9725	0.4566
处理间	18014.21	6	2906.826	179.5825	0
误差	201.024	12	16.9861		
总变异	18835.34	20			

表 3　新复极差检验

处理代号	pH 值	均值	5%显著水平	1%极显著水平
Ⅰ	3.0	84.9719	a	A
Ⅱ	4.0	39.1895	b	B
Ⅲ	5.0	38.9811	b	B
Ⅳ	6.87	8.8032	c	C
Ⅴ	8.0	5.9871	cd	C
Ⅵ	9.0	0	d	C
Ⅶ	11.0	0	d	C

2. 不同 pH 值处理的基质对短梗五加生长势的影响

从表 4 可以看出，基质经酸碱处理前短梗五加的平均株高为 6.1cm，叶片数为 4.0 个。酸碱处理 15d 后，全部处理的平均株高 7.9cm、叶片数 2.4 个；22d 后，株高为 8.3cm，叶片数为 2.2 个；30d 后，株高为 8.4cm，叶片数为 2.9 个。分析不同 pH 值处理下的株高与叶片数发现，处理Ⅰ和处理Ⅶ在 22d 后，由于植株死亡后，株高不变，叶片数为 0。而在处理Ⅳ时，长势良好，叶片数、株高都在增加。且处理Ⅲ和处理Ⅴ在 39%和 28%的存活植株中，仍然保持好的生长势头。

表 4　不同酸碱处理下短梗五加的茎高与叶片数

代号	pH处理	处理前		处理后 5d		处理后 15d		处理后 22d		处理后 30d		处理后 40d	
		株高/cm	叶片/个	株高/cm	叶片/个	株高/cm	叶片/个	株高/cm	叶片/个	株高/cm	叶片/个	株高/cm	叶片/个
Ⅰ	3.0	6.3	3.4	6.4	4.0	6.7	0.0	6.7	0.0	6.7	0.0	6.7	0.0
Ⅱ	4.0	5.7	3.6	6.9	2.9	7.2	1.8	7.4	1.2	7.4	0.6	7.4	0.9
Ⅲ	5.0	5.6	4.0	7.0	3.1	7.6	2.8	7.6	2.1	8.2	1.7	9.5	2.4
Ⅳ	6.87	5.7	3.9	9.3	4.6	11.4	6.0	12.9	10.0	13.3	15.0	14.2	15.0
Ⅴ	8.0	5.5	3.9	6.7	4.6	6.9	3.1	7.2	2.0	7.5	0.7	8.3	0.8
Ⅵ	9.0	6.9	4.6	7.4	4.2	8.5	3.0	8.7	0.0	8.7	0.0	8.7	0.0
Ⅶ	11.0	7.0	4.5	7.3	3.0	7.3	0.0	7.3	0.0	7.3	0.0	7.3	0.0
		6.1	4.0	7.3	3.8	7.9	2.4	8.3	2.2	8.4	2.9	8.9	2.7

3. 不同 pH 值处理的基质对短梗五加总生物量的影响

在试验进程中，收集由于不同 pH 值处理下已死亡和枯萎的叶片及植株，晾晒阴干便于后期计重。其他植株采集后，在 103℃+2℃温箱中烘干 6h，分别计重，再以千分之一天平称重所得。由表 5 可以看出，在 7 个处理中，处理Ⅳ，即 pH 值为 6.87 时短梗五加的生物量最高，为 28.508g，而处理Ⅶ，即 pH 值为 11.0

表 5　不同 pH 值处理 30d 后短梗五加生物量的变化

代号	pH 处理	不同营养器官生物量/g			总生物量/g
		根	茎	叶	
Ⅰ	3.0	9.642	6.328	0.016	15.965
Ⅱ	4.0	10.500	8.256	0.019	18.775
Ⅲ	5.0	13.840	10.520	0.032	24.394
Ⅳ	6.87	15.630	12.810	0.068	28.508
Ⅴ	8.0	13.280	8.094	0.022	21.352
Ⅵ	9.0	10.090	7.821	0.008	17.919
Ⅶ	11.0	8.625	5.862	0.005	14.492

时短梗五加的生物量最低，为14.492g，生物量与pH值紧密相关。表5表明，随着处理基质pH值的逐渐增加，短梗五加的总生物量逐渐增大。但当pH值达到8.0时，即当土壤呈碱性时，生物量随着碱性的增强而逐渐降低，当pH为11.0时，短梗五加的总生物量最低。说明短梗五加在中性偏酸环境中生长势好，生物量大。

4. 不同pH值处理的基质对短梗五加根系活力的影响

根系是植物体活跃的吸收、合成器官，植株的根系活力是表征植物生命活动的重要指标，它影响着根系对水分和矿质元素的主动吸收。由表6可知，随着培养时间的增长，pH在4.0~6.87处理的短梗五加根系活力呈现逐渐增加的趋势，而pH为8.0、9.0处理的则呈现先上升后下降的趋势，其原因与根系受碱影响有关。在测定过程中发现，pH为6.87处理的根系长势较好，侧根多，根系生长健壮，而存活下来的pH为8.0、9.0的短梗五加的根系柔弱、分枝少、侧根少。由此可见，pH值对短梗五加的根系活力有直接的影响。

表6　不同pH值处理后不同生长天数短梗五加根系活力

代号	pH处理	根系活力		
		10d	20d	30d
Ⅰ	3.0	死亡	死亡	死亡
Ⅱ	4.0	588.7e	632.1e	692.3b
Ⅲ	5.0	604.3e	638.9e	739.8b
Ⅳ	6.87	1010.1a	1019.5a	1028.6a
Ⅴ	8.0	807.9b	878.6b	707.8b
Ⅵ	9.0	610.9e	727.3e	686.2b
Ⅶ	11.0	死亡	死亡	死亡

三、结论与讨论

不同pH值对基质培养的短梗五加的生长发育有不同的影响。在pH为6.87的偏酸至中性环境中，短梗五加的茎高最高、叶片数最多、生物量的积累最大且根系活力也最佳。偏酸环境生长的短梗五加相对要比偏碱环境生长的短梗五加长势好，这可能是短梗五加原产地的土壤就是中性偏酸的环境，与其遗传因素有关。但同时，在处理Ⅵ中，即 pH 为 9 时，仍有 5%的植株存活了下来，将其移栽到温室 pH 为 8.76 的环境中，则生长状况良好。这说明短梗五加在宁夏河套灌区微碱性土壤环境中是可以存活的。

参考文献

[1]白宝璋，金锦子.玉米根系活力 TTC 测定法的改良[J].玉米科学，1994，12(2)：44-47.

[2]段九菊，郭世荣，康云艳.盐胁迫对黄瓜幼苗根系生长和多胺代谢的影响[J].应用生态学报，2008，11(1)：57-64.

[3]马英姿，王平，张慧，等.酸碱胁迫对药用植物蚬壳花椒白藓碱含量的影响 [J]. 中南林业科技大学学报，2011，9(31)：100-103.

苦豆子生物碱对奶牛乳房炎致病菌体外抗菌活性的研究 *

冷晓红　王志强　李　军

摘要：为进一步研究苦豆子生物碱对奶牛乳房炎致病菌的体外抗菌活性，实验选取金黄色葡萄球菌、大肠杆菌和无乳链球菌三种奶牛乳腺炎病原菌，采用苦豆子总碱、氧化苦参碱、氧化槐定碱、槐定碱4种苦豆子生物碱进行药物敏感度试验，以试管二倍稀释法测定其最小抑菌浓度(MIC)。结果表明：苦豆子总碱与槐定碱对引起奶牛乳腺炎的三种病原菌均有相似的抑菌活性，其中最为敏感的为无乳链球菌，MIC为3.125~6.25mg/mL，其次为大肠杆菌与金黄色葡萄球菌，MIC为6.25~12.5mg/mL。氧化苦参碱与氧化槐定碱表现出较弱的抑菌活性。研究为苦豆子生物碱用于奶牛乳房炎的预防与治疗提供了依据。

关键词：苦豆子生物碱；抗菌活性；奶牛乳房炎

作者简介：冷晓红，教授，从事药用植物的教学与科研工作。

* 本文是国家科技支撑计划项目(2011BAI05B04)，发表于《中国兽药杂志》2013年第9期。

奶牛乳房炎是奶牛业一种常见多发病[1]。我国临床型乳房炎奶牛发病率为33.41%，隐性乳腺炎奶牛的阳性检出率为73.91%。据报道，在我国因临床型奶牛乳房炎淘汰的奶牛占总淘汰牛的9%~11%，在经济上造成了一定的损失[2]。乳房炎主要由多种非特定的病原微生物引起，有研究表明金黄色葡萄球菌、无乳链球菌和大肠杆菌约占整个奶牛乳腺炎病例的90%以上[3-4]。苦豆子为豆科槐属植物，属中旱生植物，具有清热解毒、抗菌、消炎、提高免疫力等功效，苦豆子生物碱对大肠埃希菌、金黄色葡萄球菌等均有一定的抑制作用[5]，常用于细菌引起的菌痢、肠炎、妇科炎症、乙型病毒性肝炎等[6-7]。但苦豆子生物碱对奶牛乳房炎抑菌效果的研究未见报道。实验根据中兽医关于奶牛乳房炎的相关理论，选取苦豆子总碱及单体碱，针对造成奶牛乳房炎的主要致病菌进行体外抑菌试验，为苦豆子生物碱应用预防和治疗奶牛乳房炎相关制剂的开发提供依据。

1 材料与方法

1.1 试验菌株

奶牛乳房炎病原菌金黄色葡萄球菌（CVCC545）和无乳链球菌（CVCC1887）的标准菌株各1株，国家兽医微生物菌种保藏中心（北京），大肠杆菌（ATCC35218）标准菌株1株及从奶牛乳腺炎临床病例中获得的金黄色葡萄球菌、大肠杆菌和无乳链球菌分离株各2株，由扬州大学兽医学院保存。

1.2 受试药物

苦豆子总碱(含量 65.5%)、氧化苦参碱(含量 99.2%)、氧化槐定碱(含量 97.2%)、槐定碱(含量 98.9%)(宁夏职业技术学院自制)。

1.3 方法

1.3.1 试验药液的制备。采用无菌双蒸水配制受试物贮存液,受试物贮存液浓度为 200mg/mL。配制好的受试物贮存液经无菌处理后贮存于-20℃以下环境。

1.3.2 培养基制备。参照文献[8]制备 Mueller-Hinton(MH)培养基、LB 营养琼脂、小牛血清等。

1.3.3 试验菌液的配制。无乳链球菌、金黄色葡萄球菌、大肠杆菌等。无乳链球菌用 10%血清肉汤培养基接种。37℃培养 16~18h,其余菌种用肉汤培养基接种,培养后在 LB 营养琼脂平板上划线培养 16~18h。用接种环挑取单个菌落,接种于 2~3mL 的 MH 肉汤中,37℃孵育 16~24h,制得供试菌液。

1.3.4 体外抗菌活性试验。采用牛津杯法[9]进行体外抗菌活性预试验。吸取一定浓度的细菌悬液 0.4mL 至琼脂平板上,用无菌棉签涂布均匀,并用镊子将无菌的牛津杯轻轻放入培养皿中,在水平放置的平皿中均匀地放置 3~5 只牛津杯。吸取一定浓度的抗菌药物溶液 0.25mL 至牛津杯中,注意不要溢出牛津杯外。加盖陶瓦盖后,将加入抗菌药液的平皿放置于 3℃~4℃冰箱扩散 24h,然后 37℃培养 16~24h。观察结果,并用游标卡尺测量抑菌圈直径(mm)。根据抑菌圈的大小,初步判断细菌对药物的敏感性。

1.3.5 细菌含量的测定及稀释。参照文献[10]方法以活菌平板计数法对供试菌液进行平板菌落计数,细菌含量为 $10^{8\sim9}$CFU/mL。然后用 MH 肉汤将上述菌悬液进行 1:1000~1:10000 稀释后备用,并取一份接种物在非选择性琼脂平板上传代培养,以检查接种物纯度。

1.3.6 最小抑菌浓度(MIC)测定。采用试管二倍稀释法进行抗菌药最小抑菌浓度(MIC)测定[9]。取无菌试管(13mm×100mm)10 支,排成一排,除第一管外,其余每管加入 MH 肉汤 0.5mL,在第一管和第二管加入受试药物原液 0.5mL 并混匀,然后从第二管吸取 0.5mL 加至第三管,混匀后再吸取 0.5mL 加至第四管,如此连续倍比稀释至第九管,并从第九管中吸取 0.5mL 弃去,第十管为不含药物的生长对照。此时各管药物浓度依次为 200、100、50、25、12.5、6.25、3.125、1.56、

0.78、0 mg/mL。最后在每管内加入上述稀释好的菌液各 0.5mL,使每管最终菌液浓度约为 5×105CFU/mL。第一管至第九管药物浓度分别为 100、50、25、12.5、6.25、3.125、1.56、0.78、0.39mg/mL。另设药物对照(药物+营养肉汤)、培养基对照(营养肉汤),每药重复 3 次。

1.3.7 孵育。将接种好的稀释管塞好试管塞,置 37℃恒温培养箱孵育 16~20h。

1.3.8 结果判断。在读取和报告所测试菌株的 MIC 前,检查生长对照管的细菌生长情况是否良好,同时检查接种物的传代培养情况以确定其是否污染。以肉眼观察,药物最低浓度管无细菌生长者,即为该药物对受试菌的 MIC。3 次试验的平均值即为受试菌的 MIC 值。

2 结果

2.1 体外抗菌活性试验。以金黄色葡萄球菌及大肠杆菌标准菌为受试菌,以牛津杯法对不同浓度的四种受试药物进行体外抗菌活性预试验,结果见表 1。

表 1 不同浓度受试药物对金黄色葡萄球菌标准菌、大肠杆菌标准菌抑菌试验结果(mm'n=3)

	200/(mg·mL^{-1})		100/(mg·mL^{-1})		50/(mg·mL^{-1})		25/(mg·mL^{-1})	
	金黄色葡萄球菌	大肠杆菌	金黄色葡萄球菌	大肠杆菌	金黄色葡萄球菌	大肠杆菌	金黄色葡萄球菌	大肠杆菌
苦豆子总碱	15.43	28.43	12.33	20.80	12.00	11.30	0	0
氧化苦参碱	0	0	0	0	0	0	0	0
氧化槐定碱	0	0	0	0	0	0	0	0
槐定碱	15.43	28.43	12.33	18.50	12.00	12.16	0	0

2.2 最小抑菌浓度测定结果。采用试管二倍稀释法进行四种受试药物对三种细菌的最小抑菌浓度(MIC)测定,结果见表 2。

表 2 受试药物对三种细菌的最小抑菌浓度(MIC)测定结果(mg/mL,n=3)

	苦豆子总碱	氧化苦参碱	氧化槐定碱	槐定碱
金葡菌标准株 545	6.25	50	/	12.5
金葡菌分离株 129	12.5	50	/	12.5
金葡菌分离株 132	12.5	50	/	12.5
大肠杆菌标准株 35218	6.25	50	/	6.25

续表

	苦豆子总碱	氧化苦参碱	氧化槐定碱	槐定碱
大肠杆菌分离株 24	6.25	50	/	6.25
大肠杆菌分离株 214a	6.25	50	100	6.25
链球菌标准株 1887	6.25	50	/	6.25
链球菌分离株 146	3.125	25	100	3.125
链球菌分离株 147	3.125	25	100	3.125

3 讨论与结论

奶牛乳房炎是危害奶牛的一种多发病，不仅影响乳质，严重时还能使奶牛乳机能完全丧失而淘汰。其发病机理主要是病原微生物引起的，据报道金黄色葡萄球菌、无乳链球菌和大肠杆菌为奶牛乳房炎主要致病菌[1,3]，约占整个奶牛乳腺炎病例的90%以上。实验所选的菌株均为相关文献报道的强致病菌。

目前国内外大多采用抗生素治疗奶牛乳房炎，但长期滥用抗生素会产生耐药性，同时会造成生奶中抗生素残留，从天然产物中寻求替代抗生素的药物已成为当务之急。中兽医学认为，外界病原菌的入侵及血液循环障碍导致血液郁结不散，使乳房肿胀成痈，进而转化为炎症，其治疗以清热解毒、抑菌消炎、消肿止痛为原则[11]。因此选择具有清热解毒、抗菌消炎、提高免疫力的苦豆子总碱及单体碱作为受试药。

苦豆子总碱与槐定碱对引起奶牛乳房炎的三种病原菌金黄色葡萄球菌、无乳链球菌及大肠杆菌均有相似的体外抑菌活性，其中最为敏感的为无乳链球菌，其次为大肠杆菌与金黄色葡萄球菌，氧化苦参碱和氧化槐定碱表现出较弱的抑菌活性，其中氧化苦参碱对 9 株细菌中的 6 株无抑菌活性。提示苦豆子总碱及槐定碱的抑菌活性可作为奶牛乳房炎的治疗用药。据报道，氧化苦参碱具有提高细胞免疫功能及抗炎的作用[12]，苦豆子总碱中含有槐定碱、槐果碱、氧化苦参碱、苦参碱等 20 余种生物碱，苦豆子总碱针对奶牛乳房炎的主要发病机制，通过清热解毒清除病原微生物，同时调节机体免疫力，达到治愈本病的目的，可作为具有开发前景的中药提取物。

参考文献
[1]邓海平,蒲万霞,俞诗源,等.奶牛乳房炎主要病原菌及其分离鉴定方法研究进展[J].中国草食动物,2009,29(2):52-55.
[2]刘萍,郝满良,叶宝娜,等.奶牛乳腺炎的病因及其综合防治措施[J].中国畜牧兽医,2007,34(3):32-34.
[3]王耕,王振刚,杨广林,等.奶牛乳房炎病原菌的分离鉴定与药敏试验[J].黑龙江畜牧兽医,2007(7):92-93.
[4]火炎,刘佳森,刘曾力.奶牛乳房炎病因分析及防治[J].内蒙古科技与经济,2004(7):61-62.
[5]张为民,张彦明,张涛,等.苦豆子生物碱抑菌抗炎作用研究[J].动物医学进展,2005,26(10):82-85.
[6]杨巧丽,顾政一,黄华.中药苦豆子的研究进展[J].西北药学杂志,2011,26(3):232-236.
[7]刘军锋,丁泽,欧阳艳,等.苦豆子生物碱抗菌活性的测定[J].北京化工大学学报:自然科学版,2011,38(2):84-88.
[8]中国兽药典委员会.中华人民共和国兽药典(二部)[S].2010.
[9]钱存柔,黄仪秀.微生物学实验教程[M].北京:北京大学出版社,2000:207-208.
[10]周邦靖.常用中药的抗菌作用及其测定方法[M].重庆:科学技术文献出版社重庆分社,1987:46-48.
[11]郭梦尧,王洪海,王国卿,等.奶牛乳房炎的病理机制及中药防治研究进展[J].动物医学进展,2010,31(10):92-95.
[12]王忠效.苦参素治疗乙型病毒性肝炎的基础研究[J].传染病信息,2000,13(2):52-54.

Nanog 基因的原核表达及抗体制备*

李 军 王晓敏 窦忠英 李 勇

摘要:本研究的目的:在大肠杆菌中表达 Nanog 融合蛋白,制备兔抗小鼠 Nanog 融合蛋白抗体。方法:从含小鼠 Nanog 基因的 pNA992 质粒中扩增出小鼠 Nanog 基因并插入 pET-32a 中构建 pET-32a-Nanog 重组表达载体,并转化大肠杆菌 BL21,经 IPTG 诱导表达,得到 Nanog 融合蛋白,并经 Histrap 亲和层析柱纯化后,将其作为抗原免疫家兔制备多克隆抗体,用间接 ELISA 法检测抗体效价,Westernblot 和免疫细胞化学染色检测抗体特异性。结果:成功地构建了重组表达载体 pET-32a-Nanog,经诱导获得了大量 Nanog 融合蛋白,其主要以包涵体形式表达,纯化后蛋白纯度达到 97%,经免疫的兔抗血清效价可达 1:32000,并表现出较好的特异性。结论:成功地制备出高滴度、高特异性的兔抗 Nanog 融合蛋白抗体。

关键词:小鼠;Nanog;纯化;多克隆抗体

作者简介:李军(1981—),男,山西大同人,讲师,硕士。

*本文是宁夏回族自治区自然科学基金项目(NZ1161),发表于《细胞与分子免疫学杂志》2012 年第 7 期。

Nanog 是一个同源盒基因,同源性与自然杀伤细胞(natural killer cell,NK)盒家族类似[1]。它是以凯尔特神话中"神秘的永远年轻的土地 TinanOg"而命名[2-3]。Nanog 特异性表达于胚胎干细胞、内细胞团及畸胎瘤细胞,在维持胚胎干细胞自我更新和多向分化潜能中具有非常重要的作用[4]。缺失 Nanog 会引起胚胎干细胞向体壁和内脏方向的内胚层分化[5],而 Nanog 的特异性表达可以维持胚胎干细胞的不分化状态[6]。

Nanog 可以传导同 STAT3 平行的细胞信号通路,能够在 gp130/STAT3 没有激活的情况下独立维持胚胎干细胞的多能性[7]。Nanog 基因的这种作用可能是通过激活 gata4 基因或 gata6 基因等的活性,这类基因可以抑制胚胎干细胞的分化[1]。而转录因子 Nanog 的具体作用机制尚需进一步研究。而抗体在蛋白质检测及功能研究中有着广泛的应用,制备高效价的抗体是研究基因表达及其功能机制的重要工具。本研究将小鼠 Nanog 基因插入 pET-32a 中构建 pET-32a-Nanog 重组表达载体,获得了大量的 Nanog 融合蛋白,利用 Histrap 亲和层析柱纯化 Nanog 融合蛋白后免疫试验用兔,制备了高滴度、高特异性的多克隆抗体,为进一步研究 Nanog 的作用机制奠定了基础。

1 材料和方法

1.1 材料

PCR 反应所用试剂和胶回收试剂盒均为北京天为时代产品;蛋白

相对分子质量(M_r)marker 为上海生化研究所产品;引物合成由上海生工生物工程公司完成;BamH Ⅰ和 HindⅢ限制性内切酶、T4DNA 连接酶、DNAmarker 均购自大连 TaKaRa 公司;质粒提取试剂盒购自 Promega 公司;完全和不完全弗氏佐剂均购自 Sigma 公司;Histrap 亲和预装层析柱购自 Pharmacia 公司; 兔抗小鼠 Nanog 商品化抗体购自 Santa Cruz 公司; 质粒 pET-32a、大肠杆菌工程菌 TGI、BL21(DE3)、含 Nanog 基因的 pNA992 重组质粒均为本研究中心保存;新西兰白兔(体质量为 2.5kg/只)由本校实验动物中心提供。

1.2 方法

1.2.1Nanog 基因的扩增及原核表达载体的构建

据 GenBank 数据库中小鼠 Nanog 的序列及质粒 pET-32a 的载体图谱,设计 PCR 引物,上游引物加入 BamH Ⅰ酶切位点:5′-TAGGATCCATGAGTGTGGGTCTT-3′,下游引物加入 HindⅢ酶切位点:5′-GCAAGCTTTCATATTTCTCCTGG-3′, 下划线部分即引入的酶切序列。以 pNA992 重组质粒为模板, 扩增 Nanog 基因。PCR 反应条件为:94℃预变性 4min,94℃变性 30s,53℃退火 30s,72℃延伸 1min,共 30 个循环,然后,72℃再延伸 10min。取 5μL PCR 产物进行 10g/L 琼脂糖凝胶电泳分析。

将纯化的 PCR 产物和 pET-32a 空载体用 BamH Ⅰ和 HindⅢ双酶切后,T4 连接酶连接构建重组质粒 pET-32a-Nanog,以连接产物转化感受态大肠杆菌 TGⅠ。同时用 Promega 公司质粒提取试剂盒小量制备质粒,BamH Ⅰ和 HindⅢ双酶切后,10g/L 琼脂糖电泳进行鉴定[8],经酶切鉴定正确后,送大连宝生物工程公司进行测序,测序结果在 NCBI 中 Blast 分析。

1.2.2 融合蛋白的表达及其表达形式分析

将重组质粒 pET-32a-Nanog 及 pET-32a 转化感受态大肠杆菌 BL21, 挑阳性克隆,在含 Amp(100mg/L)的培养基中培养过夜。将菌液以 1:100 体积比接种入 10mL 的含 Amp(100mg/L)的培养液中培养 4h 后,加入 IPTG 至终浓度为 1mmol/L,继续培养 4h, 各取 1mL 菌液离心后, 加入 1×SDS 上样缓冲液, 煮沸 8min,取 15μg 上清进行 120g/L 的 SDS-PAGE 电泳分析[9]。

按上述方法,诱导 100mL 菌液,5000r/min 离心 5min,用 PBS 洗涤菌体 3 次,以 1/10 菌液体积的 PBS(加入 5mmol/L EDTA,0.1mmol/L PMSF,100μg/L 溶菌酶)重悬沉淀,冰浴 15min,超声波破碎菌体,4℃,11300r/min 离心 30min,分别取上

清和沉淀进行 120g/L 的 SDS-PAGE 分析。

1.2.3 Nanog 融合蛋白质的纯化及分析

将超声后的沉淀用含 20g/L TritonX-100 的 PBS 洗涤，离心收集沉淀用2mol/L 尿素洗涤后，将用 PBS 重复洗涤 3 次的沉淀溶于结合缓冲液（20mmol/L Na_3PO_4+0.5mol/L NaCl+8mol/L 尿素+20mmol/L 咪唑）中 4℃过夜，8000r/min 离心收集上清，按 Histrap 预装柱的说明书，利用 AKTA Purifier100 蛋白纯化系统对蛋白进行纯化，对纯化蛋白进行 SDS-PAGE 电泳分析。

1.2.4 兔抗小鼠 Nanog 抗体的制备及效价测定

将纯化的 Nanog 融合蛋白与等体积的完全弗氏佐剂乳化后以 400μg/kg 对试验用兔进行初次免疫，14d 后以等量的蛋白与等体积的不完全弗氏佐剂加强免疫，后每隔 7d 加强免疫 1 次，第 3 次加强免疫后 7d，采血收集血清。用纯化的Nanog 融合蛋白包被 ELISA 反应板，利用间接 ELISA 法[10]测定抗体效价，其中一抗为倍比稀释的抗 Nanog 血清，空白对照为 PBS，阴性对照为免疫前兔血清。在效价达到 10^{-5} 以下时，心脏采血收集血清，加入 1g/L 的 NaN_3 分装后保存于-70℃备用。

1.2.5 Nanog 抗体特异性的 Westernblot 检测和免疫细胞化学分析

将 BL21 菌体裂解蛋白与 pET-32a-Nanog/BL21 诱导表达的总蛋白经 SDS-PAGE 电泳分离后，电转移至 PVDF 膜上，用含 50g/L 脱脂奶粉的 TBST 在 4℃封闭过夜，用 TBST 洗涤 3 次，8min/次；然后加入经 1:5000 稀释的抗血清，37℃作用 1h 后，用 TBST 洗 4 次，8min/次；加 HRP 标记的山羊抗兔 IgG，37℃反应 1h，TBST 洗 5 次，8min/次；加底物 DAB 显色，干燥后拍照。将培养的 ES 细胞用 40g/L 的多聚甲醛进行固定，按试剂盒说明进行免疫细胞化学染色，一抗为未免疫兔血清、制备的兔抗小鼠 Nanog 血清和商品化的兔抗小鼠 Nanog IgG，二抗为 HRP 标记的山羊抗兔 IgG，DAB 显色，显微镜观察并照相。

2 结果

2.1 PCR 扩增产物及重组表达载体的鉴定

以质粒 pNA992 为模板扩增 Nanog 基因片段并插入 pET-32a 载体中，即获得重组表达质粒 pET-32a-Nanog，该重组表达载体经 BamHⅠ和 HindⅢ双酶切鉴定，结果如图 1，其中 5000bp 为酶切载体大小，918bp 为 DNA 目的片段。重组 pET-32a-Nanog 表达质粒测序表明，序列有较好的完整性，并且与 pNA992 质粒中的原序列完全一致。与 GenBank 中的小鼠 Nanog 基因比对，其同源性达到了 99.7%。鉴定结果表明该目的片段已正确插入 pET-32a 表达载体。

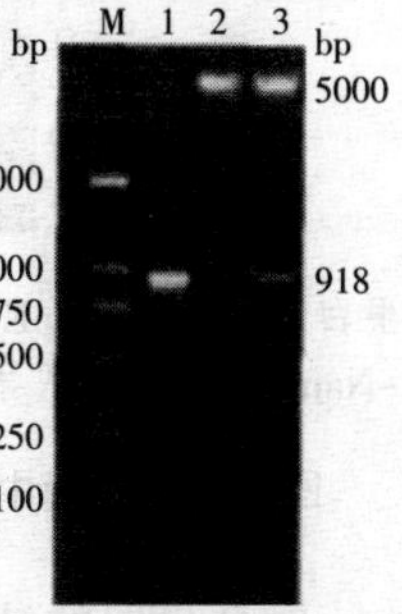

M:DNA marker DL2000;1:Nanog 基因的 PCR 产物;2,3:BamH Ⅰ+HindⅢ的双酶切

图 1 Nanog 基因的扩增与 pET-32a-Nanog 载体的酶切鉴定

2.2 Nanog 融合蛋白的诱导表达与表达形式分析

含 pET-32a 及 pET-32a-Nanog 的 BL21 经诱导后，诱导的 pET-32a-Nanog/BL21 有一处不同于未诱导菌的特异性条带，相对分子质量(M_r)为 20000，即 Trx-His 标签；而 pET-32a-Nanog/BL21 表达大小为 57000 的特异性条带，即 Nanog 融合蛋白。表明 Nanog 蛋白的 M_r 为 37000(图 2)。

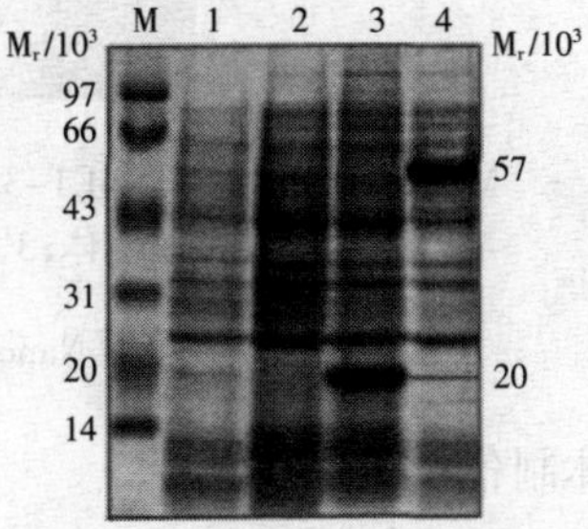

M:蛋白 marker;1:BL21 菌体;2:未诱导的含 pET-32a-Nanog 的 BL21 菌体;
3:IPTG 诱导的含 pET-32a 的 BL21 菌体;4:IPTG 诱导的含 pET-32a-Nanog 的 BL21 菌体

图 2 Nanog 融合蛋白在 BL21 菌中的表达分析

对菌体进行超声破碎后，分别收集上清和沉淀，SDS-PAGE 分析后，沉淀中有大量的重组蛋白，上清中无明显的目的条带(图 3)，表明重组蛋白主要以包涵

体的形式存在于沉淀中。

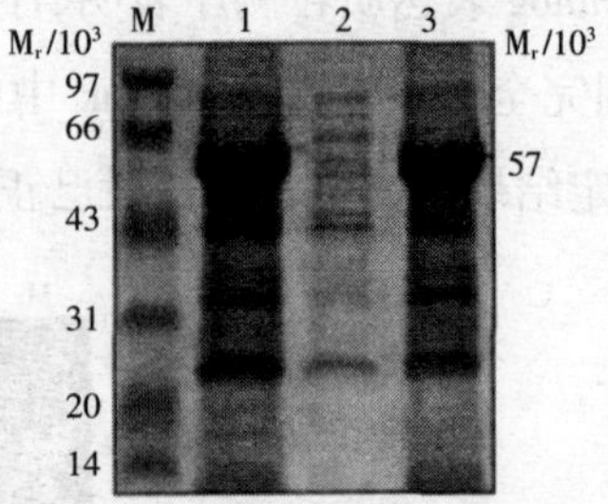

M:蛋白 marker;1:含 pET-32a-Nanog 的 BL21 诱导后的总蛋白;
2:含 pET-32a-Nanog 的 BL21 诱导后上清;3:含 pET-32a-Nanog 的 BL21 诱导后沉淀

图 3　BL21 菌中 Nanog 融合蛋白的表达形式分析

2.3 His-Nanog 融合蛋白的纯化

细菌裂解后沉淀经洗涤得到粗纯的融合蛋白,再经 Histrap 亲和层析柱亲和、吸附和洗脱获得纯化的 Nanog 融合蛋白。将纯化的蛋白进行 120g/L SDS-PAGE 电泳(图 4),经 Bandscan5.0 分析,目的蛋白的纯度达到 97%。

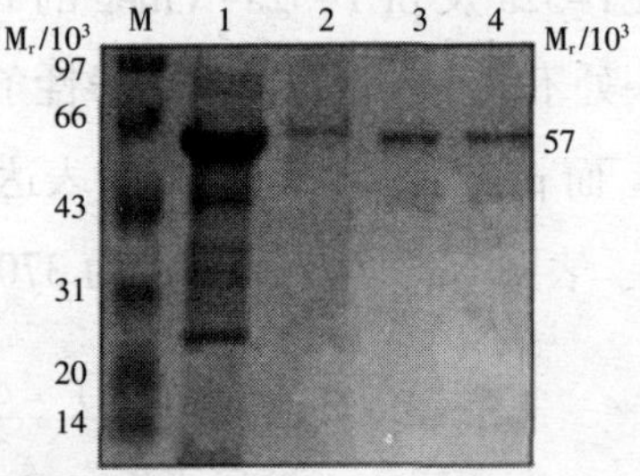

M:蛋白 marker;1:含 pET-32a-Nanog 的 BL21 诱导后沉淀;
2:洗涤后的包涵体;3,4:纯化的 Nanog 融合蛋白

图 4　纯化后 Nanog 融合蛋白的检测结果

2.4 抗体制备及效价测定

试验用兔免疫后的第 7 天采血，以纯化的 Nanog 融合蛋白为抗原用间接 ELISA 测定抗体的效价,其抗血清效价达到 1:32000,而作为阴性对照的免疫前血清为阴性。

2.5 多抗血清特异性的 Westernblot 检测和免疫细胞化学染色

Westernblot 结果显示,多抗血清与 Nanog 融合蛋白具有良好的反应性,融合蛋白泳道中可检测到 M_r 为 57000 的蛋白条带,而 BL21 细菌裂解液泳道中未检测到任何条带(图 5),表明制备的抗体能特异性的与外源性的 Nanog 融合蛋白相互作用。

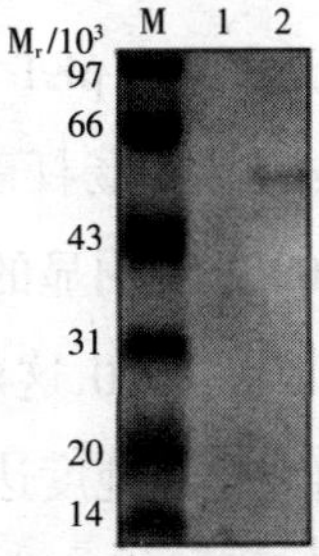

M:蛋白 marker;1:BL21 菌体;2:pET-32a-Nanog/BL21 诱导菌体

图 5　兔抗小鼠 Nanog 多抗血清的特异性检测

将免疫前兔血清(1:2000)、抗血清(1:2000)与小鼠 ES 细胞进行免疫细胞化学染色分析其与 ES 细胞中 Nanog 蛋白的反应性和亲和力，同时用 Nanog 商品化抗体(1:500)做阳性对照。结果显示,阴性对照中的 ES 细胞呈无色(图 6A),而商品化抗体及制备的抗血清中 ES 细胞有明显的红棕色(图 6B,6C),表明抗血清与内源性的 Nanog 蛋白也有很好的反应性和亲和力。

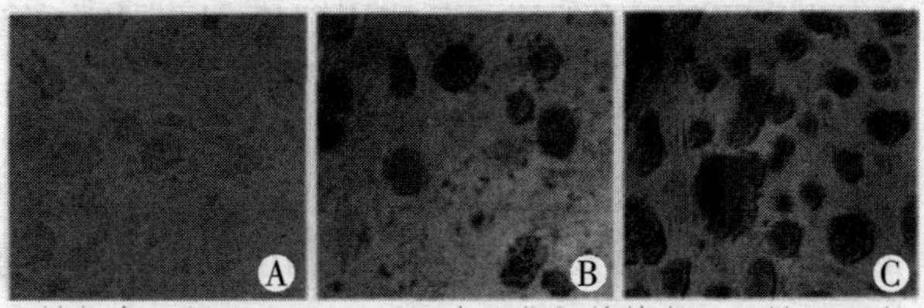

A:阴性血清,对照组;B:Nanog 商品化抗体染色呈阳性;C:抗 Nanog 血清染色呈阳性

图 6　Nanog 多抗血清在 ES细胞中的特异性检测(×40)

3 讨论

许国双等[11]用基因免疫方法制备小鼠抗人 Nanog 转录因子的多克隆抗体,而关于小鼠 Nanog 的抗体制备,国内外未见报道。由于基因免疫方法制备抗体的成功率不高,故本试验将小鼠 Nanog 基因克隆到表达载体 pET-32a,在大肠杆菌表达后纯化 Nanog 融合蛋白,用纯化的融合蛋白免疫试验用兔得到多克隆抗体。结果表明,该方法简单,产量高,是较理想的制备抗体的方法。

表达真核基因的蛋白最理想的方法是用真核表达系统，但是像毕赤酵母一类真核表达系统存在表达的目的蛋白量偏低、表达条件难以优化等缺点，而用 Trx-His 融合表达载体不仅有成熟的纯化方法，还可以获得大量纯度较高的目的蛋白[12]。因此，本试验选用 pET 系统作为表达载体，并将成功构建的重组表达载体 pET-32a-Nanog 转化大肠杆菌 BL21，IPTG 诱导表达目的蛋白，经 SDS-PAGE 鉴定，在 M_r 为 57000 处有明显的特异蛋白条带，其中 Trx-His 标签 M_r 为 20000，表明 Nanog 蛋白 M_r 为 37000，这与前人报道的 Nanog 蛋白 M_r 约 37000 相一致[13]，且 Nanog 融合蛋白纯化后纯度达到了 97%。

为获得可溶性表达产物，本试验在不同时间段采用较低的温度以及降低诱导物浓度来表达重组蛋白，也选用有利于目的蛋白以可溶性形式表达的 pGEX-KG 表达载体[14]表达 Nanog 转录因子，但在裂解菌液上清中都未找到重组蛋白，表达产物仍然以包涵体形式存在。这可能与原核表达系统高效表达有关，蛋白表达量越高越容易形成包涵体。因此，本研究采用柱上复性的方法对包涵体进行复性[14]，以利于获得高特异性、亲和力强的多克隆抗体。

利用 Histrap 亲和层析柱可高效纯化含有 His 标签的 Nanog 融合蛋白，以 Nanog 融合蛋白作为抗原既可提高抗原的纯度，也使其制备抗体时有较高的免疫原性，且本试验选用了免疫周期长、少量多次的经典免疫学方法[15]，更有利于制备高特异性、高效价的抗 Nanog 多克隆抗体。其中用融合蛋白免疫动物制备多克隆抗体是一个比较经典的方法，但笔者发现，大部分文献报道用这种方法制备的多抗的 ELISA 效价均在 10^{-5} 或 10^{-5} 以下。本试验以 Nanog 融合蛋白为抗原包被 ELISA 板检测兔抗小鼠 Nanog 血清的效价为 1:32000，并以含 pET-32a-Nanog 的 BL21 大肠杆菌诱导后表达产物进行 Western blot 分析和小鼠 ES 细胞的免疫细胞化学分析，进一步表明该血清可以与内源性和外源性 Nanog 转录因子发生特异反应[16]，表示成功制备了较为理想的兔抗小鼠 Nanog 多克隆抗体。

综上所述，本研究对小鼠 Nanog 基因进行原核表达，融合蛋白的纯化，并以 Nanog 融合蛋白为抗原成功制备了滴度高、特异性强的兔抗小鼠 Nanog 抗体，为 Nanog 转录因子表达调控研究奠定了实验基础。

参考文献

[1]Wang S H,Tsai M S,Chiang M F,et al. A novel NK2type homeobox gene,ENK(early embryo specific NK)referentially expressed in embryonic stem cells [J].Gene Expresion Patterns, 2003,3(1):99-103.

[2]Mitsui K,Tokuzawa Y,Itoh H,et al.The homeoprotein Nanog is required for maintenance of pluripotency in mouse epiblast and ES cells[J].Cell,2003,113(5):631-642.

[3]Chambers I,Colby D,Robertson M,et al. Functional expression cloning of Nanog,a pluripotency sustaining factor in embryonic stem cells[J].Cell,2003,113(5):643-655.

[4]Liu N,Lu M.The signal transduction pathways and molecules for ES cells self-renewal[J].Chinese Science Bulletin,2005,50(8):721-726.

[5]Constantinescu S. Stemnes, fusion and renewal of hematopoietic and embryonic stem cells[J]. Journal of Cellular and Molecular Medicine,2003,7(2):103-112.

[6]Cavaleri F,Scholer H R. Nanog:a new recruit to the embryonic stem cell orchestra[J].Cell,2003,113(5):551-552.

[7]窦琳,吕长荣,李军,等.小鼠 Nanog 基因的克隆及对人宫颈癌上皮细胞的作用 [J]. 中国组织工程研究与临床康复,2007,11(7):1239-1242.

[8]Joseph S,David W R. Molecular Cloning,a Laboratory Manual[M].The Third Edition. New York:Cold Spring Harbor Laboratory Press,2001:309-313.

[9]徐璐,范学政,王琴,等.猪瘟病毒石门株 E2 基因 4 个抗原结构域的原核表达[J].中国农业科学,2006,39(4):814-818.

[10]赵一璠,李海芳,汤石明,等.翻译控制肿瘤蛋白 TPT1 的原核表达、纯化、抗体制备和初步应用[J].细胞与分子免疫学杂志,2010,26(3):246-249.

[11]许国双,陈香美,孙雪峰,等.小鼠抗人 Nanog 多克隆抗体的制备及其鉴定[J].解放军医学杂志,2006,31(5):413-415.

[12]赵兴旺,刘冉冉,郑麦青,等.鸡髓样分化因子 88 的原核表达及单克隆抗体制备[J].生物技术通讯,2011,22(6):850-854.

[13]李军,吕长荣,窦琳,等.小鼠 Nanog 基因原核表达载体的构建及表达[J].中国农业科学,2007,40(2):373-378.

[14]李军,李勇,吕长荣,等.从包涵体中纯化重组小鼠 Nanog 转录因子[J].2009,18(6):1-4.

[15]查宏贤,刘罡,张晨,等.家蚕丝氨酸蛋白酶抑制剂 4(serpin-4)的基因克隆、原核表达和多克隆抗体制备[J].昆虫学报,2011,54(6):642-647.

[16]单丽伟,唐如春,刘三阳,等.小麦种子过氧化物酶 WP1 基因的原核表达、纯化及多克隆抗体制备[J].生物工程学报,2011,27(1):26-30.

韩少功《暗示》的精神层次解读 *

季景芳

在当代文学史上,韩少功是一位探索者,他在小说创作形式上的力求创新和求异凸显的并不是单纯的创新和求异。在进行作品创作时,韩少功往往从所要表达的内容和思想内涵出发,选用合适的表现手法,甚至不惜采用新的富有创造性的表现手法来对作品内容和思想内涵进行完美表达。如他的寻根小说《爸爸爸》和《女女女》、长篇小说《暗示》和《马桥词典》等,无不蕴涵这样的表现手法。在不断变化的表现手法中,韩少功一直秉承了怀疑的精神和对社会最底层的悲伤情怀。在作品《暗示》中,作者对各种具象符号进行分析,充分表达了对人们精神世界的一种关怀。作品告诫人们不应该被语词的表面现象迷惑,应该对现实生活进行独立思考,进而有一个清醒的认识。《暗示》是韩少功最为重要的一部作品,这不仅是一部巨作,同时也为我们敲响了认识自我的警钟。

一、沉溺于"后现代"的哲学思辨中

中国作家出于对文化现实的深刻认识,开始认识到儒家思想过度宣传礼教所导致的人性扭曲和压抑,那种"存天理,灭人欲"是一种非常变态的文化,因此从"五四"运动以后,作家们便开始接受西方文学启蒙,宣传追求自由和崇尚自然的新文学,于是便形成了科学、民主的新文学运动,这一新文学也顺理成章地成为现实的参与者和对文化进行重塑的历史记录者。我国有着非常复杂动荡的现实政治和痼疾深重的传统文化,因此在20世纪没有真正实现现代化的建设,未能实现与西

作者简介:季景芳(1960—),女,山东莒县人,本科,宁夏职业技术学院职业素养教学部副教授,主要研究方向为应用写作、社交礼仪、速录。

* 本文发表于《短篇小说》2013年第28期。

方世界在政治体制和经济制度方面的现代化接轨，仍然处于一种由农业社会向工业社会进行转变的前现代时期。都市文化虽然在这种喧嚣的商业浪潮中已经逐步实现向“世俗现代性”的转变，但是中国的整体文化还没有实现文化启蒙中的“审美现代性”的转变。在作品《暗示》中，作家选取“言与象的互在”作为真正的立足点，对那些已经消失的生活细节和场景进行了回顾，对语言和历史场景之间存在的记忆关联进行讨论，运用富有哲学的思辨语言对这些言辞进行阐释，真正深刻剖析了语言所蕴涵的丰富意义。因此我们说，作品《暗示》不仅是作家自身文化的一种寻根立场转变，同时也是启蒙主义文学的一种消解。

在作品《暗示》中，作家体现更多的是对“后现代”的一种哲学思辨，没有对那些特定的文化场景中的世界进行描述，而是对变革中的乡镇人们的生活进行现代化的感官描述，并且将霓虹幻影描述为对现代化造就的一种精神方面的扭曲。在作品中，那些曾经在都市生活中存在的有关前现代的农业文明和物质生活的现象都被忽略，真正解构了事物的内在本质。所有这些描述看似很荒诞，却又显得合情合理，如文中将易眼镜杀死警察解读为他当时的情绪失控、老知青集体聚会唱“红太阳”被理解为对怀旧情感的宣泄、大川去参加运动所表现出的各种言行被认为是一种政治作秀等。在这样的一个后现代多棱镜下，生活被折射出多种色彩，显得光怪陆离，所有的理性都被搁置，意义也被完全消解，中心与逻辑之间也被完全肢解。作者通过《暗示》将这些词语所产生的中间意义进行联想和陈述，是一种对历史和经验理性的冒险解构。作者韩少功将前现代的社会场景作为后现代社会的虚幻影像进行炮轰，富有堂·吉诃德战风车的丰富联想，不仅让读者感觉目标的错位，同时其所采用的方式也让人感觉非常荒唐。当生活的真相和事物之间的本质完全被后现代的理论抽空时，将只留下一些形形色色的语言符号；当现实变革中的那些沉重和苦难完全被华丽的文辞所消解的时候，文学也将变成一部富含哲学、政治学和社会学等多重理论的多声道混录机。这样的文学本身是完全缺乏敏锐感和灵动性的，因此作家对文学的探索也就成为一种对文学的解构，是作家自身文学精神的一种消逝。

二、打破以主人公为中心构建的人物等级世界

作品《暗示》在创作上对文体结构进行了调整，对小说世界中的等级进行了

描述,而其内容却直指现实世界。这样的文本创作有着非常深刻的现实意义。作品中主人公的出现向读者暗示的是一种人物之间的轻重主次区分,随之而来的便是一种严格的等级格局。主人公是一位从艺术世界中走出来的人物,他对世界赋予的权利尽情享受,即使遭遇不幸,他仍然勇敢地站在了世界的舞台中央。这样的描述是和人们的日常心理非常契合的,因为现实当中的人们在思考问题的时候往往都是以自我为中心和主线的。然而,这也是一种自我中心化的思维习惯,说明我们对旁人、旁物的一种冷漠和粗心,即主人公完全忽视那些次要人物的感受,是一种自我中心对他人的漠视。因此在某种程度上,次要人物只是一种附属物,他们的自我是被扭曲和漠视的。当然,这样的结构论证并不是要否认次要人物的重要性,如在红楼世界里,焦大说出了几句醉骂便立即从被遗忘的角落脱颖而出,因为他的语言直接触碰到主人公的自我感受。然而这也并不能动摇主人所拥有的权威,他永远是主人。如果要实现每个人物对自身权利的享受,需要对这种固有的次要人物世界结构进行冲击。因此,借用艺术来对这样的新的世界结构进行探寻便成为作家们进行创作的动机。陀思妥耶夫斯基在创作中采取"复调"来对新世界结构进行开启,实现了人物之间的一种合唱,可以说是一种比较成功的示例。作者韩少功也有这样的感觉,他希望打破那种以主人公为中心的等级世界。然而等级格局的存在和人物的安排是紧密联系的,因此他试图避开这种传统构思习惯,通过物类为基点对作品进行结构设计,如《马桥词典》便是一次这样的尝试。我国的古代笔记体小说在结构层面上为韩少功的新世界结构创作提供了空间,从小说中的篇章并列关系和人物、故事维度出发,可以作为一条探寻的路径。

三、以"具象"符号解构人性丑恶面

在现实社会中,资本、权力和媒体等共同运作,使得语言文字逐渐成为一种符号,对我们的生活形成一种控制,如奔驰、旅游、服装、手表、貂皮大衣等词语都只是一种消费的符号、一种制度和习惯,完全失去了词语本身所蕴涵的真正意义。在作品《暗示》中,作者运用多个具象来对言外生活进行丰富化、形象化的说明,体现了一种理性和感性之间和谐相处的生命真谛,凸显了一种在言象之间的平衡和有序。然而现实当中,那些富有感性的生活往往被认为是玩物丧志,为那些正人君子所不齿。因此在作品的“生命”、“开会”和“麻将”等多个章节中，作者指出生活是不能缺乏感性感知的，适当地进行感性的抒发是一种很合乎情理的行为。对于那些在货箱中躲着的偷渡者，如老木和集中营中的人们，他们由于缺乏对感觉的感知，因此才深感恐惧，才会有很多人选择自杀。那些被符号化的具象使人们无法认识他人和自己，在言中失控的象将亲情、审美、艺术等变得虚伪、枯竭和冷漠。在作品的“政治电视”和“包装”章节中，作者大量描述了在社会领域中对象征的广泛运用，那些政治领袖们频频出现在电视镜头前，只是像明星一样作秀，使得那些有分量的美皆被政治和商业所利用和劫持。在这种商品化的大生产中，人的感觉变得麻木，只是为了一个镜头，便可以反复对自己的精神创伤进行随意撕扯，供大家观赏。在作品的“卡拉 OK”和“时装”等章节中，作者对现实生活中的内容形式、人肉分离等进行了描述。运用现代媒介符号，人世间的亲情、爱情、人伦等都被替代，人性的基本立足点都已失去，思维变得无比软弱而没有依附力。

如果具象的内涵是丰富且富有韵味的，那么这样的言象还是容易让人分辨的，然而那些具象本身所蕴藏的自我矛盾很难被人察觉，使得在现实生活中，那些被逐渐符号化的具象有着更为严重的危机。伴随商品社会的不断物化，在生产过程中，政治的地位逐渐被消费展示所支配。法国作家居伊·德波便在他的作品《景观社会》中向我们描述了这样的社会场景。在这样的景观社会中，消费者在电子媒介的引导下进行消费，那些真实的物已经失去了其应有的使用价值，消费已经不再是一种基本的满足，而是一种符号所激发出的消费需求。如在广告中，物和实物之间是否相符已经不再是一个真正的问题。这样的景观社会改变了人们对生活的理解方式，人们之间存在的社会关系完全被意象和符号所中介，可以说这就是一个被符号完全统治的社会。这样的意识形态下，人们内心的那种对生活方式占有的欲望被逐渐复制而出。对于那些弱小者，他们在对身份和欲望的梦游当中逐渐放弃了抗争和思考，命运没有发生变化，而口吻和外表却随之发生变化，去揣度那些豪强人物的观点，模仿他们的举止，从而通过这种心灵上的虚拟身份来实现内心的满足。如阿 Q 将自己说成是赵太爷的本家，小王和小川表现出对大川的坚定追随，大川对资本主义的追随也没有随着他变为失业者而更改。作者对这些权力下编制的象通过言来进行更加直观的控制，这些象对人们的理解、感官和想象进行了大肆操纵。作者正是通过描述这种符号社会下的种种象来引起世人的警觉和反思。

四、结语

韩少功是一位著名的作家，他希望通过自己的知识为拯救国家和民族尽到一丝微薄之力。作为一位作家,他对中国所存在的危机感触很深,希望通过自己的创作方式来对其进行批判,从而引起读者的思考。《暗示》就是这样一部作品，是作家韩少功对中国文化的一种理性思考，同时也是作家对人的生存进行的一种哲学思考。

参考文献

[1]孔见.韩少功评传[M].郑州:河南文艺出版社,2008.

[2]芳菲.一次健康精神运动的肇始——读韩少功的《暗示》[J].当代作家评论,2003(3).

[3]蓝庆保.具象与语言——由《暗示》引发的对语言安全问题的思考[J].韶关学院学报,2007(1).

[4]王舒.《马桥词典》和《暗示》的文体变革与小说新范式[J].扬州大学学报:人文社会科学版,2006(2).

[5]陈润兰.韩少功知青述说的精神轨迹与精神围城[J].云南社会科学,2005(5).

汉赋文体源流考 *

韩海燕

摘要：赋兴起于战国后期，是汉代文学思想与艺术成就的最高代表。汉赋文体是在《诗经》《楚辞》以及先秦散文的影响和启发下随着时间的推移与社会的发展逐渐形成的，是时代背景的产物，也是南北文化融合、文学发展的必然结果。

关键词：汉赋；源流；艺术背景；文化背景

“赋也者，受命于诗人，拓宇于楚辞也。”（刘勰《文心雕龙》）但汉赋与《诗经》的表现手法“赋”既有联系又相互区别，汉赋并非“敷陈其事而直言之”，其特点在于它“非诗非文，亦诗亦文”[1]，注重行文押韵，类似“歌诗”，又着重于描述、铺叙，结构上多以问答形式为主，几近散文。

“赋者，铺也，铺采摛文，体物写志也。”（刘勰《文心雕龙》）由此看来，“体物”、“写志”为汉赋的主要特征。且有陆机“赋体物而浏亮”一说。而关于“体物”与“写志”之间的关系，“体物”自然是为了“写志”。从汉赋的思想内容与艺术形式来看，“写物图貌，蔚似雕画”，精雕细刻、穷形尽象、劝百讽一的表现手法是其主要元素，沿着这些主要元素进行深究，我们会发现：《诗经》《楚辞》以及先秦散文是汉赋形成的最可靠源头。

一、“古诗之流”与“受命于诗人”

《艺概·赋论》中有言，言情之赋本于《风》，陈义之赋本于《雅》，述德之赋本于《颂》。由此，言情表意赋、明理讲义赋、歌功颂德赋都分别源于《诗经》中的《风》《雅》《颂》。

（一）汉赋对《诗经》思想内容的继承与发展

汉赋对《诗经》思想内容的继承与发展主要表现为对《雅》《颂》“言王政之所由废兴”与“美盛德之形容”的启示。在颂扬帝王才德功绩方面，曾有“天命有圣，托之大汉”（杜笃《论都赋》），“于是圣皇乃握乾符……赫尔发愤，应若星云”（班固《东都赋》）等赋文。在对皇帝祭祀的描述方

作者简介：韩海燕（1969—），女，宁夏银川人，副教授，宁夏职业技术学院实用工艺美术系书记，研究方向为中国古代文学。

* 本文发表于《语文建设》2013 年第 10 期。

面，扬雄的《羽猎赋》中有描述，“丽哉神圣！处于玄宫……”，张衡的《东京赋》“祀天郊，报地功”等都是对皇朝祭祀的写照，此外《甘泉赋》《河东赋》等都是在皇帝祭祀时所写，描述的都是祭祀的过程。在对汉朝大一统的山河历史风貌赞扬方面，司马相如的《子虚赋》和《上林赋》是最典型的代表，那种无可比拟的大国气概与声威则是对汉王朝的歌颂。

除此三方面外，汉赋也沿承了《诗经》关注民生、关注国家发展与命运的思想内容。枚乘的作品《七发》，借吴客之口表达了对富家子弟节欲自爱，勿纵情享乐、腐败的告诫。司马相如的《上林赋》也表现出对朝廷革新政治、治国安邦的劝谏。

（二）汉赋对《诗经》艺术形式的继承与发展

汉赋沿用了《诗经》的四言句式，经常引用《诗经》中的言语，以此丰富赋的内容，增加表现力。傅毅的《洛都赋》直接引用《诗经》中《大雅·嵩高》中的诗句“嵩高乔岳，峻极于天”。崔骃的《大将军临洛观赋》也直接引用《周南·桃夭》中的“桃枝夭夭”（《御览》中一说“桃之妖妖”）。这些“叙事大赋”都不同程度地引用《诗经》原文，《二京赋》《东京赋》《两都赋》等都俯拾皆是。

其次，还有不少虽未直接引用《诗经》中的四言句式原文，但有十分明显的模仿迹象。张衡《东京赋》中的“匪疾匪徐”，《冢赋》中的“匪雕匪琢”等都与《诗经》中《大雅》与《小雅》中的“匪”字特殊句式相似，例如“匪安匪宁”、“匪居匪康”。此外，汉赋中一些句子虽未有《诗经》原句模样，但仍属《诗经》的典型句型。例如张衡《舞赋》中的“乍续乍绝”与边韶《塞赋》中的“迭往迭来”、“乍存乍亡”等，都属于《诗经》一三字重叠的句式。此外，汉赋还继承了《诗经》的多种修辞手法，比较常见的有比喻、拟人、借代、衬托、夸张、排比、引用、反复等。

二、“拓宇于楚辞”

“拓宇于楚辞”源自刘勰《文心雕龙·诠赋》。刘熙也在《艺概·赋概》中提出“骚为赋之祖”，由此“拓宇于楚辞”成为汉赋文体源流考的另一个方面。

（一）汉赋对楚辞文化的接受

关于汉赋“拓宇于楚辞”，大多数人认为这与《楚辞》在汉代的流传密切相关。其主要原因在于汉起源于楚，帝王对楚地文化的传播与发展十分重视。宋代黄伯思《翼骚序》中曾提到,刘邦特别重视“书楚语,作楚声,纪楚地,名楚物”[2]。他曾在《大风歌》中沿用楚辞的句式、风格等文学表现形式。“征天下能为楚辞者”的现象在汉代的其他几个帝王在位期间也时有发生。由于帝王的爱好与推崇,人们也逐渐熟悉并接受了楚辞文化,将楚辞文化逐渐融入生活和文学创作。

(二)汉赋对楚辞艺术表现的继承

汉赋“铺彩摛文,体物写志”的艺术结构形式则源于屈原的《招魂》。《招魂》源于楚地的民间风俗习惯,屈原将其转化为“外陈四方之恶,内崇楚地之美”[3]的铺排形式,直至汉赋则演变为“铺彩摛文,体物写志”,汉初的骚体赋是“楚辞”体延续的最典型体现。除此之外,汉赋还继承和发展了《楚辞》的主客问答形式。司马相如的作品《天子游猎赋》,以虚拟人物子虚、乌有与亡是公进行对话的形式,构建文章的整体内容。班固的《两都赋》则设“西都宾”为问,“东都主人”为答。扬雄《长扬赋》也假借“子墨卿问于翰林主人”。主客问答的基本叙事结构源于宋玉作的赋。二者区别在于宋玉设的问答人物皆有实人,而汉赋中皆为假设、虚拟。

(三)汉赋对楚辞艺术表现的发展

一是多种句式的交错并用。汉赋沿用了《诗经》中较为常见的四言句式,《楚辞》中应用广泛的六言句式,并且结合二者之长,形成交错并用的新表现形式。枚乘的《七发》是首次,这样的创新使得汉赋文体韵散结合,读起来朗朗上口,并且极富文采。此外,还有对铺排形式的创新,《天子游猎赋》则表现出空间的极度排比,时间的纵向穿插较少,更多的是空间上繁杂精细的铺排。

二是对《楚辞》问答式叙事方式的继承和创新。《卜居》《渔父》是《楚辞》最为典型的对话体作品,对话的特点在于对话的正反双方各自拥有各自的观点,最终都以正方未能完全说服反方终结。以《渔父》为例,作为反方的渔父与正方作者自己进行对话,虽然经过一系列的征讨,但最后渔父并未说服屈原,达成共识。而在汉赋中虚拟双方的对话最终都达成说服的效果。东方朔的作品《答客难》《非有先生论》是如此,司马相如的《天子游猎赋》《难蜀父老》也是如此。

三是汉赋对自然环境描述的精细雕琢。汉赋的自然描述有别于《楚辞》,更多置身于客观,是冷眼旁观,是积极向上。《招魂》表现的是人与自然的对立,借楚地民俗,以铺陈的方式展现自然对人的压抑。《山鬼》《涉江》也基本如此。这主要与屈原自身的遭遇和思想意识有关,忠君爱国又抑郁不得志。而司马相如、张衡、班固等人的汉赋作品中则多表现为人对自然的征服，展现的是一种人格精神与人格魅力。

三、“出入战国诸子”

“古之赋家者流，原本诗骚，出入战国诸子。”[4]（清代章学诚《校雠通义·诗赋第十五》）然，“骚体赋”、散体赋、诗体赋都不同程度地受到先秦散文的影响。

一方面，汉赋吸收了先秦散文谋篇布局的艺术形式。一是以问答形式谋布全篇，一问一答构成全篇内容。《孟子·梁惠王》是最为典型的例子，全文围绕孟子与梁惠王的对话展开。而汉赋在吸收问答方式贯穿全文的基础上，逐渐形成“述主客以首引”的形式[1]，《两都赋》《二京赋》等都是比较典型的汉赋式“问答”作品。二是多种铺陈形式。《战国策·秦策一》中讲述苏秦游说秦国，劝秦王连衡，赞美秦国则用了对偶、排比等多种铺陈形式进行层层递进的铺陈敷衍。“西有……北有……南有……东有……田肥美，民殷富……沃野千里，蓄积饶多……”《西京赋》中也有类似的句子，如“左有崤、函重险、桃林之塞……右……于前……于后……”

另一方面，汉赋对先秦散文的夸饰手法与纵横捭阖的文体结构的吸收与发展。“六马仰秣”、“流鱼出听”是《荀子·劝学》中用以形容伯牙、瓠巴优美动听的琴瑟演奏的语句，其夸饰手法对汉赋影响颇深。《列子》《七子》《琴赋》中也有类似描述动听琴瑟弹奏的语句。在蔡邕的《琴赋》中，以“走兽率舞，飞鸟下翔”来形容，结构上与《荀子·劝学》中的类似，夸饰手法相近。此外，还表现在对贵族生活的描述上，《上林赋》中美女侍宴、《子虚赋》中魅力女人郑女曼姬的描写都与宋玉“神女”、“东邻之女”的描述十分相似，并且是阳刚与阴柔夸饰手法的融合。汉赋中假设问对中善辩言辞也与先秦纵横捭阖的文体结构有着不解之缘。

四、结语

总而言之，汉赋文体是在广泛吸取《诗经》《楚辞》、先秦散文文学精华的基础上，在南北文化融合的时代背景下，形成的具有汉代特色的新型文体。汉赋除了受《诗经》《楚辞》、先秦散文的影响外，还受到当时政治环境、伦理环境、经济环境的影响，教化讽谏、政治功利的特征表现得尤为突出，但也拥有十分丰富的文学艺术价值。

参考文献

[1]陶秋英.汉赋研究[M].杭州：浙江古籍出版社，1986:4.

[2]明纲.赋学概论[M].上海:上海古籍出版社，1998:4.

[3]万光冶.汉赋通论[M].北京：中国社会科学出版社，2004:28.

[4]逵夫.赋体溯源与先秦赋述论(上)[J].辽东学院学报：社会科学版，2008，10(3):86-99.

“才怪”的语用否定性 *

马　宁

摘要：本文从语用的角度，探讨了“才怪”否定性语义的产生与“才”的负向强调和“怪”的语义有关，而且“才怪” 属于有标记的强性否定。“才怪”语用否定的成因主要与言语交际的“回声作用”有密切的关系。

关键词：“才怪”的语用否定

在现代汉语发展过程中，一些语言单位发生了变化，一些毫不相干的语言单位因交际的需要而形成了新的凝固的语言单位，“才怪” 就是比较典型的例子。

(1)“我要有主意[才怪]!”孙七很着急，很气愤，但是没有主意。(老舍《四世同堂》)

一般来讲，我们常常把“才怪”分析为副词“才”和形容词“怪”的组合，但是“才怪”用于句尾时，它不能简单被拆成两个语言单位，而是作为合成的语言单位对整个句子产生作用，语用否定性成为“才怪”的突出特性。

一、“才怪”研究综述

刘丹(2007 年)根据构式理论，把副词“才”解释成一个语用标记，“才怪”用在句末，用来标记肯定、必然的语气；语义前指，提示焦点是 X。

张艳(2009 年)认为“才怪”是一种“凝固结构”，通常位于句尾，可以表示推断必然，实际上也是加强肯定的意义。

王曼(2010 年)认为“才怪”的语用频率、独特的语用价值是其词汇化的最重要的两个因素。

李爱菊(2010 年)考察了“才怪”的词汇化历程，认为“才怪”的词汇化机制是较高的使用频率、语言经济性的影响、认知因素共同作用

作者简介：马宁(1979—)，男，宁夏职业技术学院讲师。

* 本文发表于《语文建设》2013 年第 9 期。

的结果。

综上所述,研究者认为“才怪”是“才+怪”经常用于句尾形成的凝固结构,表达否定的语义,有一定的语用特色。“才怪”是由“才奇怪”发展形成的词,其词汇化机制受使用频率、语言经济性等因素影响。

二、“才怪”的否定性语义

语气副词都是对说话人说话时的肯定或者否定态度的强调，但强调的方向不同。朝“正值”方向的强调称为“正向强调”,朝“负值”方向的强调称为“负向强调”。沈家煊把“就”看成是“正向词”,把“才”看成是“负向词”。“才怪”的否定性应该与“才”的负向强调有关,“才”的负向强调保留在语素义中,不管“才”是参与构成词还是短语,它的这一特性在形成新的组合后会具有一定程度的传递性。这种情况在现代汉语合成词中就有所反映。现代汉语合成词的性质与组成合成词的语素的性质有密切的相关性，有些语素的性质在形成新合成词时会带有它原有的特性。比如古代汉语“者”到现代汉语类词缀“者”语素义的传递性。同样,“才怪”的否定性也受来自“才”的负向强调的影响,或者说“才怪”的否定性继承了“才”的负向强调的特性。当然,我们并不能忽略“怪”作为单用的形容词,它的“不正常”的否定性词汇意义在组成“才怪”时也将否定性一并传递。所以,“才怪”的否定不仅是语义的否定,同时也是语用的否定。

三、作为否定标记的“才怪”

沈家煊认为(2004 年)有两种不同性质的否定,一种否定的是真值条件,一种否定的不是真值条件。前者属于无标记否定,后者是有标记否定。而这两者的否定的不对称是由语用因素决定的。所以,语言中实际上有两种否定,一种是符合“一般规则”的,即否定数量或者程度词语的下限义,一种是“例外的”或“特殊的”,即否定数量或程度词语的上限义。按照标记理论,前一种一般规则的否定是无标记否定,后一种特殊的否定是有标记否定。我们看看“才怪”否定标记:

(2)A:在灯光底下,这件衣服看起来不像是蓝颜色的。

B1:像是像(蓝颜色),但它有些泛绿了。

B2:不像(蓝颜色)才怪,依我看这件衣服就是蓝颜色。

(2)B1句中“像”表示“衣服的颜色已经具有蓝色的基本特征”,肯定的是“至少像”,否定的是“像”的下限义“至少像”,所以,(2)B1是无标记否定;(2)B2句中“才怪”否定的是“不像”,表示的意思是“不是像不像的问题,是完全像还是非常像的问题”,否定的是“像”的上限义,所以(2)B2句属于有标记否定。

沈家煊引述《语法哲学》中提到“‘不’有时候也可以‘例外地’表示‘多于、高于’的意思”,但从上面的例子我们可以看出,其实“多于、高于”的意思不仅仅可以通过“不”的否定来实现,“才怪”的否定同样可以表达“多于、高于”的意思。因此,可以说有标记的否定,不一定要出现“不”这样的否定词。

四、“才怪”否定的强弱

沈家煊认为不同的情态语词和意愿语词在一个连续统中表现为不同的语义强度。从现代汉语语气系统的形式标志看,判断真假的情态语词大多由助动词承担,对于语气副词来说,在语义程度上也有与沈家煊所举的助动词类似的情况。

他难道不知道? 他不知道呢?

他不知道[才怪]! 他不知道吗?

如果将“才怪”换成“难道”,否定评价的语气强弱也是明显的。但由于“才怪”一般位于句末,我们还可以根据它在句子中的位置,将其换成直接表示语气的“吗”、“呢”等来作对比分析,显然他们的否定评价的强弱是:他不知道才怪!>他难道不知道?他不知道才怪!>他不知道吗?>他(怎么能)不知道呢?否定等级:

难道 → 才怪
(弱项) (强项)

呢 → 吗 → 才怪
(弱项) (中项) (强项)

五、“才怪”语用否定的成因

言语交际中的“回声作用”可以形成语用否定。按照语言中的省力原则,在对话中,答话往往就对方的话题展开,许多情况下采用对方的言语中出现过的说法,包括词语、句式等,甚至错误信息在某种特定情形下也会成为“回声”的主体。这种言语交际中的“回声”,相当于一种语言中的部分引用,只是它更注重语用作用。也有人用“提及”和“使用”两个概念来寻找语用否定的成因,认为一般否定中被否定的词语都是在“使用”中,即用的是其词汇意义,而在语用否定中不是“使用”,而是“提及”。所谓“提及”,实际上就是引述性用法。

“才怪”在对话中,很多时候都是“回声”或引述,然后通过强调焦点,并对其进行否定来加强否定的语气。

(3)我说:“你是猪。”你说:“我是猪才怪!”从此我就叫你猪才怪。终于有一天,忍不住当着众人的面对我吼道:“我不是猪才怪!”

之所以会有这种效果,一方面我们可以认为是不当的断句造成的结果。按照常规的回答“我是猪才怪”应是“我是猪/才怪”,但“我”故意断句成“我是/猪才怪”,造成句义理解的歧义。另一方面,是否定的预设不同造成的。“我”埋伏预设是讨论你是否是猪的问题,但你的回答使我转化了预设的前提,即不是讨论你是否是猪的问题,而是讨论你叫什么的问题,实际是偷换了概念,表现出的是一种语言技巧,促使交际过程中产生幽默效果。其实,这个笑话也反映出“才怪”是作为一个整体作用于前面的句子的,不这样理解,就会造成句子的歧义或无法理解。

参考文献
[1]葛宏伟.现代汉语否定焦点研究[D].南京师范大学硕士学位论文,2008.
[2]李爱菊.“才怪”的词汇化过程与机制[J].语文学刊,2010(14).
[3]沈家煊.不对称和标记论[M].南昌:江西教育出版社,2004.

竞新集 2015

应用技术

网络通信平台的规划与设计*

黎桂兰

摘要：面对快速发展的网络技术，加快建立具有特色的通信平台，是目前各行业发展的当务之急。在时代发展的前端网络中，通信平台的规划与设计是至关重要的。建设一个良好的网络通信平台才能充分发挥网络平台的重要功能。本文结合网络通信平台的发展需求，同时融合网络的基础，对网络通信平台的规划与设计进行了分析阐述。

关键词：网络；通信平台；规划；设计

作者简介：黎桂兰(1965—)，女，银川人，副教授，研究方向为计算机应用。

*本文发表于《煤炭技术》2013年第1期。

0 引言

网络通信已深入到广大群众的学习、工作等各个方面，已经成为企业、家庭等业务发展的平台，改善了企业网络交流环境及家庭网络沟通环境。随着网络技术的发展，网络通信已经逐步成为高效、安全、畅通的交流平台。对于一个企业来说，网络通信平台是内部员工之间沟通的桥梁，也是各个部门工作衔接的重要即时的通信工具。企业有了网络通信平台，不仅减少了很多重复性工作，同时也促进了员工之间的密切沟通，这为提高工作效率带来了便捷。本文介绍了企业内部建立网络通信平台的规划与设计。

1 设计目标和设计原则

为了满足企业网络信息化的发展，为广大群众提供一个各方面稳定可靠的通信网络平台，以及企业内部优化管理的网络平台，并且确保设计方案为将来网络环境升级提供有利的推动作用，就现阶段的网络设计而言，要保证其具有成熟的技术作为支持，并能够为未来的网络发展起到促进作用。从网络的产品角度出发，可以选择有结构的、可扩充的、多功能化的网络产品。选择这些是为了网站能够在长期的运行过程中，不被快速的信息发展所淘汰。此外，网络通信需要满足网络管理要求的分层结构设计，能更加清晰地了解网络结构，方便未来的网络管理与维护。对于一个企业来说,网络环境使用的畅通性、安全性、实用易操作性是非常重要的。

2 网络通信的设计方案

综上所述,企业内部网络建设的方案设计可以从 4 个方面着手:(1)路由交换技术;(2)网络拓扑结构;(3)网络设备选型;(4)网络管理技术。

2.1 路由交换技术

企业的网络环境有非常高的要求,其中需要网络环境可以应对突发性、具有变化的随机性及通过网络拓扑结构进行链路信息完整性检查,以上对于网络环境的要求都是企业的网络环境所必需的。因此我们在设计方案中选择了 EIGRP(增强型内部网关协议)动态路由协议。EIGRP 是 Cisco 公司的私有协议,此公司是该协议的发明者及唯一具备该协议解释和修改权的厂商。它综合了距离矢量和链路状态二者的优点,同时支持多路由器,使路由器可以按照不相同的路径来实现负载分担,根据企业网络的需要,可采用路由重新分布技术。其还可以采用弥散修正算法(DUAL)来实现快速收敛,可以不发送定期路由更新信息,从而减少宽带的占用。其通过使用"协议相关模块"还支持 Appletalk、IP、Novell 和 NetWare 等网络层协议。为了提供一个更加方便快捷的网络,可以将广播流量限制在一定的范围内,一个数据帧或者数据包被传输到本地的网段上每一个节点的操作形式就是广播。该方案可以对虚拟局域网(英文缩写为 VLAN)进行更加合理有效的划分,虚拟局域网可以通过划分的方式形成很多小区域的广播域,这些广播域可以实现数据的传送,而这些数据的传输过程都在虚拟局域网上进行。这样的设计理念在于能够减少网络资源的浪费,实现网络资源利用的最大化。此外,这样的划分区域设计还可以保证信息的安全性,防止信息的外泄等。在重要的核心设备之间的链接,还采用了 EtherChannel 链路捆绑技术,即所谓的绑定,绑定就是通过将不同的接口进行捆绑的方式,实现接口的最大化利用。这样的捆绑方式,可以增加宽带的利用效率,并增加网络的利用率。此外,Catalyst 交换机可支持 PAgP(端口汇聚协议)和 LACP(链路汇聚控制协议)。

2.2 网络拓扑结构

网络是一个具有 Internet 接入和交互功能的专业性局域网（Local Area Network，LAN）。局域网是指在某一区域内由多台计算机联成的计算机组。一般如一个办公区域、学校、工厂、机关以及家庭等为单位的网络都称为局域网。局域网有以下几个特点。

(1)安装便捷。局域网可以实现文件管理等方便的操作。

(2)使用灵活。应用软件、打印机的共享等都可以实现。

(3)易于扩展。工作中的日程安排、电子邮件和传真收发等通信服务功能。封闭型是局域网的一大特点，办公室只要有两台计算机就可以组成局域网。同时也可以由一个公司内部上千上万台计算机组成。局域网中的专业性质非常强，具有具体、稳定、规范的拓扑机构，我们经常见到的局域网拓朴结构主要有四个大类：网络可靠性低星形结构、不陌生的树形结构、最普通的总线形结构、闭合环形结构。

2.3 网络设备选型

网络设备的选取对网络建设而言，其意义重大，作用非凡。首先，进行网络设备的选取体现在能够进行网络环境的适应。考虑到网络环境的适用性、标准型及其兼容和扩展等多个方面的因素，建立网络结构的主要标准在于通过一次性的网络建立实现长久性的功能发挥。本文采用的方案设计，是通过对核心设备的高速交换，获得高度的可靠性和交错性。从上面综合分析，方案中采用的 Cisco Catalyst 6500 系列智能交换机通过应用于区域性的网络环境，进行了不同层次的划分，其中包括核心层次、不同的分布层及边缘层等，以此提高其性能并增加可用性。

2.4 网络管理技术

当今时代是信息时代，也是计算机的网络时代。计算机技术的迅猛发展，带动了网络的发展。网络通信的应用逐步扩大化，也使得网络通信更加复杂化、多样化。随着时代不断向前发展，网络通信及网络管理技术已经成为人们生活中不可或缺的一部分，良好的网络管理方式能够最大限度地实现网络的安全运行，并在管理过程中及时发现其中的隐患，给予及时的检查与处理，从而进行集中化的妥善处理。本文的设计方案中，网络设备主要采用思科的设备。因此，网络管理软件商可以选择 Cisco Works。这个网络管理软件主要应用在中小型企业的网络环境中，它是综合、经济有效、功能强大的网络管理工具，而且界面友好，易于掌握，能够满足网络中对网管功能的全面要求，大家操作起来也比较方便易懂。

3 网络通信建立的具体实现方案设计分析

3.1 边缘层设计

本文设计的网络通信方案中，对于边缘层的设计主要通过路由器来完成，通过光纤进行核心设备及网络的链接通信。在配置过程中，需要不同方面的两个路由器。其中之一是在企业内容网络环境中需要搭建的与网页进行加载的缺省路由。这一路由可以通过内部的路由配置，实现自动链接，并建立一条完整的路径指向网页终端，实现网页的分配，实现路由表的建立。企业内容可以通过 IP 转换，最终得到完整的路由配置信息。

3.2 核心层设计

网络中进行高速交换的前提是将核心层设计的分布层互连起来。由于本文采用思科的网络设备，因此可以采用 Cisco 6500 系列交换机两台，进行核心层次的链路连接。核心层的设计涉及非常多的核心理念及核心技术，其中 HSRP 能够通过路由匹配实现网络冗余的能力，服务器群及网络核心可以通过彼此匹配进行网站的中心链路接入。通过核心层的设计，对网络的中心管理及服务器的配置等有了较为必要的管理措施。这一设计理念不仅能够提高宽带的利用率，更能实现网络资源的最大化利用，并保证了整个网络环境的安全有效运行。

3.3 分布层设计

虚拟局域网中，进行分布层的设计，可以实现层与层之间的汇聚过程，并实现虚拟局域网之间的路由器功能。本文采用的思科网络设备就是通过这样的分布层设计，实现其最大化的资源利用。

3.4 接入层设计

接入层的设计是为了能够与终端客户进行沟通，其设计并不复杂，只需要在终端客户的客户端进行接入层的植入即可。

在进行接入层设计的方案中，主要体现对 VLAN 的划分，从而实现终端与远程同时对 VLAN 的信息共享。

4 结语

网络通信平台的建设是网络中重要的基础设施，随着信息时代的来临，先进技术的大型网络系统是不可或缺的，特别是网络通信平台安全方面越来越得到人们的重视。不仅仅是企业，就连学校、家庭间的局域网应用也越来越普遍，可见网络通信平台建设在未来的发展中前景美好。

参考文献

[1]朗为民.下一代网络技术原理与应用[M].北京:机械工业出版社,2006.

[2]张云勇,张智江,刘韵洁.下一代网络业务开放技术[M].北京:电子工业出版社,2004.

[3]陈玉清.校园网的组建与管理[J].新乡学院学报,2009(2):66-68.

[4]林永箐.多层次校园网络安全设计[J].吉林师范大学学报,2009(3):150-153.

[5]刘姚,吴斌.基于Linux平台下校园网DNS服务器配置方案[J].岳阳职业技术学院学报,2009(3):74-78.

利用硬盘保护系统的机房管理维护经验 *

宋凌云

摘要：随着计算机技术的不断迅猛发展，现在的计算机机房拥有大量的计算机设备，传统的管理维护方法已不能胜任，本文通过在计算机上安装硬盘保护系统，实现对学校机房中的计算机数据的保护与还原，可在短时间内完成计算机操作系统和软件的安装与维护工作，极大地提高了硬件运行和维护效率。

关键词：硬盘保护系统；机房管理维护；数据保护

伴随着计算机技术的迅速发展，大量计算机机房为满足实践教学需要应运而生，机房建设完成之后，一个现实的问题摆在了我们眼前，面对上百台计算机，如何能够高效率地管理维护，让这些计算机软硬件设备时刻保持良好的状态，更好地为教学服务呢？计算机机房的管理是一个系统而具体的综合问题，本文主要探讨在硬盘保护系统下，如何利用硬盘保护系统，提高管理维护效率。

一、机房管理的意义和内容

1.机房管理的意义

随着信息时代的发展，计算机已广泛应用于各个行业中。高校计算机机房是计算机教学的一个重要场所，它不仅承担着上机教学的任务，还承担着计算机等级考试、认证考试、对外培训等任务。然而随着计算机的高频率使用及机器的老化、人为破坏及病毒等原因，经常会出现系统崩溃、频繁死机等现象，因此机房加强管理、定期维护显得格外重要。

2.机房管理的内容

机房管理牵涉面非常广，硬件设备的配置、维护及故障检修、机房内部局域网和应用软件的安装及维护、用电的安全保障、机房环境等都属于机房管理的内容。因此，机房管理是一个完整的系统工程。

作者简介：宋凌云(1978—)，毕业于宁夏大学计算机科学与技术专业，宁夏广播电视大学教务处教务科科员。

* 本文发表于《电子世界》2014 年第 4 期。

二、机房管理维护技术

通常机房的维护技术主要有硬件保护法和软件保护法两种，软件保护法的大部分保护功能是在操作系统的基础上实现的，但由于 Windows 操作系统本身存在很多安全漏洞，无法抵挡恶意攻击或人为破坏，而且无法保护 CMOS 和硬盘分区等信息。硬件保护法保护范围较广，但对计算机性能有一定影响（随着计算机性能的不断提高，影响会越来越小）。目前多数大型机房均采用两者结合的方法，通过在计算机中安装还原卡和配套软件系统对机房进行管理与维护。

1.计算机软硬件配置及使用情况

以宁夏广播电视大学机房为例，该机房于 2011 年 10 月投建，分 4 个机房，拥有 138 台计算机，所有计算机均为当时主流配置，CPU 为 3。2G 内存，320G 硬盘。该机房是面向开放教育教学、考试及教育部公共基础课考试需要而建的。这样在计算机中需安装多种大型应用软件以满足各专业不同的需要，操作系统为 WindowsXP、Windows2003 及 Windows2000，软件有办公软件、机械类制图软件、动画图像制作软件、会计模拟实验室等。由于使用频率高、开放时间长，机房管理员每天都要面临由于用户误删除系统文件造成的系统瘫痪、各种计算机病毒的入侵等众多问题。

2.应用联想硬盘保护对计算机进行管理维护

由于计算机机房的使用者是学生，而学生上机存在以下几个问题：(1) 操作不熟练，易误删除部分系统文件，导致系统无法正常运行；(2) 携带有病毒的小软件或者小游戏进入机房，使系统感染病毒，破坏整个机房网络；(3) 恶意破坏者，如故意破坏系统注册表等。因此许多学校采用保护卡技术来解决机房中的维护问题，一般保护卡的解决方案为：在机房中的每台计算机装上保护卡后，单机的系统及应用软件能受到保护，学生误操作后，开机即能恢复到系统设定的初始状态，它的设计出发点是对单机进行有效的保护。但学校机房的维护，事实上是一个综合、整体的维护过程，而不仅仅是一个系统保护问选择适合的硬盘还原卡对电脑进行保护，不管学生如何对计算机系统进行操作，例如对硬盘格式化、重新分区，对应用工具软件永久性删改、恶性破坏，应用低级格式永久性破坏，不正常关机，任何非法操作、加密、锁定、恶性监控以及由于以上操作造成的后果包括系统崩溃，还原卡均可在所需的任一时间进行还原或立即还原，恢复系统原设定状态，使计算机完好无损。宁夏广播电视大学使用的联想硬盘保护系统具有以下优点：

（1）能够同时给机房中的多台计算机（最多可达二百台）进行系统、软件的快速部署，整个复制所花的时间比手工安装好一台计算机系统的时间还要短。

（2）允许管理员一次性给机房中所有计算机分配好IP地址和计算机名。

（3）保护系统远离病毒和恶意破坏的困扰，极大地降低管理员维护机房计算机的难度。

（4）能够保护机房用户常用的多种操作系统（包括Windows XP，Windows Vista，Windows 7，Windows Server 2003及Windows Server 2008操作系统）。

（5）能够保护每台计算机上的CMOS参数不被恶意破坏。

（6）允许管理员在每台计算机上安装多个完全隔离的系统，相当于把这些不同的系统安装在完全不同的计算机上一样，从而实现一台计算机当多台计算机使用。

（7）可以使计算机快速还原至先前受保护状态，大大减少管理员对机房众多计算机的维护工作量。

（8）允许管理员使用智能同传的方式为机房内的所有计算机部署增量数据，如安全补丁、新增的软件或数据文件等。

（9）允许管理员远程监控和管理所有计算机的软硬件资产。

3.硬盘数据保护

（1）利用联想硬盘保护系统保障系统安全高效

机房管理员可随意选择一台已经安装硬盘保护系统的学生用机进行机器初始化安装，把它作为“母机”。开机按“HOME”键进入联想硬盘保护系统，选择网络设置。可以根据需要修改本机的网络设置，包括IP地址、子网掩码、网关及分组名等。选择“修改分区”项，将要安装软件的分区（如Windows XP），选择“不保护”项，其他分区可以选择“快速恢复”。重新启动计算机后便可在系统中安装软件。软件安装完毕后重新启动计算机，再次进入硬盘保护系统将分区改为“快速恢复”。这样就完成了这台计算机的系统及硬盘数据保护设置。

（2）利用联想网络同传系统维护整个机房

联想的网络同传系统，能大批量地完成整个计算机机房系统及软件的安装或更新，这点对维护整个机房的系统来说尤其重要。重启刚才已经做好的计算机,按 F4 进入网络同传界面,选择作为“发送端”。通过网络同传,将发送端的“硬盘数据”、“CMOS 参数”同步到接收端,并对接收端进行 IP 地址、计算机名分配,按机房使用方案对网段内的所有接收端进行分组设置。通过一次网络同传把机房内百余台机器硬盘数据复制成与发送端一模一样，时间需要根据硬盘中的有效数据和网络情况而定,半小时至一个半小时不等。客户端的机器名和 IP 地址是唯一的，因为该管理系统会根据用户在对拷前的网络参数设置中提供的起始机器名和起始 IP 地址为每台机器自动生成机器名和 IP 地址，确保不会出现机器名重复或 IP 地址冲突的问题。

(3)通过联想网络控制工具进行维护与控制

联想网络控制工具是一款综合性网络控制软件,结合了远程控制、远程计算机管理,并附带联想硬盘保护系统部分控制接口功能。

联想网络控制工具软件可以对被控端计算机进行完整的软件、硬件资产监控及管理,方便网络管理员及时了解、监控网络内所有被控端计算机的相关配置与变更等情况;并且可以对任意被控端进行远程遥控,以及被控端管理。此外,配合联想硬盘保护系统，可以更加方便地管理被控端计算机的多操作系统引导和开机设置,实现对远程计算机更全面的控制。

功能特性:

①对已登录控制端的一台或多台被控端计算机进行远程重启、关机、唤醒操作。

②监控被控端计算机的软件、主要硬件资产的变更情况,当被控端计算机硬件资产发生变化时,可自动识别,并报警至控制端管理员。

③对于软件、主要硬件资产发生变更的被控端计算机,可方便快捷地执行资产更新操作。

④随时对被控端计算机的软件、硬件资产情况进行全面完整而又方便的查看,当发现资产变动时,可提供详细变更情况供查询。

⑤所有被控端计算机的资产内容和变更过程,都会详细记录到数据库中,以备管理员查询使用。

⑥强大的日志管理查询组件，能全面记录所有被控端的远程控制及资产变更情况,所有日志记录可进行自定义条件查询,使管理员对网络内各被控端计算

机的运行状态一目了然。

⑦数据库采用操作系统已具备的ODBC驱动程序进行访问,无需安装其他数据库组件。

⑧当被控端计算机已安装联想硬盘保护系统时，可以同时设定其下一次启动时所需进入的操作系统,方便多操作系统的引导控制。

⑨当被控端计算机已安装联想硬盘保护系统时,可对其硬盘的每个分割区中所安装的操作系统进行资产监控。

⑩强大的远程协助功能，可以对任意在线的被控端进行屏幕查看以及远程遥控,从而了解被控端正在进行的程序以及强制操作被控端。

⑪分组管理，控制端可以对所有被控端计算机进行分组，从而实行分组管理,使用不同的命令,操控不同组的被控端。

⑫时间同步及文件发送等基本功能,使用方便。

⑬强大的数据安全管理,控制端可以操控任意被控端进行"快速保存"、"快速恢复",从而保护被控端的系统以及数据安全。

⑭控制被控端快速进入"网络同传"功能,可以进行方便的按组网络同传。

4.使用中遇到的问题及部分解决办法

联想硬盘保护系统提供了强大且实用的功能，极大地简化了机房管理员的工作,管理员在装有管理端的机器上便可完成所有操作,不但减少了在每台客户端进行修改操作的重复劳动,也缩短了机器的维护周期,提高了机房的使用效率。但是在使用过程中仍然遇到一些问题,具体如下。

(1)由于教学的需要,部分机房的计算机安装的是双系统(WindowsXP和Windows 2003),如果要把这个机房做成单系统(如WindowsXP),在网络同传时一定要选择全盘同传,否则同传完后系统会显示分区不一致。

(2)该管理系统会根据用户在对拷前的网络参数设置中提供的起始机器名和起始IP地址为每台机器自动生成机器名和IP地址，确保不会出现机器名重复或IP地址冲突的问题。但是由于有些软件对计算机名有特殊要求(如有的要求大写,有的要求不能大写),在安装软件中我们必须详细了解软件安装要求。要注意在操作系统中无法更改计算机名或是IP,必须进入硬盘保护系统中的"网络设置"中更改。

(3)公共机房经常承担教育部考试及期末考试任务,每种考试所使用的程序软件都不一样，所以考试之前需要机房管理员把本次考试所使用的程序软件安装到计算机上,考试结束后又要将系统恢复到教学使用状态。为了既不影响考试也不影响正常教学,这就需要在组织考试的机房准备两台计算机,一台计算机是考试用的系统,另一台计算机是正常教学使用的系统,这样我们就可以只维护一台计算机,然后同传,根据需要完成整个机房的维护。

(4)在使用联想网络同传系统中仍存在一些无法解决的问题,由于每学期教学安排不一样,会出现需要增加软件的情况,在网络同传时选择智能同传,由于没有增量同传功能,只能把C盘中的数据全部同传,这就增加了同传的时间。

参考文献

[1]杜建生,孟学多.计算机基础教学实验室安装硬盘保护卡的实践和效果[J]. 微型机与应用,1999(12):57.
[2]张思松,史金成,胡荣宝. 计算机机房管理技术的实践与探索[J]. 福建电脑,2005(9):156.
[3]黄国凡,刘海伟. 高校图书馆硬盘保护卡的应用[J]. 龙岩师专学报,2003(2):128.
[4]李振美. 高等院校中公共机房的管理与维护[J]. 电脑知识与技术,2005(12):87.
[5]邓业城. 浅论基于局域网的计算机机房管理维护[J]. 计算机光盘软件与应用,2012(2).

工程机械钢结构设计与结构优化的有限元分析的应用 *

张彩芬

摘要：文章介绍了工程机械钢结构的设计特点，并且结合有限元分析的基本思想以及物理力学等基本理论，对工程机械钢结构的设计与结构优化时的性能要求进行了细致分析，重点研究了工程机械钢结构在使用过程中对强度、刚度等的要求。

关键词：钢结构设计；结构优化；有限元分析

一、工程机械钢结构设计的特点

工程机械是施工建设机械的总称，其种类繁多并且被广泛应用于城市建设、道路桥梁、农林水利、工业生产以及国防设施等领域。工程机械设备主要由整体构架、控制系统、变速装置、传动机构、防护润滑等系统组成。本文主要以公路架桥机为研究对象分析其钢结构的设计要点，公路架桥机的主体钢结构为横梁，传动机构为天车，主要控制系统包含液压系统和电气系统，公路架桥机的主梁是确保整个工程机械运作的重要组成部分，因此在进行主体钢结构设计时需要仔细分析主梁的结构受力特点。

公路架桥机的主要工作原理是利用运梁车将需要安装的混凝土梁移动到公路架桥机的尾端，此时的混凝土梁和设置在架桥机两端的前后天车为公路架桥机纵向移动的配重。在运梁的过程中使用公路架桥机的液压控制系统将其纵向移动到桥梁待安装的部位，然后再使用前后天车分别吊起混凝土梁的前后端，运用电气控制系统调整天车运梁的平均速度，确保其匀速向前移动。当混凝土梁完全进入公路架桥机下方的轨道时，利用前后天车吊起混凝土梁继续纵向将其移动至公路架桥机前支腿和中支腿之间，此时收缩后支腿液压缸使后支腿离开地面，然后启动公路架桥机横向移动的控制系统，移动公路架桥机到混凝土梁安装位置，最后调整桥梁接口位置使混凝土梁安装就位。在安装混凝土梁的过程中，公路架桥机主梁的钢制框架结构承担主要荷载，每

作者简介：张彩芬(1972—)，女，教授，硕士，主要从事机械制图、机械设计基础、工程力学、计算机绘图、机电一体化系统设计基础、设备机械装配与调试等专业课程的教学工作。

* 本文发表于《制造业自动化》2012 年第 4 期。

一条钢梁的受力形变都关系着桥梁安装是否能够安全有效地进行，因此需要科学合理地判断钢结构的材料属性以及利用有限元分析的方法研究主梁框架结构的受力特点，从而能够合理地优化公路架桥机的主梁钢结构，做到刚度和强度在稳步提升的前提下最大限度地节省资源。

二、结构优化时的有限元分析

随着我国计算机技术的迅速普及和工程科技的快速发展，有限元分析在工程机械钢结构设计和优化的过程中起到了越来越重要的作用，尤其是在工程机械的自动化水平日益提高的今天，有限元分析已然成为解决复杂的工程力学分析计算问题的首要途径。本文主要以公路架桥机为例对其钢结构设计与结构优化时的有限元分析进行深入探讨。

对公路架桥机进行有限元分析，首先要建立主梁框架结构的有限元模型，本文主要使用的软件是 MSC/PATRAN，通过分析主梁框架结构的材料属性、单元选择以及网格划分进行几何建模，建立主梁框架结构的有限元模型；然后使用 MSC/PATRAN 对初步建立的有限元模型进行强度、刚度分析，并且绘制出应力、应变力分布图，通过物理力学的分析方法判断钢结构的稳定性；最后根据 MSC/PATRAN 对有限元模型的分析结果对钢梁的框架结构进行更深层次的优化设计，以达到在实际生产制造中节省材料、实现高效节能的目的。总之可以将 MSC/PATRAN 进行有限元分析的基本程序概括为三个主要部分，即分析主梁钢结构的离散化、有限元计算以及对结果的优化处理。

对于公路架桥机主梁框架结构的有限元分析步骤具体如下。

(1)通过 MSC/PATRAN 软件对主梁钢结构进行单元划分和插值函数的确定。由于公路架桥机主梁的横切面为箱型结构，在空间上可以划分为若干个箱型结构单元通过焊接连接而成，因此可以根据钢结构梁的结构几何特性、钢梁节点处的边界条件等情况，建立由各种单元组成的计算模型。在对公路架桥机的主梁进行有限元分析时，最关键的环节就是有限元的网格划分，因为网格划分的精度直接影响有限元分析的精确度以及响应速度。要有效地控制网格的疏密程度，主要就是通过在主梁钢结构的各个部位采用不同大小的网格，这是为了适应计算数据的分布特点，在计算数据变化梯度较大的部位，为了较好地反映数据变化规律，需要采用比较密集的网格。然后再按照单元的性质和精度要求，写出表示单元内任意点的位移函数 u(x、y、z)，v(x、y、z)，w(x、y、z)或者 d=S(x、y、z)a，通过单元模型进行有限元分析。利用钢结构梁的结构几何特性、钢梁节点处的边界条件写出以 a 表示的节点位移 $q^e=[u_1、v_1、w_1、u_2、v_2、w_2\cdots\cdots]^T$，然后将公式转化为 $q^e=Ca$，再由 $a=C^{-1}q^e$，并代入到 d=Sa，得到 $d=SC^{-1}q^e=Nq^e$，此公式是利用钢结构梁的结构几何特性、钢梁节点位移表示单元体内任意点位移的插值函数式。

(2)进行主梁钢结构的单元特性分析，根据上面总结出的位移插值函数，由弹性力学中给出的应变和位移关系，可以计算出应变为 $\varepsilon=Bq^e$，在式中，B 为应变矩阵，相应的变分为 $\delta\varepsilon=\delta Bq^e$，由物理关系可以得到应变与应力的关系式为 $\sigma=D\varepsilon=DBq^e$，其中 D 为弹性矩阵。

(3)对单元特性分析的结果进行组集，把各单元按照节点组集成与原结构相似的整体结构，得到整体结构的节点力与节点位移的关系，即整体结构平衡方程组 f=Kq，其中 K 为整体结构的刚度矩阵，f 为总体载荷列阵，q 为整体结构所有节点的位移列阵。

(4)对组集的结果进行有限元分析求解，在此过程中可以采用不同的计算方法解有限元方程，得出单元模型各节点的位移。在进行求解之前必须对结构平衡方程组进行边界条件处理，然后再接触节点位移 q。计算单元模型的结构应力，如果需要求出单元模型的应力值，则在计算出各单元的节点位移 q^e 后，自 $\varepsilon=Bq^e$ 和 $\sigma=D\varepsilon$ 即可求出相应的节点应力。

根据公路架桥机主梁钢结构的施工情况对其进行实际强度、刚度检测，从而分析钢梁框架结构的最大应力、应变情况，从而判断是否能够满足实际施工时的具体要求。在进行检测时对测量的点位选择，应该能够代表主梁钢结构的真实使用情况以及一些主梁钢结构的集中受力部位，以便更加全面地考察公路架桥机主梁的工作状态，因此本文主要选取公路架桥机的主梁在悬臂状态(工况 1)、运梁状态(工况 2)以及架边梁状态(工况 3)下的 10 个测试点，具体的检测数据如表 1 所示。

表 1　公路架桥机各测试点的应力值

	工况 1	工况 2	工况 3
测试点 1	84.5	113	117
测试点 2	74.5	130	138.5
测试点 3	81.1	119	128
测试点 4	0.28	0.63	3.15
测试点 5	25.2	4.2	8.2
测试点 6	17.9	13.7	13.4
测试点 7	12.9	10.5	10.3
测试点 8	151.3	56.5	56.9
测试点 9	113.8	25.2	2.08
测试点 10	139.9	39.3	33.4

由上表可知，工况 1 是指公路架桥机悬臂状态，其应力最小值是测试点 4 的 0.28MPa，最大值是测试点 8 的 151.3 MPa，最大应力误差为 4.0%，测试点分析对比如图 1 所示；工况 2 是指公路架桥机运梁状态，其应力最小值是测试点 4 的 0.63MPa，最大值是测试点 2 的 130 MPa，最大应力误差为 2.3%，测试点分析对比如图 2 所示；工况 3 是指公路架桥机架边梁状态，其应力最小值是测试点 9 的 2.08MPa，最大值是测试点 2 的 138.5 MPa，最大应力误差为 4.3%。

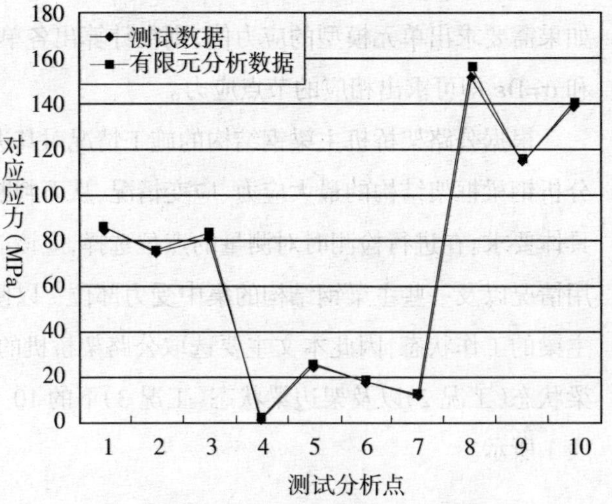

图 1　悬臂状态下测试点分析对比图

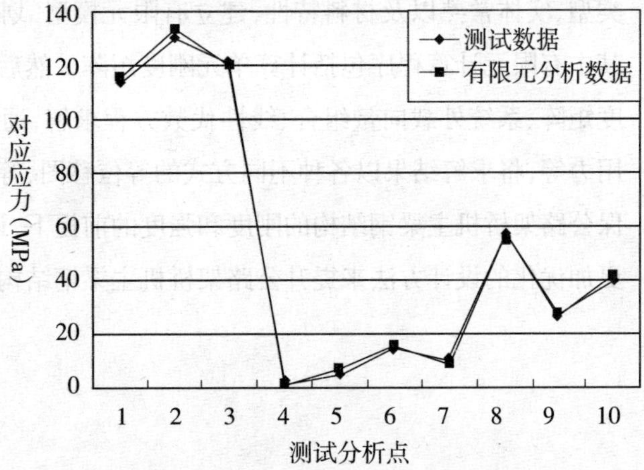

图2　运梁状态下测试点分析对比图

利用有限元分析方法进行钢结构的优化设计是一种寻找最优设计方案的技术。通过MSC/PATRAN软件建立主梁钢结构的有限元模型,然后对主梁有限元模型的工况强度以及刚度进行分析，在满足实际工作需求的前提下进行迭代计算,求得目标函数的极值,从而根据计算结果进行优化设计,并最终得到最优化的公路架桥机主梁的设计方案。因为采用有限元分析的方法能够非常快速有效地提升钢结构的设计效率以及质量,优化过程实质上就是在不断地进行分析、修正,需要对不同工作状态进行结构效应的有限元分析,并且同时进行优化参数的考量,逐步逼近最优设计的序列。基于MSC/PATRAN对公路架桥机的主梁进行有限元设计技术就是建立在有限元分析的基础上反复优化设计变量以满足状态变量限制条件下使目标函数逼近最小值。在通过有限元分析后得到公路架桥机主梁钢结构的应力分布以及应变产生的误差范围，就可以在实际设计之前对主梁钢结构进行更加有效、可靠以及准确的优化设计,从而为产品的定性提供更加合理有效的理论依据。

三、结束语

综上所述,通过对工程机械进行受力计算,得到钢结构的最大应力分布以及应变值分布图,然后再从主梁钢结构的几何设计、结构构造、材料质量、有限元分析等方面对公路架桥机的主梁框架结构设计要点进行分析，具体包括定义单元类型、实体常熟以及材料特性，建立有限元模型，划分单元网格，确定边界条件。其中有限元计算程序包括计算单元刚度矩阵，然后利用矩阵组合成结构总体刚度矩阵、系统外载向量组合、线性代数方程求解，通过反算法求应力、应变、反作用力等，将求解结果以各种不同方式的等位移图、等应力图显示出来。最后在确保公路架桥机主梁钢结构的刚度和强度的前提下，最大限度地减轻结构重量，用更加优化的设计方法来提升公路架桥机主梁钢结构的稳定性以及经济性。

参考文献

[1]刘曙.半刚性连接钢框架的有限元分析[J].中国水运：学术版,2007(3).

[2]王涛.多层钢框架结构整体稳定分析[D].西安科技大学硕士学位论文,2010.

[3]张俊峰.钢框架高等分析研究及面向对象的程序设计[D].西安建筑科技大学硕士论文,2008.

[4]马俊,罗林.塔式起重机三杆式附墙杆件受力分析[J].建筑机械,2007(上半月).

[5]中华人民共和国建设部.GB50017–2003 钢结构设计规范[S].北京：中国建筑工业出版社,2006.

正交优选动态回流法提取秦艽中龙胆苦苷工艺*

郝彩琴　郭鸿雁　冷晓红　李　军　陈海燕

摘要：本文采用正交试验法，以龙胆苦苷含量为指标，研究溶剂用量、提取时间及提取次数对秦艽中龙胆苦苷提取率的影响，优选出合理的提取工艺。结果表明，以65%乙醇为溶剂，用动态回流法提取秦艽龙胆苦苷的最佳工艺条件是溶剂用量为药材的10倍，提取时间为30min，提取次数为1次。经验证性试验证明所优选条件可靠，可供秦艽中龙胆苦苷的提取工艺参考。

关键词：秦艽；龙胆苦苷；正交设计；提取

秦艽为龙胆科龙胆属多年生草本植物，主要分布于我国东北、华北、西北及西南等省[1-2]。秦艽作为中药应用已有2000多年的历史，始载于《神农本草经》，有祛风湿、止痹痛、清湿热的功效[3]。秦艽药材中所含的主要化学成分类型为环烯醚萜苷，其中最主要的是龙胆苦苷[4-5]。近年来的研究表明，该类成分具有保肝、益肝、抗炎镇痛等活性[6]。在宁夏秦艽主要分布于六盘山及其周边地区，且宁夏六盘山区产三种秦艽，即秦艽、麻花艽和小秦艽[7]，均属于2010年版《中华人民共和国药典》收载的秦艽品种。为了合理利用和保护秦艽资源，最大限度地提取其有效成分，本试验选定65%的乙醇为溶剂，利用动态回流提取法，以溶剂用量、提取时间、提取次数为考察因素，龙胆苦苷的提取率为评价指标，利用正交试验 $L_9(3^4)$ 优选用65%乙醇动态回流提取宁夏六盘山栽培秦艽中龙胆苦苷的最佳工艺条件，为充分利用该药材资源提供参考依据。

1 材料与方法

1.1 材料

秦艽（4年生）购自宁夏六盘山药材种植有限公司，自然晾干，取根粉碎成粗粉过筛备用。

1.1.1 试药　龙胆苦苷对照品（购自中国药品生物制品检定所，批号为110770-201013），质量分数大于96.9%。

作者简介：郝彩琴，女，硕士，讲师，主要研究方向为天然药物提取分离与分析的教学和科研。

*本文是宁夏职业技术学院、宁夏广播电视大学科学研究资助项目（XJ1020），发表于《西北林学院学报》2013年第1期。

1.1.2 试剂　无水乙醇(分析纯,上海南翔试剂有限公司);冰醋酸(色谱纯,天津康科德科技有限公司);甲醇(色谱纯,进口);乙腈(色谱纯,进口);所用水为蒸馏水和高纯水。

1.1.3 主要仪器　日立 L-2000 高效液相色谱仪（日本);FW135 型中药材粉碎机(天津泰斯特仪器有限公司);A B20N 型万分之一电子天平(Mettler Toledo 设备有限公司分析天平);RE-52A 真空旋转蒸发仪（上海亚荣生化仪器厂);SIB-III 型循环式多用真空泵(郑州长城科工贸有限公司);78-1 型磁力加热搅拌器(江苏省金坛市恒丰仪器制造有限公司)。

1.2 方法

1.2.1 色谱条件　色谱柱:C18 柱(46×250mm);流动相:乙腈-0.1%醋酸(15:85);紫外检测波长:254nm;流动相流速:1.0mL·min,进样量:20μL;柱温:室温。多次试验证明,在上述流动相和波长下出现的峰最明显。标准品及样品色谱图见图 1。

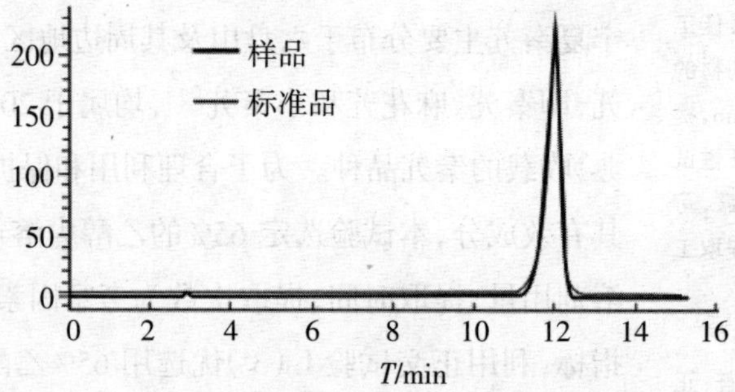

图 1　对照品及样品的液相色谱图

1.2.2 样品的提取　根据预试验结果,选定 65%乙醇为提取溶剂,采用动态回流方法提取,以乙醇用量(A)、提取时间(B)、提取次数(C)为 3 个考察因素,每个因素分 3 个水平,以龙胆苦苷含量为考察指标,因素、水平见表 1。

表 1　因素与水平表

水平	乙醇用量(A)/倍	提取时间(B)/min	提取次数(C)/次
1	6	30	1
2	8	40	2
3	10	50	3

1.2.3 对照品溶液的制备　精密称取龙胆苦苷对照品 10.0mg 置 10mL 容量瓶中，加适量甲醇使之溶解，并定容至刻度，摇匀，得质量浓度为 1mg·mL^{-1} 的标准品母液，然后再精密吸取该溶液 2.5mL，移入 5mL 容量瓶，并用甲醇稀释定容至刻度，摇匀，得质量浓度为 0.5mg·mL^{-1} 的对照品溶液备用。

1.2.4 供试品溶液的制备　取已粉碎的宁夏六盘山栽培秦艽根的粗粉 1.0g，置入 100mL 圆底烧瓶，加入 65%的乙醇，室温浸泡 20min，然后在磁力搅拌器上搅拌加热并于 83℃下回流提取，具体过程根据 $L_9(3^4)$正交安排表试验（表 2）进行，提取完成后减压真空过滤，滤液在旋转蒸发仪上 60℃以下减压蒸干，干浸膏用甲醇 60℃以下加热溶解，转移至 50mL 容量瓶中，用甲醇定容至刻度，摇匀，再精密吸取 5mL 转移至 25mL 容量瓶中用甲醇定容作为供试液。

1.2.5 标准曲线的制备　用 1mg·mL^{-1} 的龙胆苦苷标准品母液，分别稀释配置质量浓度为 0.1、0.3、0.5、0.7、1.0mg·mL^{-1} 的溶液，然后分别在 1.2.1 项色谱条件下依次进样，以样品质量浓度（x）为横坐标，峰面积（y）为纵坐标，得回归方程：y=1000000x−79119，r=0.9994，结果表明龙胆苦苷在 0.1~1.0mg·mL^{-1} 范围内呈良好的线性关系。

1.2.6 精密度试验　精密吸取对照品溶液 20μL 连续进样 5 次，以色谱峰面积计算，得 RSD=0.8866%，表明仪器的精密度良好。

1.2.7 样品测定　样品溶液过直径为 0.45μm 的微孔滤膜，分别精密吸取对照品及供试品溶液各 20μL，按 1.2.1 项色谱条件测定，以外标法计算样品中龙胆苦苷的含量。

2 结果与分析

2.1 正交试验极差分析结果

表 2　$L_9(3^4)$正交试验及极差分析结果

试验号	A	B	C	空列	龙胆苦苷提取率 /%
1	1	1	1	1	13.89
2	1	2	2	2	13.60
3	1	3	3	3	13.38

续表

试验号	A	B	C	空列	龙胆苦苷提取率/%
4	2	1	2	3	14.58
5	2	2	3	1	14.13
6	2	3	1	2	13.89
7	3	1	3	2	15.18
8	3	2	1	3	15.34
9	3	3	2	1	14.48
K1	13.623	14.550	14.373	14.167	
K2	14.200	14.357	14.220	14.223	
K3	15.000	13.917	14.230	14.433	
R	1.377	0.633	0.153	0.266	

表2表明，$R_A>R_B>R_{误}>R_C$。各因素显著性为溶剂用量(A)>提取时间(B)>提取次数(C)，对于A因素，由于$K_3>K_2>K_1$，所以A因素取第三水平，同理，B因素取第一水平，C因素取第一水平。所以通过本次试验可以得出，用65%浓度乙醇作为提取溶剂选用动态回流法提取宁夏六盘山秦艽中龙胆苦苷的最佳提取工艺为$A_3B_1C_1$，即溶剂体积用量为药材质量的10倍量，提取1次，提取时间为30min，该工艺条件下龙胆苦苷的提取率最好。

2.2 方差分析结果

经方差分析结果显示，提取时间(B)、提取次数(C)对龙胆苦苷提取率无显著影响，仅溶剂用量(A)对龙胆苦苷提取率影响显著，说明由直观分析所得到的最佳工艺条件$A_3B_1C_1$是可靠的。

3 结论与讨论

试验采用正交方法优选出以65%乙醇为溶剂，动态回流提取秦艽中龙胆苦苷的最佳工艺是：溶剂用量为药材的10倍，提取时间为30min，提取次数为1次。

文献报道龙胆苦苷在甲醇中溶解度较大，但是由于甲醇具有强黏膜刺激性，毒性较大，因此不适合药用有效成分的提取[8]，故本试验在预试验中选用不同浓度的乙醇即45%、55%、65%、75%浸提，发现65%乙醇对龙胆苦苷提取率高，然后又以65%的乙醇为溶剂，在同样的溶剂用量和提取时间下分别采用静态回流提取法、动态回流提取法、微波辅助提取法、超声波辅助提取法进行提取，结果表明动态回流提取对龙胆苦苷的提取率较好。因此，试验选用了65%乙醇为溶剂，动态回流提取法进行正交优选宁夏六盘山栽培龙胆苦苷提取工艺。

从正交分析结果可以看到，在该工艺条件下溶剂用量对龙胆苦苷提取率影响较大，而提取时间和提取次数影响较小，这与一些文献[8-9]报道的提取次数对提取率影响显著有一定差异，其原因可能是提取方法不同。本实验采用动态回流法提取，可能在提取过程中随着提取时间的加长和提取次数的增加，搅拌时间也增长，这样不断的搅拌下可能会破坏龙胆苦苷的结构，从而使其提取率不会随提取次数和提取时间的增多而显著提高。

另外，实验过程中提取之前先用提取溶剂对药材进行浸泡，这样更有利于溶剂穿透药材细胞，充分溶出药材的有效成分。

参考文献

[1]国家药典委员会.中华人民共和国药典(一部)[M].北京：中国医药科技出版社，2010:253.

[2]中国科学院西北植物研究所.秦岭植物志·种子植物(第1卷第4册)[M].北京：科学出版社，1983:112.

[3]黄爽，辑.神农本草经[M].北京：中医古籍出版社，1982.

[4]张兴旺，于瑞涛，梅丽娟，等.不同提取方法对秦艽中龙胆苦苷提取率的影响[J].安徽农业科学，2009，37(17):7984-7985.

[5]陈千良，冀旭，赵磊，等.麻花秦艽中落干酸对照品的高效液相制备[J].时珍国医国药，2011，22(4):2967-2969.

[6]张兴旺，牛迎凤，陶燕铎，等.秦艽中龙胆苦苷提取工艺研究[J].中药材，2009，32(4):625-627.

[7]邢世瑞.宁夏中药资源[M].银川：宁夏人民出版社，1987:101.

[8]郝晓霞，余淑娴，何春林.正交实验法优选秦艽中龙胆苦苷提取工艺[J].时珍国医国药，2007，18(7):1616-1617.

[9]白晓朝.正交设计法优化宁夏六盘山区产秦艽水提工艺[J].安徽农业科学，2009，37(13):5977-5978.

自定义对象作为 Properties 的键进行中文排序的算法实现研究 *

马会成

摘要：本文首先介绍了 properties 的基本理论及其功能，然后分析并得出了自定义对象作为 Properties 的键进行中文排序的算法，从而为研究人员和开发人员基于需要选择使用 properties 提供了依据。

关键词：Java; JDK; properties

一、Properties 概述

在 java.util 数据包里有一个 Properties 类，它是 JAVA 集合类中一个保存数据的类，通常用于处理软件项目中的配置文件，Properties 对象中的每一个数据保存的是一个键值对，键和值是一一对应关系，而且键必须是唯一的，否则就会发生数据覆盖，也就是说，如果键出现了重复，那么后保存的数据就会覆盖以前保存的相同键对应的数据。

Properties 类能够处理数据项对应的属性，而且它具有持久性，属性的每个键和值可以是自定义对象，也可以是字符串，但更常见的是字符串，它既可以保存在流中，也可以从流中加载，既可以在一个属性列表中设定它的默认值，也可以让另一个属性列表作为它的默认值，Properties 类的自动同步功能和它的 setProperty 方法可提供处理字符串的安全性，这些方便的功能使得 Properties 类在软件项目中得到越来越多的应用。

需要注意的是，由于 Properties 类是从 Hashtable 继承而来的，因而可以对 Properties 的对象应用 Hashtable 中的 put 和 putAll 方法，但是不建议使用 put 和 putAll 方法，因为它们允许调用者插入键或值不是 String 的项，这将导致软件和项目的安全性受到影响，建议使用 setProperty 方法。如果要使用 Properties 中的 store、propertyNames、save、list 方法，那么 Properties 对象中属性必须是 String 类型的键和值。

Properties 类虽然支持中文排序，但是它的局限性在于需要开发人

作者简介：马会成（1974—），男，讲师，1999 年毕业于宁夏大学物理与电子信息工程系，1999 年 8 月到宁夏农业学校工作，2009 年 4 月任宁夏广播电视大学教务科副科长。

* 本文是宁夏职业技术学院、宁夏广播电视大学校级科研基金资助项目，发表于《科技视界》2013 年第 4 期。

员自行设计算法,并手工完成一些代码,而且它没有提供对自定义对象的排序算法及其实现,将自定义对象作为 Properties 的键进行中文排序的算法,将会使 Properties 类的方便性和实用性得到进一步扩展。

Properties 类还有一种局限,那就是它既没有提供按指定的属性对自定义对象进行排序的算法,也没有提供可以直接对自定义对象进行排序的具体实现,因而 Properties 类按指定的属性对自定义对象进行排序的相关算法及其实现,将使 Properties 类的功能得到进一步发展和完善。

二、自定义对象作为 Properties 的键进行中文排序的算法实现研究

自定义对象作为 Properties 的键按键进行排序时,可以使用自定义对象的某个属性值作为 Properties 的键,也可以使用将整个自定义对象作为 Properties 的键,而且通常排序还有正向排序和反向排序之分,排序字符串也有中文和英文之分,现将自定义对象作为 Properties 的键进行中文排序的算法概述如下。

1.将自定义对象中用于排序的属性作为 Properties 的键,并对键按中文正向进行排序。

如果你只关心一个自定义对象的一个属性或者值并对其使用排序,且用于排序的属性不会重复,那么可以将该属性用于 Properties 的键,如果属性值重复,那么后出现的属性值将覆盖前面出现的属性值,而不用将整个自定义对象保存到 Properties 中,比如,有一个学生类,其中的学号不可能重复,所以学号可以作为 Properties 的键,并可以按学号进行排序,基本实现算法如下。

①由于是自定义对象的排序,所以首先要有一个类,这样才能生成自定义对象,比如学生类,在类中提供学号、姓名等属性。

②由于是对自定义对象的属性进行排序,所以需要先写一个类 CollatorComparator,且该类要实现 Comparator 接口。在该类中要提供一个方法 compare,用于处理自定义对象中按指定的属性进行排序。

③用自定义类生成自定义对象,并进行初始化,然后用 Properties 类生成一个对象 defList,并用生成的对象 defList 通过 setProperty 方法将自定义对象的属性作为键和值对 defList 进行初始化。注意,这里排序关键字不能重复,如果重复,将覆盖前面有相同属性的对象,除非预知此结果,否则请不要使用此种覆盖。

④用上面自己写的类 CollatorComparator 生成一个对象的实例 comparator。

⑤用 new ArrayList(defList.entrySet())生成一个实例,并保存到 List 类的对象 list1 中。

⑥用 Collections.sort(list1,comparator)实现对对象 list1 按 comparator 的规则进行排序。

⑦用 List 类的对象 list1 调用 iterator(),并保存到 Iterator 类的对象 i 中。

⑧然后用一个循环处理 Properties 的键和值,这里要注意键和值的对应关系,可以使用 i.next()得到下一个键,并转换成 Map.Entry 的类的对象,同时保存到 Map.Entry 的对象 me 中,这样 me.getKey()保存的就是 Properties 当前正在处理的键,而 me.getValue()就是对应键的值。

上面在 Properties 中保存的都是对象的部分值,这样是为了方便按键的排序,如果想在 Properties 中保存完整的对象,那么就可以按对象的任何一个属性进行排序。

2.将整个自定义对象作为 Properties 的键,并对键按指定的属性进行中文正向排序。

将自定义对象中用于排序的属性作为 Properties 的键,往往存在属性值的重复问题,为了解决这个问题,可以将整个自定义对象作为 Properties 的键,这样只要自定义对象不同,不管他们用于排序的属性值是否相同,都可以将自定义对象作为 Properties 的键,并可以按需要的属性进行排序,但是需要注意的是,如果自定义对象相同,那么后出现的对象将覆盖前面出现过的对象。这种方案比较器两个参数的类型常有两种:Object 型和 Map.Entry 型。这里先看 Object 型。

(1)比较器两个参数的类型使用 Object 型,基本实现算法如下。

①由于是自定义对象的排序,所以首先要有一个类,这样才能生成自定义对象,比如 Person 类,在类中提供年龄、姓名等属性。

②由于是将整个自定义对象作为 Properties 的键,而且只是对自定义对象的属性进行排序,所以需要先写一个类 CollatorComparator,且该类要实现 Comparator 接口。在该类中要提供一个方法 compare,用于处理自定义对象中按指定的属性进行排序,该类的主要代码如下:

```
Collator  collator =(RuleBasedCollator)java.text.Collator.getInstance (java.util.Locale.CHINA);
```

```java
Person p1=null;Person p2=null;
CollationKey key1 =null;CollationKey key2 =null;
public int compare(Object element1, Object element2){
p1=(Person)element1;
p2=(Person)element2;
key1 = collator.getCollationKey(p1.name.toString());
key2 = collator.getCollationKey(p2.name.toString());
return  key1.compareTo(key2);
```

注意,上面的代码由于用了 toString(),所以什么类型都可以比较,如 int 型。使用此法时,如果不区分大小写,只需要在这两个 toString()后加上.toLowerCase(),或者用.toUpperCase()。如果要反向排序,只需要在 key1 前加负号。

③用自定义类生成自定义对象,并进行初始化,然后用 Properties 类生成一个对象 defList,并用生成的对象 defList 通过 put 方法将自定义对象的属性作为键和值对 defList 进行初始化。注意,这里排序关键字的值可以重复,而且只要自定义对象不重复,即使排序属性值重复也不存在导致覆盖的问题。

④用上面自己写的类 CollatorComparator 生成一个对象的实例 comparator。

⑤用 Properties 类生成的对象 defList 调用 keySet()中的 toArray()方法,并保存到 Object 型的数组 key 中。

⑥用 Arrays.sort(key,comparator)对数组 key 按 comparator 规则进行排序。

⑦然后用一个循环处理 Properties 的键和值,这里要注意键和值的对应关系,(Person)key[i]保存的就是 Properties 当前正在处理的键,而 defList.get(key[i])就是对应键的值。

上面的方法在比较器的参数是两个 Object 直接转换成 Person 对象,这就要求比较时将比较器用于装有 Person 对象的容器,这只是方法中的一种。

当然我们也可以将比较器的两个参数的 Object 转换成 Properties 操作需要的 Map.Entry 型,这就要求比较时将比较器用于装有键值的 Properties 对象,然后对 person 类的属性 name 进行排序(包括中英文)。

(2)比较器两个参数的类型使用 Map.Entry 型,基本实现算法如下。

①由于是自定义对象的排序,所以首先要有一个类,这样才能生成自定义对象,比如 Person 类,在类中提供年龄、姓名等属性。

②由于是将整个自定义对象作为Properties的键,而且只是对自定义对象的属性进行排序,所以需要先写一个类 CollatorComparator,且该类要实现 Comparator 接口。在该类中要提供一个方法 compare,用于处理自定义对象中按指定的属性进行排序,该类的主要代码如下:

```
Collator  collator =(RuleBasedCollator)java.text.Collator.getInstance (java.util.
Locale.CHINA);
Map.Entry me1=null;Map.Entry me2=null;
Person p1=null;Person p2=null;
CollationKey key1=null; CollationKey key2=null;
public int compare(Object element1, Object element2){
me1=(Map.Entry)element1;
me2=(Map.Entry)element2;
p1=(Person)me1.getKey();
p2=(Person)me2.getKey();
key1 = collator.getCollationKey(p1.name.toString());
key2 = collator.getCollationKey(p2.name.toString());
return  key1.compareTo(key2);
```

注意,上面的代码由于用了 toString(),所以什么类型都可以比较,如 int 型。使用此法时,如果不区分大小写,只需要在这两个 toString()后加上.toLowerCase(),或者用.toUpperCase()。如果要反向排序,只需要在 key1 前加负号。

③用自定义类生成自定义对象,并进行初始化,然后用 Properties 类生成一个对象 defList,并用生成的对象 defList 通过 put 方法将自定义对象的属性作为键和值对 defList 进行初始化。注意,这里排序关键字的值可以重复,而且只要自定义对象不重复,即使排序属性值重复也不存在导致覆盖的问题。

④用上面自己写的类 CollatorComparator 生成一个对象的实例 comparator。

⑤用 new ArrayList(defList.entrySet())生成一个实例,并保存到 List 类的对象 list1 中。

⑥用 Collections.sort(list1,comparator)实现对对象 list1 按 comparator 的规则进行排序。

⑦用 List 类的对象 list1 调用 iterator(),并保存到 Iterator 类的对象 i 中。

⑧然后用一个循环处理 Properties 的键和值，这里要注意键和值的对应关系，可以使用 i.next()得到下一个键，并转换成 Map.Entry 的类的对象，同时保存到 Map.Entry 的对象 me 中，这样(Person)me.getKey()保存的就是 Properties 当前正在处理的键即整个自定义对象，而 me.getValue()就是对应键的值。

在实际使用中，将自定义对象作为 Properties 的值的情况更为常见，因为自定义对象作为 Properties 的键时，如果自定义对象相同，会有覆盖的情况，而作为值就不会出现覆盖的情况，而且用值时对其中的相关属性排序时控制更方便。

基于多样化特征的数据库约束查询算法*

虎治勤

摘要：本文针对数据库结构越来越复杂、数据特征呈现出多样性、数据属性分化较为严重、给数据的查询带来较大的困难这一问题，提出一种基于多特征属性约束机制的数据库优化查询算法。通过对数据属性进行有效的分类，运用边界约束理论对数据查询过程中产生的边界模糊问题进行有效的抑制。仿真实验证实，该算法在数据库查询过程中，能够较好地克服冗余多属性数据的干扰，效率较高。

关键词：数据查询；数据库；多特征属性；约束

作者简介：虎治勤(1966—)，男，宁夏人，硕士，副教授，研究方向为计算机操作系统、数据结构、数据库。

*本文发表于《科技通报》2013年第10期。

0 引言

随着计算机技术的发展，信息系统在企业中得到了广泛的应用。激烈的市场竞争使得企业对信息化提出了新的需求。因此，对数据库管理系统的要求也随之增加。数据库管理系统是一种操纵和管理数据库的大型软件，用于建立、使用和维护数据库。它对数据库进行统一的管理和控制，以保证数据库的安全性和完整性。它可以对大规模数据进行分析、判断、提取，为企业提供决策支持。数据库系统作为管理系统的核心，其性能的高低对管理系统具有重要影响作用[1-3]。数据库广泛应用于工业、医学、教育等领域，提高数据库的查询效率，可以促进相关领域的发展。当前，主要依据设计者的个人经验对数据库管理系统进行分析，缺乏客观的评估标准和可信度。本文根据多样化特征的数据对数据库进行分析，能够自主从关系数据库中寻找数据多样特征表，为数据库管理系统的设计提供数据基础[4-5]。

1 基于多特征约束机制的数据多类划分

通过对数据库中的多属性进行有效的分类，能够完成数据库中多属性数据的优化查询问题。SVM 算法是一个两类分类器，只能处理两种类别的分类问题，不能处理多种类别的分类问题。本文依据多种类别的分类原理对多属性数据进行查询改进。

若数据库的样本集是$\{(x_i,y_i)\}$,$i=1,2,\cdots,1$,且$x_i \in U^q$,$y_i \in \{1,2,\cdots,P\}$,1表示样本数量,P表示样本的种类数,U^q表示q维实数区域。寻找一种可以将U^q划分为P个区域的分类方法。本文将数据样本划分成两类分析标准,分别是某一类待优化的数据样本集以及其余的训练样本集。分析数据的多属性特征时,新的数据样本集被划分到高标准的数据属性类。如果数据库共存在P类属性,则需要构建P种分析规范,相应的改进过程为:

$$\min_{e_1,c_1,\Psi_1} \frac{1}{2}\|e^i\|^2+D\sum_{i=1}^{k}\Psi_{i,j}$$
$$e_i \cdot \lambda(x_j)+c_i \geqslant 1-\Psi_{i,j}, if\ y_j=i$$
$$e_i \cdot \lambda(x_j)+c_i \leqslant -1+\Psi_{i,j}, if\ y_j \neq i \tag{1}$$

进一步计算公式(1)能够获取Q个分析函数:

$$\begin{cases} g_1(x)=zkh(e_1 \cdot x+u_1) \\ \cdots\cdots \\ g_Q(x)=zkh(e_Q \cdot x+u_Q) \end{cases} \tag{2}$$

分析待分类样本x的类别y的过程是,使用公式(2)计算待分类样本x,在得到的所有分析函数中,选择具有最大值的分析函数作为待分类样本x所属的类别。具体过程为:

$$Team(x)=\arg\max_{i=1,\cdots,P}(\omega_i \cdot x+c_i) \tag{3}$$

在上述方法中融入约束规范,提取数据训练集中的任意两类训练样本,构建一个约束分析规范,可以解决数据特征的不对称性问题。分析数据的属性类别时,使用约束分析规范判断新数据的属性特征,并标识数据的属性特征,最终将标识次数最多的属性特征作为该数据的属性。若存在P个属性特征,则需要构建$P(P-1)/2$个约束分析规范,以及与之对应的$P(P-1)/2$个分析函数。具体的改进过程为:

$$\min_{e'',c'',\Psi''} \frac{1}{2}\|e^i\|^2+D\sum_{i=1}^{k}\Psi_h^{ij}$$
$$e^{ij} \cdot \lambda(x_t)+c^{ij} \geqslant 1-\Psi_h^{ij}, if\ y_t=i$$
$$e^{ij} \cdot \lambda(x_t)+c^{ij} \leqslant -1+\Psi_h^{ij}, if\ y_t=j$$
$$\Psi_h^{ij} \geqslant 0, i=1,\cdots,1. \tag{4}$$

利用公式(4)对 $P(P-1)/2$ 个约束分析规范进行计算可以获取 $P(P-1)/2$ 个约束分析函数:$g_{ij}(x)=zkj(e^{ij}\cdot x+d^{ij})i,j=1,\cdots,P$ 且 $i\neq j$。若使用 1-b-1 SVM 算法对样本数据进行分类,需要对所有的分类器 g_{ij} 进行分类规范。当样本数据处于约束规范的控制情况下,则标识数据的特征类别个数,选择个数最多的特征类别作为待分类样本的特征类别。简单的约束分析规范不易完成对复杂数据特征的准确分类，采用判断有向无环图可以解决上述方法存在的问题。判断有向无环图 EEBF 是一个无环路的有向图,图中的每个节点表示一个判断分类器。构造判断函数的过程为:若存在 $P(P-1)/2$ 个节点,且每个节点的录属度是 0 或 2,则 P 表示数据训练集中所有的特征类别数目。同时第 $j(j<M)$ 层的第 i 个节点的邻居节点是第 j+l 层的第 i 个以及第 $i+1$ 个节点,末层存在 P 个叶子节点。根节点到任意叶子节点的路径有 $P-1$ 条边,称该路径是分析路径。EEBF 的结构图用图 1 描述。EEBF 等同于一个由类别构成的链表。本文设定链表中存在 P 个类别,通过链表的首元素到末元素之间组成的判断函数分析相应的数据样本节点。若当前测试的数据样本点属于某一类别,则过滤其在链表中对应的类别,依次进行分析判断,当链表中只有一个类别时,停止分析判断。使用判断有向无环图可以实现对复杂特征数据的准确分类,确保数据查询的顺利进行。判断有向无环图的计算误差不受输入区域的维数影响，只受类数 P 以及节点上不同类间距离的影响。使用判断有向无环图划分数据特征的速度远远大于 1-v-r 以及 1-v-1 方法，它能够实现数据的高效率查询。

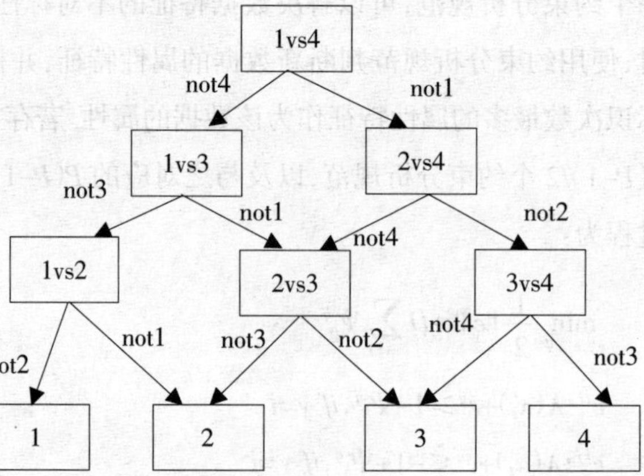

图 1　判断有向无环图

2 仿真实验分析

为了验证本文提出的基于多样化特征的数据库约束查询算法的有效性,需要进行相应的实验。实验选取的样本是某阅读网站的访问数据。先对访问数据进行预处理,提取有效的数据信息。阅读网站用户按照自身的兴趣目标,对实验选取的 50 个页面进行数据查询。对数据特征进行分类时,运用分析约束规范法不断地对所有数据的特征进行分类,进而获取准确的查询结果。本文提出的基于多样化特征的数据库约束查询算法与传统基于特征的查询算法的运算次数的对比结果用图 2 描述。

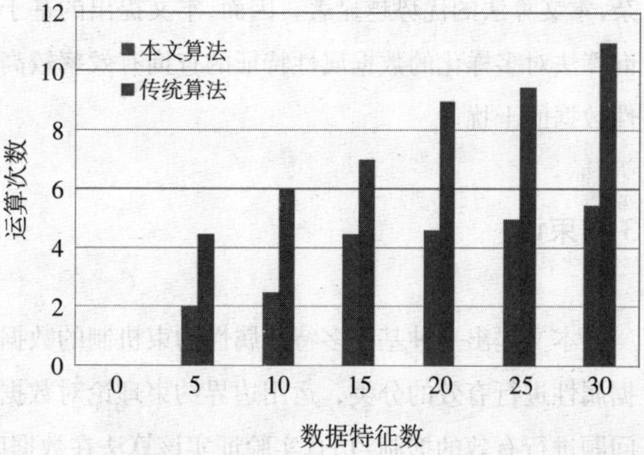

图 2　两种方法的运算次数对比结果

由图 2 可知，本文提出的基于多样化特征的数据库约束查询算法的运算次数小于传统基于特征的查询算法。本文算法对多属性特征数据的查询效果要优于传统基于特征的查询算法,且本文算法进行查询时运算次数少、效率高。

运用不同算法查询数据库中的数据时,花费的时间存在较大的差别。分析不同算法查询数据时花费时间的长短,可以评判相应算法性能的优劣。使用本文算法和传统算法查询数据库中的数据花费时间的结果如图 3 所示。

由图 3 可知,使用本文算法查询数据时花费的时间小于传统算法,并且数据的特征类别越复杂,本文算法的优越性越显著。通过以上实验分析可以得出,运用本文提出的基于多样化特征的数据库约束查询算法查询数据库中的数据时,运算次数和花费时间都比传统单纯基于特征的查询算法小,并且数据特征越复

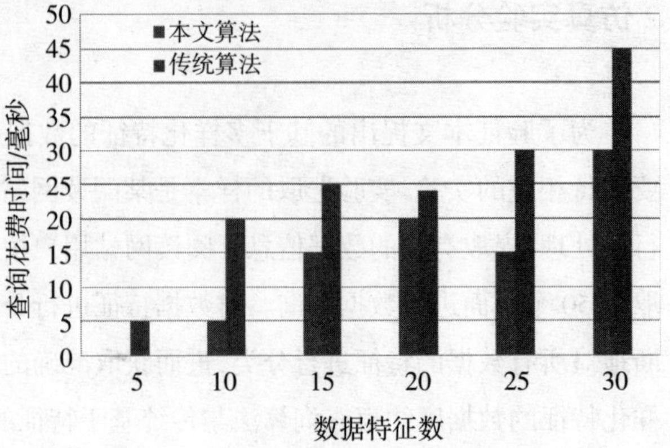

图 3　两种算法的耗时对比结果

杂,本文算法的优势越显著。因而,本文提出的基于多样化特征的数据库约束查询算法对多样化的数据属性特征的查询有效率较高,能够较好地克服冗余、多属性数据的干扰。

3 结束语

本文提出一种基于多特征属性约束机制的数据库优化查询算法，通过对数据属性进行有效的分类，运用边界约束理论对数据查询过程中产生的边界模糊问题进行有效的抑制。仿真实验证实该算法在数据库查询过程中,能够较好地克服冗余多属性数据的干扰,效率较高。随着数据库的应用不断扩大,本文算法的实际价值会得到进一步体现。

参考文献

[1]陈全,邓倩妮.云计算及其关键技术[J].计算机应用,2009(9).

[2]易和平.分布式多数据库高校学籍管理系统研究与应用[J].西安石油大学学报,2009,24(4):93-95.

[3]唐箭.云计算数据库研究及其在远程教学中的应用[J].赤峰学院学报:自然科学版,2009(11):35-36.

[4]李洪亮,殷保群,郑烇.一种基于负载均衡的数据部署算法[J].计算机仿真,2009(4):177-180.

[5]张敏,冯登国,徐震.多级多版本数据库管理系统全局串行化[J].软件学报,2007,18(2):346-347.

基于物联网模糊评估的大型交通车辆调度模型研究*

许晓玲

摘要：目前的交通车辆调度系统，依靠大量的经验策略对交通远程图像观察后制定规则，存在数据采集混乱、调度主观性强、调度效率低下的问题。本文将物联网的思想引入大型交通车辆调度中，使用物联网中的 RIFD 技术改造信息采集模块，配合 GPS 技术对大型交通车辆实现自动远距离、实时的数据采集，保证调度策略中数据来源的充足与准确；在软件设计中，引入一种模糊函数制定车辆调度优化的评估模型，再使用粒子群优化算法对调度策略求解，解决了传统交通调度非线性强、无精确模型评定的缺陷。实验表明，本文的交通车辆调度方法较传统的车辆调度效率提高 15%，具有很强的实用价值。

关键词：交通车辆调度；RIFD；模糊函数；粒子群优化

作者简介：许晓玲（1966—），女，银川人，学士，副教授，主要研究方向为计算机应用。

* 本文发表于《科技通报》2013 年第 10 期。

0 引言

随着我国城市规模的不断扩大，交通流量激增，城市的建设速度与车辆流量增长的速度不相符合，城市中出现了交通拥挤、车速下降、事故增多的现象。交通发展水平已经成为衡量城市现代化程度的重要指标[1-3]。城市交通中的大型交通车辆与小型汽车相比具有客运量较大、投资小、人均占有道路少的特点，因此有效调度大型的交通车辆将极大缓解城市的交通压力。我国的交通智能调度研究伴随着政府对公交投入的力度发展于 20 世纪 90 年代，各大高校与研究院所将大量的人力物力投入到智能交通研究领域，出现了很多优秀的研究成果[4-5]。

1 基于粒子群优化的大型车辆调度

现代交通中突发因素较多，比如交通事故与天气变化会导致交通拥塞加重、车辆的行驶速度降低，这种拥塞会随着时间累积导致交通调度方案失败。假设在车辆的调度中，车辆到达预定地点的延时变量为服从正态分布的随机变量，计算机无法直接处理不确定模型，可以使用粒子群优化算法将车辆调度中的方案进行编码，数学解析为具有最小目标的机会约束规划模型。本文在车辆调度中假设大型车辆都准时从相应的车场出发开始任务，车辆到站后完成任务不存在滞留的现象。大量的车辆在行驶过程中针对交通调度的效果可以使用乘客的等待时间的满意度模糊数来衡量,满意度随着到达目的站的增加而减少。假设 s,T,t 分别表示司机的满意度、路上拥塞停车时间、离站的时间。t_0 为某大型车辆首次发车的时间,经过大量的数据测试,下式成立:

$$s(t,T)=\begin{cases}1,0<T<2\\-1/3T+5/3,2<T<5\\0,T>5\end{cases} \tag{1}$$

$$420\leqslant t+t_0\leqslant 540 \tag{2}$$

$$960\leqslant t+t_0\leqslant 1080 \tag{3}$$

上面的三个式子是指在早高峰与晚高峰的约束公式，在非高峰阶段司机的满意度评价函数符合下式:

$$s(t,T)=\begin{cases}1,0\leqslant T\leqslant 6\\-1/4T+5/2,0<T\leqslant 10\\0,T>10\end{cases} \tag{4}$$

$$t_0\leqslant t_0+t<420 \tag{5}$$

$$540<t_0+t<960 \tag{6}$$

假设表示 $R(t,j,T)$在 t 时刻 j 站等待满意消耗则有:

$$F(X)\int_0^{t_m}\left[\sum_j\int_0^{T_s}R(t,j,T).s(t-T,T)dT\right]dt \tag{7}$$

上面的式子表示某大型车辆从始发地到达目的地后所有的满意度损耗值,该值也就成为使用粒子群优化算法最优解求解过程中的目标函数。粒子群优化算法是模拟鸟类在集体觅食过程中对食物的寻找过程，粒子根据情况对自身的位置与速度进行更新,假设第 i 个粒子的位置为 $X_i=(x_{i1},x_{i2},\cdots,x_{in})$,粒子的空间寻优的飞行速度为 $V_i=(v_{i1},v_{i2},\cdots,v_{in})$。

$P_i=(P_{i1},P_{i2},\cdots,P_{in}),G_i=(G_{i1},G_{i2},\cdots,G_{in})$分别代表整个粒子群在空间寻优的自己的最优位置与整个粒子群的空间群体最优位置，粒子群根据如下公式进行位置的更新:

$$V_{id}^{k+1}=wV_{id}^k+c_1r_1(pb_{id}^k-x_{id}^k)+c_2r_2(gb_d^k-x_{id}^k)$$

$$X_{id}^{k+1}=X_{id}^k+V_{id}^{k+1} \tag{8}$$

上面第一个式子是描述粒子本身的更新公式，第二个式子是粒子在全局中的协作学习能力，这种能力是粒子社会性的体现。粒子的解空间就是某区域交通调度的规则,具体为各个发车点的发车频率与时间段。大型车辆的交通调度具有高非线性的特点,粒子群优化算法无需进行过多的参数调整就可以实现并行计算,在优化的迭代中某粒子不断更新后形成了一个算子。该算子始终保持了较好的位置,可以通过该算子的辅助作用实现对个体的收敛精度与收敛速度的提高。粒子的分布计算是将代表不同交通调度方案的粒子分别放置在不同的容器中,采用对等分组的方式将一个粒子群体分为 q 个子群体,*ppes* 定期交换 *gbest* 与同步信息,子群体的 *gbest* 被所有的 *gbest* 接收。子群体从相邻的容器群体中的位置选择一个 *gbest* 替换本身的 *gbest*。替换的周期时间可以根据指数的递减数列递减,初始值为 $N_g/2$,随后变为 $N_g/4$,在开始搜索的阶段,群体的多样性较高,这一阶段的局部搜索能力比全局搜索能力更重要,*ppes* 独立工作较长的时间后会出现不同处理机中的 *gbest* 值,这是转向全局收敛的重要阶段。多个容器中的粒子互相协作更新,保证取得的调度规则为解空间中的最优解。

2 系统分析

为了更好地验证本文算法在大型交通车辆调度中的优越性,本文在系统中对本文的算法进行了仿真与模拟,假设某个区域中包括 5 条不同的线路,随机性地从一些不同的发车地点将车辆发出,通过调度算法对车辆的行驶调度,产生一个突发事件后车辆调度方案失败。部分公交调度后的车辆行驶信息见表 1。

表 1　车辆调度信息表

车辆	时段	起始	目的	时间	里程
1	7:00	A	C	60	45
2	7:35	B	D	50	40
3	10:35	A	B	45	42
4	13:00	C	A	70	45
5	14:00	C	B	50	57
6	14:00	B	C	55	57
7	15:00	A	D	72	60

本文使用 Matlab 数学计算软件构造了粒子算法下的大型车辆交通调度方案,设计的粒子个数为 300,并行式计算过程中的分组数目为 5,图 1 是传统的粒

子群算法与经过并行分组的粒子群算法在某区域公交调度中的收敛过程。

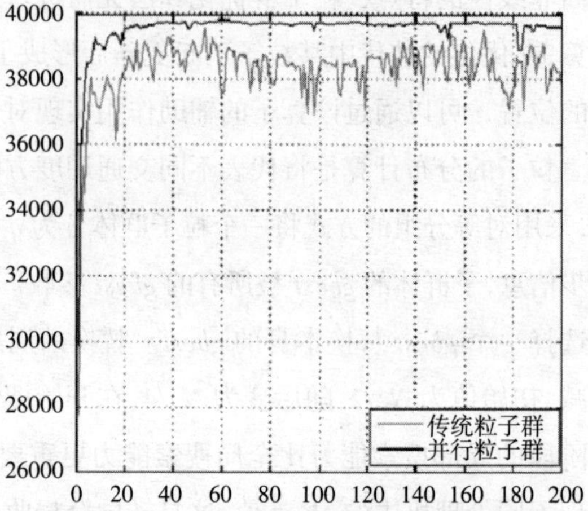

图 1　交通调度算法收敛对比图

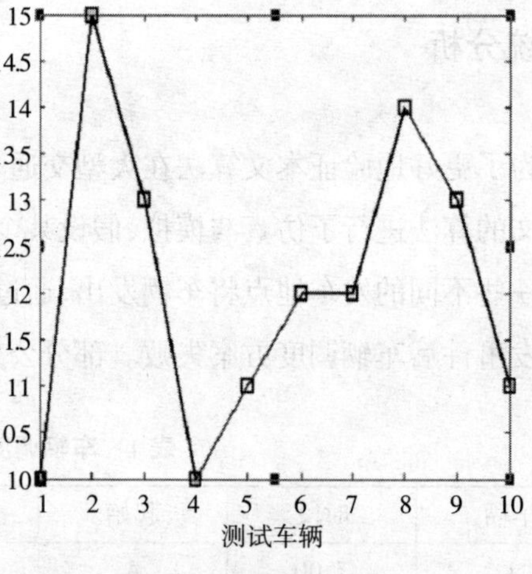

图 2　车辆调度延时图

从图 1 可见，经过粒子群优化并行处理后的收敛速度与精度较传统的粒子群优化算法性能更好。评价交通调度性能的重要指标就是车辆到达目的地的平均延时，整体的系统性指标无法依靠某一具体车辆的行驶进行描述，因此本文使用平均的延时性对调度性能进行评定。

从图 2 可见，经过粒子群优化的车辆调度算法解析后，相比路径畅通中的车辆到达目的站的时间延时都基本上控制在 15min 左右，较一般的人工规划路径的效率提高了 15%，具有很强的实用性。

3 结束语

本文针对目前车辆调度中的数据采集与调度模型中存在的问题，提出一种基于物联网技术的大型交通车辆调度系统设计。

(1)使用 RIFD 技术与 GPS 技术相结合,在道路上放置电子标签,在车辆中安装信号接收器,经过信息交流后完成电子地图中的定位与显示,保证调度策略中数据来源的充足与准确。

(2)通过模糊函数制定调度优化的评估模型,使用人工智能中的粒子群非线性优化技术对模型进行迭代优化求解,为调度提供了科学的模型,解决了调度过程主观性太强的缺点。实验表明,本文的交通车辆调度方法较传统的车辆调度效率提高 15%,具有很强的实用价值。

参考文献

[1]崔珺,李庆利.基于 RFID 的公交业务管理系统[J].电子技术,2009(11):6-8.

[2]胡志坤,徐飞.安庆公交车辆的监控和调度系统[J].计算机测量与控制,2009(2).

[3]覃运梅.城市公交调度优化方法研究[D].合肥工业大学硕士学位论文,2006:35-39.

[4]蒲军平.考虑摩擦与刹车制动力作用时的车桥耦合振动数值分析[J].科技通报,2012,28(1):168-172.

[5]兰波,喻凡.车辆主动悬架模糊控制器的设计及其仿真分析[J].计算机仿真,2003,20(7):59-61.

基于人工智能的故障监测和诊断系统的研究 *

宗春英

摘要：随着现代科学技术的进步与发展，设备结构越来越复杂，自动化程度越来越高。随之而来的问题是，一旦关键设备发生故障，不仅会造成巨大的经济损失，而且可能危及人身安全，产生重大的社会影响。机电设备故障诊断技术研究的是设备在运行过程中伴随故障而必然产生的压力、噪声、振动等变化，从而能及时诊断出来，正确地加以维修，以减少维修时间，提高维修质量，节约维修费用。人工智能技术的发展，为设备故障诊断的智能化提供了可靠性，使原来以数值计算和信号处理为核心的诊断过程被以知识处理和知识推理为核心的诊断过程所代替。

关键词：故障诊断；专家系统；神经网络

作者简介：宗春英(1967—)，女，宁夏银川人，讲师，本科，研究方向为机械数控及制造业自动化。

* 本文发表于《制造业自动化》2012 年第 4 期。

0 引言

随着现代设备的日趋大型化、复杂化、自动化和连续化，设备一旦发生故障，给生产和质量以至人们的生命财产安全造成的影响往往大得难以估算，为使设备保持正常运行状态所花的维修费用在企业经营费用中也占了很大的比重。基于振动检测技术的设备状态监测和故障诊断技术在我国高速线材生产线中已有应用，如宝钢和武钢。目前，在振动信号的分析处理方面，除了经典的统计分析、时频域分析、时序模型分析和参数辨识等方法外，其他的分析处理技术也在不断的发展之中，新的理论和技术也将不断涌现。人工智能的研究成果为机械故障诊断注入了新的活力，故障诊断的专家系统不仅在理论上得到了相当大的发展，而且国外已有成功的应用实例，国内也有许多单位积极从事这方面的探索研究，本文将介绍这方面的内容[1]。

1 在线监测与故障诊断技术原理

设备故障诊断作为一门新兴的综合性边缘学科，经过三十多年的发展，已初步形成了比较完整的学科体系。就其技术手段而言，已逐步形成以振动诊断、温度监测和无损检测探伤为主，其他技术或方法为辅的局面，这其中又以振动诊断涉及的领域最广、理论基础最为雄厚、研究最为充分而最具生机和活力。

设备在线监测与故障诊断技术的实质是了解和掌握设备在运行过程中的状态,评价和预测设备的可靠性,早期发现故障,并对其原因、部位及危险程度等进行识别,预报故障的发展趋势,并针对具体情况做出决策[2]。由此可见,设备在线监测与故障诊断技术包括识别设备状态和预测发展趋势两方面的内容。具体过程如图1所示。

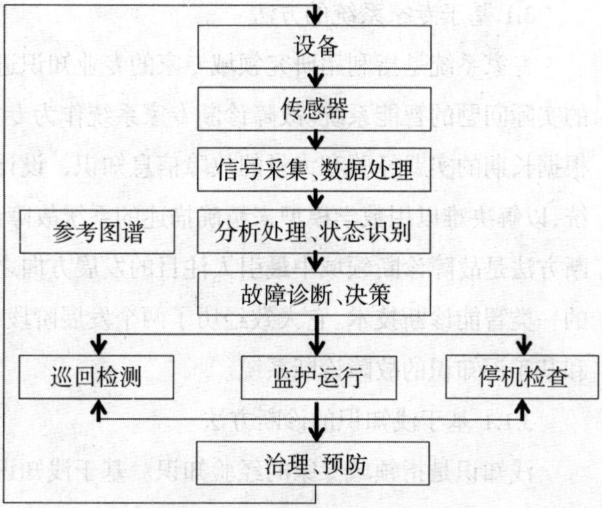

图1 在线检测与故障诊断技术的具体过程

2 故障智能诊断技术的原理

目前,复杂设备的种类繁多,结构各异,工作方式不一。这种情况使得不同诊断领域、不同类型设备系统所需的诊断理论和方法具有明显的特殊性。但是,无论哪个领域的诊断对象,事实上都可以看作一个系统。智能诊断的目的都是通过使用领域知识,进行诊断推理,识别系统状态,查明故障原因,这是故障智能诊断的实质。不同的诊断对象总是具有许多共性的地方,应抛开具体的诊断领域和对象,建立广泛统一的故障智能诊断系统有关的概念,使智能诊断的研究更加系统化和理论化[3]。

故障智能诊断系统是由人、模拟人脑功能的硬件和必要的外部设备、物理器件及支持这些硬件的软件所组成的具有智能的故障诊断系统。

故障智能诊断系统的智能水平,由这些部分的组织机构、相互作用方式以及作用历程所决定。各部分的组织机构根据不同的原理和器件可以有多种实现方式,这里并不对其严格限制;相互作用方式是指它们在系统中的作用和作用机制;作用历程体现系统的诊断经验和能力的积累[4]。

3 故障智能诊断系统的研究方法

3.1 基于专家系统的方法

专家系统是指利用研究领域专家的专业知识进行推理去解决专业的高难度的实际问题的智能系统。故障诊断专家系统作为专家系统中的一个分支,是人们根据长期的实践经验和大量的故障信息知识,设计出的一种智能计算机程序系统,以解决难以用数学模型来精确描述的系统故障诊断问题。基于专家系统的诊断方法是故障诊断领域中最引人注目的发展方向之一,也是研究最多、应用最广的一类智能诊断技术。它大致经历了两个发展阶段:基于浅知识的故障诊断系统和基于深知识的故障诊断系统。

3.1.1 基于浅知识的诊断方法

浅知识是指领域专家的经验知识。基于浅知识的故障诊断系统通过演绎推理或产生式推理来获取诊断结果,其目的是寻找一个故障集合使之能对一个给定的征兆(包括存在的和缺席的)集合产生的原因做出最佳解释。基于浅知识的故障诊断方法具有知识表达直观、形式统一、模块性强和推理速度快等优点,但也具有较大的局限性,如知识集不完备、对没有考虑到的问题系统容易陷入困境、对诊断结果的解释能力弱等。

3.1.2 基于深知识的诊断方法

深知识则是指诊断对象的结构、性能和功能的知识。基于深知识的故障诊断系统要求诊断对象的每一个环节具有明确的输入输出表达关系,诊断时首先通过诊断对象实际输入与输出之间的不一致,生成引起这种不一致的原因集合,然后根据诊断对象领域中的第一定律知识(具有明确科学依据的知识)及其他内部特定的约束关系,采用一定的算法,找出可能的故障源。这种方法具有知识获取方便、维护简单和完备性强等优点,但搜索空间大,推理速度慢。

3.1.3 基于浅知识和深知识的混合诊断方法

对于复杂设备而言,无论单独使用浅知识还是深知识,都难以很好地完成诊断任务,只有将两者有机地结合起来,才能使诊断系统的性能得到优化。因此,为了使故障智能系统具有与人类专家能力相近的知识，研制者在建造智能诊断系统时，越来越强调不仅要重视领域专家的经验知识，更要注重诊断对象的结构、功能和原理等知识，研究的重点是浅知识与深知识的集成表示方法和使用方法。事实上，一个高水平的领域专家在进行诊断问题求解时，总是将他具有的深知识和浅知识结合起来，完成诊断任务。一般优先使用浅知识，找到诊断问题的解或近似解，必要时用深知识获得诊断问题的精确解[5]。

3.2 基于人工神经网络的方法

近年来，神经网络以其独特的容错、联想、推测、记忆、自适应、自学习和处理复杂多模式等优点，在许多学科中掀起了研究的热潮。同样在故障诊断领域中，其发展前景也是十分乐观的。

在知识获取上，神经网络的知识不需要由工程师整理、总结以及消化领域专家的知识，只需要用领域专家解决问题的实例或范例来训练神经网络。知识表示方面，神经网络采取隐式表示，在知识获取的同时，自动产生的知识由网络的结构和权值表示，并将某一问题的若干知识表示在同一网络中，通用性强，便于实现知识的自动获取和并行联想推理。在知识推理方面，神经网络通过神经元之间的相互作用来实现推理，目前在许多领域的故障诊断系统中已开始应用。由于神经网络从故障实例中学到的只是一些分布权重，而不是类似领域专家逻辑思维的产生式规则，因此推理过程不能够解释，缺乏透明度。

目前，人工神经网络法在设备故障诊断领域的应用主要集中在两个方面：(1)神经网络作为分类器进行故障模式识别；(2)神经网络作为动态预测模型进行故障预测。在故障诊断方面应用最多的网络类型仍然是多层前馈神经网络，如BP 网络和 RBF 网络[6]。

3.3 基于遗传算法的智能诊断方法

遗传算法最早由 Holland 教授提出，是一种新兴的模拟自然界生物进化机制的搜索寻优技术。遗传算法是多学科相互组合与渗透的产物，它已发展成为一种自组织、自适应的综合技术，广泛应用在计算机、工程技术、管理科学和社会科学等领域。

3.4 基于不确定性理论的诊断方法

3.4.1 模糊逻辑方法

故障诊断是通过研究故障与征兆(特征元素)之间的关系来判断设备状态。

由于实际因素的复杂性,故障与征兆之间的关系很难用精确的数学模型来表示,而且某些故障状态也是模糊的。这就不能用“是否有故障”的简易诊断结果来表达,而要求给出故障产生的可能性及故障位置和程度如何,此类问题用模糊逻辑能较好地解决,因此产生了模糊故障诊断方法。由于模糊诊断方法能够模拟人的思维过程,适于表示人们的各种知识,具有很强的逻辑推理能力,因而这种方法近年来已成为一个非常活跃的研究领域。

模糊故障诊断有两种基本方法:(1)先建立征兆与故障类型之间的因果关系矩阵,再通过某种模糊合成算子建立故障与征兆的模糊关系方程,这是基于模糊关系及合成算法的诊断方法;(2)先建立故障与征兆的模糊规则库,再进行模糊逻辑推理的诊断过程,这是一种基于模糊知识技术的诊断方法。此外,基于模糊推理的故障诊断方法还有基于自适应模糊阈值的残差评价法、基于模糊聚类和基于模糊逻辑的残差评价法[7]。

3.4.2 基于灰色理论的方法

灰色理论是研究机械系统的振动特征与对应故障特征之间的相关性，以反映系统内部的联系，定量地描述系统内部不可见特征与故障特征的发生与发展之间的关系。灰色理论是控制论观点和方法的延伸,它从系统的角度出发来研究系统已知信息和未知信息之间的关系。由于在机械设备运行中,征兆和病症的因素之间没有确定的映射关系和明确的作用原理,因此,一台运行中的大型机器或设备也可以看作一个复杂的灰色系统。所以理论上把灰色理论的概念和方法引入故障诊断领域，利用已知的故障特征量去判别机械系统的状态并对未来发展趋势做出预报和决策是完全可行的。

灰色理论包括灰色预测、灰色关联度分析、灰色聚类和灰色决策等内容。到目前为止,用于机械故障诊断和模式识别最多的是灰色关联度分析,并且主要用于多参数诊断[8]。

3.4.3 基于证据理论的方法

证据理论是由 Shafe 进一步发展起来的一种处理不确定性的理论。它描述了证据作用的方法,以及多角度综合多方面的证据、面对同一问题进行信息融合的数学手段,从而使人们对问题的判断更理性和更可靠。证据理论认为,对于概率推断的理解,不仅要强调证据的客观性,也要重视证据估计的主观性,概率是人们在证据的基础上构造出的对一命题的信任程度。因此证据理论可以从全面的角度综合利用证据,对系统的状态概率进行归纳与估计,给出正确的决策。目前,证据理论在机械故障诊断研究中多用于多传感器数据融合方面。

3.4.4 基于贝叶斯网络的推理方法

贝叶斯网络是一种基于网络结构的有向图解描述,是人工智能、概率理论、图论和决策理论相结合的产物。它用具有网络结构的有向图表达各个信息要素之间的关联关系及影响程度,用节点变量表达各个信息要素,用连接节点之间的有向边表达各个信息要素之间的关联关系,用条件概率表达各个信息要素之间的影响程度。把贝叶斯网络不确定性推理方法引入机械状态监测和故障诊断中,将有效提高诊断信息的利用率。它基于现有的不确定信息或在现有信息不全面的情况下,实现工况信息、征兆信息、历史信息和经验信息等多种信息的综合推理和故障预示,提供了推理和预示的准确度[9]。

4 结束语

智能诊断技术正在成为人们的研究热点,并且已有不少达到实用的程度,它丰富了故障诊断和在线检测技术方法,为工程人员提供更多的选择,使工程人员能够更准确地检测设备故障和状态。但是,每一种先进的智能技术都并非十分完美,而是各自有着自身的长处与不足,它们虽然能在某些方面某种程度上提高系统的性能,但在系统设计或实现过程中往往又存在一些难以解决的问题。

参考文献

[1]王江萍.机械设备故障诊断技术及应用[M].西安:西北工业大学出版社,2001.

[2 陈克兴,李川奇.设备状态检测与故障诊断技术[M].北京:科学技术文献出版社,1991.

[3]石纯一,黄昌宁.人工智能原理[M].北京:清华大学出版社,1993.

[4]吴源泉,刘江宁.人工智能与专家系统[M].北京:国防科技大学出版社,1993.

[5]吴金培,肖建华.智能故障诊断与专家系统[M].北京:科学出版社,1997.

[6]S.Simani,C.Fantuzzi.Fault diagnosis in power plant using neural networks[J]. Information Sciences, 2000(127):125-136.

[7]Maruyama N,Benouarets M, Dexter A L. Fuzzy model based fault detection and diagnosis[J].Proceeding of IFAC World Congress,1996:121-126.

[8]周宇阳,陈汉平,等.故障诊断灰色数学模型[J].中国电机工程学报,2002,22(6):146-151.

[9]李大鹏,孙丰瑞,金裕红.贝叶斯统计在机电设备故障诊断中的应用[J].舰船科学技术,2004,26(5):31-33.

NET 基于三层的 Object Data Source 和基于两层的 SqlDataSource 的数据查询和删除的性能对比研究 *

刘仲博

摘要:本文首先概述了应用程序层次结构的相关概念,然后分析了 ObjectDataSource 的主要功能,最后进行了 SqlDataSource 和 ObjectDataSource 在数据查询和删除时的性能对比实验,通过实验得出两个控件的性能对比,从而为研究人员和应用级的编程人员在项目中根据实际需要选择最高效的控件提供参考依据。

关键词:SqlDataSource;ObjectDataSource;表示层;数据层;中间层

一、应用程序层次结构的相关概念

两层应用程序层次结构是指应用程序的表示层(如 ASP.NET 网页)可以与其数据层(如数据库、XML 文件等)直接进行通信。大多数 ASP.NET 数据源控件都是两层应用程序层次结构,比如 SqlDataSource,它的两层分别是表示层和数据层。两层应用程序层次结构本身有很多优点,使用也很方便,但是在企业级的应用中,实际常用的应用程序设计原则却需要将表示层与业务逻辑相分离,所以原有的两层应用程序层次结构在理解和设计上略显不足,于是出现了三层应用程序层次结构。

三层应用程序层次结构是指应用程序被分成表示层、中间层(如封装业务逻辑的层)、数据层,三个层协同工作,来完成应用程序的功能,比如 ObjectDataSource,它可用作数据控件(如 GridView 控件)的数据接口,允许以声明方式将数据绑定到由自定义业务对象公开的数据,以用于多层 Web 应用程序结构,这正是三层架构甚至 N 层架构所需要的。中间层是由于应用程序在设计的时候,业务逻辑常常不是封装在表示层中,而是将业务逻辑从表示层中分离出来,并将业务逻辑封装在业务对象中,于是这些业务对象在表示层和数据层之间形成一层,即中间层,进而生成了一种三层应用程序结构[1]。

作者简介:刘仲博(1973—),男,1994 年获得陕西师范大学数学系理学学士学位,1997 年通过自考获得西北政法学院法律本科,2006 年获得西安电子科技大学计算机科学与技术工学硕士学位,现任宁夏职业技术学院、宁夏广播电视大学系统管理员。

* 本文是高等学校科学技术研究资助项目(NGY2012124),发表于《电子世界》2013 年第 7 期。

二、ObjectDataSource 的主要功能

ObjectDataSource 控件的主要作用是将表示层的数据控件绑定到中间层的业务对象,即通过提供一种将相关页上的数据控件绑定到中间层业务对象的方法,为三层应用程序结构提供支持。在不使用扩展代码的情况下,ObjectDataSource 通过中间层业务对象以声明方式对数据执行插入、删除、更新、排序、选择、缓存、分页和筛选操作,这些操作 ObjectDataSource 是使用反射调用业务对象的方法实现的。

ObjectDataSource 控件的主要功能可以概括如下。

1.ObjectDataSource 在排序和分页时,是数据绑定控件(如 GridView)将请求的排序和分页信息传递到 ObjectDataSource 的数据对象,然后由源数据对象或数据源控件对数据进行处理,并将处理结果返回到各数据绑定控件中。

2.如果基础业务对象返回的对象是存放资源或者能在多个请求之间保持共享状态,那么 ObjectDataSource 控件就可以缓存它。DataReader 对象由于不符合上述条件,因而 ObjectDataSource 控件不能缓存 DataReader 对象。

3.如果想从 ObjectDataSource 控件的查询结果中再筛选一些数据,也就是只想得到与指定的搜索条件匹配的数据,但又不想使用新的选择条件对数据源进行重新查询,那么由源数据对象返回到 ObjectDataSource 的对象格式只能是 DataSet 或 DataTable 对象,筛选可以通过设置 DataColumn 类的 Expression 属性实现。

4.ObjectDataSource 控件提供的四个属性:InsertMethod、UpdateMethod 、DeleteMethod、SelectMethod 用于执行数据插入、更新、删除和数据查询操作,这四个操作中的每一个操作都对应着一个参数集合以便对参数进行管理,它们分别是 InsertParameters、UpdateParameters 、DeleteParameters 和 SelectParameters 集合,这些集合中的每个参数都可以为其指定名称、方向、类型和默认值,而且是在运行时接受输入参数。注意,在业务对象中创建方法时,必须确保所创建的方法中所接受的参数名和类型与 ObjectDataSource 传递的参数名和类型相一致。如果参数的值需要从控件、用户配置文件或 Session 变量等特定对象中获取,那就需要进行相应的属性设置,比如如果参数的值需要从控件中获取,那么需要设置 ControlID 属性以确定是从哪个控件获取值,以及设置 PropertyName 属性以确定

包含参数值的属性。ObjectDataSource 能为 GridView 等自动进行更新、插入和删除操作的数据控件自动创建参数。

5.ObjectDataSource 可以通过 SortParameterName 属性为 Select 业务对象方法指定排序参数，包括 GridView 控件在内的有些数据控件可以自动向 ObjectDataSource 控件传递排序参数，此时这些数据控件通常会传递一个排序表达式，以确定要用于对结果进行排序的列。例如，GridView 就是通过 SortExpression 属性指定排序列。排序表达式可指定一个以上的列；指定多个列时，列名以逗号分隔。若要指定按降序排序，可以在排序表达式的排序列名称后加上 DESC 修饰符。

6.ObjectDataSource 支持数据分页，它有两个属性用于标识分页参数，这两个属性就是 StartRowIndexParameterName 和 MaximumRowsParameterName，用于确定起始行和数据页中的行数。

7.ObjectDataSource 中业务对象方法的所有参数类型默认都是 Object 类型，假如业务对象方法中包含不同类型的参数，则必须显式指定强类型参数。ObjectDataSource 中大多数业务对象方法的参数用的都是 String 和 Int32 类型，如果要使用的参数类型是复杂参数类型或者是用户自定义的参数类型，就可以使用 DataObjectTypeName 属性来完成。

8. 使用 ObjectDataSource 可以在不更改公共接口的情况下更改类的实例数据。一般情况下，在业务对象中创建方法时，处理参数的传递方法有很多种，如果采用较长的参数列表将控件中的数据值一对一映射出来然后进行存储，这将导致代码失去可重用性。较好的参数传递方法是在自定义类中进行数据封装，然后将自定义类的实例作为参数进行传递，这样处理的好处在于，更改类的实例数据时不需要更改数据源对象公开的公共接口，但是此时 ObjectDataSource 的参数需要以编程方式进行添加，然后对需要响应的事件进行处理，并在 InputParameters 集合中设置值。

9.如果要指定源对象的类，可以通过 ObjectDataSource 的 TypeName 属性来完成，源对象的类有多种选择，可以是 ObjectDataSource 可以调用的被 public 修饰的 static(或 VB 中的 Shared)方法的任何类，也可以是任何 ObjectDataSource能创建实例的类。源对象在数据源中执行查询等数据操作的依据是 ObjectDataSource 中对应的设置。创建包括 ObjectDataSource 在内的能处理中间层对象的数据组件可以使用 Visual Studio 2008 以上的版本中提供的创建向导,或者是自行创建自定义业务对象从而实现自定义的业务逻辑。

10.如果 ObjectDataSource 创建的源对象有实例方法,且该方法没有被 static 或 Shared 修饰,那么 ObjectDataSource 可以释放单个请求的实例资源。如果要对源对象的创建方式进行控制, 可以使用 ObjectCreating 事件并通过 ObjectInstance 设置实例,这样就可以不必在源对象中处理不带参数的公共构造函数,否则如果是通过创建其源对象的实例实现对其方法的调用, 则该对象必须处理不带参数的公共构造函数,以免源对象创建新实例时没有对应的构造函数可用。

11.ObjectDataSource 源对象中进行数据处理的方法在数量上是没有限制的,理论上可以是任意多个,调用方法时根据其方法名称和参数名称确定需要调用的方法比如 SelectMethod,如果还想进一步获得数据源中对象的总数,可以选择使用 SelectCount 方法,强烈建议需要对象处理分页时使用此方法,因为这样可以大大降低数据查询时呈现数据的控件如 GridView 所必须请求的记录数,原因很简单,由于该方法提供了数据的总行数,因而对每一页中的数据,呈现数据的控件如 GridView 仅需一次请求一页中的行就可以了,但如果没有提供数据的总行数,则呈现数据的控件必须请求数据源中的所有数据行,然后在请求完成后丢弃不在当前页中的那些数据行。

12.ObjectDataSource 源对象可以向方法传递一个包含所有参数值的对象, 而不用传递一个或多个参数, 但这需要 ObjectDataSource 源对象返回或接收的强类型对象是用 DataObjectTypeName 属性标识过的。

13. 利用 ObjectDataSource 控件的 ConflictDetection 属性可以进行数据更新的冲突检测,该属性确定 UpdateMethod 中指定的方法是否使用旧值和新值的参数,假定 SelectMethod 中指定的方法返回了 DataTable 控件,再假定该 DataTable 含有 Name 列和 Number 列, 此时如果将 ConflictDetection 属性的值设为 OverwriteChanges,那么创建 Update 方法时使用的参数将为 Name 和 Number,如果将 ConflictDetection 属性的值设为 CompareAllValues , 那么创建 Update 方法时使用的参数将为 Name、Number、original_Name 和 original_Number, 然后 ObjectDataSource 确定在 UpdateMethod 中指定的方法是否有匹配的参数。如果 ConflictDetection 属性设置为 CompareAllValues,业务对象方法必须接受数据字段原始值的参数。当然也可以使用 OldValuesParameterFormatString 属性来区分当前

值和原始值的参数，它的值通常被设置为一个字符串表达式，该表达式通常用{0} 字符表示字段名，比如，如果将 OldValuesParameterFormatString 属性设为 original_{0}，假定有一个字段名为 FirstName，那么此时它的原始值将由一个名为 original_FirstName 的参数传入，它的当前值将由一个名为 FirstName 的参数传入[2]。冲突检测时，ObjectDataSource 应该包括源数据对象更新前的原始值，此后，原始值就会放在开放式并发检查中。在开放式并发模型中，如果当某用户接收到来自数据库的值后，另一用户在该用户试图修改该值之前即将其修改，则认为发生了冲突。ObjectDataSource 之所以这样处理数据更新的冲突，是因为开放式并发的用户在读取行时不会锁定该行，这样不但提高了性能、节省了服务器资源，而且避免了与服务器的持久连接。

14.如果在 ObjectDataSource 的冲突检测中将 ConflictDetection 的值设为 CompareAllValues，并用 OldValuesParameterFormatString 将一个参数的原值和最新值进行区分时，ObjectDataSource 将会在包含参数原值的源对象中调用 Delete 方法，而在同时包含参数原值和最新值的源对象中调用 Update 方法。但在 ObjectDataSource 调用 Delete 并传递的是强类型对象时，此时如果 ConflictDetection 的值被设为 OverwriteChanges，则给 Delete 传递的对象只包含主键的最新值，而对象的其他属性值均为 null；而此时如果 ConflictDetection 的值被设为 CompareAllValues，则给 Delete 传递的对象包含主键值和其他属性值，且这些值都是用原始值而不是最新值。

15.当使用 ObjectDataSource 进行数据操作时，如果需要在客户端输入区域性数据如日期，那么输入的数据格式必须与服务器中对应的格式一致，因为 ObjectDataSource 不会自动进行区域性数据的格式转换。

三、SqlDataSource 和 ObjectDataSource 数据查询及删除的性能对比试验与分析

为了对 ObjectDataSource 和 SqlDataSource 控件的数据查询及删除的性能进行对比研究，我们设计和完成一个试验，让 ObjectDataSource 和 SqlDataSource 控件分别从数据库中查询和删除大批量的不同类型的数据，然后通过表示层的 ASP.NET 网页显示出来，进而根据它们在一次提交几十万条记录时的具体表

现,比较两者的性能差距,并同时得出两者性能相同的临界值,即得出当一次提交的数据量达到多少时,能使两者的性能相等,这样在企业级应用中当一次提交的数据量大于临界值时,就应该使用性能更优的控件。然后根据实验数据,分析SqlDataSource 控件和 ObjectDataSource 控件性能优劣性的形成原因。

1.实验特殊说明。实验数据分别采用了升序整型数据、降序整型数据、升序字符数据和降序字符数据,之所以考虑数据的升序和降序,是为了避免数据库中数据的存放顺序对实验结果的影响。同时,为了避免计算机的软硬件环境和网络状况等外部条件对实验结果的影响,试验采用在同一台计算机的同一操作系统平台上,同时安装数据库和.Net 程序运行环境,试验采用了 WINDOWS 平台和SQL SERVER 2008 数据库,试验时关闭了试验机的一切外部程序。

2.实验结果。由于采用降序数据和升序数据的实验结果类似,所以这里只列出了一种数据类型降序数据的实验结果(时间单位为秒)。

数据条数控件操作时间	10 万条	30 万条	45 万条	60 万条
SqlDataSource 查询时间	19.2	114.5	198.7	611.8
ObjectDataSource 查询时间	21.1	109.6	190.3	362.1
SqlDataSource 删除时间	1.5	1.6	2	3.1
ObjectDataSource 删除时间	1.5	1.4	1.5	2.1

3.实验结论。从实验结果看,.NET 平台和 SQL SERVER2008 数据库在同一台服务器上且当提交的数据条数在 10 万条时,SqlDataSource 和 ObjectDataSource 的查询和删除时间几乎是相同的,甚至 SqlDataSource 还略有优势,但当数据条数超过 30 万条时, ObjectDataSource 的优势开始体现出来, 特别是当数据条数超过 60 万条时,ObjectDataSource 查询操作的优势非常明显。尽管上述数据的误差难以避免,但不会影响实验结论的准确性。

4.数据分析。从实验数据看,当数据条数超过 60 万条时,ObjectDataSource 查询操作体现的优势超出了预期,因为 SqlDataSource 是基于两层的,而且页面与数据库直接进行通信, 业务逻辑不用单独封装, 而且试验采用的又是 WINDOWS 平台, 这种业务逻辑的处理方法会使数据类型对接和数据传递时有较大优势,然而实验结果却恰恰相反,究其原因,一是 SqlDataSource 控件封装时为了实现其强大的功能, 难以避免地增加了开销, 特别是本试验没有使用的一些功能,使得这些开销毫无意义,其中与数据类型和数据传递有关的多余开销还会随着数据量的增加而大幅增加，而 ObjectDataSource 业务逻辑封装在业务对象中，其业务逻辑的功能是根据实际需要订制的，所以基本不会出现多余的开销。二是 SqlDataSource 在运行时是自动连接数据库、执行 SQL 语句或存储过程、返回数据，然后自动关闭连接，这种自动操作在服务器负荷很大特别是数据量很大时，必然会受到影响，而 ObjectDataSource 连接数据库、执行 SQL 语句或存储过程后返回数据、关闭连接都是手工控制的，在服务器负荷很大或者数据量很大时，受到的影响不大。

综上所述，在当前一般配置的装有 WINDOWS 系统和 SQL SERVER2008 的服务器中，虽然 SqlDataSource 和 ObjectDataSource 都可以进行数据库的查询和删除操作，但是在基于性能选择使用它们的查询和删除时，应该根据访问数据量的大小和网络状况等因素进行选择，当数据条数超过 30 万条时，应该选择使用 ObjectDataSource，因为此时它的性能更优，而且数据量越大优势越明显，但当数据条数在 10 万条时，选择哪个都可以，此时如果代码量不大，可以使用 SqlDataSource，但如果要对应用程序进行更准确的控制，应该使用 ObjectDataSource，因为 ObjectDataSource 是将业务逻辑封装在业务对象中，控制上更加方便灵活。

参考文献

[1]周剑.徐德智.基于 Web 的三层应用程序设计[J].湘潭师范学院学报:自然科学版,2008(1).

[2]ObjectDataSource Web 服务器控件概述,http://msdn.microsoft.com/zh-cn/library/9a4kyhcx%28v=vs.100%29.aspx